全国高等院校物流专业应用型人才培养"十三五"规划教材

采 购 管 理

主编　陈　宁

中国财富出版社

图书在版编目（CIP）数据

采购管理/陈宁主编．—北京：中国财富出版社，2018.2（2020.7 重印）
（全国高等院校物流专业应用型人才培养“十三五”规划教材）
ISBN 978-7-5047-6609-0

Ⅰ．①采…　Ⅱ．①陈…　Ⅲ．①采购管理-高等学校-教材　Ⅳ．①F253

中国版本图书馆 CIP 数据核字（2018）第 042902 号

策划编辑 郑欣怡　**责任编辑** 邢有涛　马　铭
责任印制 尚立业　**责任校对** 杨小静　**责任发行** 敬　东

出版发行 中国财富出版社
社　　址 北京市丰台区南四环西路 188 号 5 区 20 楼　**邮政编码** 100070
电　　话 010-52227588 转 2098（发行部）　010-52227588 转 321（总编室）
010-52227588 转 100（读者服务部）　010-52227588 转 305（质检部）
网　　址 http://www.cfpress.com.cn
经　　销 新华书店
印　　刷 北京柏力行彩印有限公司
书　　号 ISBN 978-7-5047-6609-0/F·2860
开　　本 787mm×1092mm　1/16　**版　　次** 2018 年 3 月第 1 版
印　　张 25.25　**印　　次** 2020 年 7 月第 2 次印刷
字　　数 630 千字　**定　　价** 52.00 元

全国高等院校物流专业应用型人才培养
“十三五”规划教材编委会

前　言

21世纪，科技发展日新月异，经济全球化竞争异常激烈。采购管理作为连接社会生产、流通和消费的核心环节和关键职能，在国民经济资源配置和转型发展中发挥着至关重要的作用。在经济全球化竞争异常激烈、价格剧烈波动、成本日益上升、市场风险加大的今天，如何降低采购成本，如何提升采购管理在企业中的战略地位，充分发挥采购管理的杠杆作用，提升企业国际竞争力，已成为关系到我国企业生存与发展的关键问题。

作为世界制造大国，目前我国企业的总体采购水平依然比较落后，与国际水平存在很大差距。相关研究结果表明，采购成本每下降1个百分点，相当于利润增长5%～10%。我国要真正实现从“中国制造”到“中国创造”的转变，就必须进入国际分工中“微笑曲线”的两端——产品创新和品牌经营这两个环节，而这种创新必然伴随着采购模式的创新，要求企业充分运用战略采购方法，创新采购模式，与供应商形成长期共赢的战略伙伴关系，加强企业采购信息化建设，推动企业社会责任采购与供应链的发展，加强供应链风险防范意识，强化企业的社会责任。目前，我国采购管理理论研究与实践还处于发轫时期，我国要加快建设资源节约型、环境友好型社会，大力发展现代产业体系，提高产业核心竞争力，离不开企业采购管理水平的优化和提升，这些都亟须加快培养一支规模庞大的高素质、应用型物流从业人员队伍。

本书借鉴并吸收了国内外采购管理领域的最新研究成果，紧密结合我国物流采购管理发展的实际需求，克服了现行同类教材的不足，突出采购管理应用型人才培养的特点，充分体现了应用性、创新性和实践性特征，强调理论和实践的有机契合。本书从采购管理的理论和实践出发，全书共十四章，包括采购管理概述、采购组织、采购方式、采购计划和预算编制、采购流程、供应商管理、采购谈判与合同管理、采购成本管理、采购信息管理、采购风险管理与绩效评估、全球化采购、电子采购、政府采购、企业社会责任采购。

本书具有以下主要特点：

1. 突出问题驱动、任务引领。本书在每章的开头均设置了采购聚焦专栏，并设计了引导问题。在课后设计了实训题，要求学生开展物流企业采购管理的专项调查并完成调查报告。

2. 配套构建了网上教学资源库，方便学生自主学习网络课程中的电子教学资源，包括视频、课件、电子教案、课后案例分析、思考与练习以及课后习题答案等内容。

3. 强调应用导向。在每章结束后设计了案例分析、判断、选择、思考题以及实训题等题型，突出应用型本科院校人才培养的应用特点。

4. 教材中配有大量采购管理领域近年较新的案例，增强教材的可读性。

本书由辽宁中医药大学副教授陈宁博士担任主编，由金陵科技学院副教授郑庆华博士、太原理工大学杨春艳副教授、太原理工大学经济管理学院梁文群讲师、太原理工大学讲师袁艳红博士担任副主编。具体分工如下：陈宁负责全书整体框架的设计、组织编写工作及统稿定稿，并编写第十一章、第十二章、第十四章；郑庆华编写第五章、第七章、第十三章；杨春艳编写第一章、第六章、第十章；梁文群编写第四章、第九章；袁艳红编写第二章、第三章、第八章。

本书可作为高等院校物流管理与工程类、工商管理类、电子商务类、交通运输管理科学与工程类本科生专业教材，也可作为高职院校相关专业的参考用书，以及企业中从事采购管理的专业人员的培训教材。

本书在编写时参考和引用了国内外学术界同行的相关文献，在此谨向各位同行表示衷心的感谢！

由于采购管理的理论、方法和实践都处于日新月异的探索和突飞猛进的发展中，加之编者水平所限，书中难免存在不足和疏漏之处，敬请广大读者批评指正。

编　者

2017 年 10 月

目　录

第一章　采购管理概述

学习目标

知识目标

1. 了解采购相关概念及各概念之间的联系和区别；
2. 了解采购的地位与作用；
3. 熟悉采购基本程序与原则；
4. 了解采购的发展历程；
5. 掌握现代采购与传统采购的差异；
6. 明确采购管理的发展趋势与未来挑战。

技术目标

1. 掌握采购流程设计方法；
2. 明确采购管理对利润影响的方法。

职业能力目标

1. 培养良好的职业道德，树立服务质量高于效率的理念；
2. 树立采购的利润观念，提高企业的运营效益；
3. 树立采购的响应观念，提高企业的运营效率。

采购聚焦

张经理的采购难题

张经理马上要调任公司采购部经理，虽然没学过采购管理，但他对自己胜任该职位还是充满了信心。因为他认为自己一方面有多年在企业工作经验，熟悉企业生产过程；另一方面采购只需要按照企业要求买进原材料和零配件，同时生活中自己也有很多采买经验。

真正到岗之后几天，张经理就有些焦头烂额了，碰上了原材料供应商不按时供货、车间停产的严重问题；还因为购买前技术参数没搞懂、买来的商品不符合技术部的要求；领导交代机床设备采购要进行招标，而自己不懂招标程序；采购部门内部存在信息传递不畅、配合不足、效率低下等诸多问题，许多事情需要他亲力亲为。面对生产部门的催料、客户的投诉，张经理开始意识到采购工作可不仅仅就是“买东西”，有许多学问在里面，等待他去摸索。

如何理解采购工作？作为一个企业的采购主管，应该懂得哪些知识？负责做好哪些工作？如何实施采购管理呢？本章将解决这些问题。

采购古已有之，但是从来没有像现在这样被关注，有专家指出：没有采购也就没有物流；没有网上采购，也就没有真正的电子商务；没有采购环节，也就不能形成供应链。那些不懂得采购与供应链管理和现代物流的经营者，就不是一个称职的企业家。

第一节　从供应链管理谈起

企业经营理念的重大转变从以成本和交易为核心的采购管理向以增值性活动和流程管理为核心的供应链管理的转变开始的。

一、从推式经营到拉式经营

自20世纪90年代以来，飞速发展的信息技术和剧烈变化的企业组织结构对原有的生产经营体系造成了冲击，这种冲击成为了企业生产经营体系的变革基础和驱动力。一方面，现代信息管理技术的发展，增强了企业利用计算机系统分析和处理海量数据的能力，从而改变了企业的经营模式和市场拓展的方式；另一方面，虚拟企业组织的形成又使原有依靠自身力量开发产品和市场的方式变得陈旧，出现了集团式、群体化的战略组织和竞争模式。而全球化经济发展推动下的国内市场国际化和国际市场国内化，令企业之间的竞争日益激化，企业经营由小品种、大批量生产的大众营销方式向多品种、少量生产经营为特征的差异化营销转化。而差异化营销要求放弃原来推式的产品生产经营策略，取而代之以消费者细分化和市场对企业经营的及时指导反馈为内容的拉式经营策略。

（一）推式经营体系

推式经营是建立在市场预测基础上的商品生产经营体系，它通常根据对市场预测的研究和过去销售分析来制定当前商品的开发、生产和销售目标。这种经营体系追求规模经济，表现出来的特征是大规模集中生产、大规模流通库存、大规模运输，从而实现单位产品成本下降。但是追求规模化的同时也产生了风险。由于预测期较长，加之生产等活动都是从企业自身的角度去考虑和安排的，极易造成市场预测与实际市场需求量之间的差异，时间越长，二者差异越大，为预测失误造成商品滞销或供过于求的生产经营沉淀成本，和为促进产品销售而增加的促销费用就越多。势必使昂贵的成本成为削弱企业竞争力的重要因素。

（二）拉式经营体系

拉式经营则是产生速度的生产供给体系，它强调将销售时点的信息同步传输给商品策划、设计、供应、生产以及库存地点，从而通过销售时点的信息实现设计、供应、生产、物流、经营等决策的一体化。也就是按照顾客的需求决定商品生产、库存数量以及具体事项。竞争的加剧，对顾客的快速反应成为企业行动的焦点，拉式经营体系所追求的就是根据客户要求开展生产经营，也就是必须保证这种生产经营符合特定时间、地点、特定数量的顾客需求；尽最大可能缩短从明确客户需求到生产这段前置时间，强调的是同步或生产、物流、经营作业的前置化。但是作为商业系统而言，企业从了解客户需求并从事生产、发货，再到顾客接受商品或服务这一过程必然存在的一段前置时间是不可能完全、真正达到同步的。

通过现代信息技术把市场中所有经济主体形成有效连接，进而将外部的关系性管理活动与企业内部的生产经营管理活动有机地整合在一起，形成新型虚拟企业，任何参与的企业得到的信息不再仅仅是顾客的订货，它们还清楚终端顾客的需求，商品流动各阶段的库存及在途情况，从而确实消除经营中存在的不确定性，更好地计划或组织商品生产，灵活应对变化，最终实现对顾客需求和市场环境的变化做出及时响应。

二、供应链管理

组织为应对变化的环境和日渐激烈的竞争环境，着眼于增强企业核心业务，培育核心竞争力，对自身没有能力做或虽有能力但成本高于业界水平的业务进行外包管理。这种外包管理带来的就是与外部组织之间联系增强，业务由内部更多地向外部扩展，组织之间联系更加紧密，供应链变得更加重要。

企业经营模式的变化，要求外部企业参与业务流程再造，优化供应链。供应链是为获得竞争优势，围绕核心企业，以市场为导向，通过对信息流、物流、资金流的控制，从采购原材料开始，制成中间产品以及最终产品，最后由销售网络把产品送到消费者手中，将供应商、制造商、分销商、零售商和最终用户有效组织连成一个整体而形成功能网链结构模式。

对于供应链管理，美国供应链管理专业协会（CSCMP）认为：供应链管理包括贯穿于整个渠道来管理供应与需求、原材料与零部件采购、制造与装配、仓储与存货跟踪、订单录入与管理、分销，以及向顾客交货。日本供应链管理（SCM）研究会则定义供应链管理为：将整个供应链上各个环节的业务看作一个完整的、集成的流程，以提高产品和服务的顾客价值为目标，跨越企业边界所使用的流程整体优化的管理方法的总称。从上述定义可以看出，供应链管理以市场需求为导向，信息共享为基础，物流高效为目的，使供应链中各企业供应敏捷适时，生产快速响应，从而更好地满足顾客或用户需求的一种集成的管理思想和方法。

早期的供应链管理将重点放在管理库存上，将其作为平衡有限的生产能力和适应用户需求变化的缓冲手段，它通过各种协调手段，寻求把产品迅速、可靠地送到用户手中所需要的费用与生产、库存管理费用之间的平衡点，从而确定最佳的库存投资额。因此其主要的工作任务是管理库存和运输。当今的供应链管理扩大了企业范畴，覆盖面更宽，使供应链上各企业分担的采购、生产、分销和销售的职能成为一个协调发展的有机体。

采购是供应链中非常重要的一个环节，几乎是每一个企业都必须面对的重要商业行为。生产对采购有需求，以往出于对未来需求的不确定性，生产部门会在短期计划中有意提高短期生产量，推动采购部门准备许多物料，结果会导致多余的物料进入生产环节，生产出多余的产品，形成库存压力。如今的响应要求，需要降低库存压力而减少物料采购的规模，增加采购的频次，使采购和生产的响应非常迅速及时。为了保证采购质量达到最佳，采购除了关注供应商、生产环节外，还应该了解企业销售的情况。通过建立和营造和谐的内部沟通渠道和外部沟通环境，与内部销售部门进行信息交流，及时了解顾客对产品购买的需要，为提供适应市场需求的产品而采取相应的采购措施。试想一下，如果很多顾客反映您公司的某款手机使用情况不错，有良好的口碑，势必会有下轮的销售高峰。这个时候，为了产能跟上市场需求，企业必须做好及时的采购计划。

俗话说得好“辅车相依，唇亡齿寒”，采购与供应链的关系恰如唇齿，如果执行不到位，整个供应链就转不动，所以，要使整个供应链保持协同一致，必须从采购环节抓起。

案例分析

吉利：采购供应链管理降低采购成本

（一）经济和信息化

面对国内轿车市场激烈的竞争和小排量车市场急剧下滑的严峻形势，吉利集团整合采购体系，加大成本控制；整合营销体系，全面提高用户满意度等有效措施，构筑新的竞争优势，企业经营呈现良好的发展态势。

1997年，吉利集团进入轿车领域以来取得了快速的发展，连续6年进入全国企业500强，连续4年进入中国汽车行业十强企业。

供应链体系的竞争

中国汽车产业竞争已经从简单的产品价格和技术的竞争，发展到以整车为核心的零部件供应链体系的竞争。

(1) 采购供应链管理系统平台是由吉利集团自筹资金开发而成的采购供应链管理系

统，主要功能包括供应商档案管理、采购计划和订单协同、看板管理、供应商开发和评估、采购配额管理、结算管理等业务内容。该平台由吉利集团开发和运营，供应商每年缴纳10000元使用费，使用该系统的相关功能。目前，该平台上活跃的用户数在300人以上，主要是吉利的供应商和采购员，据不完全统计，通过该系统发生的年采购在20亿元左右。

（2）建立供应链体系、实现拉动式生产，是吉利金刚ERP（企业资源计划）的稳步发展的结果。金刚公司已经通过看板管理等模式建立供应链体系、实现拉动式生产。通过技术手段将看板电子化，并通过网络技术将数据传送至供应商，解决了供应链信息传达的瓶颈。高度集成SAP（企业管理解决方案）和SCM（软件配置管理）系统，将SAP中的物料需求计划、库存信息通过SCM系统与供应商共享，便于供应商安排计划、减少浪费。

（3）“吉利汽车售后服务管理系统”是在借鉴了国内外的售后服务系统经验的基础上，根据吉利汽车售后服务体系的实际工作流程，要求软件公司开发的完全符合吉利特色的售后服务系统。该套系统的应用使吉利汽车在售后服务体系的信息化程度处于国内领先水平，已远超过国内部分主流汽车厂的水平。

（4）随着企业不断地发展，企业门户网站成为吉利重要的传播平台和窗口。目前形成以集团介绍为主题，以品牌产品网站为支柱，围绕公司研发、采购、销售、人力等各个环节做信息传播与信息互动，建立汽车行业少有的汽车论坛社区，在线客服系统，完善了服务体系，方便用户问题的解决，并建立了在线购车的网上超市系统等，方便用户，充分体现吉利以客户为中心的理念。

（二）存在的问题和困难

主要问题和困难有以下几方面：

（1）很多供应商的信息化水平比较低，给系统的应用推广带来了一定的困难；

（2）中小型供应商每年在信息化上的投入有限，需要引导和扶持；

（3）在EDI（电子数据交换）数据交付方，缺乏行业内完善的数据交换标准，给系统集成带来了困难。

（三）经济效益和社会效益并举

通过采购供应链管理系统平台和相关信息系统的结合，在供应链上比较好地实现了精益生产和准时化供货，对于车身、发动机、变速箱等自制关键总成，实现了“一个流”的生产，从而最大程度地控制了在制品库存；对于前、后保险杠等汽车专用件，实现了供应商按班次供货；对于仪表台等关键总成，实现了供应商日供货，从而大大降低了供应链上的零部件库存，提高了供应链应对需求变化的弹性。

同时，吉利汽车售后服务管理系统是目前吉利集团信息化建设中涉及面最广的系统，贯穿了400多家供应商、三大制造公司、销售公司（含服务公司、配件公司）、近600家服务站的整个体系的一套系统，给集团信息化建设积累了难得的经验。

吉利集团应用采购供应链管理系统平台产生的经济效益，主要体现在采购成本的降低上。通过应用该系统，每年为集团节省采购成本在650万元以上。通过使用该系统，大大提高了供应商的电子商务和信息化水平，有力地推动了行业内部供应链管理的信息化水平。

第二节　采购的基本概念

一、采购的含义

（一）采购的概念

采购是组织必不可少的业务环节。采购从字面看有两层含义：一层是“采”，就是要有选择；另一层是“购”，就是通过商品交易的手段，将选中的对象的所有权，从其所有者手中，转移到自己手中。如果从范围看，它有狭义采购和广义采购之分。狭义采购是指产品或服务的获取。即各企事业单位、政府部门、军队和其他社会团体及个人，为获取商品或服务（包括有形商品，如生产资料与生活资料；无形商品，如软件、技术、服务；项目，如土建工程等），对获取商品或服务的渠道、方式、质量、价格、时间等进行预测、抉择，用较低的成本获得产品或服务的交易过程。广义采购是指从环境获取所需的有形或无形物质，除了购买之外，还可以通过租赁、借贷、交换、征收、外包等方式获取。

知识链接

“在一个公司里，采购和销售是仅有的两个能够产生收入的部门，其他任何部门发生的都是管理费用”——杰克·韦尔奇

（二）区别几个概念

1. 采购与购买

采购与购买的概念是不同的。一般购买是指发生在流通领域的商流活动。购买的主体，通常是家庭或个人；购买的物品，就独立的购买个体而言，数量不多，品种有限；物品供应商到用户的距离一般不是很远；购买从筹划开始至实施到完成，相对比较简单易行；购买的风险，无论是自然风险还是社会风险都不是很大。而采购的主体通常是企业、事业单位、政府部门、军队和其他社会团体；采购的品种、规格繁多，金额巨大；采购从策划至实施到任务的完成，整个过程十分复杂；采购的过程实际是商流、物流、信息流、资金流综合运行的过程；采购具有一定风险，尤其是国际采购存在较大的社会和自然风险。所以相较而言采购具有更大的社会意义，本书重点讨论采购的管理。

2. 采购与供应

采购与供应可以看作是获取和提供资源的两个角度。采购是指采购组织机构通过制订采购计划、审核、谈判、选择、购买、接收、检验、入库等面向增值的业务活动，获得从成本、时间、效率、柔性等的最佳效果，并且强化与供应商的关系，以流程为导向整合企业内外资源的战略性活动过程。而供应则是从供应商的角度来分析如何保证依据客户要求的时间、地点、数量等保质保量保时地提供下游组织所需的种类物资和服务，包含采购、存储和接收在内的更广泛的含义，侧重响应下的降低供应成本和制造成本。也有专家认为

供应指供应商提供产品或服务的过程，偏重于物流活动，而采购则偏重于商流活动。

二、采购的五大要素

要完成采购活动，需要采购人员在一定的时间内，以合理的价格、正确的数量，从合适的供应商那里获取符合企业质量要求的所需的物资与服务。因此，采购需要具备五大要素：供应商、时间、价格、数量和质量。

1. 供应商

采购人员在选择供应商时，不仅要考虑供应商的产品质量、价格、生产能力、技术水平，而且还要考虑供应商的快速响应能力、信誉、社会责任等。

2. 时间

对于时间的要求方面，可分为内部使用单位的需求时间与要求供应商交货的时间两部分。供应商的交货期并不是越短越好，因为供应商如果要保证很短的交货期，采购的价格也必须有所提高。

3. 价格

在价格的考虑上，并不是价格越低越好。采购人员必须在保证质量的前提下，以最低的价格购买所需的产品或服务，同时考虑供应商有利可图，否则，产品质量难以保证。

4. 数量

关于数量的确定，批量采购虽有可能获得数量折扣，但会占用采购资金、积压采购资源；相反，交货数量太少又不能满足生产需要，造成缺货等待损失等。故采购人员应合理采购，确定合适的采购数量。

5. 质量

采购人员必须在“符合质量要求”的情况下，以“最低价格”购买到所需的商品与服务才是正确的。符合质量要求是一个很重要的前提，如果不能满足这个前提，无论供应商价格多低，采购人员都不会予以考虑。

三、采购的特点

我们可以从以下几个方面理解采购：

1. 采购是从资源市场获取资源的活动过程

采购对于企业的重要作用就是能够获取企业生产经营所需要的但缺乏的资源，这些资源不仅包括物质资源（如原材料、机器设备、辅助材料、半成品、零配件、成品等），而且包括非物质资源（网络、信息等）。企业通过采购的方式可以从由供应商组成的资源市场获取资源，也就是采购将资源从外部的资源市场的供应商手中转移到企业内部的活动过程。

2. 采购实现了商流和物流的统一

采购的过程使资源从供应商转移到了企业，转移的内容不仅包括资源的所有权，而且包括了资源的实体。前者是一个商流的过程，主要是通过商品交易或等价交换的方式进行转移；后者是一个物流的过程，主要是通过包装、运输、储存等手段实现资源的空间转移。采购实际上是两种过程的结合，缺一不可。

3. 采购是一种经济活动

采购是企业经济活动的主要组成部分，采购金额一般占产品销售额的50%以上。在整个采购过程中，一方面，企业通过采购获取了资源，保证了企业生产经营活动的正常进行，这是采购带来的效益；另一方面，企业在采购过程中支出了费用，这是采购的成本。要追求经济效益的最大化，就必须不断降低采购成本，以最少的采购成本获取最大的资源收益即经济效益。

第三节 采购的地位与作用

知识链接

制造企业要想增加利润，有哪几种途径？

方案一：把规模做上去（销售）；

方案二：裁员；

方案三：把成本降下来（采购）。

一、采购的作用

（一）有利于发挥杠杆效应

采购的杠杆效应体现在采购的利润杠杆效应上，它是一种衡量采购工作绩效最直接的手段。好的采购能为企业创造利润，获得潜在的市场资源。质量过关的产品（条件是产品定位没有问题），具有价格优势，其市场前景是非常广阔的。而采购正是目前很多企业日益重视的重要利润源。

例如，江苏省某企业生产的产品中，原材料采购的成本占60%，生产加工、销售及相关的行政费用占30%，纯利润占10%。该企业后来利用网上采购的方式，使原材料采购成本从原来的60%下降到55%；而这看似不起眼的5%却使该企业的利润增加了5%。

又假设有一家企业，当前企业经营状况是销售成本为800000元，销售收入1000000元，销售毛利200000元，三大费用（管理费用，营业费用，财务费用）600000元，要想使企业实现利润增长，目前有三种方案可供选择：方案一是增加销售收入50%；方案二是削减支出50%；方案三是降低采购成本20%。如表1-1所示。

表1-1　　采购方案分析

	当前状况	方案一 增加销售收入50%	方案二 削减支出50%	方案三 降低采购成本20%
销售收入	1000000	1500000	1000000	1000000
成本	－800000	－1200000	－800000	640000
毛利	200000	300000	200000	360000
三大费用	－60000	－60000	－30000	－60000
利润	140000	240000	170000	300000
利润增加		71.4%	21.4%	114%

从表 1－1 中我们发现，在其他条件不变的情况下，依据方案一，我们增加销售收入 50％，可以实现 71.4％的利润增加；依据方案二，削减三大费用支出 50％，可以实现 21.4％的利润增加；而依据方案三，仅降低采购成本 20％，则可以实现 114％的利润增加！

我们知道，要使销售收入增加 50％，其难度是非常大的；而三大费用的大幅降低，又可能由于触及员工利益（如裁员，撤岗等）而受到抵制；那么在购买生产制造所需的物料时，则通过改进采购的方法，将采购成本即付给供应商的金额中节省 20％的费用即 160000 元，则实现了利润超过 100％的增长。如果单靠增加销售额来实现，那将至少需要增加超过 1394958 元的销售额。可见，比起销售，采购的杠杆效应放大了自身的价值。

（二）有利于提高企业产品周转速度

通过对采购活动的科学管理，与供应商一起对产品质量和物流进行更好的安排，更利于采购物料的准时交货与物料库存控制，采购能为企业的资本周转做出贡献。

（三）有利于提高企业部门之间的协作关系

采购是企业和资源市场的关系接口，是企业外部供应链的操作点。采购部门通过与市场的接触可以为企业内部各部门提供有用的信息。包括价格、产品的可行性、新供应源、新产品以及新技术的信息。这些信息对企业的其他部门都是非常有用。而且关于投资人、合并、兼并对象以及当前和潜在的顾客等方面的信息，对营销、财务、研发和高层管理都有一定意义。

（四）有利于提高产品标准化

通过采购标准化的产品来减少采购品种，从而降低企业生产成本，还可降低对某些供应商的依赖性，更好地使用竞标方法。优化供应链管理，提升企业的核心竞争力。

（五）有利于增加柔性

迫于外部竞争的压力，越来越多的企业正尝试实施柔性制造系统。这些系统的实施要求供应商具有良好的市场响应能力，采购部门的协调将使供应商与企业共同努力，为供应链在最终用户市场上竞争力的提升带来益处。

采购环节是企业经营中不可缺少的环节。重视采购环节，实施科学的采购管理，是企业提升产品竞争力的重要条件。

二、采购的地位

（一）采购的价值地位

通常情况下，成本中物料所占比重往往最大。据统计，生产型的企业进行原材料、零部件采购时至少要占到销售额的 50％左右，而中国的工业企业中，各种物料的采购成本更是高达企业销售成本的 70％，采购成本控制的效果直接决定了企业的盈利水平，采购成本的降低不仅意味着利润的提高，企业还可以利用这样的机会，降低产品售价以增强市场竞争力，从而提高整个供应链的最终获利水平。并且，采购的速度、效率、订单的执行情况会直接影响到企业的客户服务水平。显而易见，采购绝对是企业成本管理中“最有价值”的部分。

补充阅读

通用汽车公司先进的采购系统、完整的采购渠道、精通成本管理的国际标准，使公司从采购“质高价低”的原材料和配件一项，比同行业企业节约了10亿美元的成本。该公司的采购经理人佩罗斯成为职业采购经理人的典范。

（二）采购的供应地位

古语常说“巧妇难为无米之炊”是指技艺再高明，如果没有原料的供应也无济于事。从供应链的角度来说，采购是整体供应链管理中“上游控制”的主导力量。在整个供应链中，每个企业既是顾客又是供应商，供应商的资源整合能力以及反应速度和准确性，直接影响对下游市场需求的满足情况和获利能力。为了满足终端用户的需要，各级采购企业需要推动供应商关系改善，监控供应商日常运作，寻找理解沟通的平台，以保持在质量、价格、速度和创新优势，力求以最低的成本将符合市场要求的产品以最快的速度供应到市场。

采购聚焦

近期，福特汽车宣布了它将从中国供应商中采购约10亿美元的汽车配件的计划。

沃尔玛在深圳成立采购部，以便直接从中国厂家购买产品。菲利浦电子在中国的23家厂总产值已逾50亿美元，其中大部分用于出口。

这些公司以及许多其他企业以中国作为采购基地的起因是为了节约零配件和成品成本，但中国采购行动的意义将远不止于此，最终的目标是要获得企业成本优势。

（三）采购的质量地位

质量意味着对规范或要求的符合。对顾客来说，质量就是适应性。质量是产品的生命，采购物料的质量好坏直接决定着企业产品质量的好坏。从价值上看，大多数产品中价值的60%以上是经由供应商提供的，物料以及设备工具质量不合格或不稳定，将直接造成产品质量不良或质量不稳定，这样将导致产品成本的提高与市场份额的丢失。所以，严格从源头防范，控制供应商供货质量，确保采购质量符合市场要求。

第四节　采购的基本原则与基本程序

一、采购的基本市原则

1. 节约原则

采购需要考虑怎样以经济的价格采购到符合企业要求的物品。

2. 规范化原则

采购是花钱的活动，如果管控不好，这种活动会产生很多腐败行为，因此，采购活动需要规范采购部门和人员的行为，制订合理的采购管理流程，提高透明度，公开、公平、公正地对待供应商。

3. 整体效应原则

采购决策不是孤立地制定的，并且不能仅以采购业绩是优为目标，制定采购决策时应当考虑这些决策对于其他主要活动的影响，需要以平衡企业总成本为基础。

4. 适应性原则（质量适合需要）

采购部门应当有主动地适应内部用户要求的意识，就内部用户需求有能力提供更符合实际、功能与价值相匹配的采购方案。

5. 发展固定采购原则

采购要求质量的稳定性，那么，在采购中只有与供应商保持稳定的关系，才能保证品质。因此，现代采购需要发展和巩固与供应商的良好关系。

二、采购的基本程序

采购作业要规范，必须有流程作保障。企业采购的基本流程通常是指企业选择和购买各种所需物资的全过程。采购流程运行的成功与否将直接影响到企业生产、销售的最终产品的定价情况和整个供应链的最终获利情况。采购流程应具备优化、无冗余、并行作业的特性。

通常在流程设计中，要考虑做什么（事情的过程与步骤），谁来做（责任部门与责任人），何时做（时间限定）和怎么样做（依标准评估）。

企业的采购流程一般可分为三个阶段：准备阶段、执行阶段、收尾阶段。

1. 准备阶段

准备阶段主要是提出和描述需求。任何采购都基于企业某个部门的确切需求，需要采购什么，采购多少，何时到货等。企业各部门需要根据库存和销售情况，及时填写请购通知单，将具体的采购需求反映给采购部；采购部汇总，做出采购决策；实施条件准备，一系列准备工作完成后，采购部确定采购方式，开始编制采购计划，交由财务部审核，审核通过后进入执行阶段。

2. 执行阶段

执行阶段是采购过程中最重要的阶段，包括供应商选择、谈判、签订合同、下订单等。供应商是影响企业运作系统的最直接的外部因素，也是保证企业产品质量、价格、交货期和服务的关键因素。一般企业都会保存供应商信息，当企业明确采购需求后，应根据具体物资的物料标准确定备选供应商名单。与备选供应商就采购商品的价格、数量、交货条件等内容进行谈判，确定最终的供应商签订合同，下达采购订单，并对订单进行跟踪与稽核。

3. 收尾阶段

供应商备货完成，向采购方发出交货通知；采购方派遣人员接收货物，交由质检部门进行货物检验；检验无误后验收入库，通知财务部进行采购结算，由财务部向供应商支付货款；检验有误，进入退换货程序，按照合同处理。最后要进行经济效益评价 ，并对采购结案，做好记录，进行存档和档案维护。

一般采购流程，如下图所示。

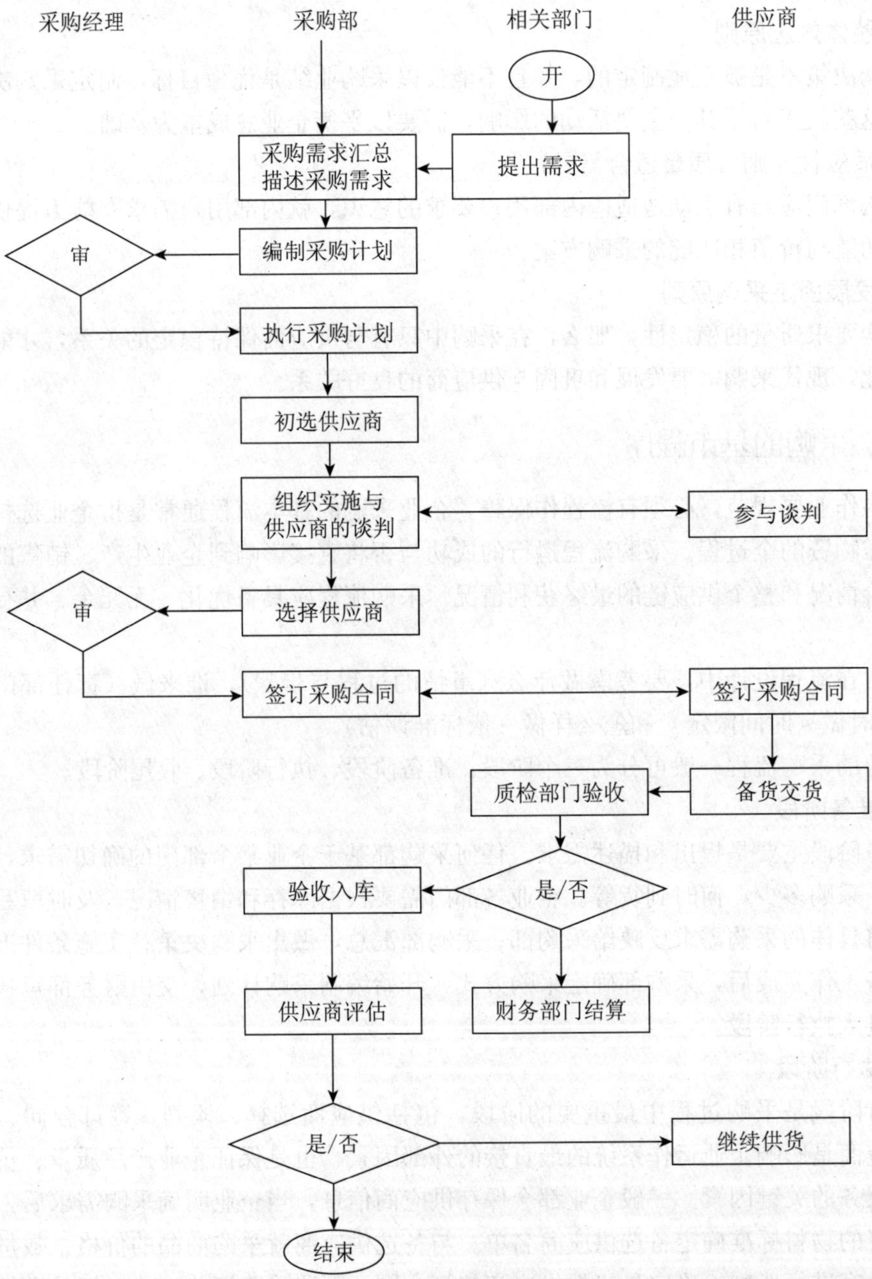

一般采购流程

第五节　采购管理的含义和目标

一、采购管理的含义

采购管理是为了保质、保量、经济、及时地供应生产经营所需各种物品，对采购、库存、仓储、运输、配送、订单处理等一系列供应过程包括对供应商、内部成员以及终端客户进行计划、组织、协调与控制，以确保企业经营目标的实现的活动过程。概括来说：采购管理是指对采购过程的计划、组织、协调和控制。

从计划职能上看，采购管理包括对采购时间、数量、质量、资金的计划等；从组织职能上看，采购管理是指企业采购系统的组织结构、人力配备、业务流程等；从协调职能上看，为了做好采购工作，需要进行目标设定、供应商选择、协调交货方式等；从控制职能上看，采购管理包括采购进度、库存量控制、质量和成本控制等。采购管理作为企业管理系统中一个重要的子系统，是企业战略管理的重要组成部分，一般由企业的管理人员负责。

采购管理应包括三方面的内容，一是供应管理的业务活动，即计划、采购、储存以及供料等；二是供应管理的支持性活动，即供应环节中的人员管理、资金管理、信息管理等；三是供应管理的拓展性活动，即供应商管理。

二、采购管理的目标

采购管理的总目标是以最低的总成本为企业提供满足其需要的货物和服务。总目标可以具体分为以下五个方面：

1. 确保企业所需的货物和服务的及时供应

这是采购管理最基本的目标。采购流程序中会涉及物料的运输、到货后的验收、库存管理、配送到物料需求部门等环节，任何一个环节上的物料短缺都可能导致企业生产经营中断，使企业蒙受巨大损失。生产工艺的不断调整或产品的更新换代都需要采购部门及时提供所需的新物料。因此，确保供应不中断，防止停工待料是采购部门最根本的职责要求。

2. 降低库存资金占用及库存管理费用

在最大限度防止出现缺货出现的做法往往就是保持大量的库存来保证货物供应不间断，但是这种做法导致的结果是占用企业大量流动资金，同时还额外增加库存管理费用。因此，在保证生产经营活动正常进行的前提下，企业应不断降低库存水平，尽可能地降低库存占用资金和库存管理费用。

3. 保证采购物料质量

产品质量是企业占领市场的有效武器，是企业生存和发展的关键。企业生产经营活动源于采购，采购物料的质量是影响产品质量的重要因素。据统计，产品质量缺陷的20%～25%是由采购物料造成的，因此从源头对采购物料进行把控将会大大降低生产经营损失，从而提升企业竞争力。首先要保证所采购到的每一种物料的质量，这是使最终产品或服务达到期望的要求的前提；其次是保证采购过程的质量，如采购流程简洁、优化，采购文档准确、完整，采购效率高效、有序等。

4. 寻找有竞争力的供应商

供应商的优劣不仅体现在供货的性价比上，供应商与企业之间的互动和配合以及供应商的可持续发展也是必须考虑的重要因素。一些行业中领先的企业在新产品开发、需求预测、计划制订与执行方面都与供应商进行了成功的合作。

5. 改进企业家各部门之间的关系

生产设计部门需要采购部门提供原材料和零配件的市场行情，供应商考评需要质量部门参与，供应商的货款需要财务部门按合同支付。采购部门不仅需要和外部供应商直接交流，还需要以市场营销的理念与企业内部组织联动。从而提高企业的整体效率和综合竞争能力。

总目标的实现不仅仅是采购部门的事情，它需要整个企业的共同努力。但在某一时期，企业可能专注于一个具体的目标。

第六节　采购发展历程（从小采购到大采购）

采购聚焦

> 为什么采购金额占销售额的比例逐年增加？
> 某公司过去几年的采购金额占销售额的变化：
> 2003 年——35%；2004 年——37%；2005 年——40%；
> 2006 年——49%；2007 年——50%；2008 年——51%；
> 2009 年——52%……

一、采购发展历程

采购发展的历史已近百年，其间经历了四个阶段。

第一阶段：采购产品为中心阶段（19 世纪中后期）

最早的采购体现出的特点就是被动，不成系统。由于处在经济发展的初期，生产资源相对匮乏，供应渠道并不充裕，采购只是组织各个部门一个辅助功能，采购者的大部分时间都用于对其他职能部门的要求作出反应。因此，采购职能没有战略方向，首要任务是寻找合适的供应商并确保供应，所以采购者的大部分时间用于组织日常工作和应急工作，与其他职能部门沟通很少。对组织的贡献基本没有或很少。

第二阶段：采购运作过程为中心阶段（20 世纪初期—20 世纪 50 年代）

这个时候采购所体现出的特点就是采购重要性逐步被认识。处于第一次世界大战和第二次世界大战期间，由于战争需要，军用物资和原材料的采购占据了较大的比例，采购得到了更多的重视。一些大学开始讲授采购专业课程，起到推动作用。随着新的采购技能与方法的出现，采购职能开始应用这些技术技能与方法，高层管理者开始意识到采购有机会促进盈利，但是由于这个阶段的市场竞争不够激烈，原材料市场相对比较充裕，而企业经营的重点是满足和扩大市场需求，采购依然隶属于企业各个部门，无法独立于企业的竞争战略，对组织的贡献主要体现在成本控制上，能带来3%～5%的成本节约。

第三阶段：采购关系为中心阶段（20世纪60—90年代）

这个阶段的采购技能与方法更加丰富，采购人员更加专业化。越来越多企业的采购部门从生产部门或其他部门独立出来，开始直接向总经理、副总经理汇报。采购部门追求系统总成本，主动确立节省资金、满足供应、降低库存等一系列目标，而不仅是以控制所购部件的单位成本为目标。制订和形成采购战略计划。采购被纳入战略性决策的制订范畴，采购部门通过向公司其他部门及时提供对公司战略可能产生影响的原材料潜在价格和供货情况信息，选择适当数量的供应商建立供应商网络，实现了面向过程的作业管理模式的转变，来支持和加强企业的竞争优势。这时采购对组织的贡献表现为可实现物料成本10%～20%的节约，订货成本1%～10%的节约。

第四阶段：供应链管理为中心阶段（21世纪初—现今）

近年来供应链管理的发展，使采购成为供应链管理强有力的一环，运用供应链管理及全球采购等先进管理理念，将生产计划、物料计划、采购、仓储、运输集成为一个反应迅速、总成本最低、响应市场要求灵敏的网链。采购开始完全融入企业的竞争战略中，成为企业集成战略的一部分。采购绩效的考核也以采购对企业所作贡献的多少为衡量标准。采购更注重产品质量和更紧密的供应商战略伙伴关系，采购物资直接进入制造部门，供应商与制造商建立了战略合作伙伴关系，参与供应商的产品设计和产品质量控制过程，同步化供应链计划的协调，通过提供供应商信息反馈和教育培训支持来促进质量改善和质量保证，在一些先进的企业中以积极主动的战略方式提高供应链的效率，战略采购逐渐兴起。对组织的贡献表现为使物料成本节约25%，供应链管理成本节约30%，整体提升企业竞争力。

知识链接

2002年，美国采购经济人联合会（NAPM）更名为美国供应管理协会（ISM），标志着供应管理正式成为主流。

二、从小采购到大采购——战略采购

从采购的发展历程我们看出，以往的企业，供产销都处于企业内部，从零配件的生产到产品的组装都要集中于自己的旗下，内部协调大于外部协调，内部依赖大于外部依赖，外部供应商所占比重有限，采购的重要性得不到体现。同时，市场以竞争为主要调节手段，通过适当竞争，公开竞标、商务谈判等形式，就可以达成协议，采购方用不着介入供应商业务，双方关系以短期为主，双方保持严格距离，其结果就是沟通少、共同解决问题少、共同预防问题更少。造成的结果是实际成本增加，响应速度反而受了影响。

如今，采购环境发生了巨大变化：产品生命周期越来越短，需求品种急速增加，特殊定制需求增加；要求不断改进质量及降低价格；实现快速并准时的交货；业务无国界，等等，市场需求不再是单纯追求价格的优惠，内容越来越丰富。

企业不再能兼顾多项职能，被迫轻装上阵，把非核心业务外包给供应商，供应商的供应比重增加，采购的重心自然倾向供应商，从订单处理转向供应商管理。

采购经历一个从被动到主动，从关注内部到关注外部，从关注部门到关注部门整体的发展历程，由关注内部的小采购向关注供应商的大采购——战略采购方向发展。

虽然战略采购的一些基本措施在日本制造业企业尤其是汽车制造企业中最先得到创造和实施并取得了卓越成效，但“战略采购”一词则是由著名咨询公司科尔尼于20世纪80年代首次提出的，科尔尼致力于战略采购研究和推广工作，已为全球500强企业中的2/3企业提供过战略采购咨询服务。实施战略采购不仅为企业带来20%～30%的物料总拥有成本（TCO）下降，更重要的是构建新型的供应链合作关系，为形成供应链整体竞争力奠定了坚实的、有长久生命力的基础。在这个“市场竞争已不再是单个企业作为竞争主体的竞争，而是整个供应链之间的竞争”的时代，战略采购显得尤为重要。

（一）战略采购的定义

对于什么是“战略采购”？很多人认为战略采购就是需要做一些战略性库存的战略性物资的采购，这是错误的。战略性物资是指企业的某些原材料市场价格波动较大或者未来价格预期会有较大的增长、预期未来供应紧缺的物资。战略性库存就是为应对此挑战而作的预先购买的战略性储备，以满足未来的生产运营，比如：国家的石油战略储备、粮食的战略储备、某些钢厂的铁矿石储备等。

1997年Carr（卡尔）和Smeltzer（斯梅尔策）第一次明确提出其定义：战略采购（Strategic Purchasing，SP）是计划、评估、实施、控制战略性和操作性采购决策的过程，目的是指导采购部门的所有活动都围绕提高公司竞争力展开，以实现公司的远景规划（长期目标）。

此外，比较有代表性的定义还有Monczka（蒙克萨）等人所提出的定义，他们认为战略采购是一个跨幅很大的过程，包括公司的所有职员而不仅仅是正规的采购部门的职员。战略采购团队涉及质量、设计、工程、制造、市场营销、会计及其他所需部门的职员。战略采购管理的核心包括管理、发展和整合供应商，并以此来取得企业竞争优势。

战略采购是指一系列计划、实施、控制战略性和操作性采购决策的过程，目的是指导采购部门的所有活动都围绕提高企业能力而展开，以实现企业远景计划。从公司战略的实施角度来说，战略采购是支持企业战略及供应链战略实施的重要举措，包含采购策略的计划、制订、实施及控制的整个PDCA（管理循环）过程，它不仅涉及战略性物资，还涉及所有采购的物资。从上述定义可以看出，如果采购在公司战略计划制订过程中起到了整合的作用，那么这样的采购被认为具有战略功能。战略采购是整合性的，相比较一般采购关注短期、事务性的、非整合性的问题，战略采购是根据竞争战略确定供应商管理目标，以降低采购物资的总拥有成本及提高供应链竞争能力为目的，发展有助于创造竞争优势的交易关系，并在供应商、采购部门、其他职能部门之间进行战略目标和活动的整合。

（二）战略采购的特点

战略采购又称双赢/多赢采购，是一种新兴的在合作关系到与竞争能力性关系之间寻求平衡的采购模式。战略采购作为整合公司供应商战略目标和经营活动的纽带，具有以下几方面特点：

1. 寻求总成本优化

总成本最优被许多企业的管理者误解为价格最低，往往忽略使用成本、管理成本和其他无形成本对采购成本的影响。战略采购不仅关注单价，更关注总成本。总成本又叫总拥有成本（Total Cost of Ownership，TCO），是企业购置原料和服务所支付的实际总价，包括安装费用、税费、存货成本、运输成本、检验费、修复或调整费用等。在现实运营中，低价格所导致高的总拥有成本常常出现，影响着后续的运输、调配、维护、调换乃至产品的更新换代。因此必须有总体成本考虑的远见，对整个采购流程中所涉及的关键成本和其他相关的长期潜在成本进行评估。在实施采购时要以总成本最低为导向，再寻求最低的单价。

2. 建立双赢的供应商合作关系

采购过程不是零和博弈，一方获利则另一方失利；也不是利用采购杠杆，压制供应商进行价格妥协。战略采购应当是基于对原材料市场的充分了解和企业自身长远规划的双赢沟通，而建立起来与供应商之间的合作伙伴关系，致力于长期合作，是长期取向，它的核心是以最低总成本建立供应商合作关系，是采购的高级阶段。采购企业充当联盟者角色，与供应商之间维系策略联盟合作关系，其中与认证的供应商结成战略联盟。如在研究开发阶段进行合作，以减少制造中意想不到的问题，共同面对市场的竞争与挑战，取得市场上的购买优势。供应商的数量由多到少甚至单一，与供应商的关系由短期交易到长期合作。在企业有需要的时候，供应商可以挺身而出，牺牲短期利益来获得长期的共赢。在与供应商签署长期框架协议的前提下，对供应商关系进行持续改善，以使企业获得更优的质量、更低的价格、更准的交货、更好的服务，而唯如此方能从真正意义上建立供应链竞争基础。

3. 提升采购组织能力

战略采购的战略性决策以供应链上的总拥有成本最低为目标，其决策必然涉及企业内部价值链上的各个部门的利益，即产品研发、工艺、采购、生产制造、销售与服务、成本等部门，同时要想实现总拥有成本最低，也需要涉及的各个部门共同协作实施方能执行有效。所以战略采购双赢的战略采购实施绝不仅仅是采购部门的事情，需要各个部门协作实施来提升组织的能力。这些组织能力着眼于六种：总成本建模、创建采购战略、建立并维持供应商关系、整合供应商、利用供应商创新、发展全球采购基地。其中总成本建模、创建采购战略、建立并维持供应商关系通常适用于一个行业，属共有的能力，而后三种能力可能适用于某些行业或企业，多数企业只注重其中的某一种。只有最尖端的企业能在这三方面都具备较强的能力。

总之，战略采购有助于降低采购总成本，提高企业创新能力，显著提高企业长期绩效，有效规避企业经营风险。

三、战略采购的实施步骤

战略采购的理念的理解并不难，难的是贯彻执行，所谓“知易行难”就是这个道理。没有一个清晰的、具有逻辑性的，可操作性强的指南来指导如何践行，在系统研究标杆企业的成功实践的基础上掌握实施战略采购步骤。

（一）成立战略采购实施组织

战略采购实施组织应该包括项目管理团队、各项目的商品小组及战略采购的常设部门（负责供应商开发与管理）。明确各个团队的职责、跨部门团队的工作规则、制订总体的实施计划、制订各个项目团队的工作计划、制订培训计划并实施培训。

（二）对物料进行分类

按物料的加工工艺及材料等标准对物料进行分类。

（三）进行采购支出分析

采购支出是指采购实际付出的金额及总拥有成本。通常情况下企业会有关于采购支出的数据统计，但很多时候数据遗漏、数据不全及数据不准确，不能为采购策略制定提供科学的依据。

（四）实施采购需求分析

各商品小组针对某一种类物料的需求进行分析，建立起采购数据库（内容包括物料编码、名称、规格、型号、尺寸、计量单位、单价、供应商、说明等）。同时分析该物料在整个供应链过程的总拥有成本，其目的主要是掌握现状并识别出改善的机会，依据所有商品小组分析的结果建立所有物料的总拥有成本数据库。

（五）分析供应市场环境

各商品小组分析该物料的现时竞争状况及未来的竞争趋势，为采购策略的制定提供依据。进一步利用 SWOT（态势）分析工具来分析自身在向潜在供应商采购该物料时的机会、不利的因素、优势与劣势，为采购策略的制定提供更多的依据。

（六）按采购管理属性对物料进行分类

按风险和复杂度大小以及价值大小将物料分为四类。高风险和复杂度及高价值的战略类物资；高风险和复杂度且低价值的瓶颈类物资；低风险和复杂度及高价值的杠杆型物资；低风险、简单且低价值的常规类物资。

（七）制定差异化的采购策略

不同类别物料适用的采购策略也将不同，根据物料分类的结果、供应市场分析的结论，对每种物料制定差异化的采购策略。对于战略类物料，需要和少数关键供应商结成战略性合作关系，实现 TCO 的优化；对于瓶颈类物料，要么不断开发新的供应商，要么修改自己的需求，将瓶颈类物料转化为其他物料；对杠杆类物料，需要扩大寻源范围，通过招标降低 TCO；对常规类物料，可以通过标准化和自动化的采购流程简化采购过程，降低采购费用。

（八）供应商评估与选择

系统、规范的供应商评估选择流程至关重要，是保证供应商质量的重要环节。建立各类供应商评估标准并严格执行评估程序，对潜在的供应商经过初步筛选、第二次筛选、第三次筛选、供应商审核与认证等过程后将其纳入合格供应商体系。

（九）与评估合格的供应商进行合同谈判

谈判之前需要准备所有与总拥有成本相关的资料、物料成本构成数据及供应市场分析的结果。谈判之中要秉承战略采购的思维，以总拥有成本为出发点及坚持双赢合作的策略。供应商谈判的结果是签订合作协议。

（十）供应商平滑转换

供应商转换是否顺利，直接影响到采购策略是否成功实施，同时还会影响企业生产运营、产品质量及供应商管理。订定规范的供应商转换流程及转换的计划至关重要，还要特别注意遵守与原供应商订定的合同与协议，以避免不必要的法律纠纷及对企业声誉的不利影响。

（十一）对供应商进行分类

按照管理属性对供应商进行分类，根据供应商与客户之间的相互依赖程度将供应商划分为三类：战略协作型、长期合作型、交易型。

（十二）制定差异化的供应商管理策略

根据分类的结果，针对某一供应商，从战略、职能及操作层面上分别制定差异化的供应商管理策略。全局性战略采购部门、日常操作性采购、质量、工艺、研发、物流、制造、服务等部门均执行此策略。

（十三）与战略协作型供应商建立战略联盟

对战略协作型供应商，应主动建立、发展与维护与供应商的战略协作型关系，订定协作的策略与规程。策略的执行主体也不限于日常业务操作部门，还包括公司最高管理者、与采购相关的中层等。

（十四）供应商管理

对供应商应订定正式的供应商管理流程与制度，其中包括供应商的绩效评估指标与机制。供应商绩效评估的指标体系应涵盖影响总拥有成本的各个环节，但同时还要体现各环节的相对重要性。评估的指标体系不仅包含定量指标，还要有定性指标。对于表现优异的供应商，应制定相应的奖励措施；对于表现较差的供应商应视物料的类别、供应属性来制定适切的激励措施，对属于瓶颈类物料、表现不佳的供应商或虽有较大发展潜力但目前表现不佳的供应商，应酌情实施供应商发展机制，即主动提供相关资源或协助以支持供应商的改善。

总而言之，要实现战略采购需要组织核心价值发生变化，需要获取组织系统的支持。所以，战略采购不仅仅是理念，还是一个成熟的、可操作的流程、方法与工具。其实施有赖于采购相关的各个部门通力协作与全程参与，奢望由采购部门单独来完成是不现实的。

知识链接

战略采购的单源供应（Single Source）

供应适用条件：

按客户要求专门制造的高科技、小批量产品，由于产品的技术含量高，又是专门小批量配套，往往不可能要求两家以上的供应商同时供应。

某些企业的产品及其零部件对工艺技术要求高，且由于保密的原因，不愿意让更多的供应商知道。

工艺性外协如电镀、表面处理等，因企业周围工业基础等条件所限，有可能只固定在一家供应。

产品的开发周期很短，必须伙伴型供应商的全力、密切配合。

单源供应的优点：

节省时间和精力，有助于企业与供应商之间加强交流、发展伙伴关系；

更容易实施双方在产品开发、质量控制、计划交货、降低成本等方面的改进并取得积极成效。

单源供应的缺点：

供应商有了可靠顾客，会失去其竞争的原动力及应变、革新主动力；

供应商可能会疏远市场，以致不能完全掌握市场的真正需求；

企业本身不容易更换供应商。

第七节　采购管理发展趋势

一、传统采购管理与现代采购管理的区别与联系

采购管理经历了从传统采购到现代采购的发展，传统采购管理与现代采购管理的区别如表 1-2 所示。

表 1-2　传统采购管理与现代采购管理对比

	传统采购管理	现代采购管理
供应商/买方关系	相互对立	合作伙伴
合作关系	可变的	长期
合同期限	短	长
采购数量	大批量	小批量
运输策略	单一品种整车发送	多品种整车发送
质量问题	检验/再检验	无须入库检验

续　表

	传统采购管理	现代采购管理
与供应商的信息沟通	采购订单	网络
信息沟通频率	离散的	连续的
对库存的认识	资产	祸害
供应商数量	多，越多越好	少，甚至一个
设计流程	先设计产品后询价	供应商参与产品设计
产量	大量	少量
交货安排	每月	每周或每天
供应商地理分布	很广的区域	尽可能靠近
仓库	大，自动化	小，灵活

二、企业的经营环境对采购的影响

面对经济全球化和信息技术的快速发展，企业的内外部经营环境发生着巨大变化，这些变化要求企业改变采购在企业中的作用和地位，从战略高度重视企业采购，运用先进的采购理念和技术，促进传统采购向现代采购转变。

（一）全球网络化

全球性的网络化、信息化进程正改变着人们的生活方式，IT（信息技术）应用以及电子商务的飞速增长给企业带来了深刻的影响。全球网络化突破了空间对企业生产经营范围和方式的约束，加强了企业之间的纵向或横向联系，实现企业间的协同和各种社会资源的共享与集成，高速度、高质量、低成本地为市场提供所需的产品和服务。

全球网络化把零件供应商、生产制造商、经销商、维修服务商、客户之间紧密联系在一起，允许企业将分解原有的纵向集成的组织结构，缩短内部工艺环节，剥离一些非核心业务，将一些加工环节转移到供应商一端，以提升企业的核心竞争力和市场灵活性。

（二）绿色采购

环境问题越来越普遍，各国政府对环境保护的法律法规越来越严格，要求企业在产品制造过程中，综合考虑环境影响和资源效益，从产品的规划、设计、生产、销售、使用到报废淘汰的回收利用、处理处置的整个生命周期、产品的生产均要做到节能降耗、对环境的负面影响最小，资源利用率最高。绿色环保化制造要想实现，就要从生产第一个环节——采购做起，绿色采购的理念由此开始产生，绿色采购提到日程。

（三）客户需求的多样化

随着社会经济文化的不断发展、网络技术和信息技术的日新月异，客户可以在更广泛的范围内选择自己需要的产品和服务，对产品以及服务的质量、价格、功能和性能的要求越来越高，客户需求的个性化和多样化日益加强、产品生命周期缩短、多品种小批量生产比例增大、卖方市场转变为买方市场、可持续发展的呼声越来越高等，企业所面临的竞争环境正发生着巨大的变化。

为了响应客户的个性化需求，企业需要改变生产方式，逐渐由面向库存（MTS）生产转向面向订单（MTO）的生产，大规模定制是一种新的MTO的生产方式，它能够将大规模生产和定制生产结合起来，以大规模生产的高效率和低成本，为客户提供单件或小批量的个性化产品。

三、采购管理发展的趋势

通过采购环境分析，我们发现现代采购管理具有以下发展趋势：

（一）交易管理标准化

交易管理（Transaction Management）是企业与供应商之间较为简单的买卖关系，其核心思想为订单管理。供应商充当贩卖商的角色。其特征为：围绕着采购订单（Purchase Order）与供应商进行较容易的讨价还价，对价格、付款条件、具体交货日期等一般商务条件执行采购和技术标准，形成了一套标准的采购流程控制。企业重视对供应商的合约履行及准时付款，达到获得供应商最佳配合的目的。

（二）供应商管理集中化

随着市场环境的变化，管理人员意识到供应商管理的重要性和集中采购的必要性。企业把采购需求汇总起来，对共用物料由各个采购团队负责特定领域内的物料采购，寻找合适的供应商，达到节约成本的目标，确保物料的充足供应。其特征为：围绕着一定时间段的采购合同，试图与供应商建立长久的关系；加强对供应商其他条件的重视，如订单采购周期、送货、经济批量、最小订单量和订单完成率；重视供应商的成本分析；加强了风险防范意识和成本控制管理。

（三）供应链管理共享化

供应链管理（Supply Chain Management）是企业与供应商之间结为伙伴型合作关系，供应商充当合作伙伴的角色。其特征为：与供应商建立策略性伙伴关系；更加重视整个供应链的成本和效率管理；与供应商共同研发产品及其对消费者的影响；寻求新的技术和材料替代物，OEM（定点生产）方式的操作；更为复杂和广泛的应用投标手段。其核心思想为与供应商建立战略合作伙伴关系，让供应商早期参与采购需求的分析和开发。

（四）采购方式电子化

企业的采购是以基于网络技术的电子采购，从根本上重新构架企业的采购模式，彻底改变企业的供应链，在企业与供应商之间形成无缝的订单履行信息流，从而优化采购流程、提高工作效率、缩短采购周期、减少过量库存、降低采购管理成本、降低采购产品价格、增进企业间的合作，使交易双方均能获得长期的收益。而且，电子采购的过程是与企业其他系统优化整合的过程，从而使成本节约的幅度及改进过程的效益更加凸显。

（五）采购管理中心化

采购管理中心化可以集中全企业的采购力，对供应市场产生影响，使组织处于有利地位，同时也有助于企业一个声音对外，便于企业的供应商管理，便于企业资源优化。采购人员要求提高，不仅了解产品的原理、性能要求，还要了解市场行情、供应商实力。需要有极强的计划能力、谈判能力、沟通能力、判断能力，才能应对变化的采购环境，保证企业的采购需求。

知识链接

企业虚位以待 采购人才成"香饽饽"

企业采购、政府采购、跨国采购的迅速发展，使采购人才日渐成为"香饽饽"。记者在人才市场采访发现，不少企业虚位以待，期待采购人才加盟。

据了解，各类企业并未对采购人才提出年龄和学历的过高要求，但相当看重实践经验，要求应聘者至少具有两年的采购经验，了解市场行情，具有广泛的资源网络，并具备谈判、沟通、协调能力。此外，用人单位对应聘者的专业背景也十分看重。

采购人才在企业中扮演的是"粮草官"的角色。他们既要熟悉企业的整个运作流程，及时提供和补足资源，同时还要充分了解市场信息、密切关注市场价格波动，在最适合的时间为企业提供价格最合理的生产和办公资料。一些企业老总说，好的采购经理，是企业成功的一半。

面对这种情势，业内人士分析道，由于目前采购专门人才教育和培训相对滞后，采购专才的稀缺问题将日益凸显，采购人才的市场价值存在较大上升空间。

案例分析

采购业务突破——转变采购模式，提升利润空间

（一）项目背景

华威集团（注：此为化名）是一家系统集成企业。作为首批进入系统集成行业的本土企业，华威集团见证、参与了行业的发展全过程，已成长为拥有行业整体解决方案的国内一流高级系统集成服务提供商。华威集团在过去的几年里取得了辉煌的成绩，但是近来遭遇到了发展后劲不足、持续增长缺乏发动机的瓶颈。特别是现阶段，采购成本的持续上涨使企业净利润率有所下降。如何突破这个瓶颈，是华威集团目前面临的关键问题。而采购成本作为企业最大的支出，如何做好采购管理？华威集团面临很多具体的问题：

（1）如何提高和大品牌供应商的议价能力？

（2）同样的采购品，为什么每次采购的价格都不一样，而且差别还很大？

（3）不同事业部采购相同的设备，为什么价格差异很大？

（4）单一产品每年的采购量都很大，但是单次采购量都不大，如何提高自身的价格谈判能力？

（5）领导们都觉得采购成本有下降空间，但是具体在哪里可以降？

（6）领导在审批时总是听到很多由业主指定的采购信息，但信息无据可寻，只能看着企业花高价进行采购。

以上问题的出现，反映了华威集团在二次创业的转型阶段对采购管理的完善和提升的内在需求。它所反映的问题在成长型企业中具有一定的普遍性：

(1) 管理基础弱：项目计划性差，领导忙于救火；跨部门扯皮多、各事业部间协同难；依靠习惯、经验和个人关系做事，好的经验没有积累，重复犯已经犯过的错误，如投标和结算相同的错误频繁出现。供应商信息分散在各个事业部，导致供应商信息无法在公司层面得到共享，公司对供应商也无法进行统一的全生命周期管理。目前的采购模式仍是传统的采购模式，关注采购的直接成本。

(2) IT（信息技术）难支撑：现有的数据库无法满足不断增长的采购品信息管理需求，采购品信息在系统中标准不统一，数量单价不准确，导致各事业部之间的采购信息难以共享，采购分析无法实现，领导关心的关键指标看不到。

(3) 业务难突破：如何降低采购成本是本次项目的核心点。以往公司层面集中采购，后因各个事业部的发展，现在采购职能已分散到各个事业部中，公司只对采购合同和已发生采购关系的供应商进行统一管理。随着公司业务的扩大，采购成本不断上升，已经占到公司营业收入的50%以上，而企业的利润率却在不断地走低，净利润已经处于行业的中下游水平，大不如前几年。如何控制成本、提高华威集团的利润率和竞争力成为本次项目的出发点。

（二）解决方案

1. 本次项目的总体解决思路

针对华威集团的企业发展现状和采购现状，AMT项目组建议，把华威集团现有的传统采购方式转变为战略采购方式，通过企业内部和外部两个维度找到采购成本节约点。

企业要节约采购成本，最终都是要与供应商进行谈判才能实现。从对外的维度讲，项目组通过多种方法，如研究采购品策略、研究供应市场、与供应商谈判、与供应商进行战略合作等，实现成本节约。从企业内部来看，通过对项目业务数据的分析，找出项目各阶段中影响采购成本的因素，识别成本的关键控制点，并通过企业内部机制管理实现各部门之间的协调和关键点的控制，实现采购成本的节约。

整个项目经历了现状调研、采购策略分析、典型项目分析和机制建设四个阶段。

2. 从传统采购向战略采购转变

战略采购是计划、实施、控制战略性和操作性采购决策的过程，目的是指导采购部门的所有活动都围绕提高企业能力，实现企业远景计划，重点关注“最低总成本”展开。它用于系统地评估一个企业的购买需求，以确认内部和外部机会，从而减少采购的总成本。其好处在于能够充分平衡企业内外部优势，以降低整体成本为宗旨，涵盖整个采购流程，实现从需求描述直至付款的全程管理。

为了使该企业从传统采购向战略采购过渡，项目组主要采取了三种方式：一是进行五大类采购品采购策略研究，通过集中采购、整合企业内部需求、供应商谈判等策略，见证战略采购在对成本节约的快速见效作用。二是流程机制建设，实现各部门之间的协调，从关注直接采购成本到关注总成本的转变。三是建立供应商库和采购品库，以期巩固企业的资源整合能力。

3. 采购成本分析

首先是基于对业务过程的理解，构建采购成本模型。把采购成本分为采购管理成本、采购执行成本和采购直接成本。采购管理成本包括供应市场研究成本、采购品管理和供应商管理成本三部分。采购直接成本主要包括采购价格、运输成本、保险成本、仓储成本、安装配套成本、质保客服费用及报关费用等。采购执行成本包括从订货、到最后的售后服务等过程中发生的一系列执行费用。其次是找到影响关键成本的影响因素，这是成本节约与控制的基础。最后是识别影响成本的关键因素，并设计出应对的策略，这是快速控制成本的紧急措施。经对影响成本的因素的总结分析后，最后都归结于加强需求管理、采购计划、供应商管理、内控建设、付款管理和信息化管理

4. 项目过程

(1) 现状调研

通过历时5周的调研访谈、问卷调研和数据分析。调研访谈对象包括公司的采购人员、营销人员、投标人员、技术人员、设计人员、项目工程人员、财务人员、各事业部中高层、集团职能部门经理和总裁，主要就采购策略、采购品分类管理、供应商管理、采购制度流程、采购组织管理5个方面的情况进行了自下而上的共22次访谈，了解了企业的采购现状。通过问卷调研了解了企业员工对采购目标策略、供应商管理、采购流程、组织绩效和采购信息化管理的理解程度和想法。通过对各事业部采购成本支出比例的分析、各事业部同类采购品价格分析、公司采购品各品类总成本分析等数据分析，了解了该企业的采购信息化现状和采购支出情况。

通过以上三种方式的现状调研，我们分析华威集团主要存在以下4大类问题：

①从采购目标上讲，缺乏战略目标指导长期的采购规划，经营计划对采购业务的指向性不足。

②从采购策略上讲，现有采购品分类无法有效支持采购策略的制定，采购需求研究缺失造成行业定位不够聚焦。

③从业务模式上讲，计划管理薄弱，供应商管理不足，缺乏集中采购，采购品数据管理不力，业务流程流失，采购资源管理与采购执行未分离，存在操作风险，采购绩效指标不完善。

④采购信息化方面，ERP（企业资源计划）系统不能提供必要的数据资料。ERP中物品和供应商信息基础数据规范性差，业务数据难以承接。

(2) 采购策略分析

①采购品研究

建立采购类别，选择华威集团具有代表性的采购品。

统一的采购品分类是确保公司层面供应资源管理整合、进行集中采购、提升与供应商博弈能力的基础。公司缺乏统一的采购品分类，采购品管理也不规范，导致很多同样的采购品因为命名不同而无法形成对比。经重新梳理后，把采购品统一分成6大类，41个品类。

以5类采购品策略研究作为典型，引导战略采购工作的开展。在选取采购品时，遵循采购量大、各事业部通用、获取渠道不同的原则选择5大类具有代表性的产品。

②供应市场研究

第一，通过波特五力模型分析供应市场，了解供应市场中的竞争格局、影响供应商议

价能力的因素、供应商产品的成本构成情况及主要供应商情况。通俗的讲法就是在供应市场研究过程中，要尽量了解供应商的底牌信息，所谓知己知彼，方能百战不殆。

第二，收集采购品的供应商信息。供应商信息主要来自各个事业部已采购的供应商以及各事业部推荐的潜在供应商。收集供应商信息，包括供应商的资质、规模、经营产品和信用。收集信息的主要方式还是在供应商的第一轮谈判时，通过了解供应商带来公司资料、报价信息和谈判过程中的访谈交流来获得。

第三，制定采购策略。根据华威集团与供应商的博弈能力，决定是制定改变我方需求的性质还是寻求与供应商的联合优势，或利用供应商之间的竞争，还是全方位的管理开支，来选择降低采购成本的策略或方法。在五大品类的采购策略研究中，我们运用了核心成本分析、构建结构化的报价体体系、需求整合、供应商整合、长期框架协议、优化付款条件、引入供应商竞争机制和产品标准化等十几个采购策略。这些采购策略的实施，是在短期内节约成本的有效方法。如通过实施需求整合策略，华威集团整合4个事业部的其中一种原材料，使这项原材料的采购量骤增，就有了与国内顶尖供应商谈判的基础和本钱，采购价格相应就会优化。

第四，选择实施路径。在选择供应商之前，可以通过对之前供应商的筛选，选择相应供应商进行到谈判环节。如果当前公司的供应商库无法满足企业需求时，也可以通过发展新的供应商，进入下一轮谈判。

第五，供应商谈判与选择。供应商谈判建立在双赢基础上（不突破对方底线、突出为对方带来的利益），以数据分析与事实为基础，进行有限的信息互通，做有条件的承诺。

项目组成员一起与供应商谈判。谈判共分为三轮：第一轮谈判是合作确定，了解到供应商的基本情况，包括供应市场分析、历史合作分析、采购品类贡献定位、标准化报价，配送方式确立。在第一轮谈判结束后，形成访谈纪要，并收到客户的询价单，对报价进行分析，为下一次商务谈判做好准备。经过第一轮谈判，筛选出合适的供应商，就长期合作情况进行第二轮谈判。第三轮谈判是建立战略联盟。这需要有企业高层的参与。项目组主要是参与第一和第二轮谈判。

在谈判前，AMT（管理咨询服务机构）与项目组同事一起制订访谈计划，进行华威集团与供应商的优劣势分析，访谈准备收集资料清单发给项目组同事后，大家商讨得出谈判策略，并对合作条件进行谈判，就折扣、返点和账期等细节进行沟通确认。在AMT项目组撤离华威集团后，所有研究的采购品由华威集团各产品经理或专员来接手继续研究和供应商谈判，并由AMT顾问辅导进行。

(3) 典型项目分析

项目分析的目的是从项目管理的角度找出影响采购成本的因素。首先，从战略采购的角度分析华威集团项目的采购成本；其次，从信息完整性和有效性分析部门协调和配合的程度；再次，从成本缺陷和决算的影响因素识别成本控制点；最后，从过程中成本降低和利润贡献分析关键职能。

从各阶段利润率波动大情况、项目金额等维度挑选了各部门已经结算的3个典型项目，根据分析项目利润的变化情况，经过对与项目中所有有关的人员，包括营销人员、项目经理、工程主管、采购人员、设计人员、结算人员等进行访谈，找到从投标、深化设计阶段、采购阶段到最后结算4个阶段中影响项目利润的因素，包括投标漏项、投标失误，深化设计过程中采购的参与程度，业主指定，到货计划，到货确认，设备在项目过程中的变更，决算时间和决算正确率等。

（4）机制建设

采购流程机制建设。在项目分析阶段，已经找出影响采购成本的关键流程及流程节点。在项目中，总共梳理了6个对采购成本有着重要影响的关键流程，即投标管理流程、深化设计流程、请购流程、采购管理流程、到货验收流程和结算流程。通过关键流程优化、标准和制度的建设，打通部门协调障碍，强化盈利能力。在流程设计出来后，通过跨部门流程研讨会，让销售部、设计部、工程部、采购中心、结算中心、事业部经理、副总都参与到这个流程研讨会中，验证针对管控点的方案可操作性，补充完善岗位间协作的输入和输出物，输出一个销售清单和结算清单的最后对应表，为高层展现了项目从最开始的投标销售，到深化设计，到采购阶段和到最后结算阶段采购品的实时变化情况，如采购数量变化，或采购品替换，原投标时的采购品，后来因深化设计而改为其他品牌或类型的采购品，因此而导致项目利润的变化情况也会从这张表上看出。这样，项目中的任何变动都变得有据可行，项目过程都在高层的可控范围内，领导可以根据数据的变化情况来决定采取相对应的行动。

①供应商管理

针对供应商目前数量多、信息分散不共享、供应商日常执行信息记录不完备、潜在供应商寻找处于被动状态和供应商评价过于依靠主观判断以及难以支撑供应商发展等问题，应建立供应商统一的信息平台，有权限地对企业不同级别的人开放，实现供应商信息共享。同时企业精减供应商数量、让各相关采购人员配合供应商管理员对供应商进行分类分级和全生命周期管理。

②产品经理设置

为加强采购品和供应商数据库等核心能力建设，建议设置产品经理职位。产品经理的设置，能整合通用的采购品量、统一供应商管理。专岗专人进行采购品策略研究，控制采购直接成本，掌握行业核心产品的利润贡献率；指导和监督设备变更和新增的利润要求，避免大量的资金占用；产品经理岗位的设置能从总成本的角度协调项目过程的不同部门和岗位；开发长期合作供应商，统一公司整体的返点和折扣；开发战略的供应商、合作伙伴。

5. 可预期的成果

短期采购成本节约：经过对5个品类的采购策略研究，短期可以使原来的利润率提高15%，5大品类的采购金额占华威集团年均总采购量的10%。如果对全部采购品都进行采购策略研究，可以使华威集团的净利润实现翻倍。

长期成本节约：此次采购项目，是通过管理+IT的方法得以实现的。通过IT手段把咨询成果固化。产品经理的设置和AMT顾问的持续辅导，企业内部机制的建立，都能为华威集团实现采购成本的持续优化。

权威统计测算，由传统采购向战略采购转型，在国际先进国家平均节约采购总成本10%～15%，在中国平均节约采购总成本15%～25%，针对华威集团，我们以5类采购品的采购策略分析，短期即可以实现6%的采购成本节约。

资料来源：中华企业资源网2014年07月18日。

思考题：

1. 华威集团主要存在哪些问题？

2. 华威集团要采取战略采购，它与传统采购有什么区别？

3. 该案例有什么借鉴意义？

思考与练习

一、判断题

1. 战略采购无法避免企业经营风险。（ ）

2. 采购就是采购管理。（ ）

3. 采购过程既包含商流，又包含物流。（ ）

4. 采购的要素包括供应商、时间、价格、数量和质量。（ ）

5. 采购管理的总目标就是为企业提供满足其需要的货物和服务。（ ）

二、单项选择题

1. 关于采购的概念说法错误的是（ ）。

A. 采购是从资源市场获取资源的过程　　B. 采购是商流过程与物流过程的统一

C. 采购是一种经济活动　　D. 采购就是一种购买过程

2. 采购管理最基本的目标是（ ）。

A. 为企业提供所需的货物和服务　　B. 尽可能降低采购成本

C. 使库存降到最低限度　　D. 保证采购物料质量

3. 在采购管理的发展历程中，（ ）开始关注供应商。

A. 以采购产品为中心阶段　　B. 以运作过程为中心阶段

C. 以采购关系为中心阶段　　D. 以供应链管理为中心阶段

三、思考题

1. 如何理解采购工作？

2. 为什么说采购在企业中具有重要的地位和作用？

3. 采购的流程可分为哪些步骤？

4. 战略采购的产生背景以及企业应如何实施战略采购？

5. 你认为传统的采购管理与现代的采购管理有哪些区别？

6. 采购管理面临哪些新挑战？

实训题

调查了解企业采购流程

就近选择不同类型的企业，包括大型、中型、小型国有、民营企业，企业类型可以是生产企业、物流企业、零售连锁企业等。了解企业的采购模式、流程，企业采购部门的岗位设置及任职条件、职责。

实训要求：以小组形式开展调研，收集相关资料，撰写调查报告、汇报 PPT（幻灯片），小组进行交流。

第二章　采购组织

学习目标

知识目标

1. 了解采购组织机构的类型；
2. 熟悉采购组织设计的原则；
3. 掌握采购相关岗位职责和能力要求。

技术目标

1. 能进行采购组织机构的选型与设计；
2. 能为企业设置合适的采购岗位；
3. 能为企业编制采购岗位说明书。

职业能力目标

树立采购组织理念，培养规范的组织意识。

采购聚焦

> **中国石油的电子采购系统**
>
> 中国石油天然气股份有限公司（以下简称中国石油）是一家上中下游一体化、石油主业突出、销售网络比较完备的境内外上市股份制企业，是中国最大的石油产品生产商和供应商。作为一个大型生产企业，中国石油在管理中面临着许多挑战。但由于它成功地应用了电子商务解决方案，与全球各地的物资及设备供应商相整合，从中筛选质量、价格等方面的优秀者为合作伙伴，通过电子采购，大大降低了成本。同时，快捷的网上交易流程，提高了其管理水平。举世瞩目的西气东输工程中的一笔6亿多元的网上采购，仅用7小时就顺利完成，直接节约资金1.2亿元。据统计，中国石油自应用电子商务技术以来，已经实现网上交易150亿元，平均节约采购成本5%以上，该项目已经成为电子商务与现代物流技术示范工程，中国工业系统唯一入选的示范项目。并且，在IBM（国际商业机器公司）的帮助下，中国石油能源一号网已经实现了电子采购—电子销售—电子市场的全面技术整合。
>
> 问题：采购管理的职能有哪些？采购组织应如何设置管理决策模式才能确保中国石油的供应系统与其自身的供应链管理保持一致？

第一节　采购组织的类型

采购制度是指企业采购工作的管理方式，一般分为中央集权式的“集中制”、地方分权式的“分散制”和兼具分权和集权的“混合制”三种方式。当然，管理方式的选择与该企业的规模、地理条件、产品种类等皆有密切关系。企业规模越小，分支机构分布越邻近，产品种类越相似，采用集中制的机会越大；反之，则采用分散制或混合制。

一、集中制采购制度

集中制采购制度是指由企业的采购部门全权负责企业的采购工作。即企业生产中所需物质的采购任务，都由一个部门负责，其他部门（包括分厂、分公司）均无采购职权。集中制采购制度的流程如图2－1所示。

（一）集中制采购制度的优点

集中制采购制度的优点主要有：第一，可以降低企业采购费用，集中制采购可以使采购批量化，增加在谈判中的主动权，比较容易获得价格折让和良好的服务；第二，有利于实现采购作业与采购流程的规范化和标准化管理；第三，有利于对采购工作实施有效控制与管理；第四，可以统一组织供应、合理配置资源、最大限度地降低库存，从而减少库存成本。

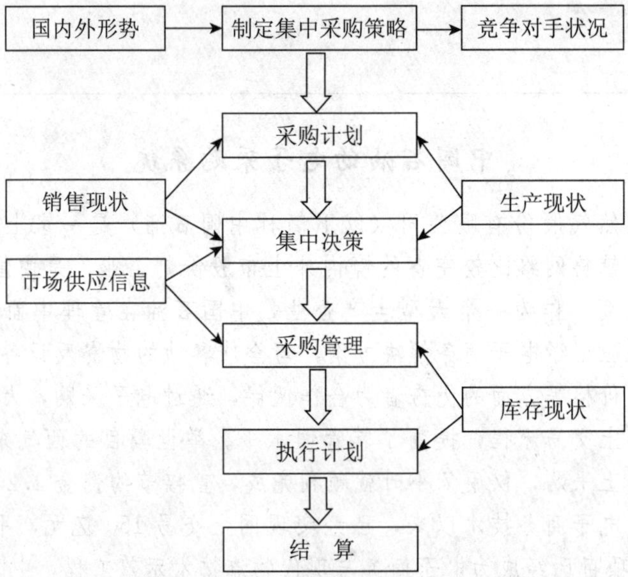

图 2-1　集中制采购制度的流程

（二）集中制采购制度的缺点

集中制采购制度的缺点主要有：第一，采购流程过长，时效性差，难以适应零星、地域性及紧急采购状况；第二，非共同性物料集中采购，企业难以获得批量折扣；第三，采购与使用单位分离，缺乏有效激励，采购绩效会降低。

（三）集中制采购制度的适用条件

集中制采购制度主要适用于三种情况：第一，企业物资需求数量小，集中采购能够解决企业的供应问题；第二，企业供应与需要共处一地，便于集中组织供应与管理；第三，为了管理与控制，有必要进行集中采购，例如连锁店的采购，配送中心实行的就是集中采购制度。

二、分散制采购制度

分散制采购制度是指按照需要由各单位自行设立采购部门负责采购管理工作，以满足生产部门的需要。分散制采购制度恰好完善与补充了集中制采购制度的不足；增强了基层工作者的责任心和积极性；更有利于采购各环节的有效协调配合，且手续简单、过程短、直接快速；同时占用资金与占用率空间较小。但是这种采购制度权力分散，不利于采购成本的降低，易出现暗箱操作的情况，一旦管理失控，还会造成供应中断，加大采购成本，影响生产活动的正常进行等后果。这种采购制度主要适用于大型生产企业或大型流通企业，如实行事业部制的企业，可在每一事业部设立独立的采购供应部门。分散制采购制度的流程如图 2-2 所示。

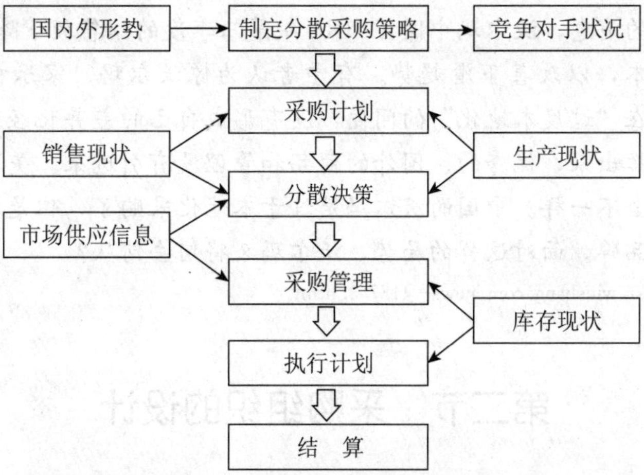

图 2-2　分散制采购制度的流程

三、混合制采购制度

混合制采购制度是指由集中至采购与分散至采购组合成的一种新型采购制度。在实践中，根据采购物资的数量、品质要求、供货时间、价值大小等因素确定具体的采购方式，需求量大且价值高的物品、进口货物等可由总公司采购部集中采购；需求量小、价值低的物品及临时性需要采购的物资，可由分公司和分厂的采购部门分散去采购，只是在采购中要向总公司反馈相关采购信息。

补充阅读

沃尔玛连续 3 年对采购体系“动手术”集权或分权

2014 年年末，沃尔玛的人事和公司管理架构调整引起了外界高度注意。有分析者指出，这已经是沃尔玛连续 3 年在第四季度对采购体系“动手术”。此争议的焦点可追溯至沃尔玛中国 2014 年 12 月 2 日的公告，称沃尔玛将取消位于大连的区域办公室，将原先的全国六大营运区缩减为五个，这意味着沃尔玛在东北营运区的管理岗位将进行一次大调整：大连的区域办公室及该区域的门店管理职能都将转移到北京。

据沃尔玛中国区发言人介绍，在之前的架构下，位于北京大连的采购办公室分别服务华北和东北两个区域及周边地区。近两年沃尔玛对原有的大卖场采购体系进行了改革，加大中央集中采购范围。虽然沃尔玛方面否认管理结构调整，尤其针对采购部门，但若梳理沃尔玛近年来持续对过去在中国的扩张进行的调整动作，可以看到对采购办公室和供应商的调整力度尤其之大。其背后是关于到底应该“中央集权”，还是“分权”的困惑。

实际上沃尔玛自进入中国以来，一直采取的是中央集权式的总部直管模式运营。近年来，沃尔玛对“区域放权”时有调整，2010 年前后，沃尔玛中国区实行“区域放权”新政，将采购权下放。但近两年，从提高效率的角度出发，采购大权又回到深圳采购总部手中。

据华尔街日报的消息，沃尔玛中国区2014年第三季度的销售额下降0.8%，沃尔玛需要努力削减在华成本，以改善下滑趋势。有学者认为像沃尔玛、家乐福这样的外资大超市，在采购方面存在“过度本地化”的问题，没有形成自己的差异化经营。沃尔玛的采购优势在中国没有发挥出来，优秀的、国外的商品和管理没有引进来。美国和欧洲的沃尔玛和中国的沃尔玛完全不一样。中国的沃尔玛是过于本地化采购了，但是本地化采购肯定不如我国的本土商超品牌。面对这样的局势，沃尔玛又将何去何从？

资料来源：http：//sz. winshang. com/news - 418753. html。

第二节　采购组织的设计

采购与供应管理是为实现企业利益和经营目标，对企业的采购与供应活动和过程进行的计划、组织、协调和控制活动。采购与供应管理是企业管理的重要职能，也是企业专业管理的重要领域之一。

采购与供应管理不但要面向企业全体采购员，而且也要面向企业组织的其他人员（进行有关采购供应的协调配合工作），一般由企业的采购科（部、处）长和供应科（部、处）长或企业副总来承担，一方面，其使命就是要保证整个企业的物资供应；另一方面，它也是联系整个资源市场的纽带。

一、采购与供应管理组织的设计原则

采购与供应管理组织是采购与供应管理最基本的组成部分。为了搞好企业复杂繁多的采购与供应管理工作，需要有一个合理的管理机制和一个精干的管理组织机构，更需要一些能干的管理人员和操作人员。

采购与供应组织是为了实现给定的采购供应任务而组建起来的人员岗位职务责任体系的一个管理执行机构，该组织的设置应当遵循下列几个原则。

（一）能够与企业的性质、规模相适应

对于规模小的企业来说，只需要设计一个比较简单的采购供应部门来负责整个企业的原材料及设备的采购。但是，对规模比较大的企业，像大型的企业集团或跨国性的企业，常常设有集团采购部或中央采购中心，同时各个子企业一般分别设有管理采购工作的分支机构。

（二）能够确保合理分工

在采购与供应组织内部，按照不同人员的能力、职责进行合理分工，各负其责，以便提高采购与供应的运作效率。

（三）能够与企业的管理水平相适应

如果企业的管理水平很高，已经引入MRP（物资需求计划）系统，那么企业的采购需求计划、订单开具、发货跟单都应按照MRP系统要求通过计算机进行操作控制。对于

管理水平较低的企业，例如手工作坊式的企业，其采购部门的设置应根据企业当前的管理水平进行相应的设计，与管理水平高的企业必然有着很大的不同。

（四）能够便于统一指挥

在采购与组织中，每一个采购人员应该接受一个采购主管指派的职权和职责，并且对其上级负责。

（五）能够实现有效的管理幅度

管理幅度是指每一管理者直接管理下属的人数。在建立采购与供应组织时，应合理确定管理的层次及每个层次的人员安排。

（六）能够保证权责相符

有效的采购与供应组织必须权责相互制衡。有责无权，责任难以落实；有权无责，就会滥用职权。因此，应该实现权责的对立与统一。

二、常用的三种组织结构

企业管理的组织形式没有固定统一的模式，经常随着企业的性质、企业的规模和企业的生产特点的不同而有所改变。同一企业在不同时期也会有不同的形式。组织结构的确定首先是为了管理的方便。就生产企业来说，主要有以下三种组织结构。

（一）直线制的组织结构

直线制的组织结构是最早、最简单的一种组织结构。企业组织形式是由一个上级主管直接管理多个下级的一种组织结构形式，如图 2－3 所示。

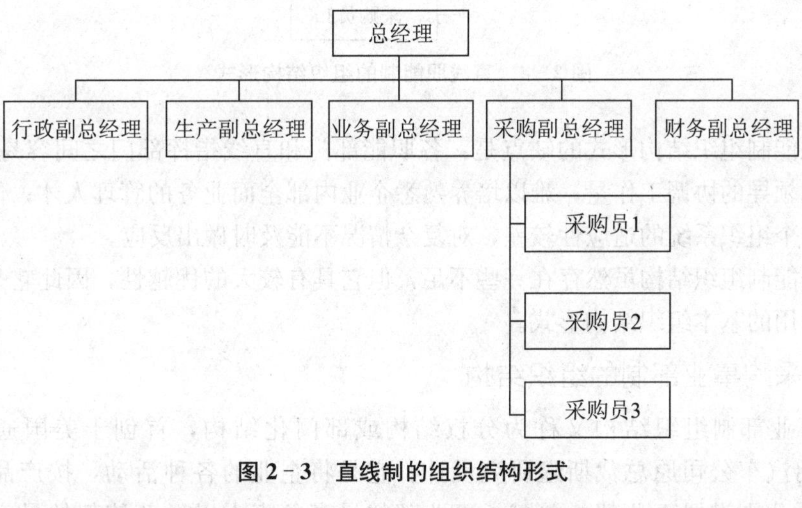

图 2－3　直线制的组织结构形式

直线制组织结构形式的特点是：指挥与被指挥的关系简单，权力集中，责权分明，联系简捷，指挥和命令统一，决策速度快，容易维持管理秩序；有利于加强管理工作控制和责任的力度，实现有效的交流沟通，使管理符合实际，能够实现个性化管理。

直线制组织结构形式的缺点是：由于采购主管对下级的所有业务都要进行指挥和监

督，因此，采购主管必须具备多方面的采购知识和技能，这种要求在实行多种经营的现代大企业中是很难得到满足的。因此，这种结构只适合于中、小型企业的采购管理。

（二）直线职能制的组织结构

直线职能制的组织结构是在直线制的基础上，加上相应的职能管理部门，共同参与采购决策并承担管理的职能。在该组织形式中，只有直线机构的行政领导才有权对下级机构发布命令，职能部门是直接指挥人员的参谋，一般无权对下级机构直接下达命令或进行指挥，只能对下级机构实行业务指导。

直线职能制组织结构的优点是：能够集中领导，统一指挥，便于调配人、财、物、力；职责清楚，有利于提高办事效率；秩序井然，使整个企业有较高的稳定性。直线职能制的组织结构形式，如图 2-4 所示。

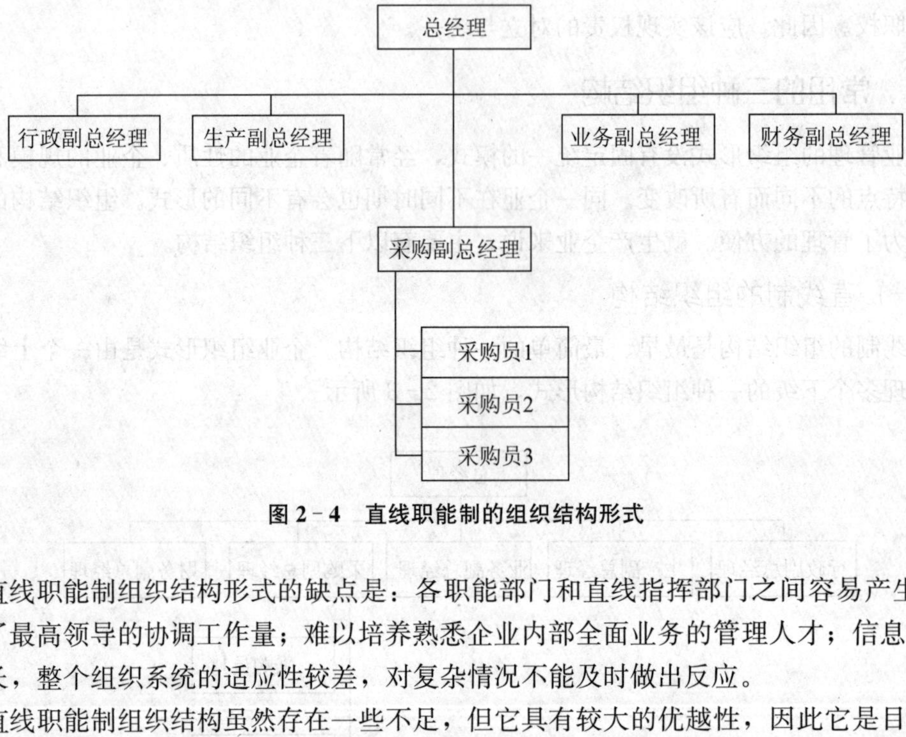

图 2-4　直线职能制的组织结构形式

直线职能制组织结构形式的缺点是：各职能部门和直线指挥部门之间容易产生矛盾，加大了最高领导的协调工作量；难以培养熟悉企业内部全面业务的管理人才；信息传递路线较长，整个组织系统的适应性较差，对复杂情况不能及时做出反应。

直线职能制组织结构虽然存在一些不足，但它具有较大的优越性，因此它是目前我国企业广泛采用的基本组织结构形式。

（三）采购事业部制的组织结构

采购事业部制组织结构又称为分权结构或部门化结构，首创于美国通用汽车公司，由通用汽车公司原总裁斯隆研究设计。它是将企业的各种活动，按产品、地区和顾客分类，分别设置事业部，并赋予事业部的最高负责人以经营该部的最高权限。这种采购组织是一种集中化与分散化相结合的组织结构形式，如图 2-5 所示。各事业部实行的是集中化采购，而从总公司的角度看实行的则是分散化采购，即将采购权分散到各部。

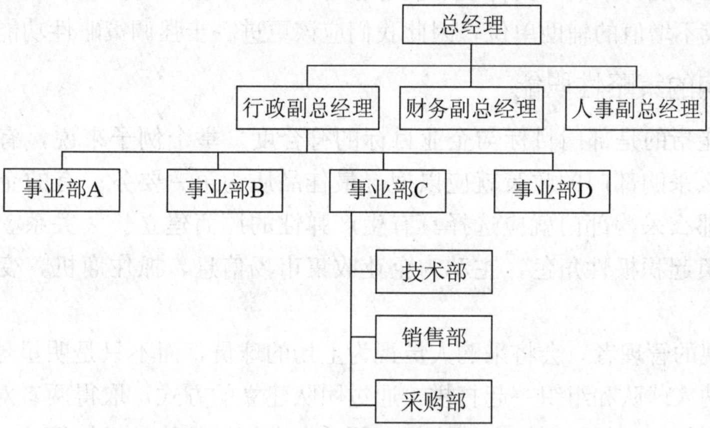

图 2-5　采购事业部制的组织结构形式

采购事业部制组织结构形式特点是：构成事业部的产品、地区、顾客，具有各自独立的市场；每个事业部都有一个利润中心；具有全企业综合经营的一部分管理权限。简单地说，事业部具有三个基本要素，即相对独立的市场、相对独立的利益和相对独立的自主权。

采购事业部制组织结构形式优点是：有利于实现企业内部的协作，提高劳动效率；最高管理部门可以摆脱日常行政事务，成为坚强有力的决策机构，同时各事业部自成体系，独立经营，独立核算，在分权范围内可以发挥灵活性和主动性；各事业部之间有比较、有竞争，通过比较和竞争可促进企业发展。

采购事业部制组织结构形式缺点是：由于机构重复，造成管理人员浪费；由于各事业部独立经营，使事业部将人员互换困难，相互支援能力较差；各事业部经理往往忽略企业的整体利益，仅从本部门利益出发考虑问题。采购事业部制组织结构适用于采购规模大而品种多、需求复杂、市场多变的企业。

企业采购管理组织的岗位设置要根据采购管理的职能、任务和管理机制。岗位的设置不是一成不变的，既要遵循精简、科学、合理的原则，又要根据本企业管理的实际情况进行设置。

第三节　采购组织的职责

一、采购的职能

（一）采购的操作性职能

操作性职能指的是采购部门的作业内容。采购部门的存在并非着眼于比价议价，而是在于满足各部门的需求，利于组织活动的正常运作。由于日常的需要和交易的频繁，采购人员在接到请购需求后，往往必须在最短的时间内马不停蹄地寻找供应商下订单、收货等，因此多数的采购人员认为他们只是一个满足其他部门短期需求的服务单位。但如果我们只重视操作性职能，采购人员在缺乏参与感的情况下，很难与其他成员一同为组织目标努力，反而变成不增值的辅助单位，因此我们应该更进一步强调策略性功能。

（二）采购的策略性职能

策略性职能指的是部门目标与企业目标的符合度。举个例子来说，有的企业一切以品质为上，那么采购部门的政策就应以搜寻最佳品质为第一要务；有的企业注重反映市场的灵活度，那么采购部门就应选择具有生产弹性的厂商建立长久关系。除此之外，采购部门更需肩负起积极性角色，主动为企业收集市场信息、抓住商机，变成本中心为利润中心。

具有策略观的管理者，会将采购人员视为上场的球员，而不只是明星球员的陪衬，甚至把供应商都纳入球队和组织一起打拼，通过团队建立的方式，取得两者对组织贡献的承诺。此外，采购部门的任何目标和策略都必须建立在组织整体的目标策略之下，以免互相腐蚀，引起资源配置的冲突，延缓组织发展的契机，而组织也须提供采购部门适当的机会和权限，让采购人员在合理的范围内发挥最大的努力。

值得注意的是从策略观思考采购活动，我们会发现外部环境的任何改变，不仅会影响供应商，也会进一步影响采购行为，比如供应价格变化、科技发展汇率变动等。这时我们所需要的不仅是注意相关时事和产业活动而已，还需要给予更迅速的策略性回应，这也就是采购部门的积极性角色，因此需要高层经理人的投入，让采购部门在面对冲击时可以迅速得到组织的承诺，取得所需的资源，同时我们也需要具备应有的风险管理能力，对变动做出及时反应。

二、采购部门的职责

采购作业不仅要了解本身业务的特质，还需随时注意根据需求的内容，能及时获得有效的供应，因此除了一般基本业务和采购订约验收等，可按已定的规定程序办理外，对于有关配合作业，如市场经济或价格变动趋势、技术水准及采购技巧等，都应经常调查研究，以便提供决策，让主管人员参考。采购部门直接的任务是购买各种不同种类及数量的材料，其有关的职责如下：

（1）核对订购单的材料，零件的技术要求，并寻求标准化的可能性。

（2）送货源（包括寻找新的材料及物料的代替品）的调查与选择。

（3）对市场供需情况，价格变化加以调查分析，并与同业间交换采购情报。

（4）要求供应商报价，并对其调查分析，洽谈采购条件，填制订货单，并签订采购合同。

（5）对采购物品追查，以确认是否按时运输，如期收到否，确切的数量与品质。

（6）各种物料及服务适时供应的控制与协调。

（7）给予供应商或协办方有关采购事务及技术的指导与建议。

（8）供应商或协办方有关人员的约见、洽商与工厂参观的安排。

（9）供应商交货时有关品质、数量验收结果的追踪与处理。

第四节　采购人员的职责和要求

一、采购人员的职位

在采购部门中，人员配备的要求与任何典型的员工组织一样。所有的职位可以分为五类，管理者、采购员、专业人员、行政和培训人员。职位头衔有各种各样，一般来说部门由一名副董事长、总裁、采购经理来领导，如果组织的经营领域比较宽，可能还会包括一个供应经理。非制造行业中可能还有有关合同的职位，比如合同管理经理。员工的职务一般包括采购员、采购计划人员、分析人员、行政管理者、协调者工程师、质量管理员或者原料员。职责的本质和范围并不一定取决于职务名称。职位中战略或战术的应用程度取决于下面的一些因素，企业规模大小、公司前途政策、采购消耗能源的程度和增强公司竞争力的能力。

二、采购人员的工作职责

在企业的生产管理人员中，采购人员具有自己的专门职责。

（一）保证生产物资供应的不间断

这是采购人员最基本的职责。采购人员的一切活动都是为了使生产用料得以不间断地供应，是生产能够进行的前提，因此采购人员的工作是为生产服务的。

（二）指导产品生产和工艺的改进

采购为生产服务，生产依赖于采购。采购员是生产与市场资源的连接者，因此采购员最了解市场资源及变化。根据市场资源情况，有责任对本企业的产品生产工艺及工艺过程和手段进行指导。采购员有责任向生产设计部门提供最新市场科技情报，促使生产采用最新科技成果、生产设备、使用标准化产品、提供可替代原材料等，使企业生产始终处于先进、标准化、有效率的状态。另外采购员还要根据市场的短缺情况，建议生产用料产品等进行改进，以避开由于某种物资长时间短缺，或大幅度提价而带来的损失，获得某些资源充足、成本降低而带来的好处。所以采购员是企业的耳目，是决策者的重要参谋。

（三）编报企业物资计划

采购人员是企业物资计划的编制者，根据企业物资定额和生产量等资料确定的物资需用量，是国家进行全面物质平衡的重要依据，因此企业采购人员有责任向上级部门提供详细准确的物资计划。企业编报物资计划是我国商品经济的有计划性的体现，是国家进行宏观控制的依据。

三、不同职位采购人员的职责

（一）采购主管的工作职责

采购主管的工作职责：新产品新材料供应商的寻找，资料收集及开发工作，对新供应商品质量体系状况的评估及认证，与供应商的比价议价谈判工作，及时跟踪掌握原材料市场价格行情变化及品质情况，采购计划编排，物料订购及交期控制，部门员工的管理培训工作等。

（二）采购主管助理的工作职责

采购主管助理的工作职责：协助主管进行材料采购渠道的搜集，采购计划的制订，市场行情的调查分析与统计分析，供应商评估数据的统计与分析；有关采购文件的编写工作等。

（三）采购工程师的职责

采购工程师的职责：主要原材料的估价，供应商提供的材料，样板的品质初步确认，采购部门有关技术、质量文件的拟制与技术、质量部门有关的技术质量问题的沟通与协调；与供应商有关技术、质量问题的沟通与协调等。

（四）采购文员的工作职责

采购文员的工作职责：各种采购单据与报表的收集整理与统计，采购品质量记录的保管与维护，采购事物的传达等。

补充阅读

三江公司采购人员角色及训练

三江公司认为，成功的采购人员应同时能够扮演以下的角色及具备相应的能力：

（1）谈判者。

（2）最佳供应商的选择能力。

（3）与工程人员共事的能力。

（4）人际关系处理能力。

（5）法律专家。

（6）生意人。

（7）具有远见。

（8）清楚地了解企业顾客的需求。

（9）整体成本的考察。

（10）后勤运送专家。

同时，为了使公司的采购员都有效地扮演上述角色，并拥有上述能力，该公司安排其采购员接受相应的训练课程。例如，要想成为一名成功的谈判者，就要接受谈判技巧的训练；要有选择供应商的能力，就需要接受基本采购知识及 ISO 9000 相关认证的训练等。除了训练外，该公司的采购员培训计划还包括了采购人员的自我评估、采购技能鉴定与管理能力的培养等内容。通过自我评估的模式，采购人员可以了解其现有采购能力的优缺点，并根据其优缺点来设计改进计划。采购技能鉴定即借助外界的资格考试来取得技能的认证。管理能力的提升则是对具有潜力的采购人员施以管理能力的训练，使他们在不久的将来可以进入管理层，成为经理级人才。

四、采购人员的基本要求

从采购部门的重要性和任务的复杂性，可以感受到采购人员应该具备较高的素养。受长期计划经济的影响，我国企业对采购人员的配备的重视程度是不够的，采购人员中高学历的人才比例不高。在高校的管理专业设置中也很少设置采购专业，导致高级采购人员的严重缺乏。采购业务需要高素质的专门人才，他们至少具备以下几方面的素质。

（一）具有良好的身心素质

采购人员要快速准确地掌握所必备的知识，并能够随时补充新知识，具有较强的接受能力；采购人员应具有顽强的性格和良好的心理素质，对复杂的环境和不利条件都具有适应性，具有灵活严谨的办事能力和经受挫折的能力；采购人员应具有充沛的体力和精力，采购工作十分辛苦，活动范围大，临时采购紧急采购，核心资源的开辟等，都需要大量的体力和精力。

（二）具有广博的知识

采购人员为了完成采购任务，不但要具备有关采购知识，还应具备生产知识和一般常识。采购活动是一种经济行为，因此要求采购人员掌握有关市场信息，资金结算、采购技术等知识和商品检验技术、产品学等知识。采购是由生产的需要而引起的，因此对于生产用料生产工艺过程和手段，产品的性能和成本以及设计原理等也必须掌握，以使采购更具有针对性和主动性。采购人员还需掌握和了解一般的社会常识和人际关系，促使采购顺利完成。

（三）具有较高的政策水平

采购工作具有较强的政策性，采购人员要了解国家政治经济形势，掌握有关政策法令，并能正确理解和执行。

（四）具有较强的竞争意识

在商品经济条件下竞争是一种必然现象，任何从事采购经济活动的人必须具有竞争意识，企业物资资源采购竞争，主要表现在对物资资源的竞争，主要使用时间、价格等竞争手段。在时间上要求早于他人发现物资资源取得优先采购的地位，这不但可使本企业生产需要得到满足，还可使采购成本降低，在价格上要使自己的定价比其他采购者的定价更具吸引力。

企业物资资源采购的竞争，尤其体现在短线物资的采购上，有些时机稍纵即逝，有些物资资源需要花费大量精力。因此采购的竞争也是十分严峻的，这就需要企业采购人员具有较强的竞争意识和竞争能力，才能适应工作的要求。

五、采购人员的职业道德

采购人员根据从事的职业，形成了与其职业密切相关的道德观念和道德标准，以调节人与人、人与社会之间的关系。作为一名采购人员，应具备以下职业道德和修养。

（一）具有高度的责任感

采购人员在从事自己的工作，既要对本企业负责，又要对社会负责。本企业物资采购是其他企业产品销售的竞争对象，尤其长线物资的采购，使采购具有较大程度的选择性，这就要求采购人员对本企业高度负责，择优采购，同时要执行国家规定的物价政策，并且对产品销售单位的竞争手段进行分析。

除比较常见的竞争方式外，还有一种回扣的竞争方式。回扣是商品经济中的正常行为，是价格上的灵活和优惠，但必须在政策和法律的指导下。取得回扣的主体应是购买企业，不是采购人员。企业可根据采购人员的工作成绩进行奖励。对于收取回扣将质次价高的物资购入企业的行为是与采购人员职业道德不相容的。采购人员要维护国家和企业的利益，遵纪守法，同不良现象做斗争。

（二）具有科学的态度

实事求是的科学态度，是采购人员的工作之本。采购人员首先要热爱自己的工作。熟悉自己的专业，确保采购任务的完成。对于发生的每笔业务要客观正确的评价。对于发生的问题，要依据法律政策和合同认真加以解决，避免失误带来的损失。对于购进物资要保证符合生产要求的标准，避免不合格物资进入企业，以促使生产的发展。

（三）具有互助精神

采购人员在与供货企业建立供需关系时，要本着互助精神，使本企业的采购行为，考虑到供货企业的条件和要求，以促使进货企业生产的发展。采购人员在遇到与己竞争的企业时，应在公平条件下进行，不得采用不道德手段。在本企业另有可供货源时，应避开竞争对手，使对方也有机会获得货源。采购人员的互助精神是促进社会经济形势稳定，供需平衡的有力保证。

案例分析

西门子公司的全球化采购策略

德国西门子股份（以下简称为西门子公司）公司是一家有着150多年历史、横跨数个产业的航空母舰式公司，仅仅西门子信息与移动通信一家公司，2001年的采购额就达到了20亿欧元。西门子信息与移动公司的供应商浩如烟海，分布在全球的各个角落。时任西门子公司全球采购中国部门的德籍副总裁柯艺华告诉记者，全球集约化采购是西门子公司进行采购管理，节约采购成本的关键，西门子公司的采购系统是西门子公司整个全球采购网的一部分。试问，对于这样的大公司，我们应该如何进行采购岗位设置，才能确保各个子公司之间的协同作战？如何做到精益采购？又如何从采购环节中节省成本？

（1）请根据西门子公司的具体情况进行分析，阐述采购岗位与精益采购之间的关系。

（2）请你根据以上信息分析采购岗位设置要考虑的主要因素。

思考与练习

一、判断题

1. 分散采购制度下营业人员与采购人员易产生对立。（　）

2. 采购业务应实行部门分工操作，部门之间相互制约，形成有效的激励机制和约束机制。（　　）

3. 企业在物资需求规模小的情况下适用集中制采购制度。（　　）

4. 今天采购部门员工需要掌握供应链管理相关领域里的知识。（　　）

5. 利益相关者是那些由于组织的行为获得收益或遭受损失的人们。（　　）

二、多项选择题

1. 采购组织可以分为哪几种类型？（　　）

A. 集中制采购　　B. 分散制采购

C. 混合制采购　　D. 招标采购

2. 从采购部门的设置出发，对生产企业来说，主要有以下哪几种组织结构？（　　）

A. 集中制组织结构　　B. 直线职能制组织结构

C. 采购事业部制组织结构　　D. 直线制组织结构

3. 下面对分散制采购制度缺点解释错误的是（　　）。

A. 权力分散，不利于采购成本的有效降低

B. 决策层次低，易于暗箱操作

C. 难以适应零星、地域性及紧急采购状况

D. 管理不善将会造成供应中断，影响生产活动的正常进行

4. 下面对集中制采购制度的缺点描述正确的是（　　）。

A. 采购流程过长、时效性差

B. 难以适应零星、地域性及紧急采购状况

C. 非共同性物料集中采购，企业难以得到数量折扣利益

D. 采购与使用单位分离，缺乏激励，采购绩效比较差

5. 物资采购管理当然要把（　　）作为自己的工作准则和基本工作。

A. 需求分析　　B. 制定订货策略

C. 供应商的选择　　D. 库存控制

三、思考题

1. 在企业中是否有必要建立独立的与财务、营销、运营管理并列的采购部门？若有必要请说明理由。

2. 大企业与小企业的采购部门在职能与结构上有哪些异同？

3. 试比较集中式采购组织与分散式采购组织的优缺点，并设计一个混合式的采购组织。

4. 采购部门与企业中其他职能部门之间的关系是怎样的？

5. 在市场经济条件下怎样挑选采购人员？设想一下在计划经济条件下又怎样挑选采购人员？

实训题

实训目标：通过对调研公司的资料及公司目标深入思考和分析，提高理论联系实际的能力。

实训操作步骤：

（1）在老师的指导下，进行分组，每组 5～7 人，并设组长 1 人。

（2）在组长的组织下选定要去的公司，并提前调研。

（3）讨论如何根据采购管理的目标设计采购组织，并画出组织结构图。

（4）老师点评，确定其可行性。

（5）整理资料，写出结果报告，总结学习体会。

实训要求：

（1）明确每组学生的分工。

（2）把相同问题放到不同小组的不同案例中讨论。

（3）教师随时解决在实训过程中遇到的各种问题，并组织学生进行经验交流。

（4）教师全程监控。

考核标准与方法：

（1）有公司背景资料，问题明确。（20 分）

（2）实训结果。（40 分）

（3）实训报告撰写。（20 分）

（4）实训过程表现。（20 分）

各组在展示过程中，展示内容要求简洁明了，组织结构设计图要求准确，并能说明其绘制依据。

第三章 采购方式

学习目标

知识目标

1. 了解现代采购方式的主要类型；
2. 熟悉各类采购方式的特点和适用范围；
3. 掌握各类采购方式的优缺点和适用条件，掌握招标采购的方法和程序，以及招标文件的格式和规范。

技术目标

1. 能根据采购目标和采购环境，为采购项目选择合适的采购方法；
2. 能制定招标公告；
3. 能制定招标书，并开展招标工作。

职业能力目标

能够对不同的采购要求和适用范围，选择不同的采购方式。

采购聚焦

> 某单位拟采购一批计算机设备，包括12台品牌台式机及4台笔记本电脑，预算金额为12万元，采购单位在采购方案中指定了台式机及液晶显示器的具体品牌、配置参数。该项目采购方案经报政府采购管理机构（以下简称为管理机构）审批后，管理机构将该项目下达给政府采购中心，并规定必须采用竞争性谈判方式采购。政府采购中心对该项目进行了审查、论证，发现该项目已经明确指定了设备的品牌、配置参数，且规格标准、统一，属于标准产品。经对市场进行调查，这批计算机及显示器的货源充足且其价格在一个时期内没有变化。综合分析后，认为符合《中华人民共和国政府采购法》第三十二条关于询价采购方式适用的情形，即“采购的货物规格、标准统一、现货货源充足且价格变化小的政府采购项目”，且预算金额不大，适宜于采用询价方式采购。政府采购中心即向管理机构提出报告，建议将采购方式改为询价方式，但管理机构以项目金额太大为由，坚持要按竞争性谈判方式，不同意政府采购中心变更采购方式的建议。政府采购中心在无奈的情况下，按竞争性谈判方式实施采购，编制了竞争性谈判文件，发布了采购信息，并向相关供应商发出了邀请函。但是，截至递交谈判响应文件时间，只有2家供应商响应，经报管理机构，管理机构认为响应的供应商不足3家，不符合有关规定，要求终止本次谈判活动，政府采购中心因此只得宣布本次谈判作废。随后，政府采购中心又按规定程序组织了第二次谈判采购，邀请了更多的供应商，但结果是响应的供应商仍然不足3家，谈判又一次以失败而告终。请你分析该单位采购项目失败的原因是什么？请你为该单位的计算机设备采购项目选择一种合适的采购方式，并说明理由。

第一节　采购方式分类及选择

采购方式是指企业在采购过程中所运用的方法和方式的总称，企业为了保证采购过程的顺利进行，都会依据当前的情况和企业的采购目标，选取合适的采购方式。依据不同的标准，可以将采购方式划分成不同的类别。

（一）按采购方式分类

按采购方式分类采购分为直接采购、委托采购与调拨采购。直接采购是指直接向物料供应厂商从事采购之行为。委托采购是指通过中间商实施采购行为的方式，也称中介采购。调拨采购是指将过剩物料相互支持调拨使用之行为。

（二）按采购性质分类

按采购性质分类采购分为公开采购与秘密采购、大量采购与零星采购、特殊采购与普通采购、正常性采购与投机性采购、计划性采购与市场性采购。

（三）按采购时间分类

按采购时间分类采购可分为长期固定性采购与非固定性采购、计划性采购与紧急采购、预购与限购。长期固定性采购是指采购行为长期而固定性采购，而非固定采购是指采购行为非固定性，需要时就采购。计划性是指根据物料计划或采购计划的采购行为，而紧急采购是指物料急用时毫无计划性的紧急采购行为。预购是指先将物料买进而后付款的采购行为，限购是指以现金购买物料的采购行为。

（四）按决定采购价格方式分类

按决定采购价格方式分类采购可分为招标采购、询价采购、比价采购、议价采购、定价采购，以及公开市场采购。

1. 招标采购

招标采购是指将物料采购的所有条件（诸如物料名称、规格、数量、交货日期、付款条件、罚款、投标押金、投标厂商资格、开标日期等）详细列明，登报公告。投标厂商依照公告的所有条件，在规定时间以内，缴纳投标押金，参加投标。招标采购之开标，按规定必须至少三家或以上的厂商从事报价，投标方得开标。开标后原则上以报价最高的厂商得标，但得标报价仍低过底价时，采购人员有权宣布废标，或经过监办人员的同意，以议价办理。

2. 询价现购

询价现购是指采购人员选取信用可靠的厂商将采购条件讲明，并询问价格，或寄以询价单，并促请对方报价，比较后则限价采购。

3. 比价采购

比价采购是指采购人员请几家厂商提供价格后，从中加以比价之后，决定厂商进行采购事项。

4. 定价采购

定价采购是指购买的物料数量巨大，而非一两家厂商所能全部提供，如铁路枕木或公卖局烟叶，或者当市面上该项物料匮乏时，则可确定价格，以现款采购。

（五）按采购地区分类

采购可分为国内采购（简称内购）与国外采购（简称外购）。所谓内购是指向国内厂商进行采购行为。所谓外购是指向国外供货商或外国供货商在本国境内代理商进行采购之行为。一般来说物料采购以内购较为方便与经济。

第二节 集中采购和分散采购

一、集中采购

1. 含义

集中采购是相对于分散采购而言的，它是指企业在核心管理层建立专门的采购机构，统一组织企业所需物品的采购进货业务。跨国公司的全球采购部门的建设，是集中采购的典型应用。它以组建内部采购部门的方式来统一管理，其分布于世界各地分支机构的采购业务，减少采购渠道，通过批量采购获得价格优惠。随着连锁经营、特许经营和外包制造模式的增加，集中采购更体现了经营主体的权利、利益、意志、品质和制度，使经营主体赢得市场，保护产权、技术，和商业秘密，提高效率，取得最大利益的战略和制度安排。因此集中采购将成为未来企业采购的主要方式，具有很好的发展前景。如 IBM、恒基伟业、麦当劳等企业都在这一层面上通过集中采购实现了自身的利益。

2. 优势

实施集中采购有以下一些优势：

（1）有利于获得采购规模效益，降低进货成本和物流成本，争取主动权。

（2）易于稳定本企业和供应商之间的关系，得到供应商在技术开发、货款结算、售后服务支持等诸多方面的支持与合作。

（3）集中采购责任重大，采取公开招标、集体决策的方式，可以有效地防止腐败。

（4）有利于采购决策中专业化分工和专业技能的发展，同时也有利于提高工作效率。

（5）如果集中控制采购决策，物料就比较容易实现标准化。

（6）减少了管理上的重复劳动。这样就不必让每一个部门的负责人都去填采购订单，只需采购部门针对企业的全部需求填一张订单就可以了。

（7）可以节省运费并获得供应商折扣。由于合并了多个部门的需求，采购部门找到供应商时，其手上的订单数量就足以引起供应商的兴趣，采购部门可以说服供应商尽快发运或给予数量折扣，除此之外，因为集中了所有需求后的货物，可以整车的进行装运，因此可以节省运费。

（8）对于供应商而言，这也可以推动其有效管理。他们不必同时与公司内的许多人打交道，而只需和采购经理联系。

3. 适用对象

集中采购所适用的采购主体主要有集团范围实施的采购活动；跨国公司的采购；连锁经营、OEM（定点生产）厂商、特许经营企业的采购。所适用的采购客体主要有大宗货批量物品，价值高或总价多的物品，关键零部件，原材料或其他战略资源，保密程度高，产权约束多的物品，容易出问题的物品，最好是定期采购的物品，以免影响决策者的正常工作。

4. 实施步骤

集中采购的实施步骤具体如下：

（1）根据企业所处的国内外政治、经济、社会、文化等环境及竞争状况，制定本企业的采购战略。

（2）根据本企业产品销售状况，市场开发情况，生产能力，确定采购计划。

（3）定期或根据大宗物品采购要求做出集中采购决策，决策时要考虑市场反馈意见，同时需要结合生产过程中工艺情况或质量情况。

（4）当决策做出后，由采购管理部门实施信息分析，市场调查及询价，并根据库存情况进行战术安排。

(5) 由采购部门根据资源供给状况，自身采购规模和采购进度安排，结合最有利的采购方式实施采购，并办理检验送货手续，及时保障生产需要。

(6) 对于符合适时、适量、适质、适价、适地的物品，经检验合格后要及时办理资金转账手续，保证信誉，争取下次合作。

二、分散采购

1. 含义

与集中采购相对应，分散采购是由企业下属各单位，如子公司，分厂，车间或分店实施的满足自身生产经营需要的采购。这是集团将权力分散的采购活动。分散采购是对集中采购的完善和补充，有利于采购环节与存货供料等环节的协调配合，有利于增强基层工作责任心，使基层工作富有弹性和成效。分散采购方式具有如下基本特点：

(1) 批量小或单件物品，且价值低、开支小。

(2) 过程短、手续简、决策层次低。

(3) 问题反馈快、针对性强、方便灵活。

(4) 占用资金少、库存空间小、保管简单方便。

2. 优缺点

与集中采购相比较分散采购具有如下优点和缺点。

(1) 优点：对利润中心直接负责。对于内部用户有更强的顾客导向。较少的管理采购程序。较少需要内部协调。与供应商直接沟通。

(2) 缺点：缺乏规模经济。缺乏对供应商统一的态度。分散的市场调查。在采购和物料方面形成专业技能的可能性有限。对不同的经营单位可能存在不同的采购条件。

3. 适用对象

(1) 分散采购适用的采购主体：二级法人单位、子公司、分厂、车间。离主厂区或集团供应基地距离较远，其供应成本低于集中采购成本的情况。异国、异地供应的情况。

(2) 分散采购适用的采购客体：小批量、单件、价值低、总支出在产品经营费用中所占比重小的物品；分散采购优于集中采购的物品，包括费用、时间、效率、质量等因素均有利，不影响正常的生产与经营的情况。

4. 实施程序和方法

分散采购的程序与集中采购大致相同，只是取消了集中决策环节，直接实施其他步骤。企业下属单位的生产研发人员，根据生产、科研、维护、办公的需要，填写请购单，由基层主管审核，签字，到指定财务部门领取支票或汇票或现金，然后到市场或厂家购买，进货，检验，领取或核销结算即可。采购时一般采用现货交易方式。

三、选择集中采购或分散采购时应该考虑的因素

集中采购的优势就是分散采购的劣势，分散采购的优点也正是集中采购的缺点。在实际采购中要趋利避害，扬长避短，根据企业自身的条件，资源状况，市场需要，灵活地做出制度安排。并积极创新采购方式和内容，使企业在市场竞争中处于有利的地位。在决定采购是集中或分散进行时，应该考虑下面的因素或标准：

1. 采购需求的通用性

经营单位对购买产品所要求的通用性越高，从集中的或协作的方法中得到的好处就越多。这就是为什么大型公司原材料和包装材料的购买通常集中在一个地点的原因。

2. 地理位置

当经营单位位于不同的国家或地区时，就可能会极大地阻碍协作的努力。例如，在欧洲和美国之间的贸易和管理实践就存在较大的差异，甚至在欧洲范围内也存在着重大的文化差异。一些大型公司已经将全球的协作战略转为地区的协作战略。

3. 供应市场结构

有时，企业会在它的一些供应市场上选择一个或数量有限的几个大型供应商组织。在这种情况下，力量的分散肯定对供应商有利，而采用协同的采购方法则可以获得一个更好的谈判地位。

4. 潜在的节约

一些类型的原材料的价格对于采购数量非常敏感。在这种情况下，购买更多的数量会立刻带来成本的节约。对于标准商品和高技术零部件都是如此。

5. 所需的专门技术

有时，有效的采购，需要非常高的专业技术，例如对高技术半导体和微芯片的采购。因此，大多数电子产品制造商已经将这些产品的购买集中化。在购买软件和硬件时也是如此。

6. 价格波动

如果物资（例如果汁、小麦、咖啡）价格对政治和经济气候的敏感程度很高，集中的采购方法就会受到采购企业的偏爱。

7. 客户需求

有时，客户会向制造商指定他所需产品应具备的条件。这种现象在飞机制造工业中非常普遍。这些条件是与负责产品制造的经营单位商定的，这种情况下，不适合采取集中采购模式。除了以上需要考虑的因素外，选择集中采购时还应该以有利于资源的合理配置，减少交易环节，加速周转，简化手续，满足要求，节约物品，提高综合利用率，保证和促进生产的发展，调动各方的积极性，促进企业整体目标的实现等为原则。

当然集中和分散采购并不是完全对立的，仅靠一种采购方式，是不能完全满足生产需要的。大多数企业在两个极端之间进行平衡：在某个时候他们会采用集中采购组织形式，而在几年以后也许会选择更加分散的采购组织形式。

第三节　政府采购

一、政府采购的含义

政府采购是指各级国家机关、事业单位和团体组织，使用财政性资金采购依法制定的集中采购目录以内的或者采购限额标准以上的货物、工程和服务的行为。通过政府采购，可以帮助单位采购到物美价廉的物品，提高单位资金使用效益，促进廉政建设。

政府采购不仅是指具体的采购过程，而且是采购政策、采购程序、采购过程及采购管理的总称，是一种对公共采购管理的制度，是一种政府行为。

政府采购是政府机构所需要的各种物资的采购。这些物资包括办公物资，例如计算机、复印机、打印机等办公设备，纸张、笔墨等办公材料，也包括基建物资、生活物质等各种原材料、设备、能源、工具等。政府采购也和企业采购一样，属于集团采购，但是它的持续性、均衡性、规律性、严格性、科学性都没有企业采购那么强。政府采购最基本的特点是一种公款购买活动，都是由政府拨款进行购买。

政府采购的本质是政府在购买商品和劳务的过程中引入竞争性的招投标机制。完善、合理的政府采购对社会资源的有效利用，提高财政资金的利用效果起到很大的作用，因而是财政支出管理的一个重要环节。

二、政府采购制度

具体的政府采购制度是在长期的政府采购实践中形成的对政府采购行为进行管理的一系列法律和惯例的总称。具体来说，政府采购制度包括以下内容：

(1) 政府采购政策，包括采购的目标和原则。

(2) 政府采购的方式和程序。

(3) 政府采购的组织管理。

三、政府采购的特点

相对于私人采购而言，政府采购具有如下特点：资金来源的公共性、非营利性、采购对象的广泛性和复杂性、规范性、政策性、公开性，极大的影响力。

政府采购的主体是政府，是一个国家内最大的单一消费者，购买力非常大。据统计，欧盟各国政府采购的金额占其国内生产总值的14%左右（不包括公用事业部门的采购）；美国政府在20世纪90年代初，每年用于货物和服务的采购就占其国内生产总值的26%～27%，每年有2000多亿美元的政府预算用于政府采购。正因为如此，政府采购对社会经济有着非常大的影响，采购规模的扩大或缩小，采购结构的变化对社会经济发展状况、产业结构以及公众生活环境都有着十分明显的影响。正是由于政府采购对社会经济有着其他采购主体不可替代的影响，它已成为各国政府经常使用的一种宏观经济调控手段。

四、政府采购的组织形式

国外政府采购一般有三种模式：第一，集中采购模式，即由一个专门的政府采购机构负责本级政府的全部采购任务；第二，分散采购模式，即由各支出采购单位自行采购；第三，半集中半分散采购模式，即由专门的政府采购机构负责部分项目的采购，而其他的则由各单位自行采购。中国的政府采购中集中采购占了很大的比重，列入集中采购目录和达到一定采购金额以上的项目，必须进行集中采购。

五、建立政府采购制度的重要意义

（一）政府采购制度，是一种由政府承办的社会事务，在社会经济生活中举足轻重

政府采购不仅是指具体的采购过程，而且它是指采购政策、采购程序、采购过程和采购管理的总称。它是西方发达国家公共支出管理普遍采用的一种手段。完整意义上的政府采购制度，是现代市场经济发展的产物。在现代市场经济中，随着政府活动范围扩大，特别是对经济干预职能的增强，政府对社会商品和劳务的需求呈扩大趋势，政府采购占社会总采购的比重也在不断上升。

（二）政府采购制度是落实政府重大政策目标的有效手段

政府采购实质上就是政府支出的安排和使用行为，将政府采购政策与其他政策相结合，能够实现政府的各项重大政策目标。其作用首先体现在政府对某些重点行业发展的直接支持和刺激。财政的调控方式，在收入方面主要是通过税收政策来体现的，在支出方面则主要是通过政府采购来体现的。政府作为国内最大的单一消费者，政府采购的数量、品种和频率对整个国民经济有着直接的影响。通过大量的政府采购，从而支持了重点产业和高科技行业的迅速发展；其次，政府通过对某些商品的示范性采购，对这些行业的发展起到一种间接导向作用，维护生产和消费者的利益。市场不是万能的，它本身也存在缺陷。市场波动会直接影响产品的供求关系和价格变化，在此情况下，如果政府不采取必要的手段，就会损害生产者和消费者的利益。政府采购就是政府弥补市场不足的手段之一。就是由于政府采购较私人采购，具有价格相对较高、规模较大、货款支付有绝对保证等优势，政府这种有目的的导向性的、示范性的采购，在一定程度上成为引导生产和消费的指挥棒。

（三）政府采购制度是推动并实现政府消费行为市场化的重要途径

在市场经济高度发达的国家，政府部门消费不是由政府内部提供的，而是通过市场提供的，即向市场购买各种所需服务。但是我国政府部门的消费行为和消费倾向非常独特，它是由部门内部提供的。因此，几乎每一个政府部门或每一个系统内部都设有各种各样的服务机构，这种做法符合计划经济体制的要求。目前虽有其便利之处，但无社会效益，其直接后果就是增加财政负担，影响政府形象。近几年我国在努力推行机关服务实体与机关脱钩的尝试，但效果并不明显，这与缺乏相应的机制是密切相关的。我国可以以建立政府采购制度为契机，将机关的各种服务实体推向社会，从根本上解决依靠政府部门自己提供服务的方式及由此产生的各种问题。

六、政府采购方式

政府采购方式有公开招标、邀请招标、竞争性谈判，单一来源采购及询价，以及国务院政府采购监督管理部门认定的其他采购方式。其中，公开招标是政府采购的主要方式。

（一）公开招标

公开招标是政府采购的主要方式，公开招标与其他采购方式不是并行的关系。公开招

标的具体数额标准，属于中央预算的政府采购项目，由国务院规定；属于地方预算的政府采购项目，由省、自治区、直辖市人民政府规定；因特殊情况需要采用公开招标之外的采购方式的，应当在采购活动开始前获得设区的市、自治州以上人民政府采购监督管理部门的批准。采购人不得将应当以公开招标方式采购的货物或者服务化整为零或者以其他任何方式规避公开招标采购。

（二）邀请招标

邀请招标也称选择性招标，是由采购人根据供应商或承包商的资信和业绩，选择一定数目的法人或其他组织（不能少于3家），向其发出招标邀请书，邀请他们参加投标竞争，从中选定中标的供应商。

邀请招标只适用于两种情况：一是只有采购项目比较特殊，如保密项目和急需或者因高度专业性等因素使提供产品的潜在供应商数量较少，公开招标与不公开招标都不影响提供产品的供应商数量；二是若采用公开招标方式，所需时间和费用与你采购的项目总金额不成比例，即采购一些价值较低的采购项目，用公开招标方式的费用占政府采购项目总价值比例过大的情况，采购人员只能通过邀请招标方式来达到经济和效益的目的。

（三）竞争性谈判

竞争性谈判，指采购人员或代理机构通过与多家供应商（不少于3家）进行谈判，最后从中确定中标供应商。符合下列情形之一的货物或者服务，可以采用竞争性谈判方式采购。

(1) 招标后没有供应商投标，或者没有合格标的，或者重新招标未能成立的。

(2) 技术复杂或者性质特殊，不能确定详细规格或者具体要求的。

(3) 采用招标所需时间不能满足用户紧急需要的。

(4) 不能事先计算出价格总额的。

（四）单一来源采购

单一来源采购也称直接采购，是指达到了限额标准和公开招标数额标准，当所购商品的来源渠道单一，或属专利、首次制造、合同追加、原有采购项目的后续扩充和发生了不可预见的紧急情况不能从其他供应商处采购等情况。该采购方式的最主要特点是没有竞争性。只要符合下列情形之一的，可以采用单一来源采购。

(1) 只能从唯一供应商处采购的。

(2) 发生了不可预见的紧急情况，不能从其他供应商处采购的。

(3) 必须保证原有采购项目一致性或者服务配套的要求，需要继续从原供应商处添购，且添购资金总额不超过原合同采购金额10%的。

（五）询价

询价是指采购人向有关供应商发出询价单让其报价，在报价基础上进行比较并确定最优供应商的一种采购方式。货物规格标准统一、现货货源充足，且价格变化幅度小的政府采购项目可以采用询价方式采购。

询价采购方式就是我们通常所说的货比三家，这是一种相对简单而又快速的采购方式。与其他采购方式相比，询价采购方式有两个明显特征：一是邀请报价的供应商数量应至少有三家；二是只允许供应商报出不得更改的报价。这种方法，适用于采购现成的而并非按采购人要求的特定规格特别制造或提供的标准化服务货物，货源丰富且价格变化弹性不大的采购项目。

七、政府采购中的法律制度

2003 年 1 月 1 日开始实施《中华人民共和国政府采购法》，它是我国政府采购的纲领性文件，对政府采购工作具有重要的指导意义。其主要的内容如下：

（一）政府采购程序规定

《中华人民共和国政府采购法》第四章政府采购程序，第 33 条至第 42 条中有关规定。

1. 采购预算规定

负有编制部门预算职责的部门，在编制下一财政年度部门预算时，应当将该财政年度政府采购的项目及资金预算列出，报本级财政部门汇总。部门预算的审批，按预算管理权限和程序进行。

2. 邀请招标采购程序规定

货物或者服务项目采取邀请招标方式采购的，采购人应当从符合相应资格条件的供应商中，通过随机方式选择三家以上的供应商，并向其发出投标邀请书。货物和服务项目实行招标方式采购的，自招标文件开始发出之日起至投标人提交投标文件截止之日不得少于 20 日。在招标采购中出现下列情形之一的，应予废标：符合专业条件的供应商或者对招标文件作实质响应的供应商不足三家的；出现影响采购公正的违法违规行为的；投标人的报价均超过了采购预算，采购人不能支付的；因重大变故采购任务取消的。废标后，采购人应当将废标理由通知所有投标人，除采购任务取消情形外，应当重新组织招标。需要采取其他方式采购的，应当在采购活动开始前获得设区的市、自治州以上人民政府采购监督管理部门或者政府有关部门批准。

3. 竞争性谈判采购程序规定

（1）成立谈判小组。谈判小组由采购人的代表和有关专家共三人以上的单数组成，其中专家的人数不得少于成员总数的 2/3。

（2）制定谈判文件。谈判文件应当明确谈判程序、谈判内容、合同草案的条款以及评定成交的标准等事项。

（3）确定邀请参加谈判的供应商名单。谈判小组从符合相应资格条件的供应商名单中确定不少于三家的供应商参加谈判，并向其提供谈判文件。

（4）谈判小组所有成员集中与单一供应商分别进行谈判。在谈判中谈判的任何一方不得透露与谈判有关的其他供应商的技术资料、价格和其他信息。谈判文件有实质性变动的，谈判小组应当以书面形式通知所有参加谈判的供应商。

（5）确定成交供应商。谈判结束后，谈判小组应当要求所有参加谈判的供应商在规定时间内进行最后报价，采购人从谈判小组提出的成交候选人中根据符合采购需求、质量和服务相等且报价最低的原则确定成交供应商，并将结果通知所有参加谈判的未成交的供应商。

4. 单一来源方式采购的程序规定

采取单一来源方式采购的，采购人与供应商应当遵循本法规定的原则，在保证采购项目质量和双方商定合理价格的基础上进行采购。

5. 询价方式采购程序规定

（1）成立询价小组。询价小组由采购人的代表和有关专家共三人以上的单数组成，其中专家的人数不得少于成员总数的 2/3。询价小组应当对采购项目的价格构成和评定成交的标准等事项做出规定。

（2）确定被询价的供应商名单。询价小组根据采购需求，从符合相应资格条件的供应商名单中确定不少于三家的供应商，并向其发出询价通知书让其报价。

（3）询价。询价小组要求被询价的供应商一次报出不得更改的价格。

（4）确定成交供应商。采购人根据符合采购需求、质量和服务相等且报价最低的原则确定成交供应商，并将结果通知所有被询价的未成交的供应商。

6. 政府采购的验收规定

采购人或者其委托的采购代理机构，应当组织对供应商履约的验收。大型或者复杂的政府采购项目，应当邀请国家认可的质量检测机构参加验收工作。验收方成员应当在验收书上签字，并承担相应的法律责任。

7. 政府采购的文档规定

采购人、采购代理机构对政府采购项目每项采购活动的采购文件应当妥善保存，不得伪造、变造、隐匿或者销毁。采购文件的保存期限为从采购结束之日起至少保存 15 年。采购文件中包括采购活动记录、采购预算、招标文件、投标文件、评标标准、评估报告、定标文件、合同文书、验收证明、质疑答复、投诉处理决定及其他有关文件、资料。采购活动记录至少应当包括下列内容：采购项目类别、名称；采购项目预算、资金构成和合同价格；采购方式，采用公开招标以外的采购方式的，应当载明原因；邀请和选择供应商的条件及原因；评标标准及确定中标人的原因；废标的原因；采用招标以外采购方式的相应记载。

（二）政府采购合同规定

政府采购合同适用《合同法》。采购人和供应商之间的权利与义务应当按照平等、自愿的原则以合同方式约定。采购人可以委托采购代理机构代表其与供应商签订政府采购合同。由采购代理机构以采购人名义签订合同的，应当提交采购人的授权委托书，作为合同附件。政府采购合同应当采用书面形式。采购人与中标、成交供应商应当在中标、成交通知书发出之日起 30 日内，按照采购文件确定的事项签订政府采购合同。中标、成交通知书对采购人和中标、成交供应商均具有法律效力。中标、成交通知书发出后，采购人改变中标、成交结果的，或者中标、成交供应商放弃中标、成交项目的，应当依法承担法律责任。政府采购项目的采购合同自签订之日起七个工作日内，采购人应当将合同副本报同级政府采购监督管理部门和有关部门备案。经采购人同意，中标、成交供应商可以依法采取分包方式履行合同。政府采购合同分包履行的，中标、成交供应商就采购项目和分包项目向采购人负责，分包供应商就分包项目承担责任。政府采购合同履行中，采购人需追加与合同标的相同的货物、工程或者服务的，在不改变合同其他条款的前提下，可以与供应商协商签订补充合同，但所有补充合同的采购金额不得超过原合同采购金额的百分之十。政府采购合同的双方当事人不得擅自变更、中止或者终止合同。政府采购合同继续履行将损害国家利益和社会公共利益的，双方当事人应当变更、中止或者终止合同。有过错的一方应当承担赔偿责任，双方都有过错的，各自承担相应的责任。

（三）政府采购监督检查规定

政府采购监督管理部门应当加强对政府采购活动及集中采购机构的监督检查。

1. 监督检查的主要内容

有关政府采购的法律、行政法规和规章的执行情况；采购范围、采购方式和采购程序的执行情况；政府采购人员的职业素质和专业技能。

2. 政府采购人员规定

集中采购机构的采购人员应当具有相关职业素质和专业技能，符合政府采购监督管理部门规定的专业岗位任职要求。集中采购机构对其工作人员应当加强教育和培训，对采购人员的专业水平，工作业绩和职业道德状况定期进行考核。采购人员经考核不合格的不得继续任职。

3. 政府采购项目的采购标准要求

采用政府采购法规定的采购方式的，采购人在采购活动完成后，应当将采购结果予以公布。采购人必须按照政府采购法规定的采购方式和采购程序进行采购。任何单位和个人不得违反本法规定，要求采购人或者采购工作人员向其指定的供应商进行采购。

4. 政府采购的检查规定

政府采购监督管理部门应当对政府采购项目的采购活动进行检查，政府采购当事人应当如实反映情况，提供有关材料。政府采购监督管理部门应当对集中采购机构的采购价格、节约资金效果、服务质量、信誉状况、有无违法行为等事项进行考核，并定期如实公布考核结果。此外还规定了采购人、采购代理机构、供应商以及政府采购监督管理部门的法律责任。

第四节　招标采购

采购聚焦

某高职院校，由于近年学校规模不断扩大，学校办公电脑和机房教学电脑短缺，因此学校需要采购一批电脑以供老师办公和机房教学使用（其中，教师机 100 台，学生机500 台），由于学校属于事业单位，采购要求公开、公平、公正，因此决定采取公开招标的形式进行采购。请你根据以上信息，写一份招标公告和一份招标文件。

招标采购已经是一种广泛采用的采购方式，广泛用于工程项目和政府采购中，学校作为事业单位，其采购属于《中华人民共和国政府采购法》规定的范围，因此学校在采购物品时，只要在规定金额之上的，都要采取招标采购的方式进行。招标公告的撰写，需要符合一定的格式规范和法律规范，而招标文件的撰写也要相对应的要求，因此，完成任务必须要了解招标公告的基本规范和招标文件的基本要求。

一、招标采购的基本概念

招标采购，也称招投标采购，是指采购人事先提出货物，工程或服务采购的条件和要求，邀请众多投标人参加投标，并按照规定程序，从中选择交易对象的一种市场交换行为。在整个招标投标过程中，招标和投标是分别相对于采购方和供应方而言的，是一项活动的两个方面，是交易活动中的两个步骤。招标是招标人（招标单位）在购买大批物资、承包工程项目或某一有目的的业务活动前，公布有关采购的条件或预期要求等招标文件，公开或书面邀请投标人（供应商或承包商）在接受招标文件要求的前提下参加投标，招标人按照规定的程序确定中标人的行为。投标是指投标人按照招标人提出的要求和条件，参加投标竞争的行为。招标投标是商品经济中运用于大宗商品或建设工程的一种交易方式。它的特点是由专一的买主设定包括商品质量、价格、数量和期限等为主的标的，邀请若干卖主通过秘密报价实行竞争，由买主选择优胜者，与之达成交易协议，签订合同，随之按合同实现标的。货物招标是以货物作为采购对象的招标，是招标中最常见的一种。应当说，市场经济国家的招标是起源于货物招标的，即使是工程招标，也包含大量的货物招标。货物招标中的招标方式的选择，主要是依据采购的金额，但是《中华人民共和国招标投标法》和《中华人民共和国政府采购法》都没有对公开招标的金额限额做出具体的规定。

二、招标采购分类

根据《中华人民共和国招标投标法》的规定，招标方式分为公开招标和邀请招标两种，这是由于《中华人民共和国招标投标法》主要是为了规范政府公共项目而进行立法，为了达到政府公共项目采购的公平、公正、透明的要求。从国际招标类型来看，除了这两种，还有其他一些类型的招标方式，如议标、两阶段招标等，下面分别就一些主要的招标方式进行简要介绍：

（一）公开招标

公开招标亦称为竞争性招标，可分为国际竞争性招标和国内竞争性招标，是由招标单位通过报刊、互联网等媒体发布招标公告，凡对该招标项目感兴趣又符合投标条件的法人，都可以在规定的时间内向招标单位提交规定的证明文件，由招标单位进行资格审查，核准后购买招标文件，进行投标。一般来说，任何符合投标条件的合法经营单位都有资格参加投标，但在领取标书时必须交付一定的押金，或提交一份招标人认可的投标担保，这些押金或担保要等到某个合适的企业正式中标后才予以返回或撤销。

1. 公开招标的优点

（1）公平。公开招标是对该招标项目感兴趣又符合投标条件的投标者，都可以在公平竞争条件下，享有中标的权利与机会。

（2）价格合理。基于公开竞争，各投标者凭其实力争取合约，而不是由人为或特别限制规定售价，价格比较合理。而且公开招标，各投标者自由竞争，因此招标者可获得最具竞争力的价格。

（3）改进品质。因公开招标，各竞争投标者的产品规格或施工方法不一，可以使招标者了解技术水平与发展趋势，促进其品质的改进。

（4）减少徇私舞弊。不像资料公开，经办人员难以徇私舞弊，更可避免人情关系。

（5）扩大货源范围。通过公开招标方式，可获得更多投标者的报价，扩大供应来源。

2. 公开招标的缺点

（1）采购费用较高。公开登报、招标文件制作与印刷、开标场所布置等，均需花费大量财力与人力。

（2）手续烦琐。公开招标文件涉及签约，每一阶段都必须周详准备，并且要严格遵循有关规定，不允许发生差错，否则容易引起纠纷。

（3）可能产生串通投标。金额较大的投标项目，投标者之间可能串通投标，做不实报价或任意提高报价，给招标者造成困扰与损失。

（4）其他问题。投标人报出不合理的低价，以致带来偷工减料、交货延误等风险。招标人事先无法了解投标企业或预先进行有效的信用调查，可能会衍生意想不到的问题，如供应商倒闭、转包等。一般来说，由于公平竞争性的要求，政府部门往往会采用公开招标方式来选定供应商或承包商。但这种方式最适合于一些规模较小的小型项目、维修工程及某些专业性较强的特殊项目。

（二）邀请招标

邀请招标，亦称为一阶段选择性招标或有限竞争性招标，是由招标人根据自己积累的资料，或者根据权威的咨询机构提供的信息，选择一些合格的单位，发出招标邀请。应邀单位在规定时间内向招标人提交投标意向，购买招标文件，进行投标。

1. 邀请招标的优点

（1）节省时间和费用。因无须登报或公告，投标人数有限，减少评标工作量，可以节省时间和费用。

（2）比较公平。因为是基于同一条件邀请单位投标竞价，所以机会均等。虽然不像公开招标那样不限制投标单位数量，但公平竞争的本质相同，只是竞争程度较低而已。

（3）减少徇私舞弊，防止串通投标现象。

2. 邀请招标的缺点

（1）由于竞争对手少，招标人获得的报价可能并不十分理想。

（2）由于采购方式对供应市场了解不够，可能会漏掉一些有竞争力的供应商或承包商。

3. 公开招标与邀请招标的区别

（1）邀请招标程序上的公开招标简化。无须发布招标公告及办理招标公告的相关手续，只需对一定范围的投标人发出邀请书即可。

（2）邀请招标在竞争程度上不如公开招标强。邀请招标参加的投标一般是 3～10 家单位，不能少于 3 家，也不宜多于 10 家。由于参加人数较少，易于控制，因此竞争范围比公开招标小。

(3) 邀请招标在时间和费用上比公开招标节省。邀请招标，可以省去发布公告、评标及媒介交易等费用。公开招标从收集招标计划到评标结果公示及签订完合同最快需一个半月时间，周期较长。

(三) 议标

议标也称为谈判招标或指定招标，是由招标方直接选定一家或几家企业进行协商谈判，确定交付条件的方式。

1. 议标方式的优点

(1) 可及早选定供应商或承包商，以利于设计。

(2) 能促使项目早日开工。

(3) 采购方的招标费用可大大降低。

(4) 采购方式是根据其价格及技术要求来选定供应方，因而完全可以物色到自己较为满意的供应商或承包商。

(5) 可以充分利用供应商或承包商所拥有的专业技术知识和工作经验。

2. 议标方式的缺点

(1) 采购人接受的合同价可能并非真正的竞争性价格，不能反映供应市场所能承受的真实价格和最低价格。

(2) 对政府部门来说，可能满足不了公众要求参与项目财务审核、透明度要高的这一原则。许多国家政府法律不允许政府投资项目采用议标方式。

(四) 两阶段选择性招标

两阶段选择性招标是这样的一种程序，依据该程序，采购活动明显地分为两个阶段：第一阶段，采购机构就拟采购货物或工程的技术、质量或其他特点以及就合同条款和供货条件等广泛地征求建议（合同价款除外），并同投标方进行谈判以确定采购货物或工程的技术规格。在第一阶段结束后，采购实体就可确定技术规格。第二阶段，采购机构依据第一阶段所确定的技术规格进行正常的招标，邀请合格的投标者就包括合同价款在内的所有条件进行投标。

两阶段选择性招标具有两个方面的优点：第一阶段给予采购方相当大的灵活性，它可以通过谈判与供应商或承包商达成一套有关拟采购事项的确定技术规格；而在第二阶段，又可充分利用公开招标方法所提供的高度民主、客观性和竞争性的优势。两阶段选择性招标主要应用于技术复杂、规模巨大的工程项目中，通过第一阶段的竞争之后，被选中的承包商及让其加入设计小组，作为建筑专业人员就设计中涉及的施工质量、施工可行性、施工进度及工程成本等问题积极提出建议。在第二阶段，合同总价可以部分通过协商、部分根据第一阶段取得的资料予以综合后确定。要指出的是采用这种招标方法，对买方而言，其所承担的经济风险要大些。

三、招标采购的适用范围

招标采购是一项比较庞大的活动，涉及面广，耗费人力、物力、财力较多，因此并不是所有的物资采购都要采用招标投标的方法。招标采购一般适用于比较重大的采购项目，会影响比较深远的项目。

（1）寻找长期供应物资的供应商。例如，新成立的物流企业和工商企业，寻找未来长期供应牟利物资供应伙伴时，可以采取招标方式。

（2）寻找一次大批量的物资的供应商。

（3）寻找意向比较大的建设工程和物资采购的供应商。对于小批量物资采购和比较小的建设工程，则不宜采用招标采购。

（4）《中华人民共和国政府采购法》和各级政府规定必须用招标采购的情形。如《中华人民共和国政府采购法》第 27 条规定“采购人采购货物或者服务应当采用公开招标方式的，其具体数额标准属于中央预算的政府采购项目，由国务院规定；属于地方预算的政府采购项目，由省、自治区、直辖市人民政府规定；因特殊情况需要采用公开招标以外的采购方式的，应当在采购活动开始前获得设区的市、自治州以上人民政府采购监督管理部门的批准。”第 29 条规定“符合下列情形之一的货物或者服务，可以依照本法采用邀请招标方式采购：（一）具有特殊性，只能从有限范围的供应商处采购的；（二）采用公开招标方式的费用占政府采购项目总价值的比例过大的。”

四、招标采购的程序

招标采购是一项复杂的系统工程，它涉及各个方面和环节。一个完整的招标采购过程，基本上可以分为七个阶段：

1. 策划

招标活动是一项涉及范围很大的大型活动。因此，开展一次招标活动，需要进行很认真的周密策划。招标策划主要应当作以下一些工作：

（1）明确招标的内容和目标，对招标采购的必要性和可行性进行充分的研究和探讨。必要性，有没有必要采用招标形式；可行性，采用招标形式是否可行，能不能有人来投标，有没有能力组织招标等。

（2）对照标书的标底要仔细研究确定。什么是标底，工程或设备，或者工程和设备都有而计算出的一个合理的基本价格。标底的作用，降低价格，保证质量。

（3）对招标的方案、操作步骤、时间进度等进行研究决定。例如采用公开招标，还是邀请招标，是自己亲自主持招标，还是请人代理，招标分成哪些步骤，每一步怎么进行等。

（4）对评标方法和评标小组进行讨论研究。

（5）把以上讨论形成的方案计划形成文件，交由企业领导层讨论决定，取得企业领导决策层的同意和支持，但有些方案计划可能还要经过公司董事会的同意和支持。

以上的策划活动有很多诀窍。有一些企业为了慎重起见，特意请咨询公司代理进行策划。

2. 招标

在招标方案得到公司的同意和支持以后，就要进入实际操作阶段。招标的第一个阶段就是招标阶段。招标阶段的工作主要有以下一些方面：

（1）形成招标书。招标书是招标活动的核心文件，要认真起草好招标书。

（2）对招标书的标底进行仔细研究确定。有些要召开专家会议，甚至邀请一些咨询公司代理。

（3）招标书发送。要采用适当的方式，将招标书传送到所希望的投标人手中。例如对于公开招标可以在媒体上发布，对于选择性招标，可以用挂号或特快专递直接送交所选择的投标人。许多标书是要花钱买的，有些招标书规定要交一定的保证金，这些标书，要交钱以后才能得到。

3. 投标

投标人在收到招标书以后，如果愿意投标，就要进入投标程序。投标书、投标报价需要特别认真的研究，仔细地论证完成。这些内容是要和许多供应商竞争评比的，既要先进、又要合理，还要有利可图。投标文件要在规定的时间准备好，一份正本，若干份副本，并且分别分装签章，信封上分别注明“正本”“副本”字样，寄到招标单位。

4. 开标

开标是采购机构在预先规定的时间和地点，将投标人的投标文件正式启封揭晓的行为。开标由采购机构组织进行，但需邀请投标商代表参加。在这一阶段，采购官员要按照有关要求逐一揭开每份标书的封套，开标结束后，还应由开标组织者编写一份开标会议纪要。

5. 评标

招标方收到投标书后，直到招标会开会前，不得事先开封。只有当招标会开始，投标人到达会场，才能把投标书邮件交投标人检查签封完好后，当面开封。

开封后，投标人可以拿着自己的投标书，当着全体评标小组陈述自己的投标书，并接受全体评委的质询，或者甚至参加投标辩论。陈述辩论完毕，投标者退出会场，全体评标人员进行分期屏蔽，最后投票或打分，选出中标人。

6. 决标

决标，也即授予合同，是采购机构决定中标人的行为。决标是采购机构的单独行为，但需由使用机构或其他人一起进行裁决。在这一阶段采购机构所要进行的工作有：决定中标人，通知中标人其投标已经被接受，向中标人发授投标意向书，通知所有未中标的投标，并向他们退还投标保函等。

7. 签订合同

签订合同是指由招标人将合同授予中标人并由双方签署的行为。在这一阶段，通常双方对标书的内容进行确认，并依据标书签订正式合同。为保证合同履行，签订合同后，中标的供应商或承包商还应向采购人或业主提交一定形式的担保书或担保金。

以上七个阶段是招标采购的一般流程，不同类型的招标采购流程不完全一样。一般来说，政府部门和事业单位的公开招标流程比较复杂。

五、招标公告编制与发布

招标公告是指招标单位或招标人在进行工程建设或设备材料采购进行公开招标时发布的一种邀请不确定的法人或者其他组织参加投标的文书。根据《中华人民共和国招标投标法》第十条规定，招标分为公开招标（无限竞争性招标）和邀请招标（有限竞争性招标）。

公开招标是指招标人以招标公告的方式，邀请不特定的法人或者其他组织投标。招标公告的作用是保证潜在投标人平等，便捷，准确地获取招标信息，以吸引更多的潜在投标人参与竞争，达到节约项目成本或投资，降低造价，促进经济效益提高的目的。

（一）招标公告的内容及格式

根据现行的《中华人民共和国标准施工招标文件》（2007年版）和《中华人民共和国房屋建筑和市政工程标准施工招标资格预审文件及招标文件》（2010年版），招标公告要公布项目的招标条件、项目概况与招标范围、投标人资格要求、招投标时间安排、发布公告的媒介和招标人（招标代理机构）的联系方式等内容。其通常格式如下：

1. 标题

招标公告的标题是其中心内容的概括和提炼，形式上可分为单标题和双标题。单标题有两种写法，一是完整式标题，由招标单位名称、招标项目和文种组成，如《××职业学院新校区工程招标公告》；二是省略式标题，可省略招标单位名称或招标项目。如《××职业学院招标公告——××配套工程》。

2. 招标编号

凡是由招标公司制作的招标公告，都须在标题下一行的右侧标明公告文书的编号，以便归档备查。编号一般由招标单位名称和英文编写、年度和招标公告的顺序号组成。

3. 正文

招标公告的正文应当写明招标单位名称、地址、招标项目的性质、数量、实施地点和时间以及获取招标文件的办法等各项内容，其写作结构一般由开头和主体两部分组成。

开头部分，简要写明招标项目的条件，目的或依据，招标项目或商品的名称，规模和批号，招标范围以及资金来源等内容。主体部分，是招标公告的核心部分，通常采用条纹式或分段式结构，要写明以下内容：

（1）招标项目的情况。具体写明招标项目的名称以及项目的主要情况，如工程名称或要采购的商品的名称、工程概况、规模、质量要求，或者大宗商品的型号、数额、规格等。

（2）招标范围。具体写明本次招标采购的内容。

（3）投标人资格要求。写明投标人应具备的条件，使潜在的投标人知道自己是否能成为合格投标人。根据《中华人民共和国招标投标法》第18条规定，招标人可以根据招标项目本身的要求，在招标公告或者投标邀请书中，要求潜在投标人提供有关资质证明文件和业绩情况，并对潜在投标人进行资格审查；国家对投标人的资格条件有规定的，依照其规定。招标人不得以不合理的条件，限制或者排斥潜在投标人，不得对潜在投标人实行歧视待遇。

（4）招标时间安排。写明招标的起止时间，投标人购买招标文件的时间、价格和方式、开标的时间和地点，有的还写明签约的时间和期限、项目开工的时间或时限等。

4. 落款

在招标公告正文的末尾写明招标单位的名称、招标公告发布的日期。还要写明招标单位的地址、电话、传真、邮政编码及联系人等，以便投标人与招标人联系。招标公告还可以带有附件，将一些繁杂的内容，如项目数量、工期、设计勘察资料等作为附件列于文后。

（二）招标公告的发布

招标公告是招标人正式启动招标工作的第一环节，目的是提高招标工作的透明度，以真正体现招标原则的公开性。根据《中华人民共和国招标投标法》第 16 条第一款规定，招标人采用公开招标方式的，应当发布招标公告。依法必须进行招标的项目的招标公告，应当通过国家指定的报刊、信息网络或者其他媒介发布。根据《招标公告发布暂行办法》（国家计委 4 号令）规定，指定《中国日报》《中国经济导报》《中国建设报》《中国采购与招标网》为发布依法必须招标项目的招标公告的媒介。其中，依法必须招标的国家招标项目的招标公告应在《中国日报》发布。各地方人民政府依照审批权限审批的依法必须招标的民用建筑项目的招标公告，可在省、自治区、直辖市人民政府发展计划部门指定的媒介发布。招标公告发布的原则为相对集中，适度竞争，受众分布合理。

发布招标公告时，招标人应根据《中华人民共和国招标投标法》第 16 条第二款中规定，"招标公告应当载明招标人的名称和地点、招标项目的性质数量、实施地点和时间以及获取招标文件的办法等事项。"基于这一法律规定，国家发展和改革委员会（以下简称发改委）以第 4 号令发布了《招标公告发布暂行办法》。其中第六条对相关事项进行了明确的规定，是与《中华人民共和国招标投标法》第 16 条要求完全一致的。因此，无论是项目的招标人或是招标代理机构都必须认真领会这一规定的实质；并对发改委第 4 号令的第十条至第二十一条，并逐条领会，严格执行。在发布招标公告时应注意以下五点：

（1）这两个媒介以上发布的招标公告内容应当一致。

（2）公告媒介应与招标人或招标代理核定招标公告，确定无误后，在规定的时间发布。

（3）没有招标人或招标代理机构负责人签字和加盖签章的，必须补充，载明事项不符合第六条者，应完善补充。

（4）指定媒介发布的招标公告和招标人或招标代理机构提供的招标公告文本不一致，并造成不良影响的，应当及时纠正，重新发布。

（5）指定媒介的名称、住所发生变更，应及时公告，并报授权的发改委部门备案，以确保招标信息快捷、准确、按时传递。

六、招标文件

1. 招标文件概述

招标文件是招标人向投标人提供的具体项目招投标工作的作业标准性文件。它阐明了招标工程的性质，规定了招标程序和规则，告知了订立合同的条件。招标文件既是投标人编制投标文件的依据，又是招标人组织招标工作、评标、定标的依据，也是招标人与中标人订立合同的基础。因此，招标文件在整个招标过程中起着至关重要的作用。招标人应十分重视编制招标文件的工作，并本着公平互利的原则，务使招标文件严密、周到、细致、内容正确。编制招标文件是一项十分重要而又非常烦琐的工作，应有相关专家参加。

2. 招标文件的主要内容

《中华人民共和国招标投标法》第 19 条规定，招标人应当根据招标项目的特点和需要编制招标文件。招标文件应当包括招标项目的技术要求、对投标人资格审查的标准、投标报价要求和评标标准等所有实质性要求和条件，以及拟签订合同的主要条款。国家对招标项目的技术、标准有规定的，招标人应当按照其规定的招标文件提出相应要求。

招标文件是招标人面向供应商或承包商的书面文件，旨在向其提供编写投标书所需的资料，并向其通报招投标将依据的规则和程序等。招标人或其委托的招标代理机构就应根据招标项目的特点和要求编制招标文件。招标文件的内容大致可分为三类：

（1）第一类是关于编写和提交投标文件的规定。载入这些内容的目的是尽量减少符合资格的供应商或承包商由于不明确如何编写投标文件，而处于不利地位，使其投标遭受拒绝的可能性。

（2）第二类是关于投标文件的评审标准和方法，就是为了提高招标过程的透明度和公平性，因而是非常重要的，也是必不可少的。

（3）第三类是关于合同的主要条款，其中主要是商务性条款，有利于投标人了解中标后签订的合同的主要内容，明确双方各自的权利和义务。其中，技术要求、投标报价要求和主要合同条款等内容是招标文件的内容，统称实质性要求。所谓招标文件实质性响应招标文件的要求，就是投标文件应该与招标文件的所有实质性要求相符，无显著差异或保留。如果投标文件与招标文件规定的实质性要求不相符，即可认定投标文件不符合招标文件的要求，招标人可以拒绝该投标，并不允许投标人修改或撤销其不符合要求的差异或保留，使之成为实质性响应的投标。

招标文件一般应至少包括以下内容：

（1）招标人须知。这是招标文件中反映招标人的招标意图，每个条款都是投标人应该知晓和遵守的规则的说明。

（2）招标项目的性质、数量。

（3）技术规格。招标项目的技术规格或技术要求是招标文件中最重要的内容之一，是指招标项目在技术质量方面的标准，如一定的大小、轻重、体积、精密度、性能等。技术规格或技术要求的规定，往往是招标能否具有竞争性，达到预期目的的技术制约因素。因此，世界各国和有关国际组织都普遍要求，招标文件规定的技术规格应采用国际或国内公认、法定标准。《中华人民共和国招标投标法》第 19 条第二款规定“国家对招标项目的技术，标准有规定的，招标人应当按照其规定，在招标文件中提出相应要求。”实质上就是国家对招标项目的技术规格有法定公认标准的，招标人在招标文件中规定技术规格时应予遵循、采用，不得另搞一套。

（4）招标价格的要求及其计算方式。投标报价是招标人评标时衡量的重要因素。因此招标人在招标文件中应事先提出报价的具体要求及计算方法。如在货物招标时，国外的货物一般应报到岸价（CIF）货运费保险付至目的地的价格（CIP），国内的现货或制造或组装的货物，包括以前进口的货物报出厂价（Ex Works）。如果要求招标人承担内陆运输、安装、调试或其他类似服务的话，比如供货与安装合同，还应要求投标人对这些服务另外提出报价。在工程招标时，一般应要求招标人报完成工程的各项单价和一揽子价格，该价格中应包括全部的关税和其他税。招标文件中应说明招标价格是固定不变的，或是采取调整价格。价格的调整方法及调整范围应在招标文件中明确。招标文件中还应列明招投标价格的一种或几种货币。

（5）评标的标准和方法。评标时只能采用招标文件中已列明的标准和方法，不得另定。

（6）交货、竣工或提供服务的时间。

（7）投标人应当提供的有关资料和资信证明文件。

（8）投标保证金的数额或其他形式的担保。在招标投标程序中，如果投标人投标后擅自撤回投标，或者投标被接受后由于投标人的过错而不能缔结合同，那么招标人就可能遭受损失（如重新进行招标的费用和招标推迟而造成的损失等）。因此招标人可以在招标文件中要求投标保证金或形式的担保（如抵押、保证等），以防止投标人违约，并在投标人违约时得到补偿。投标保证金可以采用现金、支票、信用证、银行汇票，也可以是银行保函等。投标保证金的金额不宜太高，现实操作中一般不超过投标总价的2%，以免影响投标人的积极性。中标人确定后，对落标的投标人应及时将其投标保证金退还给他们。

（9）投标文件的编制要求。

（10）提供投标文件的方式、地点和截止时间。

（11）开标、评标的日程安排。

（12）主要合同条款。合同条款应明确将要完成的工程范围、供货的范围、招标人与中标人各自的权利和义务。除一般合同条款之外，合同中还应包括招标项目的特殊合同条款。

《中华人民共和国招标投标法》第19条还规定，招标项目需要划分阶段、确定工期、并在招标文件中载明。这个规定主要是指，在工程建设项目招标中，招标人不得把作为招标项目组成部分的标段划分得过小。标段划分太小，一方面，不利于那些经营规模大、技术力量且经验丰富的承包商投标；另一方面，会使招标达不到“物有所值”的目的。同时为了保证工程质量，必须保持合理的工期，工期过短，容易发生偷工减料，基础设施应具备的条件得不到保证。因此，在需要划分标段和确定工期时，招标人应当合理划分标段、确定工期，并在招标文件中载明。

关于招标文件范本，可以参照《广东省政府货物类政府采购项目及采购限额标准》为招标文件范本，或者进中国政府招标采购网等招标网站查找相关招标文件进行学习，由于招标文件篇幅较大，本书限于篇幅不进行举例展示。

七、投标文件

1. 投标文件概述

投标文件是指具备承担招标项目的能力的投标人，按照招标文件的要求编制的文件。在投标文件中应当对招标文件提出的实质性要求和条件做出响应，这里所指的实质性要求和条件一般是指招标文件中有关招标项目的价格、招标项目的计划、招标项目的技术规范方面的要求和条件、合同的主要条款（包括一般条款和特殊条款）。投标文件需要在这些方面做出回答，或者响应，响应的方式是投标人按照招标文件进行填报，不得遗漏或回避招标文件中的问题。交易的双方，只能就交易的内容，也就是围绕招标项目来编制招投标文件。

2. 投标文件主要内容

投标文件通常由经济部分、商务部分和技术部分等组成，以工程施工项目为例，投标文件一般应包括下面三部分：

（1）经济部分主要是投标报价。一般包括：投标报价、已标价的工程量、拟分包项目情况。

（2）商务部分包括可以证明企业和项目部组成人员的材料，如资质证书、营业执照、组织机构代码、税务登记证、企业信誉业绩奖励以及授权委托人、公证书、法人代表证明文件、项目部负责人证明文件。主要包括：投标函及投标函附录、法定代表人身份证明或附有法定代表人身份证明的授权委托书、联合体协议书、投标保证金、资格审查资料、投标人须知前附表规定的其他材料。投标人须知前附表规定不接受联合体投标的，或者投标人没有组成联合体的，投标文件，不包括联合体协议书。

（3）技术部分包括施工方案和施工组织设计及施工组织部署等。主要包括：施工组织设计，施工方案，专项方案；项目管理机构及保证体系；工作程序与保证措施；技术响应情况。

八、评标方法

评标方法是招标过程中非常核心的环节。因为招标的目的是确定一个优秀的承包商（或供应商），投标的目的就是中标。而决定这两个目标能否实现的关键都是评标。常见的评标方法主要有专家评议法、最低投标价法、经评审的最低投标价法、综合评估法以及寿命周期成本法等。根据评价指标是否能够量化，评标方法可分为定性方法和定量方法两类。定性方法是指仅规定评比原则，评审要素不量化的方法。定量方法是指评审要素全部数量化的方法。尽管各类招标的标的不同，评审的内容也有很大差异，但采用量化评审要素是较为科学的评标方法。根据评价指标是否量化为货币形式，评价方法可以分为价格法（或称货币法）和打分法（或称积分法）。价格法是指将各评审要素折算为货币进行比较的方法，采用价格法进行评标，一般是价格低者中标。打分法是指将各评审要素按重要程度分配权重和分值，用得分多少进行比较的方法，采用打分法进行评标，一般是得分高者中标。根据评价指标所考虑因素的多寡，评标方法可以分为单一指标法和综合指标法。

（一）评标方法的基本要求

评标是整个招标投标活动的重点，只有科学合理的评标方法，才能最大限度地达到招标投标的目的。为此评价方法应当符合以下三个要求：

1. 公正性

公正性指为参加投标的单位，创造公平竞争的条件。评标方法和评标标准必须在招标文件中载明，一经发出不得随意改变。邀请招标的单位名单应当固定，不在名单内的单位不得投标，尽可能地做到公正的选择。

2. 适应性

适应性，只针对具体招标项目，合理确定评标标准（评价指标及指标权数）。

3. 科学性

科学性指评标所采用的评标标准和评价方法必须清楚明确、具体详细，评价指标过少、过粗，则难以全面反映投标者的全貌，但对于综合性质的方法又不可过分约束，要留有一定的灵活性，以确保达到综合评价的主要目标。

（二）评价的主要评审内容

评标过程中，主要从三个方面进行评审：行政性评审、技术评审和商务评审。

1. 行政性评审

行政性评审的目的就是从所有投标书中筛选出符合最低要求标准的合格投标书，淘汰那些不合格的投标书。行政性评审合格，标书的主要条件有以下几种：

（1）投标书的有效性。投标者是否已获得预审的投标资格，如投标者是否与资格预审中选名单一致，包括公司的名称，法人代表和注册地址；投标书是否为招标文件的软件；投标保证书是否符合招标文件的要求，包括保函格式、内容、金额及有效期等；投标书是否有投标者的法定代表签字或盖有印章等。

（2）投标书的完整性。投标书是否包括招标文件规定的应递交的全部文件；是否随同投标书一起递交了必要的支持性文件和资料。

（3）投标书与招标文件的一致性。对于招标文件提出的要求，应当在投标时有问必答，特别是如果招标文件中已写明是响应性投标，则对投标书的要求更为严格。

（4）报价计算的正确性。由于投标者的投标报价时间往往非常紧迫，各种计算上的错误是难免的，但如果错误太多，说明投标者的技术水平低，至少说明投标者不认真，这样对投标者中标是非常不利的。只有通过了行政性评审，才有资格进行下一步的评审，否则将被列为废标而予以排除。

2. 技术评审

技术评审的目的是评判投标者完成项目的技术能力。

3. 商务评审

商务评审的目的是从成本、财务和经济分析等方面评审投标报价的正确性、合理性、经济效益和风险等，估计授标给不同的投标者产生的不同结果。商务评审的主要内容如下：

（1）报价的正确与合理。审查全部报价数据计算的正确性；分析报价构成的合理性，从评审者的角度判断投标者的投标报价是否合理，各项单价是否合理，项目前后的价格比例关系是否合理；如涉及使用外汇支付问题，审查投标者对报价中的外汇支付比例的合理性。

（2）投标书中的支付与财务问题。资金流量表的合理性，通常在招标文件中要求投标者填报资金流量计划，资金流量表能反映供货商的资金管理水平和财务能力；审查投标者对支付货款有何要求。

（3）关于价格调整问题。如果招标文件规定该项目为可调价格合同，则应分析投标者对调价公式中采用的基价和指数的合理性。

（4）审查投标保证书（投标保函）。对投标保证书进行详细的内容审查，特别是保证书中有何附带条件。

（5）对建议方案（副标）的商务评审。将建议方案（副标）与原方案进行对比分析。

（三）评标的主要方法

1. 专家评议法

专家评议法也称定性评议法或综合评议法，评标委员会根据预先确定的评标内容，如报价、工期，技术方案和质量等，对各投标书共同分项进行定性的分析比较，进行评议后，选择投标书在各指标都较优良者为候选中标人，也可以采用表决的方式确定候选中标人。这种方法实际上是定性的优选法，由于没有对各投标因素的量化（除报价是定量指标外）比较，标准难以确切掌握，往往需要评标委员会协商，评标的随意性较大。其优点是评标委员会成员之间可以直接对话与交流，交换意见和讨论比较深入，评标过程简单，在较短时间内即可完成；但当成员之间评标结果差距过大时，确定中标人较困难。专家评议法一般适用于小型项目，或在无法量化投标条件的情况下使用。

2. 最低投标价法

最低投标价法是价格法的一种，也称为合理最低投标价法即能够满足招标文件的各项要求，投标价格最低的投标者应被推荐为中标候选人。最低投标价法一般适用于简单商品、半成品、原材料，以及其他性能、质量相同或容易进行比较的货物招标。这些货物技术规格简单，技术性能和质量标准及等级通常可采用国际（国家）标准，此时仅以投标价格的合理性作为唯一尺度定标。对于这类产品的招标，招标文件应要求投标人根据规定的交货条件提出标价。计算价格的方法，通常情况是：如果所采购的货物从国外进口，则一般规定以买主国家指定港口的到岸价格报价；如果所采购货物来自国内，则一般要求以出厂价报价；如果所提供的货物是投标人早已从国外进口，目前已在国内的，则投标价应为仓库交货价。

3. 经评审的最低投标价法

这是一种以价格加其他因素评标的方法。以这种方法评标，按照招标文件的规定，对投标价进行修正、调整后计算出的标价。一般做法是将报价以外的商务部分数量化，并以货币折算成价格，与报价一起计算，形成评标价。世界银行、亚洲开发银行等，都以这种办法作为主要的评标方法。在这种评标方法中，需要考虑的修正因素包括：一定条件下的优惠（如世界银行贷款项目对借款国国内投标人有7.5%的评标价优惠），工期提前的效益对报价的修正等（应当注意，评标价仅是为投标文件评审是比较投标优劣的折算值，与中标人签订合同时仍以投标价格为准）。然后以此价格按高低排出次序。能够满足招标文件的实质性要求，评标价最低的投标应当作为中选投标。采用经评审的最低投标价法，中标人的投标应当符合招标文件规定的技术要求和标准，但评标委员会无须对投标书的技术部分进行价格折算。除报价外，评标时应考虑的因素一般有以下几种：

（1）内陆运输费用和保险费。

（2）交货或竣工期。

（3）支付条件。

（4）零部件及售后服务。

（5）价格调整因素。

（6）设备和工厂（生产线）运转和维护费用。

经评审的最低投标价法一般适用于具有通用技术（性能标准），或者招标人对其技术性能没有特殊要求的招标项目。

4. 综合评估法

在采购机械、成套设备、车辆以及其他重要固定资产（如工程）等时，如果仅仅比较各投标人的报价或报价加商务部分，则对竞争性投标之间的差别不能做出恰如其分的评价。因此，在这些情况下，必须以价格加其他全部因素综合评标，即应用综合评价法评标。以综合评估法评标，一般做法是将各个评审因素在同一基础或者同一标准上进行量化，量化指标可以采用折算为货币的方法、打分的方法，或者其他方法，取个投标文件具有可比性。对技术部分和商务部分的量化结果进行加权，计算出每一投标的综合评估价或者综合评估分，以此确定候选中标人。最大限度地满足招标文件中规定的各项综合评价标准的投标，应当推荐为中标候选人。综合评估法最常用的是最低评标价法和综合评分法。

5. 最低评标价法

最低评标价法也称综合评标价法，是把除报价外其他各种因素予以数量化，用货币计算其价格，与报价一起计算，然后按评标价高低排列次序。这是另一种以价格加其他因素评标的方法，也可以认为是扩大的经评审的最低投标价法。以这种方法评标，一般做法是以投标报价为基数，将报价以外的其他因素（包括商务因素和技术因素）数量化，并以货币折算成价格将其加（减）到投标价上去，形成评标价，以评标价最低的投标作为中选投标。

6. 综合评分法

综合评分法也称打分法，是指评标委员会按预先确定的评分标准，对各投标书需评审的要素（报价和其他非价格因素）进行量化、评审计分，以投标书综合分的高低确定中标单位的评标方法。由于项目招标需要评定比较的要素较多，且各项内容的计量单位又不一致，如工期是以天为单位、报价是以元为单位等，因此，综合评分法可以较全面地反映出投标人的素质。使用综合评分法，评审要素确定后，首先将需要评审的内容划分为几大类，并根据招标项目的性质、特点以及各要素对招标人总投资的影响程度来具体分配分值权重（即得分）。然后再将各类要素细化成评定小项，并确定评分的标准。这种方法往往将各评审因素的指标分解成一百分，因此也称百分法。

7. 寿命周期成本评标法

这种方法是在综合评标价法的基础上，再加上一定运行年限内的费用作为评标价格。有时候采购整座工厂成套生产线或设备车辆等，采购后若干年运转期内的各项后续费用，零件，油料，燃料，维修等很大，有时甚至超过采购价，不同投标书提供的同一种设备相互间运转期后续费用的差别可能会比采购价格间的差别更为重要。在这种情况下，就应采取寿命周期成本法。以汽车为例，一般采购价总是小于包括后续维修费和燃料费在内的后续费用，相互间的比例甚至可达到 1∶3。

采用设备寿命周期成本评标法，应首先确定一个统一的项目评审寿命期，然后将投标报价和因为其他因素而需要调整（增或减）的价格，加上今后一定的运转期内所发生的各项运行和维护费用（如零部件、燃料、油料、电力等）再减去寿命期末项目的残值。计算运转期内各项费用，包括所需零部件、油料、燃料、维修费以及到期后残值等，都应按招标文件规定的贴现率，折算成净现值，再计入评标价中。

第五节　电子采购方式

一、含义

电子采购，就是采用计算机系统代替传统的文书系统，通过网络咨询完成采购工作的一种业务处理方式，也称为网上采购。它的基本特点是在网上寻找供应商，寻找商品，进行网上洽谈贸易，网上订货，甚至在网上支付货款。电子采购具有费用低、效率高、速度快、业务操作简单、对外联系范围宽广等特点，因而成为当前最具发展潜力的企业管理工具之一。电子采购最先兴起于美国。它的最初形式是一对一的电子数据交换系统（EDI）。这种连接自己和供应商的电子商务系统的确大幅度地促进了采购的效率。但早期的解决方案价格贵、耗费大，且由于其封闭性仅能为一家买家服务，令中小型供应商和买家望而却步。近年来随着电子采购技术的发展，全方位综合电子采购平台出现，能广泛的连接买卖双方，从而提供更优质的电子采购服务。

二、电子采购的优势

电子采购比一般的电子商务和一般性的采购在本质上有了更多的概念延伸，它不仅仅完成行为，而且利用信息和网络技术对采购全程的各个环节进行管理，有效地整合了企业的资源，帮助供求双方降低了成本，提高了企业的核心竞争力。在这一全新的商业模式下，随着买主和卖主通过电子商务而联结，商业交易开始变得具有无缝性，其自身的优势是十分显著的。

（1）提高采购效率，缩短了采购周期。采购方企业通过电子采购交易平台进行竞价采购，可以根据采购方企业的要求，自由设定交易时间和交易方式，大大地缩短了采购周期。自采购方从企业竞价采购项目正式开始至竞价结束，一般需要1～2周，较传统招标采购节省30％～60％的采购时间。

（2）节约大量的采购成本。据美国全国采购管理协会称，使用电子采购系统可以为采购企业节约大量成本。采用传统方式生成一份订单所需要的平均费用为150美元，使用基于网络的电子采购解决方案，则可以将这一费用减少到30美元。企业通过竞价采购商品的价格平均降幅为10％左右，最高时可达到40％多。通用电气公司估计通过电子采购将每年节约100亿美元。

（3）优化采购流程。采购流程的电子化，不是用计算机和网络技术简单替换原有的方式方法，而是要依据更科学的方法重新设计采购流程，这个过程中，摒弃了传统采购模式中不适应社会生产发展的落后因素。

（4）减少过量的安全库存。世界著名的家电行业跨国企业，海尔集团在实施电子采购后，采购成本大幅降低，仓储面积减少一半，降低库存资金约7亿元，库存资金周转日期从30天降低到了12天以下。

（5）电子采购的另外一个优势是信息共享。不同企业，包括各个供应商都可以共享信息，不但可以了解当时采购竞标的详细信息，还可以查询以往交易活动的记录，这些记录包括中标、交货、履约等情况，帮助买方全面了解供应商，帮助卖方更清楚地把握市场需求及企业本身在交易活动中的成败得失，积累经验。这使供求双方之间的信息更加透明。

（6）电子采购能帮助采购方改善客户服务和客户满意度，促进供应链绩效，以及改善与供应商关系。

（7）电子采购不仅使采购企业大大获益，而且让供应商获益。对于供应商电子采购可以更及时地掌握市场需求，降低销售成本，增进与采购商之间的关系，获得更多的贸易机会。

国内外无数企业实施电子采购的成功经验，证明电子采购在降低成本，提高商业效率方面，比在线零售，企业资源计划更具潜力，电子采购的投资收益远远高于过去十年内已经在企业中占主导地位的任何商业革命，包括企业流程再造、策略性采购，等等。

三、实施步骤

（1）要进行采购分析与策划，对现有采购流程进行优化，制定出适宜网上交易的标准采购流程。

（2）建立网站，这是进行电子采购的基础，平台要按照采购标准流程来组织页面。可以通过虚拟主机，主机托管，自建主机等方式来建立网站，特别是加入一些有实力的采购网站，通过他们的专业服务可以享受到非常丰富的供求信息，起到事半功倍的作用。

（3）采购单位通过互联网发布招标采购信息（即发布招标书或招标公告），详细说明，对物料的要求，包括质量、数量、时间、地点，对供应商的资质要求等，也可以通过搜索引擎寻找供应商，主动向供应商发送电子邮件，对所购物料进行询价，广泛收集报价信息。

（4）供应商登录采购单位网站，进行网上资料填写和报价。

（5）对供应商进行初步筛选，收集投标书或进行贸易洽谈。

（6）网上评标，由程序按设定的标准进行自动选择，或由评标小组进行分析评比选择。

（7）在网上公布中标单位和价格，如有必要，对供应商进行实地考察后签订采购合同。

（8）采购实施。中标单位按采购订单通过运输交付货物，采购单位交付货款，处理有关善后事宜。按照供应链管理思想，供需双方需要进行战略合作，实现信息的共享。采购单位可以通过网络了解供应单位的物料质量及供应情况，供应单位可以随时掌握所供物料，在采购单位中的库存情况及采购单位的生产变化需求，以便及时补货，实现准时化生产和采购。

第六节　战略采购

战略采购是由著名咨询企业科尔尼（A. T. Kearney）于20世纪80年代首次提出的。科尔尼致力于战略采购研究和推广工作，已为全球500强企业中的2/3提供过战略采购咨询服务。战略采购是计划实施控制战略性和操作性采购决策的过程，目的是指导采购部门的所有活动都围绕提高企业能力展开，以实现企业远景计划。它有别于常规的采购管理，注重的是最低总成本，而常规采购注重的是单一最低采购价格，它用于系统地评估一个企业的购买需求及确认内部和外部机会，从而减少采购的总成本，其好处在于充分平衡企业内外部优势，以降低整体成本为宗旨，涵盖整个采购流程，实现从需求描述直至付款的全程管理。战略采购是一种有别于常规采购的思考方法，它与普遍意义上的采购区别是：前者注重要素，是最低总成本，而后者注重要素是单一最低采购价格。

一、战略采购的定义与构成

战略采购，是一种系统性的、以数据分析为基础的采购方法。简单地说战略采购是以最低总成本建立服务供给渠道的过程，一般采购是以最低采购价格获得当前所需资源的简单交易。

战略采购作为整合公司和供应商战略目标和经济活动的纽带，包括四方面的内容：供应商评价和选择、供应商发展、买方—卖方长期交易关系的建立和采购整合。前三个方面发生在采购部门和外部供应商群之间，统称采购实践，第四个方面发生在企业内部。

（一）供应商评价和选择

供应商评价和选择是战略采购最重要的环节。供应商评价系统（Supplier Evaluation Systems，SES）包括正式的供应商认证计划、供应商业绩追踪系统、供应商评价和识别系统。

供应商业绩评价的指标体系，通常由定价结构、产品质量技术创新、配送、服务等几方面构成。但根据公司战略不同，在选择供应商时所重视的业绩指标有所不同。如公司战略是技术在行业中领先，则供应商现有技术在行业中的领先程度和技术创新能力是首要的评价与选择供应商的标准，其次考虑产品质量、定价结构、配送和服务。企业根据评价结果，选出对公司战略有直接或潜在贡献能力的目标供应商群。直接贡献能力是指供应商已具有的、在其行业中居领先地位的、与买方企业战略目标相一致的能力。潜在贡献能力是指那些由于供应商缺乏一种或几种资源而暂时不具备的、通过买方企业投入这些资源就能得到发挥的、对买方企业战略实现有重要帮助的能力。

（二）供应商发展

由于在供应商选择对供应商业绩有所侧重，有时目标供应商的业绩符合了买方企业主要标准，而在其他方面不能完全符合要求；或有些潜在贡献能力未得到发挥，买方企业就要做一系列的努力，提高供应商的业绩。Krause（克劳斯）和 Ellram（埃尔拉姆）称供应商发展（Supplier Development）是买方企业为提高供应商业绩或能力，以满足买方企业长期或短期供给需求，对供应商所做的任何努力。这些努力包括：与目标供应商进行面对面的沟通；公司高层和供应商就关键问题进行交流；实地帮助供应商解决技术、经营困难；当供应商业绩理论新探有显著提高时，有某种形式的回报或鼓励；培训供应商员工等。

（三）买方—卖方交易关系的建立

战略采购要和目标供应商完成战略物资的交易。战略采购使买方—卖方的交易关系长期化、合作化。这是因为战略采购对供应商的态度和交易关系的预期与一般采购不同。战略采购认为：供应商是买方企业的延伸部分；与主要供应商的关系必须持久；双方不仅应着眼于当前的交易，也应重视以后的合作。

在这种观点的指导下，买方企业和供应商致力于发展一种长期合作、双赢的交易关系。采购部门改变一般采购多家比较和短期合同的采购手段，减少供应商的数量，向同一供应商增加订货数量和种类，使供应商取得规模效应，节约成本；并和供应商签订长期合同，使其不必卷入消极的市场竞争中，获得资源更高效的利用。在这种长期合作的交易关系中，供应商对买方企业有相应的回报：供应商对买方企业的订单要求做出快速的反应；供应商有强烈的忠诚于买方企业的意识；愿意尽其所能满足买方企业的要求；运用其知识和技术，参与买方企业产品的设计过程。

建立长期合作交易关系还要求双方信息高度共享，包括公开成本结构等敏感的信息。忠诚是长期合作交易关系的基础。但单纯靠双方自觉的忠诚显然不够。为提高交易效率和交易双方经营绩效，并保证双方致力于长期合作关系，交易双方共同对与交易有关的资产进行投资。这种资产离开了交易双方的特定关系会失去价值，称为交易特殊性资产。

随着采购部门在公司中战略地位的提高，采购逐渐由程序化、单纯购买向前瞻性、跨职能部门、整合的功能转变。采购整合是将战略采购实践和公司目标整合起来的过程。与采购实践不同，采购整合着眼于企业内部，目的是促进采购实践与公司竞争优势的统一，转变公司高层对采购在组织中战略作用的理解。

（四）采购整合

采购整合包括：采购部门参与战略计划过程，战略选择时贯穿采购和供应链管理的思想，采购部门有获取战略信息的渠道，重要的采购决策与公司的其他战略决策相协调。

二、战略采购的原则和影响因素

（一）战略采购的原则

1. 总购置成本最低

总购置成本不仅仅是简单的价格，还承担将采购的作用上升为全面成本管理的责任，它是企业购置原料和服务所支付的实际总价，包括安装费用、税费、存货成本、运输成本、检验费、修复和调整费用等。低价格可能导致高的总购置成本，却更容易被忽视。总成本最优，被许多企业的管理者误解为价格最低，它们认为只要购买价格低就好，很少考虑使用成本，管理成本和其他无形成本。采购决策影响着后续的运输、调配、维护、调换，乃至产品的更新换代，因此必须有总体成本考虑的远见，必须对整个采购流程中所涉及的关键成本和其他相关的长期潜在成本进行评估。

2. 建立双赢的战略合作伙伴关系

不同企业有不同的采购方法，企业的采购手段和企业管理层的思路与文化风格是密切相关的，有的企业倾向于良好合作关系的承诺，有的企业倾向于竞争性定价的承诺。战略采购过程不是零和博弈，一方获利一方失利，战略采购的谈判应该是一个商业协商的过程，而不是利用采购杠杆，压制供应商进行价格妥协，而应当是基于对原材料市场的充分了解和企业自身长远规划的双赢沟通。

3. 建立战略采购的核心能力

双赢采购的关键不完全是一套采购的技能，而是范围更广泛的一套组织能力：总成本建模、创建采购战略、建立并维持供应商关系、整合供应商、利用供应商创新、发展全球供应基地。很少有企业同时具备了以上六种能力，但至少应当具备以下三种能力：总成本建模能力，它为整个采购流程提供了基础；创建采购战略能力，它推动了从战术的采购观点向战略观点的重要转换；建立并维持供应商关系能力，它注重的是双赢采购模式的合作部分。

4. 制衡是双方合作的基础

企业和供应商之间本身存在一个相互比较、相互选择的过程，双方都有其议价优势，如果对供应商所处行业、供应商业务战略、运作模式、竞争优势、稳定长期经营状况等有充分的了解和认识，就可以帮助企业本身发现机会，在互赢的合作中找到平衡。现在，已有越来越多的企业在关注自身所在行业发展的同时开始关注第三方服务供应商相关行业的发展，考虑如何利用供应商的技能来降低成本、增强自己的市场竞争力并满足客户的需求。

（二）战略采购的影响因素

1. 正面影响

（1）采购部门地位对战略采购的正影响。采购部门地位指企业高层、其他职能部门及采购部门自身对采购部门重要性、能力和战略贡献的认可程度。如果在一个企业中，采购部门被认为和其他职能部门同等重要，采购部门的能力被看好，采购部门的战略贡献被认可，该企业采购部门地位是高的。采购部门地位反映了企业对采购部门的信心。采购部门作为采购职能的主要执行者和战略采购的重要参与者，其在企业中的地位将直接影响采购与战略管理过程的整合。研究表明，采购部门地位对战略采购有显著的正向影响。

（2）合作历史和商誉对战略采购的正影响。战略采购是一个由设计供应商基础、外包、发展长期合作交易关系和买方——供应商整合一系列战略性采购决策构成的过程，其最终目标是贡献企业持续竞争优势。信息和信任是战略采购的两大基石。Keough（克亚芙，1994）指出，信息不全是企业实施战略采购的障碍之一。战略采购中的信息共享，不仅需要互通市场信息和技术信息，甚至要求相互公开成本信息，以共同寻求成本下降空间。这种充分的信息共享需要足够的信任作保障。

交易伙伴间信任的来源，一是合作历史。企业在判断一个合作伙伴是否值得信任时，首先会对与其发生的交易活动的历史进行回顾。合作历史不应局限在交易双方之间，还应该考察供应商与其他企业的合作历史。二是企业商誉。企业商誉是该企业在经营活动过程中所获得的其他企业关于该企业能力、效率、经营理念和企业文化等多个方面的综合评价。对一个企业的商誉的判断也是基于历史合作经验的考察，但与合作历史不同的是，企业商誉是多个企业共同考察和评价的结果，它更具有客观性。由于战略采购需要买方企业和供应商的共同参与，买方企业的合作历史和商誉也同时被供应商所考察，所以交易双方的合作历史和商誉都会影响战略采购的成功实施。

（3）民族文化对战略采购、采购部门地位及合作历史和商誉的影响。民族文化与企业的经营活动密切相关。企业的一切经营活动都是在一定的文化氛围中进行并受其影响和制约的。我国经历了2000多年的封建统治，又不像西方国家那样经历资本主义生产革命和文化变革，以儒家学说为核心的传统文化已深深融入到人们的思想意识和行为规范中。刘翌（2002）认为民族文化包括社会信任结构、不确定性回避程度、权利距离和社会信息特征等方面。

2. 负面影响

（1）社会信任结构对企业合作历史和商誉及战略采购的负影响。Fukuyrama（福山）将社会信任结构分为高信任文化和低信任文化两种模式。在高信任文化中，信任可以超越血缘等特殊关系，自发性社会交往很多，社会中间组织很发达，其直接的结果就是很容易形成组织间的合作或联盟。而低信任文化中，信任往往局限于血缘关系，自发性社会交往很少，社会中间组织不发达，其直接的结果就是组织间合作或联盟较难形成，一旦形成这种合作或联盟关系也较不稳定。

我国属于低信任文化。追究历史原因，我国位于儒教文化的中心，社会资本天赋最低。信任一般局限于血缘等关系，人际关系更带有特殊主义和集团主义色彩。社会中存在各种由特殊人际关系编织而成的“圈子”。分析现实原因，我国的经济体制改革采取了渐进式的改革模式，在从传统的计划经济体制向现代市场经济体制转变的过程中，社会利益关系发生了巨大的调整。由于产权制度改革的相对滞后、企业预算软约束、法律法规不健全和不良社会风气等方面的原因，使我国的社会信任结构遭到了很大程度的破坏，在经济领域尤其严重。这一点已经在我国四大国有商业银行的巨额不良资产以及企业间大量的三角债等问题上就有所反映。低信任文化不利于微观层面的目标企业间信任关系的建立。同时，由于信任是战略采购的基础，低信任文化对企业实施战略采购有负面的影响。

（2）不确定性回避程度对战略采购的负影响。不确定性回避程度是指人们回避或接受风险的程度。不确定回避程度高，说明人们趋向于规避风险，喜欢确定和安全；反之，说明人们喜欢冒险，追求新奇的解决问题的方法。

我国企业的不确定性回避程度较高。我国长期实行高度集中的计划经济，企业吃国家的“大锅饭”，企业生产计划由国家制订，产品国家包销；个人吃企业的“大锅饭”，不仅工作上，而且在生活上也全由企业做好安排。这种模式把企业不确定性降到最低，造成企业和个人对风险的接受与应对能力极其薄弱。实行市场经济以后，企业作为独立的经济利益主体参与市场竞争，职工的铁饭碗也被打破，企业和个人承受与抗击风险的能力在逐步加强，但与发达国家相比，我国的企业仍显得保守。不确定性回避程度会降低企业采购部门挑战供应商市场、发掘供应商市场机会的主动性。

（3）权力距离对采购部门地位的负影响。权力距离是指社会期待甚至喜好权利的差异程度。权力距离大的社会，认为每个人都应该有恰当的地位，这样会有很好的社会等级秩序；反之，表明社会认为每个人都应该有相同的获得权利的机会，从而能改变自己在社会中的地位。我国的权力距离大，上下级之间等级分明，集权程度高。下级往往比较被动，自主权小，参与上层决策的机会少，上级总是处于主动支配地位，在我国企业中，一方面，有的企业总经理在战略决策过程中一个人说了算，不重视下级的意见；另一方面，下级在参与战略制定过程中，常常会揣摩上级的意思，顺着上级的意思说话，有意无意地歪曲信息。这就造成部门主管如采购部门主管的意见往往不能被真实表达，或表达出来，不被重视。权力距离造成了采购部门实际地位低下。

(4) 社会信息特征，对合作历史和商誉的负影响。信息层次高低的主要指标是其规范度和分散度。中国社会的信息不规范，且比较集中。信息不规范，降低了企业间信息交流的平台效率，而信息集中造成企业间信息资源的拥有处于不平等状态，降低了企业间信息交流的意愿。

(5) 交易环境对合作历史和商誉及战略采购的负影响。从 1992 年邓小平南方谈话宣布我国全面实行市场经济至今，我国市场经济体制还十分稚嫩。这种稚嫩表现为缺少相关的法律，制度和惯例，保证公平的交易环境。突出存在的问题，有政府干涉企业行为、地方保护主义和交易过程中的腐败现象。

政府的市场行为并没有完全消除，政府授意企业兼并和联盟政府主持驰名商标评奖等行为，一定程度上扰乱了市场秩序，甚至歪曲了市场信息。一些地区存在的地方保护主义，使我国市场被分割成一个个小市场，影响了产品和信息的流通与共享。交易过程中的腐败现象是我国企业普遍存在的问题。有的采购人员选择供应商不是凭战略需要、供应商业绩，而是凭个人关系或个人利益。采购人员职业道德、敬业精神、抵抗腐败能力是战略采购实施过程中不可忽视的一个因素。

有欠公平的交易环境，造成有的企业不注重良好合作历史和商誉的积累，也干扰了企业正常采购活动的开展，增加了企业实施战略采购的难度。

三、战略采购的实施

(一) 集中采购

通过采购量的集中来提高议价能力，降低单位采购成本，这是一种基本的战略采购方式。目前虽有企业建立集中采购部门，进行集中采购规划和采购管理，以期减少采购物品的差异性，提高采购服务的标准化，减少了后期管理的工作量。但很多企业在发展初期，因采购量和种类较少而进行集中采购，随着企业的集团化发展，在采购上就出现分公司各自为政的现象，很大程度上影响采购优势。因此，坚持集中采购是企业经营的根本原则之一。

(二) 扩大供应商基础

通过扩大供应商选择范围，引入更多的竞争，寻找上游供应商等来降低采购成本，是非常有效的，战略采购方法，它不仅可以帮助企业寻找到最优的资源，还能保证资源的最大化利用，提升企业的水准。

(三) 优化采购流程

制定明确的采购流程，有助于企业实现对采购的控制，通过控制环节（要素）避免漏洞，实现战略采购的目的，流程可采用的要素有：货比三家引入竞争，发挥公开招标中供应商间的博弈机制，选择最符合自身成本和利益需求的供应商；通过电子商务方式降低采购处理成本（交通、通信、运输等费用）；通过批量计算，合理安排采购频率和批量，降低采购费用和仓储成本；对供应商提供的服务和产品进行菜单式购买。

需要注意的是：供应商提供的任何服务都是有价格的，只不过是通过直接或间接的形式包含在价格中而已。企业可以通过菜单选择所需的产品及服务，往往这种方法更能有效降低整体采购成本。

（四）产品和服务的统一

在采购时就充分考虑未来储运、维护、消耗品补充、产品更新换代等环节的运作成本，致力于提高产品和服务的统一程度，减少差异性带来的后续成本。这是技术含量更高的一种战略采购，是整体采购优化的充分体现。

采购产品差异性所造成的无形成本往往为企业所忽略，这需要企业决策者的战略规划以及采购部门的执行连贯性。

采购战略是企业采购的发展方向和必然趋势。在企业创业之初，由于采购量和种类的限制，战略采购的优势并不明显，但在企业向更高层次和更大规模发展的过程中，优势会日益明显，有远见的企业应该有组织地构建战略采购框架，实施战略采购。

案例分析

某市某局利用财政性资金建设某政府办公楼项目，预算为3000万元，总建筑面积20000平方米。招标人采用公开招标的方式组织施工招标。

招标公告编制完成后，招标人在该市很有影响力的一份报纸上发布了招标公告。招标公告规定的投标人资格条件中有一项为“注册资本金在5000万元以上”，同时还规定，在购买招标文件的同时，潜在投标人须提交50%的投标保证金，及5万元（人民币）后才能够购买，以保证潜在投标人购买招标文件后参加项目投标。

招标公告发布后3天，有两家单位购买了招标文件，招标人经分析后认为“注册资本金在5000万元以上”的资格条件可能过高，影响了潜在投标人参与竞争，于是决定将其修改为“注册资本金在1000万元以上”。为减少招标时间，经商讨，招标人决定直接在招标文件中对上述资格条件进行调整，并在开标前15日通知所有购买招标文件的投标人，而不再重新发布招标公告，以保证开标计划能够如期进行。最终，共有8名投标人参加投标，开标计划如期进行。

思考题：招标公告中应列明哪些内容？招标人在上述招标公告的发布过程中，有哪些不正确的行为？为什么？正确的处理方法应是怎样的？

思考与练习

一、判断题

1. 单一品种采购战略，是指同类多品种、同地多品种联合订购战略。（　　）

2. 完整的招标采购包括招标、投标、开标、评标、决标和签订合同。（　　）

3. 询价须特别注意是否已提供给供应商足够的资料。（ ）

4. 通过互联网进行采购，应当使用供货商或行业编码来明确产品规格。（ ）

5. 为了获得更有利的条件，在接受报价与签约之前与供货商进行谈判都是必要的。（ ）

二、多项选择题

1. 在进行大型设备的采购中，主要适用的采购方式是（ ）。

A. 招标　B. 议价　C. 比价　D. 三种都可以

2. 下面在采购方式中会造成采购物品规格不一的方式是（ ）。

A. 公开招标、议价　B. 比价、公开招标

C. 议价、比价　D. 公开招标、比价、议价

3. 在现代采购技术中，JIT 采购是指（ ）。

A. 订货点采购　B. 准时化采购　C. 供应链采购　D. 电子商务采购

4. 按供应商的重要性来分，可分为（ ）。

A. 短期目标型、长期目标型、联盟型、渗透型和纵向集成型

B. 伙伴型、重点型、优先型和商业型

C. 供应商按 80/20 规则分类

D. 专家级型、行业领袖型、低产小规模型和量小品种多型

5. 邀请招标也称（ ）。

A. 有限竞争性招标　B. 公开招标

C. 选择性招标　D. 竞争招标

三、思考题

1. 集中采购与分散采购有什么不同？

2. 电子采购有哪些优势？如何实施？

3. 政府采购的微观效益是如何体现的？

4. 招标采购容易出现人为干扰的环节有哪些？

5. 什么是战略采购？它包含哪些基本内容？

实训题

特种设备采购方式选择

中央部委所属某试验基地拟于 2008 年采购 1 台特种地质雷达仪，替代某中心实验室已经报废的特种地质雷达仪。购置仪器所需资金为财政拨款，采购预算为 180 万元。因某国家级试验项目马上就要上马，要求 1 个月内到货。该种地质雷达仪只有国内外少数厂家生产。

思考题：

（1）政府采购形式有哪些？政府采购的主要方式是什么？本项目是否属于政府采购？

（2）针对地质雷达仪采购，应该采用什么采购方式？

（3）具体采购程序是什么？

第四章　采购计划和预算编制

学习目标

知识目标

1. 熟悉采购调查的基本内容；
2. 熟悉采购计划的编制程序；
3. 熟悉采购预算的编制方法；
4. 熟悉采购计划与预算的影响因素。

技术目标

1. 学会开展采购调查业务；
2. 学会编制企业物料采购计划；
3. 学会编制企业采购预算。

职业能力目标

1. 培养精湛的计划技术，树立计划是管理首要职能的理念；
2. 树立按需采购的观念，提高采购的经济效益。

采购聚焦

某公司采购计划申请管理办法

为了规范公司采购行为，降低公司经营成本，特制订如下采购计划申请管理办法。

（一）根据公司年度经营计划、物品材料消耗定额、各部门物资需求以及现有库存情况，可以制订年度采购计划预案。

（二）根据年内生产进度安排、资金情况和库存变化，相应制订半年、季度和月度的具体采购计划，该计划按期滚动修订。

（三）公司年度采购计划须经总经理办公会批准实施，半年、季度采购计划须经总经理审批，月度采购计划变化不大的须经总经理或主管副总经理核准。

（四）根据采购计划制作的采购预算表，以一式多联方式提交，分别经采购部经理、主管副总经理、总经理按权限签批核准。

（五）公司物料库存降低到安全库存量或控制标准时，可及时提出采购申请，并分为定量订购和定期订购两种方法实施采购。

问题：该公司制订采购计划预案的依据是什么？采购计划制订的流程有哪些？采购数量的确定方法有哪些？本章将解决上述问题。

第一节　采购调查

（一）采购调查的内容

采购调查是指企业为了更好地制订采购计划而进行的信息收集、整理和分析工作，是编制采购计划的基础环节。采购调查包括的主要内容有价值分析、商品调查和供应商调查。

1. 价值分析

价值分析就是将企业所购物料所体现的功能与其成本相比较，力求找到成本更低的替代品，从而获得最大的投入产出比。价值分析的第一步是选择一种零件、原材料或服务进行分析；第二步是组织一个跨职能的价值分析小组（通常包括一个供应商）；第三步是用一个动宾词组定义货物或服务的功能。价值分析的内容包括投资回收期、租赁或采购、自制或外购、包装方式、产品规格、标准化、替代品以及现有供应商分析。

2. 商品调查

商品调查的目的是对一个主要的采购商品未来长期或短期的采购环境做出预测。商品调查的内容包括企业作为采购方现在及未来的状况、生产过程的替代性、该货物的用途、需求、供应、价格以及削减成本和确保供应的战略。商品调查有助于对一个主要的采购商品未来长期及短期的采购环境做出预测。这些信息构成了制定正确决策及现有的采购管理的基础，并且为最高管理部门提供了有关这些物料未来供应与价格的相对完整的信息。

3. 供应商调查

供应商调查就是要了解企业有哪些可能的供应商，各个供应商的基本情况如何。供应商调查在不同的阶段有不同的要求，可以分成三种类型：第一种是供应商初步调查；第二种是资源市场调查；第三种是供应商深入调查。

供应商初步调查是对供应商的基本情况的调查。主要是了解供应商的名称、地址、生产能力、技术水平、管理水平，能提供的产品种类、价格水平、质量，市场份额有多大，运输与进货条件如何，产品的品种、规格和质量水平是否符合企业需要，企业的信用度如何，产品是竞争性商品还是垄断性商品等。供应商初步调查的内容比较浅，但调查面较广，工作量比较大，一般采用访问调查法，通过访问供应企业的市场部主管或有关人员，访问用户或其他的知情人员而获得信息。也可以采用企业问卷调查的方法，给企业发放调查问卷，由企业管理人员填写。

任何供应商都是资源市场的组成部分，企业在了解供应商的过程中，必然要对资源市场进行一定的调查，并根据调查的结果进行分析。资源市场调查的主要内容包括三方面：①资源市场的规模、容量、性质。例如资源市场究竟有多大范围、有多少资源量、多少需求量、是卖方市场还是买方市场、是完全竞争市场还是垄断市场、是一个新兴的成长的市场，还是一个陈旧的没落的市场、要确定资源市场是成长型的市场还是没落型市场。②资源市场的环境。例如，市场的管理制度、法制建设、市场的政治、经济环境以及市场的发展前景如何。③资源市场的总体情况。即资源市场各个供应商的情况如何。分析调查得到的资料，确定资源市场总的水平，做到心中有数。

供应商深入调查是指对经过初步调查后，对准备发展为自己的供应商的企业进行的更加深入仔细的考察活动。一般来说，有两种情况需要对供应商进行深入调查：一是准备发展成紧密关系的供应商；二是需要确定关键零部件产品的供应商。供应商调查小组应深入到供应商企业的生产线、各个生产工艺、质量控制，甚至是管理部门，对供应商生产的一些环节进行考察。

（二）采购调查的目的

不同企业、不同状态下的采购调查的目的不尽相同。兵家言：“知己知彼，百战不殆”。商场如战场，企业只有准确把握供应市场状况，才能在采购方面占据先机。一般来说，采购调查的目的有以下四个方面：

1. 为编制采购计划提供依据

采购要解决的首要问题是何时购买和购买多少的问题。现代企业生存在一个瞬息万变的市场中，受市场和供求关系变化的影响，企业的销售数量存在很大的不确定性，给企业需求的确定带来了一定变数，因此，企业需要进行采购市场调查才能确定合理的采购数量，为企业编制采购计划提供依据。

2. 为确定供应商关系打下基础

随着市场的变化，供应商结构也会发生变化，通过采购调查可以了解现有供应商的状况、价格变化及市场垄断情况等信息，有助于企业调整和优化供应商结构，明确供应商之间的关系，为企业制定合理的采购策略打下基础。

3. 挖掘潜在市场及供应商

通过采购调查可以发现企业未来的买家和卖家，了解他们的市场地位及变化趋势，挖掘企业的潜在市场，发现企业的潜在客户。

4. 规划企业采购与供应战略

通过采购调查，企业可以发现环境中存在的机会与威胁，并根据自身的优势和劣势制定出合乎企业未来发展需要的采购与供应战略。

(三) 采购调查的步骤

采购调查的步骤可分为四个阶段：调查准备阶段、正式调查阶段、综合分析整理资料阶段和提出调查报告阶段。

1. 调查准备阶段

调查准备阶段主要是对企业提供的资料进行分析，明确调查项目的关键和范围，确定调查目标，制订出调查方案。调查方案主要包括：调查的内容、方法和步骤，调查计划的可行性、经费预算、调查时间及调查进度，等等。

2. 正式调查阶段

这是采购调查的主体部分，主要是依据准备阶段确定的市场调查方案进行市场调查。市场调查的内容及方法随企业调查目的的不同会有所区别。其内容大致包括采购需求的调查、供应商关系调查和政策法规情况的调查等。

3. 综合分析整理资料阶段

当统计分析研究和现场直接调查完成后，市场调查人员拥有大量的调查资料，对这些资源要进行分类、编辑、分析和整理，选取有价值的资料，剔除没有用的资料，最后把有关资料用适当的表格形式展示出来，以便从中发现问题和解决问题。

4. 提出调查报告阶段

这一阶段的任务是在对资料进行综合分析与整理的基础上，得出结论并提出建议，写出调查报告供决策者参考。调查报告的内容包括三部分：①引言。包括标题和前言。②报告主体。包括调查的目的、详细的解释方法、调查结果的描述分析、调查结论与摘要、意见与建议等。③附件。附件包括样本的分配、图表及附录。

调查报告不是调查的结束，采购人员应继续密切关注市场的动态，观察市场的变化，及时发现市场的新变化，不断地改进调查工作。

(四) 采购调查的方法

常用的采购调查的方法有统计分析研究法和现场直接调查法。统计分析研究法就是对各种资料进行收集整理并进行研究的方法。一般说来，与采购有关的生产资料的调查常用统计分析研究法，消费资料调查则多采用现场直接调查法。现场直接调查法可分为三种类型：①询问法。询问法是指调查者用被调查者愿意接受的方式向其提出问题，得到回答，获得所需要的资料，包括问卷调查法、面谈调查法和电话调查法。②观察法。观察法是指调查人员在现场对调查对象进行直接观察并进行记录，从而取得第一手资料的调查方法。③实验法。实验法是把调查对象置于一定的条件下，了解其发展趋势的一种调查方法。如向市场投放部分产品进行试销，从而了解消费者的反应，检验产品是否对路。

知识链接

国家铁路公司购买新型客车

1992 年，一个欧洲国家的许多报纸上都登载了下面的故事。它披露了有关国家铁路公司购买新型客车所带来的问题，而国家铁路公司正因为所购买的双层客车比铁路能够容纳的宽度多出 30 厘米而受到重大经济损失。新型客车在全国至少 16 个地点不能够会车，这些地段的轨道之间的距离至少需要拓宽 16 厘米，铁路公司也被迫更换或移动全国范围内更多地方的高架线、信号灯、指示牌、站台顶棚和瓦盖。所涉及的不可预见的支出估计至少达 5700 万美元。

造成这些问题的原因是由于在新型客车的采购时更注重客车能够多装乘客，因此在客车的设计中，在宽度上设有 5 个座位（通常是 4 个），从而导致列车宽了 30 厘米。

从这个案例不难看出，制订采购计划前做好调查工作是多么重要！

第二节　采购计划

一、采购计划的概念

计划是人们为了达到某种目标对未来应采取行动所作的谋划和安排。计划是由目标引起的，是为了实现目标而制订的方案体系，是组织或个人对未来所要采取的行动的一种基础性和思想性的设计。

采购计划是指企业管理人员在了解市场供求情况、认识企业生产经营活动过程和掌握物料消耗规律的基础上，对计划期内物料采购活动所做的预见性安排和部署。采购计划是生产计划的一部分，也是企业年度计划与目标的重要组成部分。采购计划主要解决采购中存在的六个问题，即 4W1Q1H：采购什么（what）、什么时间交货（when）、什么地方交货（where）、向谁采购（who）、采购多少（quantity）、怎样运输（how）。

合理的采购计划可以使企业的采购管理有条不紊地顺利实现，采购计划的内容包括对采购环境的分析、采购计划目标、采购战略及行动方案等（见表 4－1）。

表 4-1 采购计划的内容

部 分	目 的
计划概要	对拟议的采购计划给予扼要的综述，便于管理机构快速浏览
目前采购状况	提供有关物料、市场、竞争以及宏观环境的相关背景资料
机会与问题分析	确定主要的机会、威胁、优势、劣势和采购面临的问题
计划目标	确定计划在采购成本、市场份额和利润等领域所完成的目标
采购战略	提供将用于实现计划目标的主要手段
行动方案	谁去做？什么时候做？费用多少
过程控制	确定如何监控采购计划实施过程

二、采购计划的分类

采购计划有广义和狭义之分，广义的采购计划是指为保证供应各项生产经营活动的物料需要量而编制的各种采购计划的总称。狭义的采购计划是指年度采购计划，即对企业年度内生产经营活动所需采购的数量和时间等所作的安排和部署。

采购计划可以从不同角度进行分类：①按计划期的长短，可以将采购计划分为年度物料采购计划、季度物料采购计划和月度物料采购计划等。②按物料的使用方向，可以将采购计划分为生产产品用物料采购计划、维修用物料采购计划、基本建设用物料采购计划、技术改造措施用物料采购计划、科研用物料采购计划和企业管理用物料采购计划。③按物品的自然属性，可以将采购计划分为金属物料采购计划、机电产品物料采购计划和非金属物料采购计划等。④按采购计划的程序，可以将采购计划分为采购认证计划和采购订单计划。⑤按采购的层次，可将采购计划分为战略采购计划、业务采购计划和部门采购计划。

三、编制采购计划的目的

常言道："凡事预则立，不预则废"。可见制订一个合理的计划对事业的成败有着决定性的作用。编制采购计划是企业采购活动的开始，对企业的生产经营活动有着重要的影响。

编制采购计划应达到以下目的：根据企业生产经营发展状况、销售预测和资源供需变化情况，搞好战略采购，确保资源安全性和稳定性；预估材料需用数量与时间，防止因供应中断影响产销活动；避免物料采购过多，产生过量的库存，过多占用资金和空间；配合企业生产计划、物料需求和资金调度；搞好采购方式、采购批量、采购周期的决策，达到确保供应、降低物流成本的目的。

四、采购计划的编制程序

采购计划的主要环节有采购认证计划和采购订单计划两个方面。采购认证是采购计划的准备阶段，订单计划是采购计划的实施阶段。采购计划的制订是通过订单实现的，订单制订要充分考虑市场需求和企业自身的生产需求进行。认证计划和订单计划两者必须要做到综合平衡，以便保证采购物料能及时供应，同时降低库存及成本、减少应急单、降低采购风险。

（一）采购认证计划

采购认证是指企业采购人员对采购环境进行考察并建立采购环境的过程。需要与供应商合作开发项目的采购方有必要进行采购认证。采购认证计划编制的程序包括四个方面：准备认证计划、评估认证需求、计算认证容量和制订认证计划。

1. 准备认证计划

准备认证计划是认证计划和采购计划的第一步，是做好采购计划的基础工作，具有十分重要的地位。准备认证计划包括以下四个方面的内容：

（1）接收开发批量需求

开发批量需求是能够启动整个供应程序流动的牵引项，要想制订比较准确的认证计划，首先要非常熟悉开发需求计划。目前开发批量需求通常有两种情形：一种是在以前或者是目前的采购环境中就能够发掘到的物料供应，例如以前接触的供应商的供应范围比较大，就可以从这些供应商的供应范围中找到企业需要的批量物料需求；另一种就是企业需要采购的是新物料，在原来形成的采购环境中不能提供，需要企业的采购部门寻找新物料的供应商。

（2）接收余量需求

随着企业规模的扩大，市场需求也会变得越来越大，旧的采购环境容量不足以支持企业的物料需求，或者是因为采购环境有了下降的趋势，从而导致物料的采购环境容量缩小，这就无法满足采购的需求。以上两种情况就会产生余量需求，这就产生了对采购环境进行扩容的要求。采购环境容量的信息一般是由认证人员和订单人员来提供的。

（3）准备认证环境资料

通常来说，采购环境的内容包括认证环境和订单环境两部分。有些供应商的认证容量比较大，但是订单容量比较小；有些供应商的情况正好相反，其认证容量比较小，但订单容量比较大。产生这种情况的原因是认证过程本身是对供应商样件的小批量试制过程，这个过程需要强有力的技术力量支持，有时甚至需要与供应商一起开发，但是订单过程是供应商的规模化的生产过程，其突出的表现就是自动化机器流水作业及稳定的生产，技术工艺已经固化在生产流程中，所以订单容量的技术支持难度比起认证容量的技术支持难度要小得多。

（4）制订认证计划说明书

制订认证计划说明书也就是把认证计划所需要的材料准备好，主要内容包括：认证计划说明书（物料项目名称、需求数量、认证周期等）、开发需求计划、余量需求计划、认证环境资料等。

2. 评估认证需求

评估认证需求是采购计划的第二步，其主要内容包括以下三个方面。

（1）分析开发批量需求

开发批量需求的形式是各种各样的，按照需求的环节可以分为研发物料开发认证需求和生产批量物料认证需求；按照采购环境可以分为环境内物料需求和环境外物料需求；按照供应情况可以分为直接供应物料和需要定做物料；按照国界可以分为国内供应物料和国外供应物料等。对于如此复杂的情况，计划人员应该对开发物料需求做出详细的分析，必要时还应该与开发人员、认证人员一起研究开发物料的技术特征，按照已有的采购环境及认证计划经验进行分类。从以上内容可以看出，认证计划人员需要兼备计划知识、开发知识、认证知识等，应具有从战略高度分析问题的能力。

（2）分析余量需求

分析余量需求要求首先对余量需求进行分类。余量认证产生的来源有两种情况：一种是市场销售需求的扩大；另一种是采购环境订单容量的萎缩。这两种情况都导致了目前采购环境的订单容量难以满足用户的需求，因此需要增加采购环境容量。对于因市场需求原因造成的，可以通过市场及生产需求计划得到各种物料的需求量及时间；对于因供应商萎缩原因造成的，可以通过分析现实采购环境的总体订单容量与原定容量之间的差别得到。这两种情况的余量相加即可得到总的需求容量。

（3）确定认证需求

认证需求是指通过认证手段，获得具有一定订单容量的采购环境。它可以根据开发批量需求及余量需求的分析结果来确定。

3. 计算认证容量

计算认证容量是采购计划的第三步，它主要包括以下四个方面的内容：

（1）分析项目认证资料

分析项目认证资料是计划人员的一项重要事务，不同的认证项目其过程及周期也是千差万别。机械、电子、软件、设备以及生活日用品等物料项目，它们的加工过程各种各样，非常复杂。作为从事某行业的实体来说，需要认证的物料项目可能是上千种物料中的某几种，熟练分析几种物料的认证资料是可能的，但是对于规模比较大的企业而言，分析上千种乃至上万种物料的难度则要大得多。

（2）计算总体认证容量

在采购环境中，供应商订单容量与认证容量是两个不同的概念，有时可以相互借用，但绝不是等同的。一般在认证供应商时，要求供应商提供一定的资源用于支持认证操作，或者一些供应商只做认证项目。

总之，在供应商认证合同中，应说明认证容量与订单容量的比例，防止供应商只做批量订单，不愿意做样件认证。计算采购环境的总体认证容量的方法是把采购环境中所有供应商的认证容量进行叠加，对有些供应商的认证容量需要加上适当系数。

（3）计算承接认证量

供应商的承接认证量等于当前供应商正在履行认证的合同量。认证容量的计算是一个复杂的过程，各种各样的物料项目的认证周期也是不一样的，一般是计算要求的某一时间段的承接认证量。最恰当、最及时的处理方法是借助电子信息系统，模拟显示供应商已承接认证量，以便认证计划决策使用。

（4）确定剩余认证容量

某一物料所有供应商群体的剩余认证容量的总和，称为该物料的认证容量。可以用公式来说明：

物料认证容量＝物料供应商群体总体认证容量－承接认证量

这种计算过程也可以被电子化，一般 MRP 系统不支持这种算法，可以单独创建系统。认证容量是个近似值，仅做参考，认证计划人员对此不可过高估计，但它能够指导认证过程的操作。

4. 制订认证计划

制订认证计划是采购计划的第四步，它主要包括以下四个方面的内容：

（1）对比需求与容量

认证需求与供应商对应的认证容量之间一般都会存在差异，如果认证需求量小于认证容量，则没有必要进行综合平衡，直接按照认证需求制订认证计划即可；如果认证需求量大大超出供应商容量就要进行认证综合平衡，对于剩余认证需求需要制订采购环境之外的认证计划。

（2）综合平衡

综合平衡就是指从全局出发，综合考虑生产、认证容量、物料生命周期等要素，判断认证需求的可行性，通过调节认证计划来尽可能地满足认证需求，并计算认证容量不能满足的剩余认证需求。这部分剩余认证需求需要到企业采购环境之外的社会供应群体之中寻找容量。

（3）确定余量认证计划

确定余量认证计划是指对于采购环境不能满足的剩余认证需求，应提交采购认证人员分析并提出对策，与之一起确认采购环境之外的供应商认证计划。采购环境之外的社会群体如没有与企业签订合同，那么制订认证计划时要特别小心，并由具有丰富经验的认证计划人员和认证人员联合操作。

（4）制订认证计划

制订认证计划是认证计划的主要目的，是衔接认证计划和订单计划的桥梁。只有制订好认证计划，才能根据该认证计划做好订单计划。认证物料数量和开始认证时间的公式如下：

认证物料数量＝开发样件需求数量＋检验测试需求数量＋样品数量＋机动数量

开始认证时间＝要求认证结束时间－认证周期－缓冲时间

（二）采购订单计划

采购订单是指企业采购部门在选定供应商之后，向供应商发出的订货单据。采购订单是采购双方订立采购合同的重要依据，它包括了采购所需的重要信息，如采购数量、商品规格、质量要求、采购价格、交货日期、交货地点等，如表 4－2 所示。

表 4－2　　某企业采购订单表

<table>
<tr><td colspan="4">编号：000001</td><td colspan="5">日期：2017 年 8 月 10 日</td></tr>
<tr><td colspan="4">供应商：××有限公司</td><td colspan="3">地址：</td><td colspan="2">联系电话：</td></tr>
<tr><td colspan="9">根据我公司需要，现向贵公司订购产品如下：</td></tr>
<tr><td>序号</td><td>物资名称</td><td>规格</td><td>单位</td><td>数量</td><td>含税单价/元</td><td>交货日期</td><td>交货地点</td><td>备注</td></tr>
<tr><td>1</td><td></td><td></td><td></td><td></td><td></td><td></td><td></td><td></td></tr>
<tr><td>2</td><td></td><td></td><td></td><td></td><td></td><td></td><td></td><td></td></tr>
<tr><td>3</td><td></td><td></td><td></td><td></td><td></td><td></td><td></td><td></td></tr>
<tr><td>…</td><td></td><td></td><td></td><td></td><td></td><td></td><td></td><td></td></tr>
<tr><td>质量要求</td><td colspan="4"></td><td>付款方式</td><td colspan="3"></td></tr>
<tr><td>票据要求</td><td colspan="8"></td></tr>
<tr><td>备注</td><td colspan="8"></td></tr>
</table>

采购订单计划是采购计划的执行计划，是物料在采购业务中流动的起点，是详细记录企业物流的循环流动轨迹、制订企业管理决策所需要的经营运作信息的关键。通过采购订单计划可以直接向供应商订货并可查询采购订单的收货情况和订单执行情况，通过对采购订单的关联跟踪，采购业务的处理过程一目了然。采购订单计划的编制程序包括准备订单计划、评估订单需求、计算订单容量和制订订单计划四个方面。

1. 准备订单计划

在制订完认证计划之后，紧跟着就是准备订单计划。准备订单计划包括以下四方面的内容：

（1）接收市场需求

市场需求是启动生产供应程序的基础，要想制订比较准确的订单计划，首先必须熟知市场需求计划或市场销售计划。市场需求计划的进一步分解便得到生产需求计划。企业的年度销售计划一般在上一年末制订，并报送至各个相关部门，同时下发到销售部门、计划部门、采购部门，以便指导全年的供应链运转。根据年度计划制订月度、季度的市场销售需求计划，根据市场需求计划确定生产需求计划。

（2）接收生产需求

生产需求对采购来说可以称为生产物料需求。生产物料需求的时间是根据生产计划而产生的，通常生产物料需求计划是订单计划的主要来源。为了便于理解生产物料需求，采购计划人员需要熟知生产计划以及工艺常识。在 MRP 系统中，物料需求计划是主生产计划的细化，它主要来源于主生产计划、独立需求的预测、物料清单、库存信息。编制物料需求计划的主要步骤包括决定毛需求、决定净需求及对订单下达日期及订单数量进行计划。

（3）准备订单环境资料

准备订单环境资料是准备订单计划中一个非常重要的内容。订单环境是在订单物料的认证计划完成后形成的。订单计划一般使用信息系统管理。订单人员根据生产需求的物料项目，从信息系统中查询了解该物料的采购环境参数及描述。订单环境资料主要包括：订单物料的供应商信息、订单比例信息（对多家供应商的物料来说，每一个供应商分摊的下单比例称为订单比例，该比例由认证人员产生并给予维护）、最小包装信息和订单周期。订单周期是指从下单到交货的时间间隔，一般是以天为单位的。

（4）制订订单计划说明书

制订订单计划说明书就是准备好订单计划所需要的资料，包括订单计划说明书（包括物料名称、需求数量、到货日期等）和附件。附件包括市场需求计划、生产需求计划和订单环境资料等。

2. 评估订单需求

评估订单需求是采购计划中非常重要的一个环节，只有准确地评估订单需求，才能为计算订单容量提供参考依据，以便制订出好的订单计划。它主要包括以下三方面的内容：

（1）分析市场需求

订单计划不仅仅来源于生产计划。一方面，订单计划首先要考虑的是企业的生产需求，生产需求的大小直接决定了订单需求的大小；另一方面，制订订单计划还要兼顾企业的市场战略及潜在的市场需求等。此外，制订订单计划还需要分析市场要货计划的可信度。

因此，必须仔细分析市场签订合同的数量、还没有签订合同的数量（包括没有及时交货的合同）等一系列数据，同时研究其变化趋势，全面考虑要货计划的规范性和严谨性，还要参照相关的历史要货数据，找出问题所在。只有这样，才能对市场需求有一个全面的了解，才能制订出一个满足企业远期发展与近期实际需求相结合的订单计划。

（2）分析生产需求

分析生产需求是评估订单需求首先要做的工作。要分析生产需求，首先就需要研究生产需求的产生过程，其次再分析生产需求量和要货时间。例如，某企业根据生产计划大纲，对零部件的清单进行检查，得到组成部件的毛需求量。在第一周，现有的库存量是80件，毛需求量是40件，那么剩下的现有库存量为：80－40＝40（件），到第三周时，库存为40件，此时预计入库120件，毛需求量70件，那么新的现有库存为：40＋120－70＝90（件）。

每周都有不同的毛需求量和入库量，于是就产生了不同的生产需求，对企业不同时期产生的不同生产需求进行分析是很有必要的。

（3）确定订单需求

订单需求是指通过订单管理，在未来的指定时间内将指定数量的合格物料采购入库。对市场需求和生产需求进行认真分析后，就可以确定订单需求了。

3. 计算订单容量

计算订单容量是采购计划中的重要组成部分。只有准确地计算订单容量，才能对比需求和容量，经过综合平衡，最后制订出正确的订单计划。计算订单容量包括以下四方面的内容：

（1）分析供应资料

对于采购工作来说，在目前的采购环境中，所要采购物料的供应商的信息是非常重要的一项信息资料。如果没有供应商供应物料，那么无论是生产需求还是紧急的市场需求都无从谈起。例如，某企业要订购一批圆珠笔，在圆珠笔订单中，需要了解市场中能够提供PE（聚乙烯）原料、PMMA（亚克力）原料的供应商的经营情况、地址、信誉度等信息。又如，某企业想设计一家练歌房的隔音系统，隔音玻璃棉是完成该系统的关键材料，经过项目认证人员的考察，该种材料被垄断在少数供应商手中。在这种情况下，企业的计划人员就应该充分利用这些情况，在下达订单计划时就会有的放矢。

（2）计算总体订单容量

总体订单容量是多方面内容的组合。它一般包括两方面内容：一方面，是可供给的物料数量；另一方面，是可供给物料的交货时间。例如，汽车零部件供应商甲在11月30日之前可供应2万个轴承（A型1.5万个，B型0.5万个），供应商乙在11月30日之前可供应3万个轴承（A型1.5万个，B型1.5万个），那么11月30日之前A、B型两种轴承的订单容量为5万个，其中A型3万个，B型2万个。

（3）计算承接订单容量

承接订单容量是指供应商在指定的时间内已经签下的订单量。下面仍以一个例子来说明。汽车零部件供应商甲在11月30日之前可供应2万个轴承（A型1.5万个，B型0.5万个），若已承接A型1万个，B型0.5万个，那么，已承接的订单容量为1.5万个，其中，A型1万个，B型0.5万个。

（4）确定剩余订单容量

剩余订单容量是指某物料所有供应商群体的剩余订单容量的总和。用公式表示为：

物料剩余订单容量＝物料供应商群体总体订单容量－已承接订单量

例如，若汽车零部件供应商甲已承接订单容量为A型1万个，B型0.5万个，乙供应商没有承接订单，那么剩余订单容量为3.5万个，其中A型2万个，B型1.5万个。

4. 制订订单计划

制订订单计划是采购计划的最后且最重要的环节。它主要包括以下四个方面的内容：

（1）对比需求与容量

对比需求与容量是制订订单计划的首要环节，只有比较出需求与容量的关系才能有的放矢地制订订单计划。如果经过对比发现需求小于容量，即无论需求多大，容量总能满足需求，则企业要根据物料需求来制订订单计划；如果供应商的容量小于企业的物料需求，则要求企业根据容量制订合适的物料需求计划，这样就产生了剩余物料需求，需要对剩余物料需求重新制订认证计划。

（2）综合平衡

综合平衡是指综合考虑市场、生产、订单容量等因素，分析物料订单需求的可行性，必要时调整订单计划，计算容量不能满足的剩余订单需求。

（3）确定余量计划

在对比需求与容量时，如果容量小于需求就会产生剩余需求，对于剩余需求要提交计划制订者处理，并确定能否按照物料需求规定的时间与数量交货。

（4）制订订单计划

制订订单计划是采购计划的最后一个环节，订单计划做好之后就可以按照计划进行采购了。一份订单包含的内容有下单数量和下单时间两个方面。计算公式分别为：

下单数量＝生产需求量－计划入库量－现有库存量＋安全库存量

下单时间＝要求到货时间－认证周期－订单周期－缓冲时间

补充阅读

某企业采购计划制订程序

1. 营业部于每年开始时，提供给主管单位有关各机型的每季度、每月的销售预测。销售预测需要经过经营会议通过，并配合实际库存量、生产需要量、现实状况，由生产管理单位编制每月的采购计划。

2. 生产管理单位编制的采购计划副本送至采购中心，据此编制采购预算，经过经营会议审核通过后，再将副本送交财务单位编制每月的资金预算。

3. 营业部门变更销售计划或有临时的销售决策（如紧急订单），应与生产单位、采购中心协商，以排定生产日程，并据此修改采购计划及采购预算。

该企业是如何制订采购计划的？

表 4－3 和表 4－4 给出了两个企业的采购计划。

表 4－3　　某企业采购计划

编号：000017　　　　日期：2017 年 8 月 9 日

采购项目描述					采购时间安排				其他		
物资名称	规格型号	单位	数量	单价/元	询价时间	签订合同时间	下单时间	到货时间	采购方式	负责人	备注
总采购金额/元											

编表人：　　　　审核：

表 4－4　　某电子公司采购计划

材料编号	材料名称	材料规格	3 月月底库存		4 月				5 月				6 月			
			仓库	验收前	已购未入量	总存量	计划用量	本月底结存	已购未入量	总存量	计划用量	本月底结存	已购未入量	总存量	计划用量	本月底结存

第三节 采购预算

一、采购预算概述

（一）采购预算的概念

预算是一种用数量来表示的计划。它将企业未来一定期间经营决策的目标通过有关数据系统地反映出来，是企业经营决策的具体化和数量化。

采购预算（Purchasing Budget）是指采购部门在一定计划期间编制的有关物资采购的用款计划，包括年度采购预算、季度采购预算和月度采购预算等。采购部门在采购预算下进行采购。采购预算是企业整体预算中的重要一项，是采购决策数量化的表现。

传统上编制采购预算是将本期应购数量乘以该物料的购入单价，或者将物料需求计划（MRP）的请购数量乘以标准成本，即可获得采购金额（预算）。为了使预算对实际的资金调度具有意义，采购预算应以现金基础编制，而非采用传统的统计方法。也就是说，采购预算应以付款的金额来编制，而不是以采购的金额来编制。

采购预算的时间范围要与企业的计划期保持一致，绝不能过长或过短。长于计划期的预算没有实际意义，浪费人财物，过短的预算又不能保证计划的顺利执行。

（二）采购预算的作用

采购预算的编制是为了控制成本，提高资金利用率，减少经营风险和财务风险，合理安排有限资源，促进采购计划工作的顺利进行。具体来说，采购预算的作用有以下几个方面：

（1）保障企业战略计划和作业计划的执行。通过编制采购业务预算，企业采购部门和其他职能部门在计划期间的工作分别定出了目标，也明确了部门和个人的责、权和利，使个人目标与企业经济效益挂钩，促使企业采购部门的员工努力去完成采购目标，保证企业战略计划和作业计划的实现。

（2）协调企业各部门之间的合作经营。通过采购业务预算使企业各个职能部门工作有机的结合成一个整体，各职能部门通过执行预算，明确各自所处的地位与作用，协调各自的工作步伐，从全局出发，统筹兼顾、全面安排，争取全局计划的最优化。例如，采购预算一定要以生产预算为根据，而生产预算又必须以销售预算为根据，不能各自为政。

（3）在企业各部门之间合理安排有限的资源，保证资源分配的效率。由于企业所拥有的资源是有限的，通过编制采购预算和其他业务预算，能充分考虑各部门的资源需求，合理安排资源，保证资源能够得到充分利用，实现以最少的投入，取得尽可能多的经济效益。

（4）对企业物流成本进行控制、监督。企业通过各部门认真编写的切实可行的预算计划，并用其控制各自的各项活动，避免不必要的支出，降低物流成本，保证预定目标的顺利完成。

（三）采购预算的分类

根据预算内容的不同，可以将采购预算分为以下四类：

1. 原材料预算

原材料预算涉及企业所需要的产品的原材料和组件。原材料预算的目的是确定用于生产既定数量的产品或者提供既定水平的服务的原材料的成本。原材料预算的时间通常是一年或更短。原材料预算的依据是生产或销售的预期水平以及未来原材料的估计价格，所以，实际中费用有可能偏离预算。原材料采购预算，可用本期采购数量乘以各项材料的购入单价计算，或按物料需求计划的请购数量乘以标准成本计算。

2. MRO 预算

MRO（保养、维修和运营物料）采购包含在企业的经营管理过程中，但并没有成为生产运作的一部分。MRO 预算包括设备运行所需要的物资，但是不包括构成产成品的原材料部分。MRO 项目包括：办公用品、润滑油、机器修理零部件等。MRO 预算的时间通常为一年。因为每一系列货品的数目都可能很大，以至于不宜为每一种货物做预算。通常，采购预算通过使用过去的比率来完成，例如维护、修理及辅助用料成本，依据对库存和总的价格水平的预测变化而进行调整。

3. 资本预算

资本预算包括对设备和建筑物的需求，这些预算在企业的资产负债表上是被列为资本项的。固定资产的采购通常占支出的较大部分，良好的采购活动能为企业节省许多资金。固定资产采购的预算不仅要包括初始成本，还要包括维护、能源消耗以及备用部件成本等的生命周期总成本。由于这些支出的长期性，一般用净现值法进行预算和决策。

4. 采购费用预算

采购费用预算是指采购业务中发生的各项费用。这项预算通常是根据预期的业务和行政工作量来制订的。这些费用包括工资、福利费用、办公费、设备费、供暖费、房租、电费、招待费、差旅费、通信费和教育培训费等。

表 4－5 和表 4－6 给出了两个公司的采购预算。

表 4－5　　某公司的采购预算

编号：　　　　　　　　　　　　　　日期：

年度预算总额												
季度预算	第一季度			第二季度			第三季度			第四季度			备注
	1月	2月	3月	4月	5月	6月	7月	8月	9月	10月	11月	12月	累计
采购项目													
物资 A													
物资 B													
物资 C													
……													

填表人：　　　财务部经理：　　　　　　　　　采购部经理：

表 4－6　　某纺织公司的采购预算

物料类别	主要原材料、物料及机器零件											
	到期					新购						
付款方式	Usance L/C（远期信用证）	D/A（承兑交单）	Local L/C（当地信用证）	P/N（部件号码）	小计	Usance L/C（远期信用证）	Local L/C（当地信用证）	现金	小计	报送费及运杂费	合计	总计
2016年 1月 2月 3月 4月 5月 6月												
半年总计												

二、采购预算编制的原则

采购预算编制是根据企业经营目标确定预算项目，建立预算标准，采用一定的编制方法和程序，将企业在未来一定时期内应达到的具体采购目标以数量和货币的形式表现出来。采购预算编制应遵循以下三个原则：

1. 实事求是的原则

编制采购预算应本着实事求是的原则，一般以企业所确定的经营目标为前提，不盲目哄抬目标价值。首先确定销售预算，其次确定生产计划，最后再确定采购计划。不要为了贪图低价，盲目扩大采购量，以避免造成库存积压。

2. 积极稳妥、留有余地的原则

积极稳妥是指不要盲目抬高预算指标，也不要消极压低指标。既要保证采购预算指标的先进性，又要保证采购预算指标的可操作性，充分发挥采购预算指标的指导和控制作用。另外，为了适应市场的千变万化，采购预算应留有余地，具有一定的发展空间，以免发生意外时处于被动，影响企业的生产经营。

3. 比质比价的原则

企业在编制采购预算时，应广泛收集采购物料的质量、价格等市场信息，掌握主要采购物料信息的变化，要根据市场信息比质比价后再确定采购物料。除仅有唯一供货单位或企业生产经营有特殊要求外，企业主要物料的采购应当选择两个以上的供货单位，从质量、价格、信誉等方面择优安排采购，并即时掌握供应商的变化。企业大宗原材料、燃料的采购、基建或技改项目主要物料以及其他金额较大的物资采购等，具备招标采购条件的，应尽量安排招标采购。

三、采购预算的编制流程

对制造业而言，通常以业务部门的销售计划为年度经营计划的起点，然后制订生产计划，而采购计划与预算要根据生产计划来制订。可见，采购预算是采购部门为配合年度生产销售预测或生产数量，对需求的原材料、物料、零部件等的数量及成本进行估计。采购预算的编制必须以整个企业的预算制度为基础，在实事求是、积极稳妥、留有余地、比质比价的原则指导下，按照一定的流程进行编制。采购预算的编制流程如图 4－1 所示。

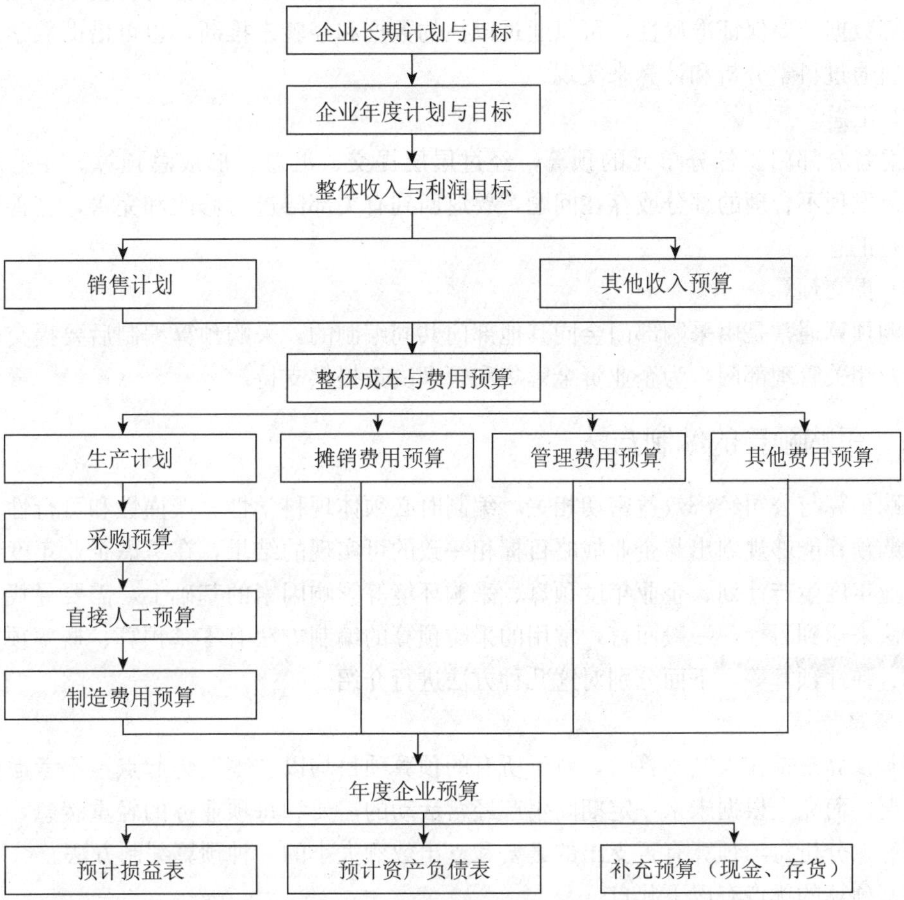

图 4－1　采购预算的编制流程

四、采购预算的编制步骤

采购预算的编制同其他类型的预算编制过程一样，包括以下几个步骤：

（1）审查企业以及部门的战略目标

采购预算的最终目的是保证企业采购目标的实现，企业在编制采购预算前，首先要审查本部门和企业的总体目标，以确保它们之间的相互协调。

（2）制订明确的工作计划

领导层根据发展态势和市场情况，制定出战略后，各部门采购管理者必须根据本部门的自身特点，以及本部门的业务活动特点和范围，制订出明确的工作计划。工作计划制订出后，就明确了本部门的工作活动所涉及的物料情况。

（3）确定所需的资源

有了详细的工作计划表，采购管理者就可以对支出做出合乎实际的估计，从而确定为了实现目标所需要的人力、物力和财力资源。

（4）提出准确的预算数字

确定预算数据是预算编制的难点所在。企业一般的做法是将目标与历史数据相结合来确定预算数据。要保证准确性，可以通过以往的数据和经验来推断，也可借助数学工具和统计资料通过科学分析和计算来实现。

（5）汇总

汇总各分部门、各分单元的预算，经过层层提交、汇总，形成总预算。在汇总过程中，如果发现不合理的部分或存在问题，要返回到有关部门进行修改和完善，完善后继续重新进行汇总。

（6）提交预算

采购预算通常是由采购部门会同其他部门共同编制的，采购预算编制后要提交企业财务部门及相关管理部门，为企业资金筹集和管理决策提供支持。

五、采购预算的编制方法

采购预算与公司经济效益密切相关，编制时必须体现科学性、严谨性和可行性。为了确保采购预算能够规划出与企业战略目标相一致的可实现的结果，在考虑企业年度销售计划、企业年度生产计划、企业年度预算、采购环境等影响因素的基础上，需要寻找一种科学的方法来达到目标，一般而言，常用的采购预算的编制方法有零基预算、概率预算、滚动预算、弹性预算等，下面分别对这几种方法进行介绍。

1. 零基预算

零基预算是指在编制预算时，对于所有的预算项目均以“零”为起点，不考虑以往的实际情况，而完全根据未来一定期间生产经营活动的需要和每项业务的轻重缓急，从根本上来研究、分析每项预算有否支出的必要和支出数额大小的一种预算编制方法。

零基预算的优点有以下几点：

（1）有利于提高员工的“投入—产出”意识。传统的预算编制方法，主要是由专业人员完成的，零基预算是以“零”为起点观察和分析所有业务活动，并且不考虑过去的支出水平。因此，需要动员企业的全体员工参与预算编制，这样使不合理的因素不会继续保留下去，从投入开始减少浪费，通过成本—效益分析，提高产出水平，从而能使投入—产出意识得以增强。

（2）有利于合理分配资金。零基预算对每项业务进行成本—效益分析，对每个业务项目是否应该存在、支出金额多少，都要进行分析计算，精打细算，量力而行，能使有限的资金流向富有成效的项目，所分配的资金能更加合理。

（3）有利于发挥基层单位参与预算编制的创造性。在零基预算的编制过程中，企业内部情况易于沟通和协调，企业整体目标更趋明确，业务项目的轻重缓急容易达成共识，有助于调动基层单位参与预算编制的主动性、积极性和创造性。

（4）有利于提高预算管理水平。零基预算极大地增加了预算的透明度，预算支出中的各项经费一目了然，各级之间争吵的现象可能得到缓解，预算会更加切合实际，会更好地起到控制作用，整个预算的编制和执行也能逐步规范，预算管理水平会得以提高。

尽管零基预算和传统的预算方法相比有许多好的创新之处，但在实际运用中仍存在一些“瓶颈”。零基预算的缺点有以下几点：

(1) 由于一切工作从“零”做起，因此采用零基预算编制工作量大、费用相对较高。

(2) 分层、排序和资金分配时，可能有主观影响，容易引起部门之间的矛盾。

(3) 任何单位工作项目的“轻重缓急”都是相对的，过分强调当前的项目，可能使有关人员只注重短期利益，忽视本单位作为一个整体的长远利益。

零基预算的编制大致上可以分为以下三步：

(1) 提出预算目标

企业内部各有关部门，根据本企业计划期内的总体目标和本部门应完成的具体工作任务，提出必须安排的预算项目，以及以“零”为基础而确定的具体经费数据。

(2) 开展成本—收益分析

组成由企业的主要负责人、总会计师等人员参加的预算委员会，负责对各部门提出的方案进行成本—收益分析。

(3) 分配资金、落实预算

按照上一步骤所确定的预算项目的先后次序和轻重缓急，结合计划期内可动用的资金来源、分配资金、落实预算。

2. 概率预算

概率预算是指对在预算期内不确定的各预算构成变量，根据客观条件对这些预算构成变量可能变动的范围及出现在各个变动范围的概率做出近似的估计，再通过加权平均计算有关变量在预期内的期望值的一种预算编制方法。概率预算属于不确定预算。概率预算一般适用于难以准确预测变动趋势的预算项目，如新产品原材料采购、开拓新业务等。它的优点是计算简洁，工作量小；缺点是不确定性大，需要数理模型支持。

概率预算必须根据不同的情况来编制，大体上可分为以下两种情况：

(1) 需求量的变动与成本的变动没有直接联系。这时，只要利用各自的概率分别计算销售收入、变动成本、固定成本的期望值，然后即可直接计算利润的期望值。

(2) 需求量的变动与成本的变动有直接联系。这时，需要用计算联合概率的方法来计算利润的期望值。

概率预算的编制程序如下：

(1) 在预测分析的基础上，估计各相关因素的可能值及其出现的概率，它可以根据历史资料或经验进行判断。

(2) 计算联合概率，即各相关因素的概率之积。

(3) 根据弹性预算提供的预算指标及与之对应的联合概率计算出预算对象的期望值，即概率预算下的预算结果。

3. 滚动预算

滚动预算也叫作永续预算或连续预算，是指随着时间的推移和预算的实施，根据具体经济活动的变化，每经过一个固定的期间，就对原有预算进行修订，并补充一个期间的预算，如此循环，把近期预算和远期预算结合起来的一种连续预算编制方法。滚动预算是将采购预算与会计期间脱离，随着采购预算的执行不断补充预算，逐期向后滚动，使采购预算期始终保持在一个固定的长度（一般为 12 个月）。滚动预算适用于规模较大、时间较长的工程或大型设备采购项目。

当然，采用滚动预算的方法，预算编制工作比较繁重。所以，也可以采用按季度滚动来编制预算，而在执行预算的那个季度里，再按月份分季度具体地编制预算，这样可以适当简化预算的编制工作。总之，预算的编制是按月份滚动还是按季度滚动，应视实际需要而定。

滚动预算的编制，可采用长计划、短安排的方式进行，即在编制预算时，可先按年度分季，并将其中第一季度按月划分，编制各月的详细预算。其他三个季度的预算可以粗略一些，只列各季总数，到第一季度结束前，再将第二季度的预算按月细分，第三、第四季度及下年度第一季度只列各季总数，以此类推，使预算不断地滚动下去。

滚动预算的编制原理如图 4－2 所示。

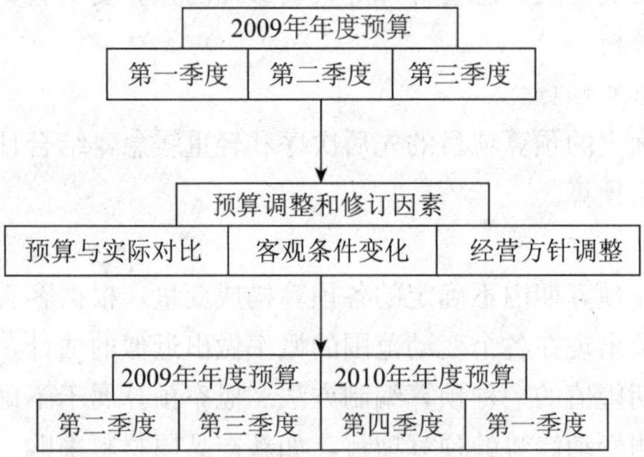

图 4－2　滚动预算的编制原理

滚动预算的主要优点有以下几点：

（1）能保持预算的完整性、继续性，从动态预算中把握企业的未来。

（2）能使各级管理人员对未来一定时期的生产经营活动作周详的考虑和全盘规划，保证企业的各项工作有条不紊地进行。

（3）由于预算能随时间的推进不断加以调整和修订，能使预算与实际情况更相适应，有利于充分发挥预算的指导和控制作用。

（4）有利于管理人员对预算资料作经常性的分析研究，并根据当前的执行情况及时加以修订，保证企业的经营管理工作稳定而有秩序地进行。

4. 弹性预算

弹性预算又称变动预算或滑动预算，它是指在成本习性分类的基础上，以业务量、成本和利润之间的相互依存关系，按照预算期内可能发生的各种业务量变动水平，动态地编制成本预算和利润预算的一种预算编制方法。弹性预算属于确定性预算。弹性预算是以业务量变动水平为预算前提的，只对变动费用进行调整。它主要用于成本预算和利润预算，能动态地反映和掌握成本及利润规划。

弹性预算的主要特点如下：

（1）能提供一系列生产经营业务量的预算数据，它是为一系列业务量水平而编制的，因此，某一预算项目的实际业务量达到任何水平时（必须在选择的业务量范围之内），都有其适用的一套控制标准。

（2）由于预算是按各项成本的性态分别列示的，因而可以方便地计算出在任何实际业务量水平下的预测成本，从而为管理人员在事前据以严格控制费用开支提供方便，也有利于在事后细致分析各项费用节约或超支的原因，并及时解决问题。

弹性预算的优点在于：一方面，能够适应不同经营活动情况的变化，扩大了预算的范围，更好地发挥预算的控制作用，避免了在实际情况发生变化时，对预算作频繁的修改；另一方面，能够使预算对实际执行情况的评价与考核建立在更加客观可比的基础上。它的缺点是操作复杂，工作量大。弹性预算适用于各项随业务量变化而变化的项目支出，如学校的货物采购项目，由于学生的招生规模变化很大，因而可以根据预算年度计划招生人数、在校学生人数测算应添置的课桌、板凳、床的数量以及教学楼防护维修费用或其他采购项目费用。

弹性预算的编制步骤如下：

（1）选择和确定各种经营活动的计量单位消耗量、人工小时、机器工时等。

（2）预测和确定可能达到的各种经营活动业务量。在确定经济活动业务量时，要与各业务部门共同协调，一般可按正常经营活动水平的70%～120%确定，也可以将过去历史资料中的最低业务量和最高业务量分别作为上下限，然后再在其中划分若干等级，这样编出的弹性预算较为实用。

（3）根据成本性态和业务量之间的依存关系，将企业生产成本划分为变动成本和固定成本两类，并逐项确定各项费用与业务量之间的关系。

（4）计算各种业务量水平下的预测数据，并用一定的方式表示，形成其弹性预算。

六、采购预算编制的注意事项

为了使预算更具灵活性和适应性以应付意料之外可能发生的不可控事件，企业在预算过程中应当尽力做到以下几点，以减少预算的失误及由此带来的损失。

1. 改革业绩评估方式

为了鼓励部门提交更具挑战性的预算报告，有必要对业绩评估方式进行一些改革。企业的预算规划是在战略目标框架之内提出的，在设置目标到提交预算这一连续的动态过程中，不仅要仔细审查影响预算实现的内部不可控因素，还要详细研究外部不可控因素，并进一步识别出影响预算实现的关键因素。对这些因素有了初步的认识后，不论是基层管理者，还是高层决策人员都应当以积极的心态和切合实际的态度制定出实事求是的假设条件，这些假设条件要清楚无误地以书面形式记录下来，并呈交给各相关人员，尤其是人力资源管理部门，从而使人力资源管理部门明确认识到哪些是可控因素，哪些是不可控因素。对于那些不可控因素，人力资源部门在进行业绩评估时，必须有这方面的考虑，并向管理者提出建议。企业的高层管理者必须解决部门主管对绩效评估的后顾之忧，使预算的编制能更趋合理。

2. 采取合理的预算形式

每一位决策者都知道现金流对于企业的重要性。它是企业脉管中流淌的鲜血，时时都有新鲜血液的流动才能使组织充满青春的活力。因此，企业内部各部门所采用的预算形式应把重点放在现金流而不是收入和利润上。当然，最佳的预算形式最终还是取决于组织的具体目标。

3. 建立趋势模型

预算讲述的是未来，所有的代表期望行为的数字都是估计值，采购预算提供的应是代表采购支出的数字预报。为了确保这些数字的最大价值，应当建立一个趋势模型。模型应以直接的数据资料为基础，具有时间敏感性，能够反映出材料需求和市场行情的变化。

4. 用滚动预算的方法

企业经营是一个连续不断的过程，只是为了使用方便才在时间上对它们进行了划分。为了能够使预算与实际过程更加紧密地联结在一起，应采用滚动预算的方法，在制定当期预算的时候应根据实际情况同时对后面几期的业务进行预算，能够保证企业活动在预算上的连续性。预算活动的滚动性要求采购部门的管理者投入大量精力，高效地开展工作。工作过程可以采取分两步走的方式：第一步是整体思考，要求管理者从总体战略出发，勾画出预算的框架，制订出必要的行动方案，如果预算结果出现偏差要及时修改；第二步进入细化阶段，采购部门管理者为每一部门制定最终预算的细节，并确保其被每一个部门所接受。

第四节　物料需求计划

一、采购需求分析

（一）采购需求分析概述

采购需求分析是指分析采购物料的品种和数量、采购时间、采购金额、交货时间与方式等问题，最终得到一份确实可靠、科学合理的采购任务清单，为选择采购方法、制订采购计划、分派采购任务提供决策支持的过程。采购需求分析是采购工作的开始，是制订采购计划的基础和前提。正确的采购分析不仅可以保证及时获得合适的物料，同时也是成本控制的一项重要工作。

在单次、单一品种需求的情况下，采购分析比较简单，需要什么物料、需要多少、什么时候需要都非常明确，不需要进行复杂的需求分析。但是，在比较复杂的多品种、多批次的采购情况下，需求分析就变得十分必要。例如，一个汽车制造企业，有成千上万种零部件，经过很多个工厂车间以及多道工序共同完成，需要不同品种和不同数量的原材料、工具、设备等物料，在各个不同时间需求各个不同的品种。这么多的零部件，什么时候需要、什么材料、需要多少，哪些品种要单独采购，哪些品种要联合采购，哪些品种先采购、哪些品种后采购、采购多少，对这些问题不进行认真的分析研究，就不可能进行科学的采购工作。

（二）采购需求分析的主要方法

采购需求分析的方法有统计分析法、推导分析法和 ABC 分析法（又称帕累托分析法）。下面主要介绍前两种方法。

1. 统计分析法

统计分析法是指运用统计的方法对采购的原始资料进行分析，找出各种物料需求的规律。在采购需求分析中，统计分析方法的应用非常广泛。在统计分析中，最基本的原始资料主要有：各个单位的采购申请表、销售日报表、领料单和生产计划任务单等。

统计分析法的步骤如下：

(1) 下属单位每月提交一份物料请购单，提出自己下个月的采购品种和数量。

(2) 采购部门对这些表进行统计汇总，统计出下月总的采购任务表。

(3) 根据采购任务表制订下月的采购计划。

这种模式使采购申请表汇总变得十分简单。由于它们的需求时间都相同，而且需求时间都有一个月之长，所以表项汇总就很简单，只要把各个表中的不同品种照抄，将相同品种的需求数量相加，就可以得到下个月汇总的采购任务表。但是这种模式也有一些实际问题，如市场响应不灵敏和库存负担重等。因为一个月采购一次，必然导致采购批量大、供应时间长，不能适应市场需求变化。

2. 推导分析法

推导分析法是根据企业生产计划进行需求分析，求出各种物料的需求计划的过程。它必须要进行严格的推导计算，不能凭空估计。推导分析法的步骤如下：

(1) 制订主产品生产计划。主产品是指企业提供给社会的主要产成品。主产品生产计划是根据对主产品的订货计划和社会维修需求所提出的零部件订货计划共同生成的。主产品生产计划是生产和采购的主要依据。

(2) 制定产品的结构文件。也就是要推导分析出装配主产品需要哪些零部件和原材料，其中，哪些需要自制，哪些需要外购；自制又需要采购什么零部件、原材料等。这样逐层分析得出主产品的结构层次。在每个层次的每个零部件都要标明需要数量、自制或外购、生产提前期或采购提前期。所有自制件都要分解到最后的原材料层次，这些原材料一般都是需要采购的。

由主产品结构文件可以统计得出这样一套完整的资料：为了在某个时间生产出一定数量的主产品，需要什么零部件、原材料，分别需要多少数量，需要提前多长时间采购。这些资料可以用主产品零部件生产采购一览表来表示。

(3) 制定库存文件。库存文件是指主产品以及主产品所有零部件、原材料的现有库存量清单文件，即主产品零部件库存一览表。从仓库保管员处了解主产品零部件生产采购一览表中所有各个零部件、原材料的现有库存量以及消耗速率，经整理得到主产品零部件库存一览表。

(4) 根据主产品需求文件、主产品结构文件和库存文件，可以导出物料需求计划。

设 P_i 是第 i 个零部件下月的需求量，P 是主产品下个月的计划产量，n_i 是一个主产品中包含第 i 个零部件的个数。P_{0i} 是第 i 个零部件下月的外订货量（即社会维修订货量）。

第 i 个零部件下月的需求量可以用以下公式确定：

$$P_i = p \cdot n_i + P_{0i}$$

（5）根据物料需求计划求得采购任务清单。

下面用一个例子来说明推导分析法的应用。

例如，某企业的主产品 M 由 1 个 B、2 个 C、2 个 E 零部件构成，1 个 B 又由 1 个单位的 C 构成，C 和 E 都需要外购取得。主产品 M 的结构文件如图 4－3 所示。

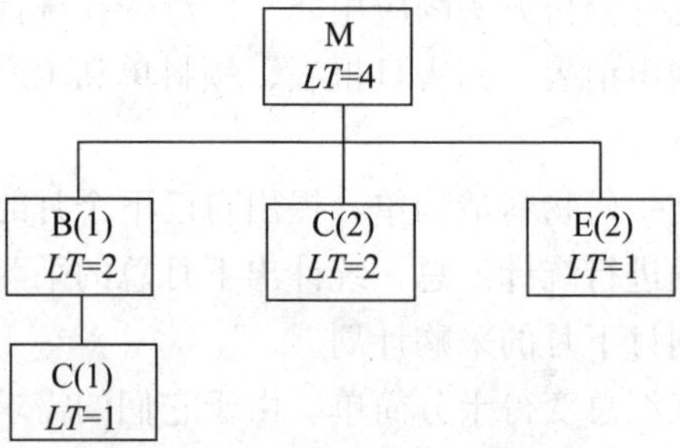

图 4－3　主产品 M 的结构文件

图 4－3 中，M、B、C、E 为产品名，括号内的数字表示一个上级产品中所包含的本产品的件数，LT 表示零部件提前期，单位是天。设当前库存和计划入库量均为 0。由主产品结构文件可以得到主产品 M 零部件生产采购一览，如表 4－7 所示。

表 4－7　主产品 M 零部件生产采购一览

零部件名称	数　量	自　制	外　购	提前期
B	1	√		2
C	3		√	2
E	2		√	2

主产品需求计划和零部件外订生产计划如表 4－8 所示。表中包括主产品的出产计划和社会对零部件 C 和 E 的维修计划。

表 4－8　主产品需求计划和零部件外订生产计划

时　期	第 1 周	第 2 周	第 3 周	第 4 周	月合计
M 生产/（件/周）	15	25	30	20	90
C 外购/（件/周）	15		25		40
E 外购/（件/周）		40		20	60

根据主产品出产计划和零部件外订计划以及零部件与主产品的关系，再根据公式 $P_i = p \cdot n_i + P_{0i}$ 就可以求出所有需要采购的零部件的清单表，也就是下月需要采购的零部件的任务清单，如表 4－9 所示。

表 4-9　　采购零部件的任务清单　　单位：个

零部件名称	下月需要采购的数量
C	90×3+40=310
E	90×2+60=240

二、采购数量确定

采购数量是指某一种物料在某一时期应该订购的总量。采购数量的多少直接决定于生产和销售情况，销售计划、生产计划、物料需用清单以及存量管制卡为决定采购数量的主要依据。在现实中，采购数量过多会造成过高的储存成本、资金占用等缺陷，但同时可享受供应商的商业折扣。但采购数量过少，则会带来采购成本的增加，因此适当的采购数量是非常必要的。采购数量的确定方法很多，下面主要介绍常用的三种方法：定期订购法、定量订购法和经济订购批量法。

1. 定期订购法

定期订购法是指订购时间预先确定的订购方法。例如，每月或几周订购一次，而每次订购数量则不固定，随时根据库存的情况来决定。在使用定期订购法时，必须对物料未来的需求数量作正确的预估，以避免存货过多，造成存货资金积压。

定期订购法的原理是库存货物耗用至某一预先指定的订购时间（不发生任何缺货损失，保证生产或经营的连续性），便开始订购并发出订货单，直至进货。订购量的计算公式为：

订购量＝平均日需用量×（订购周期＋订购间隔期）＋保险储备定额－实际库存量－订货余额

订货周期是指从提出订购、进货、检查直至入库的整个周期所需的时间，订购间隔期是指前后两次订购之间的时间间隔。实际库存量为订购日的现有库存数量，订货余额为过去已经订购但尚未到货的数量。

例如：某物资的订购间隔期为 2 个月，订货周期为 1 个月，每日企业需用量为 20 吨，保险储备量为 200 吨，订购之间实际库存量为 450 吨，订货余额为 0，则：

订购量＝20×（30＋60）＋200－450－0＝1550（吨）

从上例可以看出，物资的订购间隔期为 2 个月，即 60 天，那么，在通常情况下，一次订购量为 20×60＝1200（吨），而按现在计划则为 1550（吨），这是由于实际库存在采购间隔期内已降到保险储备定额以下，因而在订购时对订货量作了调整。

定期订货法有两方面的缺点：一是遇有突发性大量需求，易造成缺货。因此，需设定较高的库存水平；二是每次订货的批量不固定，无法制订出经济订购批量，因而运营成本较高，经济性较差。

定期订购法的适用范围：

（1）消费金额高，需要实施严密管理的重要物品。

（2）根据市场的状况和经营方针，需要经常调整生产或采购数量的物品。

（3）需求量变动幅度大，而且变动量有周期性，可以正确判断的物品。

(4) 建筑工程、出口等可以确定的物品。

(5) 设计变更风险大的物品。

(6) 多种商品采购可以节省费用的情况。

(7) 同一品种物品分散保管、同一品种向多家供货商订购、批量订购分期入库等订购、保管、入库不规则的物品。

(8) 需要定期制造的物品等。

2. 定量订购法

定量订购法也称订货点法，是指对库存状况进行连续性的记录、观察、核对，一旦发现库存量下降到预先规定的一个订货点时，就填发订货单进行订货。对于价格低廉、临时性需求及非直接生产用途的物料，比较适合采用定量订购法。这是一种订货数量确定，而订货时间不固定的订购方法。

例如，复仓制的采购计划，即将此类物料首次入库时分为两部分，当其中一部分使用完毕时，必须先开出请购单，才准许使用剩下的另一部分物料，反复交替进行。此类物料数量的管制，通常由仓储人员负责。订购点库存量的计算公式如下：

订购点库存量＝平均一日销售量×备运天数＋保险储备量

＝平均一日销售量×（备运天数＋保险天数）

例如，某生产企业一个月消耗某种物料1350件，从提出订货到货物入库需用的天数为2天，保险天数为3天，请问订购点库存量为多少？

订购点库存量＝1350÷30×（2＋3）＝225（件）

3. 经济订购批量法

经济订购批量（Economic Ordering Quantity，EOQ）指通过平衡采购进货成本和保管仓储成本核算，以实现总库存成本最低的最佳订购量。经济订购批量是固定订购批量模型的一种，可以用来确定企业一次订货的数量。当企业按照经济订货批量来订货时，可实现订货成本和储存成本之和最小化。企业订购和储存商品的相关总成本包括购买成本、相关订货费用和相关储存成本之和。经济订货批量是目前大多数企业最常采用的货物订购方式。该方法适用于整批间隔进货、不允许缺货的存储问题。其最优订购数量的计算公式如下：

$$Q^* = \sqrt{\frac{2DS}{IC}}$$

其中，Q^* 为最佳订购批量（经济订购批量），D 为某段时间的需求量，S 为每次订购成本，I 为单位储存成本占商品成本的百分比，C 为单位产品成本。

例如，某公司某物料的年需求量为2400单位，每次订购费用为400元，每月每单位的储存成本为10%，物料的单位成本为10元，求该公司的经济订购批量。

由于储存成本按月计算，因此每月平均需求量为200个单位（2400÷12＝200），所以，

$$Q^* = \sqrt{\frac{2DS}{IC}} = \sqrt{\frac{2 \times 200 \times 400}{10 \times 10\%}} = 400$$

因此，该公司的经济订购批量为每次400单位。

经济订货批量是存货维持与订货处理相结合，使成本最低的补给订货批量，这种批量的确定，是假设全年的需求和成本相对较稳定，既然是根据单一产品进行计算，那么基本公式形成中不考虑产品联合订货的影响。计算经济订购批量最有效的方法是数学方法，虽然模型可以确定最佳的补给数量，但它需要某些相当严格的假设才能直接应用。

EOQ 的主要假设有：①已知全部需求的满足数；②已知连续不变的需求速率；③已知不变的补给完成周期时间；④与订货数量和时间保持独立的产品的价格不变；⑤不限制计划制订范围；⑥多种存货项目之间不存在交互作用；⑦没有在途存货；⑧不限制可得资本等。

三、MRP

（一）MRP 概述

MRP 是物料需求计划（Material Requirements Planning，MRP）的简称，是 20 世纪 60 年代发展起来的一种计算物料需求量和需求时间的系统，主要解决生产中所需要的物料计划问题。它可以准确、迅速、及时地计算出各种物资的需求量、需求时间、合理订货量和订货时间，还可以及时预测各种物资的余缺，还能在保证供应的前提下，严格控制库存，加速资金周转，为企业最大限度地节约资金。

1. MRP 的原理

MRP 的基本思想是围绕物料转化组织制造资源，实现按需要准时生产。这里的“物料”一词是指为了产品出厂需要列入计划的一切不可缺少的物的总称，不仅是原材料或零件，而且包括配套件、毛坯、在制品、半成品、成品、包装材料、工装工具、能源等一切物料。

为制订生产某产品所需要的物料计划，传统的方法是运用经济批量法、订货点法等数学模型，根据生产消耗的速率来计算经济订货点和安全库存量。但是，在实际生产中，企业对某种物料的消耗并不能保证是稳定的，在这种情况下用订货点法计算时只能取一个时间段的物料消耗率的平均值，难以计算出合理的订货量。另外，对于多品种、小批量产品的生产，由于需求是离散的，物料是彼此相关的，在制订生产计划时就要花费很多人力。例如在机械行业，一家大型机床厂生产的产品有许多种，每一种产品又需要许多不同的部件，各种部件可能是外购的，也可能是自产的。这样，当制订产品生产计划时就可能涉及数万种零部件的计算。即使动用大量人工计算出了准确的结果，计算时间也需几个月。因此，传统的方法不可能对所有的零部件都准确计算，结果使大量零部件积压在仓库中，增加了库存管理费用，造成资金周转缓慢。

物料需求计划系统是用来解决上述问题的一个尝试。MRP 的基本原理就是由产品的交货期展开成零部件的生产进度日程与原材料、外购件的需求数量和需求日期，即将主生产计划转换成物料需求表，并为编制能力需求计划提供信息。

物料需求计划可以看作是一个输入输出系统，其输入主要包括主生产计划、产品结构与物料清单和库存信息；而最主要的输出则是各个物料的采购计划或加工计划，包括数量和时间安排。物料需求计划系统如图 4－4 所示。

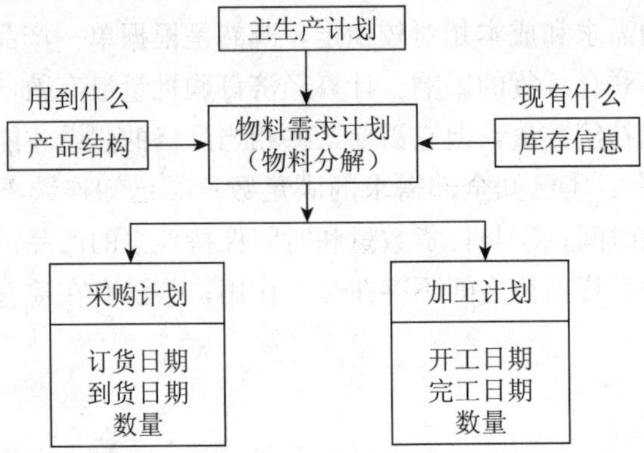

图 4-4　物料需求计划系统

通俗地讲，MRP 是一种“既要降低库存，又要不出现物料短缺”的计划方法。MRP 主要解决四个问题：①生产什么？生产多少？②要用到什么？③已经有了什么？④还缺什么？何时安排采购？

这四个问题是任何制造业在编制计划时都要回答的问题。第一个问题指的是为了满足市场（或客户）需求需要出厂的产品，根据销售合同或市场预测，由主生产计划确定的。第二个问题指的是产品结构或某些在制造过程中必要的资源（如能源、工具等），由产品结构与物料清单来回答。第三个问题由库存信息，或者说，由物料的可用量来回答。第四个问题则是 MRP 的输出。

2. MRP 的主要输入信息

MRP 系统的运作主要依赖于三种信息：主生产计划、产品结构与物料清单、库存信息。通过这三种信息，根据产品的生产量自动计算出构成这些产品的零部件与材料的需求情况，并能根据产品的生产进度日程和材料及外购件的采购日程，当计划执行情况发生变化的时候，能够根据新情况区分出轻重缓急，调整生产优先次序，重新编制出符合新情况的采购作业计划。

（1）主生产计划

主生产计划（Master Production Schedule，MPS）是 MRP 的主要输入，它是确定每一具体的最终产品在每一具体时间段内生产数量的计划。这里的最终产品是指对于企业来说最终完成、要出厂的完成品，可以是一个完整的产品，也可以是一个零部件。这里的具体时间段，通常以周为单位，在有些情况下，也可以是日、旬、月。主生产计划是连接市场营销部门与生产制造部门的桥梁。它根据市场营销部门的市场调查结果、以往的销售数据和既有合同，预测产品未来的需求情况，确定生产制造计划。主生产计划主要标明生产哪些最终产品、何时需要以及需要多少，它是 MRP 系统运算的主要依据。

主生产计划中规定的出产数量可以是总需要量，也可以是净需要量。一般来说，在产品出产计划中列出的为净需要量，即需生产的数量，所以，如果是由顾客订货或销售预测得出的总需要量，则需要扣除现有库存量，算出净需求量。

表 4-10 所示的就是在计划期间内最终产品的主生产计划的一部分。该表说明，产品

A 的计划产量为：第 4 周 15 台，第 7 周 25 台；产品 B 的计划产量为：第 5 周 18 台，第 8 周 15 台；配件 C 的计划产量为：第 1～9 周每周 20 台。

表 4－10　　产品的主生产计划

周次	1	2	3	4	5	6	7	8	9
产品 A/台				15			25		
产品 B/台					18			15	
配件 C/台	20	20	20	20	20	20	20	20	20

主生产计划的计划期一定要比最长的产品生产周期要长，否则，得到的零部件投入出产计划不可行。主生产计划的滚动期应同 MRP 的运行周期一致，若 MRP 的运行周期是每周一次，则主生产计划需要每周更新一次。

（2）产品结构与物料清单（BOM）

MRP 系统要正确计算出物料需求的时间和数量，特别是相关需求物料的数量和时间，首先要使系统能够知道企业所制造的产品结构和所有要使用到的物料。产品结构列出构成成品或装配件的所有部件、组件、零件等的组成、装配关系和数量要求。它是 MRP 产品拆零的基础。如图 4－5 所示为一个简化了的自行车的产品结构，它大体反映了自行车的构成情况。

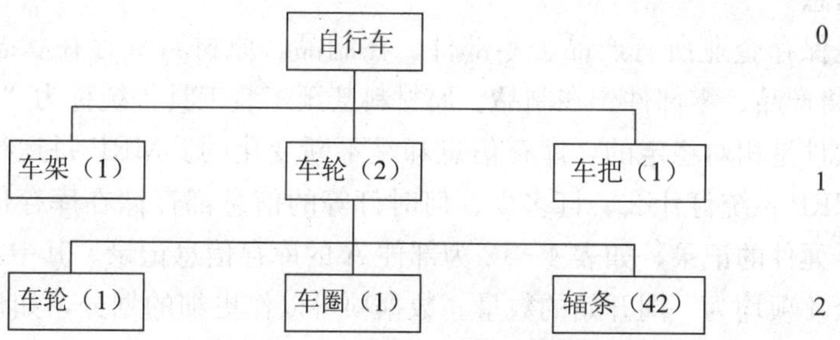

图 4－5　自行车的产品结构

我们把产成品称为零层，直接完成成品装配的组件与部件被称作第一层部件，组成第一层部件的零件与部件被称为第二层，依此类推。BOM 正是表达了产品的结构，更重要的是它提出了相关需求（dependent requirement）的观念：即除成品以外的半成品、零件、材料的需求量，是由最终产成品的需求量来决定的，因此，它们的需求称为相关需求。相对的，最终产成品的需求是由市场决定的，往往不全由企业来决定与掌握，所以最终产成品的市场需求是独立需求（independent requirement）。

当然，这并不是我们最终所要的物料清单。为了便于计算机识别，必须把产品结构图转换成规范的数据格式，这种用规范的数据格式来描述产品结构的文件就是物料清单(Bill of Material，BOM)。它必须说明组件（部件）中各种物料需求的数量和相互之间的组成结构关系。表 4－11 所示为一张与自行车产品结构相对应的物料清单。其中，“M”

为自制件，“B”为外购件。

表 4－11　　　　自行车产品的物料清单

层　次	物料号	物料名称	单　位	数　量	类　型	成品率	ABC 码	生效日期	失效日期	提前期
0	GB950	自行车	辆	1	M	1.0	A	950101	971231	2
1	GB120	车架	件	1	M	1.0	A	950101	971231	3
1	GL120	车轮	个	2	M	1.0	A	000000	999999	2
2	LG300	轮圈	件	1	B	1.0	A	950101	971231	5
2	GB890	轮胎	套	1	B	1.0	B	000000	999999	7
2	GBA30	辐条	根	42	B	0.9	B	950101	971231	4
1	113000	车把	套	2	B	1.0	A	000000	999999	4

BOM 能用来计算生产一个最终产品所需的每种物料的需求量，需求的物料可能既包括自制部件又包括采购部件。

从图 4－5 中可以看出，相同的元件会出现在不同的层次上，如车轮既出现在第一层，也出现在第二层，这固然可以清楚地表示各个不同的生产阶段，但给计算机处理带来一定的麻烦。为了便于计算机处理，凡是同一元件出现在不同层次上的情况，取其最低层次号作为该元件的低层码。

（3）库存信息

库存信息是保存企业所有产品、零部件、在制品、原材料等存在状态的数据库。在 MRP 系统中，将产品、零部件、在制品、原材料甚至工装工具等统称为“物料”。

产品结构文件是相对稳定的，库存信息却是不断变化的。MRP 每运行一次，它就发生一次变化。MRP 系统订什么、订多少、何时订等的信息都存储在库存信息中。库存信息包含了每一个元件的记录，如表 4－12 为部件 A 的库存信息记录。其中，现有数为周末时间数量，其余 4 项均为一周开始的数量。数据项可以作更细的划分，如预计到货量可以细分成不同的来源，现有数可以按不同的库房列出。

表 4－12　　　　部件 A 的库存信息记录

部件 A	周　次										
LT＝2 周	1	2	3	4	5	6	7	8	9	10	11
总需要量						300			300		300
预计到货量		400									
现有数	20	420	420	420	420	120	120	120	0	0	0
净需要量									180		300
计划发出订货量							180		300		

3. MRP 的输出

MRP 系统可以提供多种不同内容与形式的输出，其中主要是各种生产和库存控制用的计划和报告。其主要输出包括：零部件投入出产计划、原材料需求计划、互转件计划、库存状态记录、工艺装备机器设备需求计划、计划将要发出的订货、发出订货的调整、零部件完工情况统计及外购物料到货情况、对生产及库存费用的预算报告、交货期模拟报告和优先权计划等。

4. MRP 的处理过程

进行 MRP 处理的关键是找出上层元件（父项）和下层元件（子项）之间的联系。父项和子项之间的关系是：按父项的计划发出订货量来计算子项的总需要量，并保持时间上一致。为了提高 MRP 的处理效率，计算过程采用自上而下、逐层处理的方法进行。按照这种方法，首先处理所有产品的 0 层，然后处理第 1 层，第 2 层，一直到最低层。为此，需要对每一个元素都编一个低层码。

MRP 的简单处理过程：首先通过产品结构文件将主生产计划中对产品的需求进行分解，产生对部件、零件及材料的主需求量计划；其次利用主需求量、库存情况、计划期内各零部件的构成以及在制品情况进行计算，以确定在产品结构各层次上零部件的净需求量；最后确定零部件的订购计划。经过剖析物料清单得出的数量是总需求，它尚未考虑持有库存量与在途订货量等因素。而厂商根据总进度计划生成的，必须予以实际满足的需求叫作净需求。决定净需求是 MRP 的核心。总需求减去存货持有量，再加上安全存货，就可得其净需求，即：净需求量＝总需求量－计划存货＋安全存货。

下面举例来说明 MRP 的计算流程：

生产木制百叶窗和书架的某厂商收到两份百叶窗订单：一份要 100 个，另一份要 150 个百叶窗。在当前时间进度安排中，100 个单位的订单应于第四周开始时运送，150 个单位的订单则于第八周开始时运送。每个百叶窗包括 4 个木制板条部分和 2 个框架。木制部分是工厂自制的，制作过程耗时 1 周。框架需要订购，生产提前期是 2 周。组装百叶窗需要 1 周。木制部分现有 70 个单位的库存。为使送货满足如下条件，请用 MRP 计算要完成该批订单的物料需求情况。

百叶窗的主生产计划、物流清单和产品结构分别如表 4－13、表 4－14 和图 4－6 所示。各物料的提前期、现有库存和安全库存如表 4－15 所示。

表 4－13　　百叶窗主生产计划　　单位：个

周　数	1	2	3	4	5	6	7	8
生产数量				100				150

表 4－14　　百叶窗物料清单　　单位：个

层　次	物料名称	数　量	类　型
0	百叶窗	1	M
1	框　架	2	B
2	木制部分	4	M

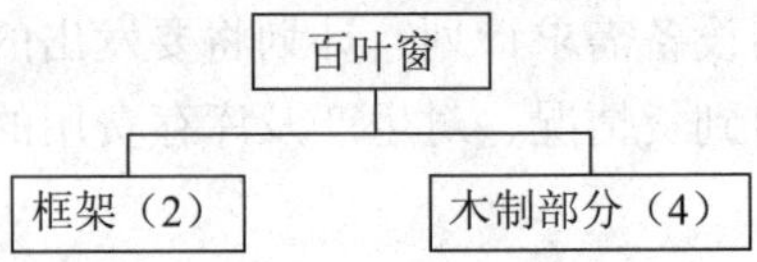

图 4-6　百叶窗产品结构

表 4-15　各物料的提前期、现有库存和安全库存

物料名称	提前期（周）	现有库存（个）	安全库存（个）	废品率
百叶窗	1	0	0	0
框　架	2	0	0	0
木制部分	1	70	0	0

MRP 的计算过程如下：

首先计算 0 层物料，即最终产品百叶窗。由于主生产计划显示需要运送 100 个百叶窗，在第 4 周开始时没有计划持有量，因此净需求也是 100 单位。于是，第 4 周的计划订货入库量等于 100 个。由于装配百叶窗耗时 1 周，这就意味着计划订货下达在第 3 周开始时。运用同样的逻辑，150 个百叶窗必须在第 7 周组装，这样才能在第 8 周运送出去。

其次计算第一层的框架部分。在第 3 周开始时 100 个百叶窗的计划订货下达，要求那时必须有 200 个框架（总需求）。因为没有预期持有量，净需求、计划订货入库量都是 200 个。交货周期为 2 周，意味着厂商必须在第 1 周开始时订购 200 个框架。同样的，第 7 周时 150 个百叶窗的计划订货下达，要求第 7 周的总需求、净需求以及当时的计划订货入库量均为 300 个框架。2 周的交货周期表示厂商必须在第 5 周开始时订购框架。

最后计算第一层的木制部分。第 3 周开始时 100 个百叶窗的计划订货下达，同时生成 400 单位木制部分的总需求。然而，由于计划持有量为 70 个木制部分，净需求即为 400－70＝330（个），这意味着第 3 周开始时的计划订货入库量为 330 个单位。由于制作过程历时 1 周，因此制作必须在第 2 周开始时进行（计划订货下达）。同样的，第 7 周 150 个百叶窗的计划订货下达产生的总需求是 600 个木制部分。由于木制部分没有计划持有量，净需求、计划订货入库量也是 600 个单位。此外，1 周的交货周期意味着 600 个木制部分的制作安排在第 6 周开始时。

这样就得到了最终产品（百叶窗）及其各组件的订购清单或生产清单，这也就是 MRP 系统的输出。百叶窗、框架和木制部分的需求计划如表 4-16 所示。

表 4 - 16　　百叶窗、框架和木制部分的需求计划

产　品	提前期	项　目	周次 1	2	3	4	5	6	7	8
百叶窗	1 周	总需求量				100				150
		现有库存				0				0
		净需求量				100				150
		计划生产量				100				150
		计划发出订货量			100				150	
框架	2 周	总需求量			200				300	
		现有库存			0				0	
		净需求量			200				300	
		计划生产量			200				300	
		计划发出订货量	200				300			
木制部分	1 周	总需求量			400				600	
		现有库存			70				0	
		净需求量			330				600	
		计划生产量			330				600	
		计划发出订货量		330				600		

为简化起见，我们在上文的计算中没有考虑订货批量、安全库存等因素。实际的计算过程要比上文描述的复杂一些，在此不再赘述。

需要注意的是，在物料需求计划制订出来之后就会参考能力需求计划来决定是否可行，如果可行那么就生成真正的执行物料计划，如果不可行那就要重新制订该计划。

（二）闭环 MRP

从生产计划的角度来看，MRP 的确已经提供了生产所需要的信息。但是这种输出究竟能否有用，却受到企业另外一些因素的制约。例如，生产线上是否有足够的生产能力完成所计划的生产任务？如果自己不能完成，也许就需要到外面去采购，而采购又牵涉到资金的问题。而这些信息都是 MRP 所不能提供的。为了解决这些超出 MRP 功能范围的问题，人们提出了闭环 MRP 的概念。

闭环 MRP 系统的原理如图 4 - 7 所示。除了 MRP 模块以外，还包括主生产计划模块、粗能力计划模块、能力需求模块这样三个模块。与 MRP 相比，闭环 MRP 系统主要增加了能力需求计划的计算。

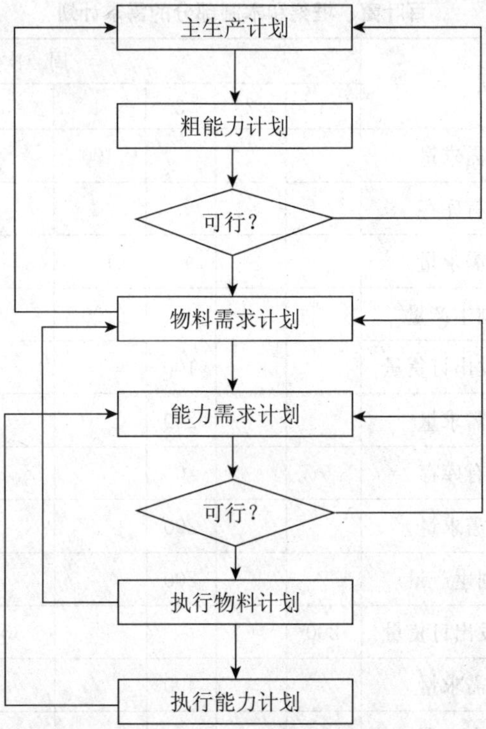

图 4－7　闭环 MRP 系统的原理

能力需求计划的功能是根据企业数据库中的工艺数据、生产订单、工厂日历等信息来制订生产能力计划，它计算出对设备、人力的需求量以及各种设备的生产负荷量，判断是否有足够的资源来满足所订计划的生产。如果超负荷，则需要对设备或人力等进行补充，或者对主生产计划进行调整。能力需求计划又可以分为：粗能力需求计划和细能力需求计划。

粗能力需求计划是同主生产计划相伴运行的，是一个比较粗略、快速的能力核定过程。它根据主生产计划计算相关关键工作中心的负荷，一般只考虑每月生产计划的变化。细能力需求计划根据物料需求计划和企业生产能力进行模拟，同时根据工作中心的能力判断计划的可行性。能力需求计划对车间调度人员提供计划能力报表，让调度人员根据情况对于超出能力的任务进行调整。

从图 4－7 可以看出：闭环 MRP 的工作流程是首先由主生产计划模块和粗能力计划模块对生产产品的品种、周期、数量等进行计划，生成可行的主生产计划；其次由物料需求计划模块计算物料的需求量，以及自行生产清单和订购清单等；再经由细能力需求计划模块计算对设备与人力的需求量和各种设备的负荷量，判断生产计划是否可行；最后进入执行部分。在此过程中经过不断地自上而下的计划调整和自下而上的信息反馈，最终得到切实可行的计划方案。

四、MRPⅡ

生产管理实践不断对生产管理方式提出更高的要求，人们在使用闭环 MRP 时，不断地提出新的疑问和需求。这些疑问和需求包括：既然库存记录足够精确，为什么不可以根据它来计算费用？既然 MRP 得出的是真正要制造和购买的元件，为什么不能依据它作采购方面的预算？既然生产计划已经被分解成确定要实现的零部件的投入产出计划，为什么不可以把它转化为货币单位，使经营计划和生产计划保持一致？也就是说闭环 MRP 从某种程度上来说并没有解决资金资源、人力资源等实际生产环境中的约束问题。

下面举一个例子来说明这个问题。如果企业采购的一种物料到货了，进入了仓库，那么不仅仅是库存的物料数量增加了，从财务账簿上来讲，企业的原材料库存资产也增加了。原材料库存资产的增加可以通过负债科目中的应付账户反映出来。当原材料从仓库送到车间加工后，库存原材料资产降低了，但是在制品资产增加了。同时，工人的劳动工资和车间管理费用也通过在制品资产账户转移了。随着物料在生产线上加工的流动，在制品资产账户不断增加。最终，当企业制造出来的产品销售出去之后，库存资产账户减少而应收账户资产增加。由此可以看出，物料的移动和资金的移动是同步的。在 MRP 系统中，仅考虑物料是不完整的，因为从管理的角度来看，仅考虑物料很难向管理人员提供准确的管理信息，管理人员也很难准确地监督生产的运行过程。为了提高企业的管理水平，应该考虑把财务信息添加到 MRP 系统中。

20 世纪 70 年代后期，随着信息技术和信息系统的不断发展，可以使用计算机同时管理物料和管理财务活动了。为了集成这些操作，通过采用共享的数据库系统把制造、财务集成起来，形成了所谓的制造资源计划（Manufacturing Resource Planning，MRPⅡ）系统。由于制造资源计划的英文简称是 MRP，与物料需求计划的简称相同，为了区别起见，将制造资源计划的简称改写为 MRPⅡ。

MRPⅡ的出现并不是说 MRP 是错误的，而是在集成企业更多资源方面和更大范围地监控制订的作业计划与实际的执行结果等方面有了重大突破。在这样一个信息系统支持下，后勤部门可以用 MRP 来计算物料需求量并产生采购清单；生产部门将销售计划与生产计划紧密配合制订出生产计划表，并将其不断细化；设计部门从生产部门得到有关设计改良的信息；各个部门的信息提供给财务部门，在财务部门进行成本核算。这样，整个企业的信息系统就不是由一个个孤立的职能子系统构成，而是通过一个信息共享的系统，将生产、销售、财务、采购等活动紧密联系在一起，这就是 MRPⅡ。

MRPⅡ的逻辑结构如图 4－8 所示，它包括了销售信息管理、生产制造信息管理和财务信息管理三大部分。三大部分中又包括了订单管理、市场预测、主生产计划、库存管理、制造工艺管理、物料需求计划、能力需求计划、车间管理控制、采购管理、成本管理、应收账款管理、总账管理等子系统。

这些子系统或模块与传统的会计财务系统、库存管理系统的最大不同在于它们并非是孤立存在的，各模块都是根据业务关系有机地关联起来的，一个子系统的输出往往是另外几个子系统的输入。这样，MRPⅡ系统就可以有效地将企业管理的各个职能部门连接起来，加快企业内部的信息流动，减少各部门之间因相互闭塞导致的许多问题。

把生产活动与财务会计活动紧密地集成起来是从闭环 MRP 向 MRPⅡ迈出的关键一步。MRPⅡ是对企业的所有制造资源进行计划和控制的信息系统，作用范围包括整个企业的生产经营活动。

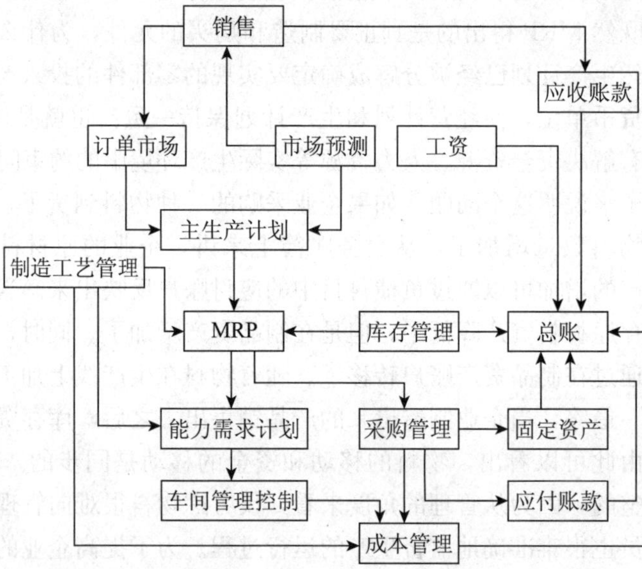

图 4-8　MRPⅡ的逻辑结构

随着大型企业多元化经营和拓展全球市场的步伐，以及精益生产、敏捷制造、约束理论、供应链管理等先进管理思想的诞生，这些大型企业迫切需要一个扩大的管理系统，把“前端办公室”（市场与客户）和“后端办公室”（供应商与外包商）的信息都纳入到这个信息化的管理系统中来，扩大信息集成的范围。显然，主要侧重于对企业内部的人、财、物等资源管理的 MRPⅡ系统已不能满足这样的管理需求。在这一背景下，MRPⅡ进一步发展为能够实现有效管理和利用整个供应链整体资源的新一代信息化管理系统——企业资源计划（ERP）。

知识链接

企业资源计划

企业资源计划（ERP）是在 MRPⅡ的基础上通过反馈的物流和反馈的信息流、资金流，把客户需要和企业内部的生产经营活动以及供应商的资源整合在一起，体现完全按用户需要进行经营管理的一种全新的管理方法。ERP 更加面向全球市场，功能更为强大，所管理的企业资源更多，支持混合式生产方式，管理覆盖面更宽。

第五节　影响采购计划和预算的因素

采购计划和预算的制订不是随意的，而是在充分分析企业内外部环境的基础上进行的。由于采购计划和预算涉及面广，作用巨大，在实际工作中，受许多方面因素的影响。因此，进行采购计划和预算的编制时需要综合考虑这些因素。

1. 年度销售计划

采购计划是企业年度计划和目标的一部分。在流通企业中，采购计划可根据销售计划进行编制。通常，销售计划为企业年度营业计划的起点，是生产计划制订的依据。销售计划是企业各种产品在不同时期的预期销售数量，由销售预测加上人为的判断即可拟定销售目标或计划。影响销售预测的因素包括两方面：一是外界的不可控制因素，如国内外经济发展状况、人口增长、政治体制、文化及社会环境、技术发展、竞争者状况等；二是内部可控制因素，如财务状况、技术水准、厂房设备、原料零件供应情况、人力资源及企业声誉等。采购计划的制订离不开企业的销售计划。

2. 年度生产计划

在生产企业中，采购计划是根据生产计划进行编制的。生产计划规定了企业在计划期内所生产的产品品种、质量、数量、生产进度以及生产能力的利用程度等指标，是企业依据销售数量，加上预期的期末存货减去期初存货来制订的。一般而言，生产计划根源于销售计划。若销售计划过于乐观，将使产量变成存货，造成企业的财务负担；反之，过度保守的销售计划，将使产量不足以供应顾客所需，丧失了创造利润的机会。因此，如果生产计划因销售人员对市场的需求预测不准而频繁变化，将会导致采购计划变动，供应商供货得不到保证，影响生产的正常进行。

3. 物料清单

物料清单是定义产品结构的技术文件，是编制采购计划的依据。一般生产计划只列出产成品的数量，而不能表示某一产品需用哪些物料以及数量多少，因此必须借助于物料清单。物料清单是由研究发展或产品设计部门拟定的，内容列示各种产品由哪些物料所制造或组合而成，根据它可以精确地计算出制造每一种产品的物料需求数量，它上面所列的耗用量就是通称的标准用量，与实际用量相互比较，可作为物料控制的依据。企业中，特别是在高科技行业，产品变更层出不穷，致使物料清单难以做出及时的反应与修订，以致根据产量所计算出来的物料需求数量与实际的使用量或规格不尽相符，造成采购数量过多或不足，物料规格过时或不易购得。因此，采购计划的准确性有赖于最新、最准确的物料清单。

4. 存量管制卡

如果产成品有存货，那么生产数量一般不等于销售数量，同理，有物料必然有库存数量，所以物料采购数量也一般不等于根据物料清单所计算的物料需用量。因此，必须建立物料的存量管制卡，以记录某物料目前的库存状况，再依据物料需求数量，并考虑购料的作业时间和安全库存量水准，算出正确的采购数量，然后才开具请购单，进行采购活动。存量管制卡的准确性是影响采购计划准确性的因素之一。它包括实际物料与账目是否一致、物料存货是否全为合格品。若存量管制卡上的数量或规格与仓库实际情况不符，如存量管制卡上的数量大于仓库实际数量，就可能导致采购人员误认为库存数量足够而漏下订单。

5. 物料标准成本的设定

在编制采购预算时，因对将来拟购物料的价格预测不容易，故多以标准成本替代。如果该标准成本的设定不能以过去的采购资料作为依据，也没有工程人员严密精确地计算其原料、人工及制造费用等组合或生产的总成本，则其正确性就会降低。因此，标准成本与实际购入价格的差额即是采购预算准确性的评估指标。

6. 生产效率

生产效率的高低会使预计的物料需求量与实际的耗用量产生误差。产品的生产效率降低，会导致原物料的单位耗用量提高，而使采购预算中的预计数量不能满足生产所需。过低的产出会导致业务更改，从而使零部件的损耗超出正常水平。当生产效率降低时，采购预算必须将这部分额外的耗用率计算进去，才不会发生原材料预算资金短缺的现象。

7. 预期价格

在编订采购预算时，常对物料价格涨跌幅度、市场景气与否以及汇率变动等多加预测，甚至列为调整预算的因素。但是由于个人主观的判定与事实的演变常有差距，因此也可能造成采购预算的偏差。此外，市场价格波动也会影响采购计划和预算的制订。在资源价格下降，供过于求时，为规避价格风险，采购量应适当加以控制，而在价格上涨，资源供不应求时，为防止缺货，一般需要建立一定的战略储备。

8. 采购环境

采购活动不是发生在真空里，而是发生在一个充满大量不可控因素的环境中。这些因素包括外界的不可控因素和内部的不可控因素，这些因素的变化都会对企业的采购计划产生一定影响。以纺织企业的棉花采购为例，由于受供求关系、国际市场变化及棉花收获的季节性等因素影响，其市场价格往往波动较大，这就造成了棉花采购成本的差价较大。为了节省成本，棉花的采购除了要按照订单要求满足必要的生产外，还要根据棉花市场的价格波动情况，选择恰当的采购时机进行收购。这就要求采购人员能够意识到环境的变化，并能利用这些变化。

总之，由于影响采购计划与预算编制的因素很多，故采购计划与预算编制之后，应听取生产计划、物料控制及销售等部门意见，与产销部门保持经常的联系，并针对现实的状况做出必要的调整与修订，才能使采购业务与生产活动同步。

案例分析

耐奇苹果公司采购预算编制

耐奇苹果公司是纽约北部的一家苹果加工厂，主要生产苹果酱和苹果饼的馅心。该公司向当地的果农采购麦克考斯和格兰尼斯两个品种的苹果。公司的主要客户是机构性的购买者，如医院、学校等。公司设有两个部门：生产部门和市场营销部门。每个部门都由一名副总裁进行管理，并直接向公司总裁汇报。公司的财务副总裁主要负责公司所有财务领域的工作，包括归集数据和编制预算。公司的总裁和三名副总裁构成了公司的行政主管委员会，对预算的编制过程实施监督。

公司与当地的许多果农签订了长期的采购合约，如果当地苹果的生产量低于预期值，公司则将在现货市场上进一步采购；如果收获的苹果多于公司所能处理的数量时，多余的苹果也可以在现货市场上售出。公司总裁和财务副总裁负责与当地果农签订长期采购合约以及在现货市场上进行苹果的购销活动。

苹果收获以后，将被储存在耐奇苹果公司的冷库中，或存放在其他公司的库房中，直到耐奇公司将其用于生产。公司的生产工作从每年10月开始到次年6月、7月、8月、9月工厂关闭，因而公司的财务年度为第一年的10月1日到来年的9月30日。

在耐奇苹果公司，每年的预算从8月开始进行下一年的预算，而下一个财务年度是从14个月后开始的。在8月，公司的总裁和副总裁将对公司签订的长期契约的下一年的苹果收获情况进行预算。在随后的14个月中，每两个月公司就要根据最新的消息，对市场营销、生产以及苹果采购的情况预算进行调整。在每年的6月，下一个财务年度的财务预算的终稿将提交董事会进行审批。耐奇苹果公司的预算过程中包括三个关键的构成部分，即苹果的采购、销售和生产。

耐奇苹果公司财务年度的生产预算

名　称	预算数（万磅）	麦克考斯苹果（万磅）	格兰尼斯苹果（万磅）
苹果酱	130000	7800000	5200000
苹果饼馅心	63000	3150000	1890000
合计		10950000	7090000

耐奇苹果公司财务年度的苹果采购预算

项　目	数量（万磅）		售价（万美元）		成本（万美元）		总计（万美元）
	麦克考斯苹果	格兰尼斯苹果	麦克考斯苹果	格兰尼斯苹果	麦克考斯苹果	格兰尼斯苹果	
长期采购合同	10900	8000	380	310	414.2	248	662.2
市场采购	50	(910)	450	300	2.25	(27.3)	(25.05)
总计	1095	7090			416.45	220.7	637.15
耗费（磅）					10950	7090	
成本（万美元/千磅）					380.32	311.28	

公司苹果预算中的数据与计划耗用每种苹果的总数量1095万磅麦克考斯苹果和7090万磅格兰尼斯苹果一致，这充分反映了预算工作的相互协调性。

思考题：该公司是怎样编制采购预算的？

思考与练习

一、判断题

1. 在生产企业中，采购计划是按照销售计划进行编制的。（　　）

2. 推导分析法是根据企业的生产计划进行需求分析，求出各种物料的需求计划的过程。（　　）

3. 购买办公用品的费用要列入资本预算中。(　　)

4. 弹性预算是以采购量变动水平为预算前提的，它主要用于成本预算和利润预算。(　　)

5. 制订订单计划是采购计划的最后一个环节，这项工作做好以后就可以进行采购了。(　)

二、单项选择题

1. 在流通企业中，采购计划是按照(　　)进行编制的。

A. 销售计划　　B. 生产计划　　C. 长期计划　　D. 短期计划

2. A 类货物一般采用(　　)进行订购。

A. 定期订购法　　B. 定量订购法　　C. 经济订购批量法　　D. 折扣法

3. 影响采购计划的因素不包括(　　)。

A. 生产效率　　B. 价格预期　　C. 生产计划　　D. 工资变化

4. 购买机器修理用零部件的费用要列入(　　)中。

A. 原材料预算　　B. MRO 预算　　C. 资金预算　　D. 采购费用预算

5. 下面的表格属于：

材料编号	材料名称	材料规格	3月底库存		4月				5月				6月			
			仓库	验收前	已购未入量	总存量	计划用量	本月底结存	已购未入量	总存量	计划用量	本月底结存	已购未入量	总存量	计划用量	本月底结存

A. 订购单　　B. 请购单　　C. 采购计划　　D. 发货单

三、思考题

1. 试述采购调查的主要内容。

2. 试述编制采购计划的基本程序。

3. 采购预算包括哪几种类型?

4. 企业的 MRP 系统的输入信息有哪些?

5. 采购计划与预算的影响因素有哪些?

实训题

案例分析：某纺织公司采购预算编订办法

1. 材料的预算编制除遵照本公司预算制度外，均按照本规则的规定办理。

2. 材料的预算分类

(1) 材料预算可分为：①用料预算；②购料预算。

（2）材料预算再按用途分为：①营业支出用料预算；②资本支出用料预算。

（3）材料预算按编制的期间分为：①年度预算；②分期预算。

3. 年度用料预算的编制流程

（1）由用料部门依据营业预算及生产计划编制“年度用料预算表”，特殊用料并应预估材料价格，经主管科长核定后，送企划科材料管理部汇编“年度用料总预算”转工作会计部。

（2）凡属委托保修部修缮的工作，都由保全部按用料部门计划代为编列预算，并通知用料部门。

（3）材料预算经最后审定后，由总务科仓运部严格执行，如经审核后减少，应由一级主管召集科长、组长、领班研拟分配后核定，由企划科分别通知各用料部门重新编列预算。

（4）用料部门用料超出核定预算时，由企划科通知总务科仓运部。用料部分，超出数在10%以上时，应由用料部门提出书面理由呈转一级主管核定后办理。

（5）用料总预算超出10%时，由企划科通知仓运部说明超出原因呈请核示，并办理追加手续。

4. 购料预算的编制流程

（1）年度购料预算由企划科汇编并送呈审核；

（2）分期购料预算，由仓运部视库存量、已购未到数量及财务状况，编制“购料预算表”会同企划科送呈审核，转公司财务会议审议。

5. 经核定的分期购料预算，在当期未动用者不得保留。其确有需要者，可于下期补列。

6. 资本支出预算，年度有一部分未动用或全部未动用者，其未动用部分不能保留，视情况须在次年度补列。

7. 未列预算的紧急用料，由用料部门领用料后，补办追加预算。

8. 用料预算除由用料部门严格执行外，并由仓运部及企划科加以配合控制。

思考题：

1. 该纺织公司编制采购预算的依据是什么?

2. 该纺织公司如何将其采购材料进行分类?

3. 不同材料的预算编制流程有何不同?

第五章　采购流程

学习目标

知识目标

1. 理解业务流程的概念和意义；
2. 熟悉业务流程管理的内容；
3. 了解业务流程管理的发展历史；
4. 掌握业务流程的描述方法；
5. 掌握业务流程的分析和优化。

技术目标

1. 能够绘制采购业务流程图；
2. 能够分析和优化采购流程。

职业能力目标

1. 能够胜任与采购流程管理相关的工作岗位；
2. 能够分析采购流程中存在的问题并提出对策。

采购聚焦

福特汽车的业务流程优化

福特汽车公司是美国三大汽车巨头之一，但是到了20世纪80年代初，福特像许多美国大企业一样面临着日本竞争对手的挑战，正在想方设法削减管理费和各种行政开支。公司位于北美的应付账款部有500多名员工，负责审核并签发供应商供货账单的应付款项。按照传统的观念，这么大一家汽车公司，业务量如此庞大，有500多个员工处理应付账款是非常合情合理的。当时曾有人想到，要设法利用电脑等设备，使办公能实现一定程度的自动化，提高20%的效率就很不错了。

促使福特公司认真考虑“应付账款”工作的是日本马自达汽车公司。马自达公司是福特公司参股的一家公司，尽管规模远小于福特公司，但毕竟有一定的规模了。马自达公司负责应付账款工作的只有5个职员。5∶500，这个比例让福特公司经理再也无法泰然处之了，应付账款部本身只是负责核对“三证”，“符则付，不符则查”，查清再付。整个工作大体上是围着“三证”转，自动化也帮不了太大的忙。应付账款本身不是一个流程，但采购却是一个业务流程。思绪集中到流程上，重组的火花就渐渐产生了。重组后的业务流程完全改变了应付账款部的工作和应付账款部本身。现在应付账款部只有125人（仅为原来的25%），而且不再负责应付账款的付款授权，这意味着业务流程重组工程为福特公司的应付账款部门节省了75%的人力资源。

福特汽车公司应付账款部门的工作就是接收采购部门送来的采购订单副本、仓库的收货单和供应商的发票，然后将三类票据合在一起进行核对，查看其中的14项数据是否相符，绝大部分时间被耗费在这14项数据由于种种原因造成的不相符上。

业务重组后，应付账款部门不再需要发票，需要核实的数据项减少为三项：零部件名称、数量和供应商代码，采购部门和仓库分别将采购订单和收货确认信息输入到计算机系统后，由计算机进行电子数据匹配。最后结果是：应付账款部门的员工减少了75%，而不是原计划的20%。

第一节　采购流程概述

一、业务流程管理

（一）业务流程的概念和意义

1. 业务流程的概念

对于业务流程的概念，许多专家和学者给出了自己的观点。

迈克尔·哈默(Michael Hammer)与詹姆斯·钱皮(James A. Champy)对业务流程(Business Process)的经典定义:我们定义某一组活动为一个业务流程,这组活动有一个或多个输入,输出一个或多个结果,这些结果对客户来说是一种增值。简言之,业务流程是企业中一系列创造价值的活动的组合。

T. H. 达文波特:业务流程是一系列结构化的可测量的活动集合,并为特定的市场或特定的顾客产生特定的输出。

A. L. 斯切尔:业务流程是在特定时间产生特定输出的一系列客户、供应商关系。

H. J. 约瀚逊:业务流程是把输入转化为输出的一系列相关活动的结合,它增加输入的价值并创造出对接受者更为有效的输出。

ISO 9000:业务流程是一组将输入转化为输出的相互关联或相互作用的活动。

综上所述,我们可以定义业务流程的概念,它是为达到特定的价值目标而由不同的人分别共同完成的一系列活动。活动之间不仅有严格的先后顺序限定,而且活动的内容、方式、责任等也都必须有明确的安排和界定,以使不同活动在不同岗位角色之间进行转手交接成为可能。活动与活动之间在时间和空间上的转移可以有较大的跨度。而狭义的业务流程,则认为它仅仅是与客户价值的满足相联系的一系列活动。

2. 业务流程的意义

业务流程对于企业的意义不仅仅在于对企业关键业务的一种描述;更在于对企业的业务运营有着指导意义,这种意义体现在对资源的优化、对企业组织机构的优化以及对管理制度的一系列改变。这种优化的目的实际也是企业所追求的目标:降低企业的运营成本,提高对市场需求的响应速度,争取企业利润的最大化。

业务流程是有层次性的,这种层次体现在由上至下、由整体到部分、由宏观到微观、由抽象到具体的逻辑关系。这样一个层次关系符合人们的思维习惯,有利于企业业务模型的建立。一般来说,我们可以先建立主要业务流程的总体运行过程(其中包括了整个企业的大的战略),然后对其中的每项活动进行细化,落实到各个部门的业务过程,建立相对独立的子业务流程以及为其服务的辅助业务流程。

业务流程之间的层次关系一定程度上也反映了企业部门之间的层次关系。不同层级的部门有着对业务流程不同的分级管理权限。决策层、管理者、使用者可以清晰的查看到下属和下属部门的业务流程。

因此,为使所建立的业务流程能够更顺畅的运行,业务流程的改进与企业组织结构的优化是一个相互制约、相互促进的过程。

(二)业务流程管理的发展

1. 萌芽阶段

1911 年,“科学管理之父”泰勒的《科学管理原理》一书出版,标志着管理理论的诞生。在该书中,“流程”一词虽未出现,但是“方法、过程”等概念的出现,被认为是流程管理的隐形萌芽。

在泰勒思想的影响下,亨利·福特充分考虑单一化大批量生产的特点,首先创建了第一条大规模生产流程(流水线作业模式),对汽车制造流程进行了有效的并行化协调优化。流水线生产方式使产品的生产工序被分割成一个个的环节,工人间的分工更为细致,产品的质量和产量大幅度提高，极大地促进了生产工艺流程和产品的标准化，提高了运营效率。

这一阶段的流程管理标志着现代高效率工业的开始，属于流程管理思想的萌芽时期，也为今天的流程管理技术积累了不少有效的思想与方法，如流程细分优化、并行协调、反馈控制等思想至今仍然有效，并被后续的研究者逐步理论化。

2. 产生发展阶段

20 世纪 40 年代，人类在科学技术上获得了巨大的突破，生产力水平得到了空前的发展和提高，市场竞争加剧，消费者意识开始崛起，消费者权益运动日益高涨，人们对产品和服务的质量表现的要求越来越高。人们逐渐开始意识到，光靠统计质量控制，不足以实现对质量的有效控制。质量的实现，还受到许多其他因素的影响，如员工的参与度和积极性、生产过程的合理性等。在这样背景下，全面质量管理（TQM）开始兴起。

TQM 的对象不仅包括一般意义上的产品和服务，还包括组织的所有活动、过程、人员和组织结构等各个方面，强调团队参与，以促进所有的员工设法持续改进组织所提供产品和服务的质量、工作过程和顾客反应时间等。致力于流程的持续改进是 TQM 的核心所在。

与此同时，飞速发展的信息技术也开始被引入管理领域，使基于流程的管理思想得到发展。一些企业开始利用信息技术对传统的业务过程进行自动化改造。

这一阶段出现的主要的信息化流程管理技术，如 MRP、MRPⅡ等。到了 20 世纪 80 年代，信息技术逐渐向全企业战略级流程支持能力发展，出现了信息技术支持下的 JIT、FMS、CAM 等。信息技术的发展，为流程的彻底改善提供了可能，产生了“价值链”“为制造而设计”“并行工程”等思想。这种思想的共性就在于把关注的焦点由流程的某一职能扩展到所有职能的流程，用信息技术和组织调整来推动整个流程的变化，追求流程业绩的巨大改善。

这一时期的流程管理思想重在加强质量控制和推广应用信息技术，流程的概念还没真正引起人们的关注。

3. 全面发展阶段

那些在 TQM 这一领域已经积累了多年经验的、有远见的公司（如福特和施乐）逐渐认识到，TQM 等在克服过高的基础设施和官僚成本方面存在着很大的问题，必须加以变革。除此之外，IT 的发展和应用也为新的组织形态和管理方法的产生奠定了基础。于是一些公司开始尝试引入一种新的、关注流程的激进式变革管理方法——业务流程再造。

哈默于 1990 年第一次提出了业务流程再造的思想，并指出：我们现在习以为常的工作流程，多是根据以往的观念发展而成的，有的甚至是 20 世纪初就已存在的东西，许多流程其实早已没有存在的价值，他们却仍然继续遵从。若要想真正利用 IT，就要重新设计流程，除去不必要的步骤，这就是 BPR（业务流程重组）。

与以前的管理方法相比，BPR 突破了科学管理思想、TQM、流程自动化等对产品设计和生产过程优化的渐进式改进思想，正式强调以“流程导向”替代原有的“职能导向”的组织结构，对组织施行激进式变革和再造，为组织管理提供了一个全新的思路。

(三) 业务流程管理的内容

1. 改变流程的结构或构造

流程是一系列逻辑相关的活动的结合，这些活动（包含一系列的输入、输出和交接处理）可以通过两种方法来实现优化重组，一种方法是精简和压缩，另一种方法是实行并行工程。

精简和压缩主要包括以下具体内容：

(1) 压缩或去掉需要等待时间的交接处理。

(2) 把多个活动合并成一个。

(3) 用连续的活动取代需要停顿的活动。

实行并行工程主要包括以下具体内容：

(1) 使企业的业务和管理活动成为客户创造价值的流程驱动。

(2) 通过合作对企业的流程进行外包或控制协调。

2. 改变流程上传递的信息流

由于流程的执行需要信息的支持，可以考虑通过改变流程上的信息流来实现流程优化或再造。如：

(1) 将信息的获取（如客户输入的数据等）电子化并迅速传播，使流程的上下游方便获得。

(2) 设计流程接口实现信息的无缝传递和交流。

(3) 利用信息技术保障信息畅通，消除使信息滞留和阻塞的环节等。

3. 改变流程上的知识流

组织的知识有三类：实体知识，企业已有或已经知道的知识；过程知识，组织共享和学习知识的过程；能力知识，运用知识和创造知识的能力。这三个方面的知识，可以通过连接知识实体，收集和跟踪过程知识、跟踪创造知识过程来获得，以提高流程处理的效率和效益。可以从连接、收集与跟踪、创造和知识的过程重组来实现组织的流程优化或再造。

二、采购流程的概念和内容

(一) 采购流程的概念

采购是指企业在一定的条件下，从供应市场获取产品或服务作为企业资源，以保证企业生产及经营活动正常开展的一项企业经营活动。采购实践可分为战略采购和日常采购两部分。因此，采购流程包括收集信息、询价、比价、议价、评估、索样、决定、请购、订购、协调与沟通、催交、进货验收、整理付款等业务过程。

采购作业流程是详细论述采购部门职责或任务的运营指南，是采购管理中最重要的部分之一，是采购活动具体执行的标准。采购作业流程通常是指有制造需求的厂家选择和购买生产所需的各种原材料、零部件等物料的全过程。

一个完善的采购作业流程应满足所需物料在价格与质量、数量、区域之间的综合平衡。即物料价格在供应商中的合理性，物料质量在制造所允许的极限范围内，物料数量能保证制造的连续性、物料的采购区域的经济性等要求。

企业采购流程一般按照采购方式分为比选、竞争性谈判和单一来源三种形式。

比选采购方式的主要流程：

（1）采购人发出采购信息（采购公告或采购邀请书）及采购文件。

（2）供应商按采购文件要求编制、递交应答文件。

（3）采购人对供应商应答文件进行评审，并初步确定中选候选供应商（中选候选供应商数量少于递交应答文件供应商数量，具体数量视采购项目情况而定）。

（4）采购人保留与中选候选供应商进一步谈判的权利。

（5）采购人确定最终中选供应商，并向所有递交应答文件的供应商发出采购结果通知。

（6）采购人与中选供应商签订采购合同。

竞争性谈判的主要程序：

（1）采购人发出采购信息（采购公告或采购邀请书）及采购文件。

（2）供应商按采购文件要求编制、递交初步应答文件。

（3）采购人根据初步应答文件与所有递交应答文件的供应商进行一轮或多轮谈判，供应商根据采购人要求进行一轮或多轮应答。

（4）采购根据供应商最后一轮应答进行评审，并确定成交供应商。

（5）采购人向所有递交应答文件的供应商发出采购结果通知。

（6）采购人与成交供应商签订采购合同。

而单一来源的采购流程则比较简单，一般只有洽谈和签订合同两项工作。

（二）采购流程的内容

1. 询价

询价就是从可能的卖方那里获得谁有资格完成工作的信息，该过程的专业术语叫供方资格确认（Source Qualification）。获取信息的渠道有：招标公告、行业刊物、互联网等媒体、供应商目录、约定专家拟定可能的供应商名单等。通过询价获得供应商的投标建议书。

2. 供方选择

供方选择是根据既定的评价标准选择一个承包商。评价方法有以下几种：

（1）合同谈判：双方澄清见解，达成协议。这种方式也叫“议标”。

（2）加权方法：把定性数据量化，将人的偏见影响降至最低程度。这种方式也叫“综合评标法”。

（3）筛选方法：为一个或多个评价标准确定最低限度履行要求。如最低价格法。

（4）独立估算：采购组织自己编制“标底”，作为与卖方的建议比较的参考点。

一般情况下，要求参与竞争的承包商不得低于三个。选定供方后，经谈判，买卖双方签订合同。

3. 合同管理

合同管理是确保买卖双方履行合同要求的过程，一般包括以下几个层次的集成和协调。

（1）授权承包商在适当的时间进行工作。

（2）监控承包商成本、进度计划和技术绩效。

（3）检查和核实分包商产品的质量。

（4）变更控制，以保证变更能得到适当地批准，并保证所有应该知情的人员获知变更。

（5）根据合同条款，建立卖方执行进度和费用支付的联系。

（6）采购审计。

（7）正式验收和合同归档。

采购流程的一般示例如图 5－1 所示。

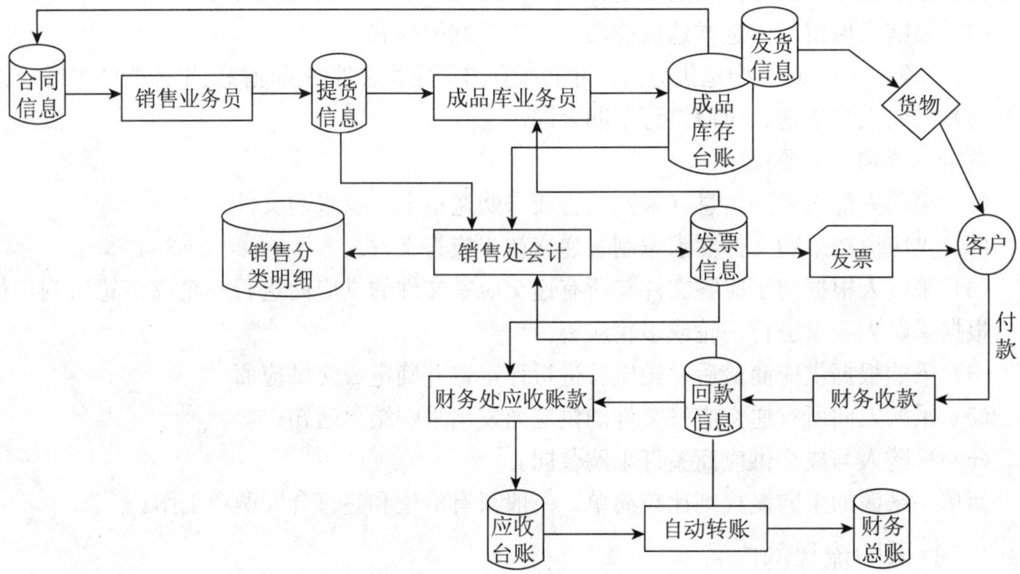

图 5－1　采购流程的一般示例

三、采购流程管理的内容和要点

（一）采购流程管理的内容

采购流程是采购管理中最重要的部分之一，是采购活动具体执行的标准。采购流程由于采购来源、采购方式、采购对象的不同会有一定的差异，因此采购流程的设计是十分重要的。企业规模越大，采购金额越多就更要重视采购流程设计。采购流程的设计适合采用闭环方法，即实施、监控、反馈、优化。一般采购流程包括采购计划、采购认证、采购订单和管理评价四个环节。

1. 发现需求

采购的起点是发现需求。对于一般企业而言，采购产生于企业的某一个部门的具体需求。比如，办公室需要办公用品；实验室需要实验器材；生产部门需要原材料等。每个部门具体负责业务活动的人员应该很清楚地了解本部门的需求：需要什么、需要多少、何时需要等。为此每个具体的部门都要提出自己的采购需求计划，在规定的时间里提供给采购部门，由采购部门进行集中采购来满足企业发展的需要。对于配送中心来说，采购的需求一方面，来自中心内部各部门的实际需求；另一方面，则来自客户的采购需求。配送中心的任务就是通过对采购需求的审核来确定采购计划，比如，采购多少、何处采购、何时采购，等等。

2. 编制采购计划

采购计划是指企业管理人员在了解市场供求情况、掌握企业物料消耗规律的基础上对计划期内物料采购活动所进行的部署和安排。它包括认证计划和订单计划两方面的内容。采购计划有广义和狭义之分。广义的采购计划是指为保证供应各项生产经营活动的物料的需要而编制的各种采购计划的总称。狭义的采购计划是指年度采购计划，是企业计划年度内生产经营活动中所需要采购的各种物料的数量和时间所作出的安排。采购计划是企业生产计划的一部分，是企业年度计划与目标的组成部分。编制一个完整的采购计划主要包括以下八个环节：

（1）准备认证计划

采购认证是企业采购人员对采购单位进行考察并建立采购关系的过程。制订采购计划需要与认证部门协作进行。准备认证计划是整个采购计划工作的起点，也是做好采购计划的基础，主要包括四个方面的内容：接收客户提交的批量需求计划、接收余量需求计划、熟悉认证的环境资料、制订认证计划说明书。

（2）评估认证需求

评估认证需求是编制采购计划的第二步，主要是分析所采购物料的基本情况，比如，数量、规格、质量标准、涉及的金额等。由于在具体的规格要求交给供应商之前，采购部门是能见到它的最后一个部门，因此，需要对其进行最后的检查。如果采购部门的工作人员对申请采购的产品或服务不熟悉，就会导致检查无效。所以采购部门的评估一定要建立在专业基础之上，以保证采购的科学性。

（3）计算认证容量

计算认证容量主要包括四个方面的内容：

①分析项目认证资料，即对需要采购的物料项目进行分析认证，这是采购计划人员的一项重要任务。一般来说熟练地分析几种物料的认证资料是能够做到的，要分析成千上万种的物料，其难度就会很大，甚至是不可能。这就要求采购人员不仅要熟悉业务，而且还要学会利用专业力量来分析采购物料的情况。

②计算总体认证容量，就是通过对供应商订单容量的分析来确定采购市场中总体的采购产品或服务的总量。

③计算承接认证容量，在总体认证容量的基础上确定配送中心可以利用的供应商的数量和供应商能够提供所要采购产品和服务的数量。

④确定剩余认证容量，某物料的剩余认证容量，是所有供应商群体的剩余认证容量的总和。

（4）制订认证计划

制订认证计划主要包括：

①把需求与市场容量对比进行综合平衡，一般情况下市场供应的某种物料的容量与配送中心的需求是有差异的。一种情况是供大于求，另一种情况则是供小于求。如果是后一种情况就需要采购部门进行综合平衡，确定剩余的采购容量，进而寻找新的供应商，开辟新的供货渠道。

②制订认证计划，配送中心经过对比和平衡之后要制订物料的需求认证计划，并以此

为根据做好订单计划。认证物料数量的公式如下：

认证物料数量=开发样件需求数量+检验检测需求数量+样品数量+机动数量

（5）准备订单计划

准备订单计划是订单环节的第一步，它主要有四个方面的内容：

①预测市场需求，要想制订比较准确的订单计划，必须要掌握客户订单和市场需求计划，进一步将其分解便得到生产需求计划。

②确定生产需求，企业的生产需求是根据生产计划确定的。采购计划人员要深入生产实际，学习和掌握生产计划及工艺知识，从而了解生产物料需求，确定企业的生产需求。

③准备相关的订单环境资料，包括订单物料的供应商信息、订单比例信息、包装信息、订单周期。配送中心一般采用计算机信息系统管理物资采购订单环境信息。

④制订订单计划说明书，主要包括：订单计划说明书（物料名称、需求数量、到货日期等），还有附表（市场需求计划、生产需求计划、订单环境资料）。

（6）评估订单需求

只有准确的评估物资采购订单需求，才能为计算订单容量提供参考依据，以便制订出好的订单计划。它主要包括三个方面的内容：分析市场需求、分析生产需求、确定订单需求。

（7）计算订单容量

计算订单容量是采购计划中的重要组成部分。只有准确地计算出订单容量，才能对比需求和容量，经过综合平衡，最后制订出正确的订单计划。计算订单容量包括四个方面内容：分析项目供应资料、计算总体订单容量、计算承接订单容量、确定剩余订单容量。

（8）制订订单计划

制订订单计划是采购计划的最后一个环节，也是最重要的一个环节。订单计划做好之后就可以按照计划进行采购工作。一份订单的内容包括下单数量和下单时间两个方面的内容。

下单数量=生产需求量-计划入库量现有库存+安全库存量

下单时间=要求到货时间-认证周期-订单周期-缓冲时间

3. 选择供应商

供应商的选择是采购管理成功的关键因素。一个合适的供应商能提供合适的、高质量的、足够数量的、合理价格的、准时交货的物资供应，并具有良好的售后服务。供应商的选择必须做出基本的决策。一是决定自制还是外购；二是选择外购要进行一系列评估来确定供应商。为有效地进行采购，配送中心的采购部门必须考虑供应商旅行合同情况的记录、自己所购物料项目的分类表等。选择好物料的供应商后，配送中心的相关采购人员就要发出采购订单。

4. 拟定采购订单

有些情况下，物流配送中心与供应商签有某种商品的销售协议，这样的话，双方就可以按销售协议供货了。如果没有销售协议，配送中心就要进行采购订单的拟定工作。采购订单必须是书面形式，即使采购订单是通过电话发出的，随后也要补上书面的订单。

5. 货物跟催

采购订单发给供应商之后，配送中心要对货物订单进行跟踪或催货。在一些企业中甚至会设有专职的跟踪和催货人员。跟踪是对采购订单所做的例行追踪，以便确保供应商能够履行其货物发运的承诺。跟踪也有利于及时发现采购中的问题，例如，产品质量问题、发运环节问题等。配送中心发现问题后可以及时与供应商沟通，尽早解决问题。

催货是对供应商施加压力，使其更好地履行发运承诺。如果供应商不能很好地履行采购协议，配送中心应该采取相应的措施，包括威胁取消订单及以后的交易活动。一般来说供应商是经过严格程序选择的，因而其遵守采购协议的信用是可靠的，催货仅适用于采购订单的一小部分。但是，在物资匮乏或竞争激烈的时候，催货有很重要的意义。

6. 验收货物

许多配送中心都设立专门的验收货物的职能部门。验收货物的基本目的是确保发出订单采购的货物已经实际到达；检查到达的货物是否完好无损；确保到货的数量与订购数量一致；将货物运送到指定的仓库存储或转运。在验收货物时，有时会发生货物短缺现象。这一情况可能是运输过程丢失造成的，也可能是发运时数量就不足，所有这些情况验收部门要写出详细的报告交给供应商。

7. 支付货款和更新记录

验收货物完毕，采购部门将按照采购协议支付供应商的货款。此环节主要注意发票的审核。

经过以上所有步骤之后，对于一次完整的采购作业，最后还要更新采购部门的采购记录。这一工作是把采购部门与采购订单有关的文件副本进行汇集和归档，并把其中想保存的信息转化为相关的记录。需要保存的记录主要有采购订单目录、采购订单卷宗、采购商品文件、供应商历史文件、投标历史文件、采购协议（合同）等。

（二）采购流程管理的要点

1. 采购计划

采购计划是企业采购的基本依据，是控制盲目采购的重要措施。要根据生产计划、物料需求计划和其他资源条件编制并且严格执行。

2. 供应商选择

选择供应商是采购流程管理的重要环节，选择供应商时考虑的主要内容包括：供货期、价格、质量、服务、位置、信誉、柔性等，可以货比多家，尽可能地列出所有供应商清单，采用科学的方法挑选合适的供应商。

同时，价格一直是采购中的敏感问题，买方希望压低价格，而卖方又总是想方设法提高价格，所以价格谈判就成为采购工作的一项重要任务。采购价格的确定通常要经过多渠道询价、比价、估价、议价等几个步骤，大量采购可采用竞标的方法。同时采购不仅仅是单一的价格问题，还有质量问题、交货时间与批量问题、包装与运输方式问题、售后服务问题等，需要综合权衡利弊，避免只图价格便宜，而在其他方面损失很大。

3. 采购订单

采购订单与合同同样具有法律效力，签发采购订单必须十分仔细，每项条款认真填写，关键处的用词须反复推敲，表达要简洁，含义要明确。对于采购的每项物品的规格、数量、价格、质量标准、交货时间与地点、包装标准、运输方式、检验形式、索赔条件与标准等都应该一一审定。

采购订单签发后并不是采购工作的结束，必须对订单的执行情况进行跟踪，防止发生对方违约的事件，保证订单顺利执行，货物按时进库。对订单实施跟踪还可以随时掌握货物的动向，万一发生意外事件，可及时采取措施，避免不必要的损失，或将损失减小到最低水平。

4. 采购到货验收

货物运到自己的仓库后必须马上组织人员对货物进行验收。验收是按订单上的条款进行的，应该逐条进行，仔细查对。除此以外，还要查对货损情况，如货损超标，要查明原因，分清责任，为提出索赔提供证据。货物验收完毕才能签字认可。

5. 采购货款支付

采购货款支付以前必须查对支付发票与验收的货物清单是否一致，确认没有差错以后才能签字。付款是一个动态连续的过程，对其管理应纳入企业管理信息系统，以采购管理子系统方式实现包括采购计划、订单、验收货物、确认发票、付款等几部分的控制功能。

第二节　采购流程的描述

（一）采购业务流程图概述

1. 业务流程图的概念

业务流程图（Transaction Flow Diagram，TFD）就是用一些规定的符号及连线来表示某个具体业务处理过程。业务流程图是一种描述系统内各单位、人员之间业务关系、作业顺序和管理信息流向的图表，利用它可以帮助分析人员找出业务流程中的不合理流向，它是物理模型。

业务流程图主要是描述业务走向，在实际生活中，我们会碰到各种各样的流程。比如你去医院看病，你需要先去服务台领一张具体要去看病的某个科室的小票，再前往挂号窗口将小票递给工作人员，缴完挂号费之后拿到挂号单，再前往具体科室去看病。各处都会有自己的流程，按照流程来走可以快速达到目的，减少不必要的麻烦，当然你也可以独辟蹊径，这就属于流程的优化。

在工作中，我们常用到的流程图有：业务流程图、页面流程图和数据流程图。作为管理者，经常谈的是业务流程图；作为交互设计师，则比较关心页面流程图；而作为系统分析师，数据流程图最关键。业务流程图是采购流程管理中最常见的图表之一，能看懂读懂是必修课，能绘制是非常重要的技能。本章主要讲述业务流程图。

2. 业务流程图的作用

（1）员工培训

业务流程图能够提供一种快速了解业务如何运作的视图，通过业务流程图，新员工能够快速明白业务目标、岗位、职责和业务部门之间的联系。

除了培训新员工，在员工轮岗、调职工作中，业务流程图也可以帮助员工理解新的工作内容和要点。

（2）流程优化与重组

事实上，现存的业务流程并非都是合理的，有可能是参与的多个角色习惯了某种做法，有可能是变革尚未影响到末端的操作，也有可能缺乏对于运行中的业务流程问题的洞察以及强有力的变革推动。

业务流程图能够很好地表现企业运作情况，找出关键节点直接切入，从而探索出更深层次的问题，通过调研，分析业务流程图，引入更多角色，能够分析出目前业务流程的问题：缺失、重复、风险、效率等。从而制订相应的优化方案。

（3）信息化的基础

信息系统的分析往往也会先以业务流程图开始，而信息系统建设所取得的效益中，也包括信息化实施后的新业务流程较以前的业务流程的优化提升；系统分析员也可直接在业务流程图上拟出可以实现计算机处理的部分，从而开展信息系统的设计。

需要说明的是从定义可以看出，只要有事情和任务，流程就会有，但是并不是所有的流程都适合用流程图的方式去表现，适合用流程图去表现的流程是一定程度固定的有规律可循的，流程中的关键环节不会朝令夕改的。

3. 业务流程图的类型

（1）管理业务流程图

我们现在所说的流程图其实是传统的管理业务流程图，包含基本流程图和跨职能流程图（泳道图）两种。基本流程图示例如图 5-2 所示。

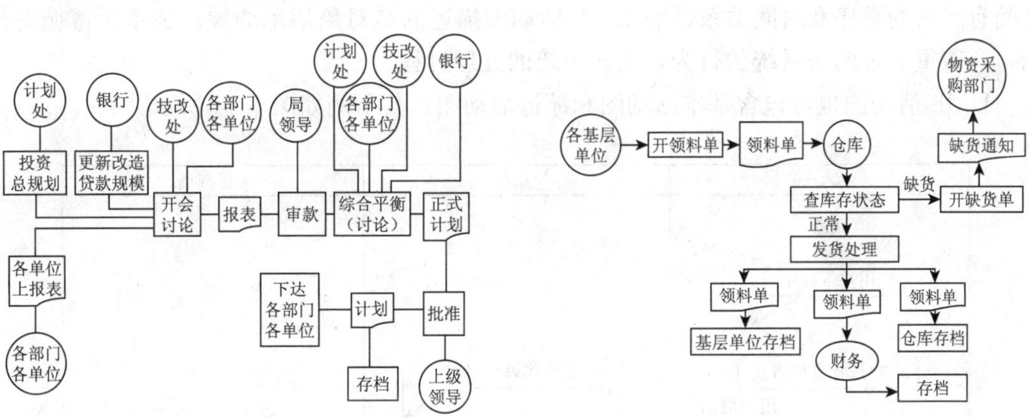

图 5-2　基本流程图示例

基本流程图虽然明确地说明了整个流程，但却无法清楚地说明每步流程是由哪个角色负责的。为了有效表示各个流程是由谁来负责的，可以通过跨职能流程图（泳道图）来实现，这样不仅体现了整个活动控制流，还能清楚知道各个角色在流程中所承担的责任。跨职能流程图（泳道图）在基本流程图的基础上绘制，其绘制说明如图 5-3 所示。

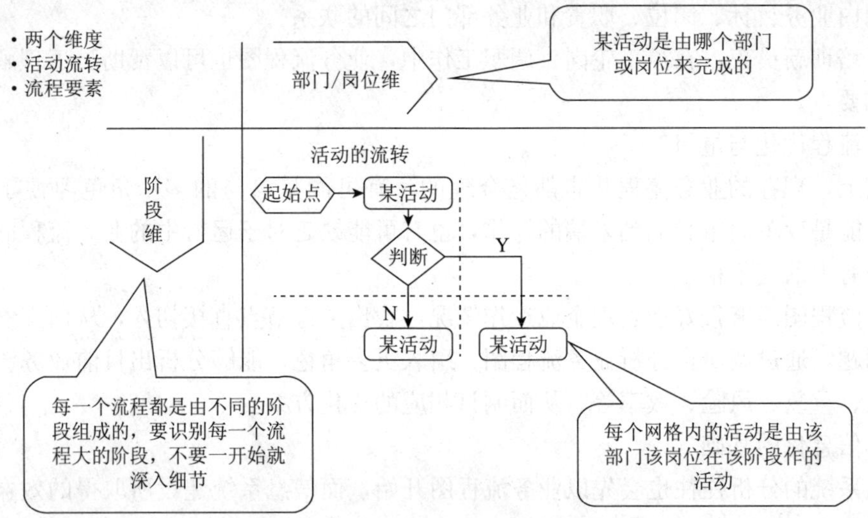

图 5－3　跨职能流程图（泳道图）的绘制说明

（2）UML（统一建模语言）活动图

管理业务流程图已基本能满足业务流程走向的表达，但在复杂的系统交互中，往往需要表达并发概念时，此时传统的管理业务流程图已无法表达清楚，这就需要用到 UML 建模。

UML 中共定义了 13 种图，其中例图、活动图和顺序图用得比较多。通过细分，分别在不同的角度来描述系统流程，在本质上，UML 各种图均属于流程图。其中 UML 中活动图同管理业务流程图类似，可用于表示业务过程，唯一的区别是活动图支持并行行为。传统的流程图着重描述处理过程，它的主要控制结构是顺序、分支和循环，各个处理过程之间有严格的顺序和时间关系，而 UML 活动图描述的是对象活动的顺序关系所遵循的规则，它着重表现的是系统的行为，而非系统的处理过程。

UML 活动图也可包含基本活动图和泳道活动图，其示例如图 5－4 所示。

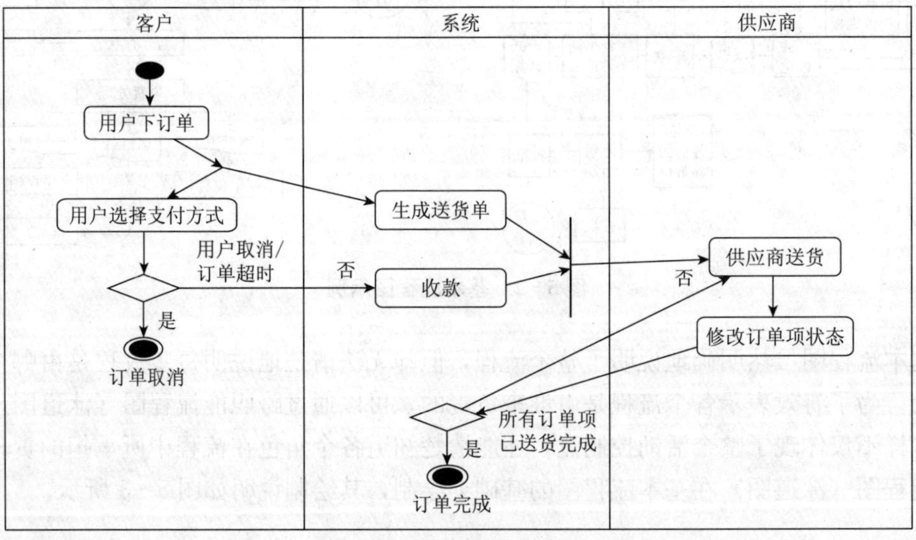

图 5－4　UML 活动图示例

（二）采购业务流程图的绘制

有关业务流程图的画法目前不太统一，但若仔细分析就会发现它们都是大同小异的，在基本原则和要求总体保持一致的情况下，只是在一些具体的规定和所用的图形符号方面有些不同，能够准确明了地反映业务流程才是其根本目的。

1. 业务流程图的绘制原则

（1）从一个高层次的流程开始，循序渐进地扩展到各子流程。

（2）确定每个流程的起始点和终止点，保证一项业务的完整性。

（3）采用从上至下、从左至右的顺序绘制流程中的节点，保证整个流程图的顺畅。

（4）每个节点描述的详细程度应达到足以识别其中的无效率活动。

（5）各个流程图之间的相互联系和关联要清晰地描述出来。

（6）要做到对业务不熟悉的人，不需要任何解释就能轻而易举地读懂流程图。

2. 业务流程图的绘制要求

（1）采用标准的流程图符号，调整符号的大小确保符号内的文字显示完整。

（2）同一个流程图中，相同的符号大小必须保持一致。

（3）连接符采用实心箭头符号，并避免交叉。

（4）每一个节点要准确地放置在其对应的岗位或角色下。

（5）每个节点都要有编号，并有相应的备注对发生该事件的部门、过程进行阐述说明，确保看流程的人能清晰、明了地看懂流程。

（6）判断节点一定要列明可能的几种结果。

（7）流程中涉及的表单要标明其包含哪几联，以及每一联都将由什么部门保管等信息。

（8）流程中涉及的单据等文档要设计出具体的样式来。

3. 业务流程图的图形符号

业务流程图的基本图形符号非常简单，只有 6 个。有关 6 个符号的内部解释则可直接用文字标于图内。这 6 个符号所代表的内容与信息系统最基本的处理功能一一对应，如图 5-5 所示，圆圈表示业务处理单位，方框表示业务处理内容，报表符号表示输出信息（报表、报告、文件和图形等），不封口的方框表示存储数据、文件，矢量连线表示业务过程联系，卡片符号表示收集、统计资料。

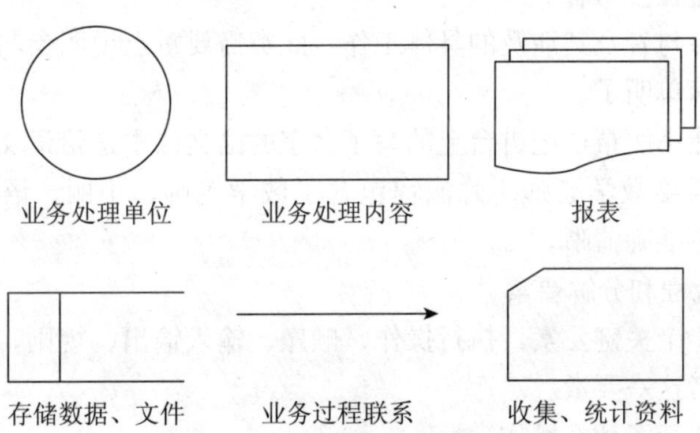

图 5-5　业务流程的基本图形符号

业务流程的逻辑结构则由顺序结构、选择（分支）结构和循环结构组成，如图 5-6 所示。

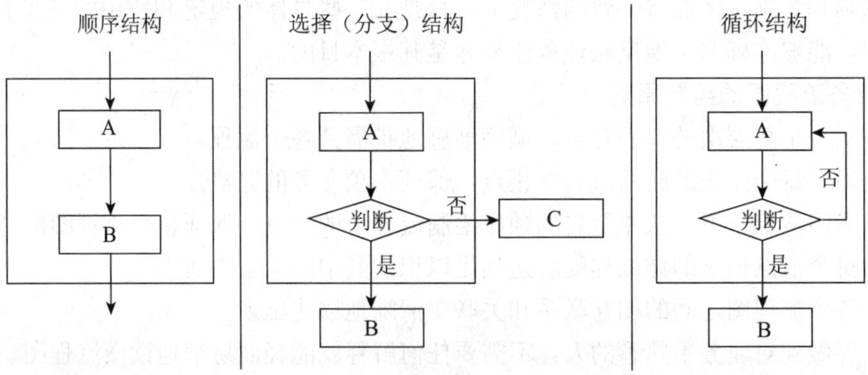

图 5-6　业务流程的逻辑结构

4. 业务流程图的绘制方法

（1）确定绘制范围

在画流程图之前需要先确定业务流程起终点，是截取某一段业务进行详细描述，还是整体业务模块进行描述。不可能将所有的流程都放到一个图里展示，也不可能大而笼统不画出关键事件，要学会划分业务流程范围，把握层次关系。

以医院挂号看病为例，先挂号再看病。整个流程下来其实可以细分为两个流程，分别为挂号流程和看病流程，甚至精度可以再细点，分为取小票流程、挂号流程、缴挂号费流程、排队看病流程等。但很明显，单独分析取小票流程和缴挂号费流程精度过小，没有实际意义。

因此，业务流程图可采用自上向下，逐层分解的方法来明确绘制范围。具体做法是：首先列出流程中的关键事件，如医院挂号看病，挂号流程和看病流程便算是整个流程中的关键事件流程，再结合分析的目的来判断是否需要再往下层进行分解，如取小票流程、挂号流程、缴挂号费流程、排队看病流程。照此过程层层向下分解，直到符合流程分析的要求为止。

（2）确定业务流程参与者

分析业务流程参与者及其涉及的具体工作，此类需要重点说明参与者的业务流程使用泳道图来描述更为简单明了。

例如数学老师让小丽帮忙把讲台上的写了名字的语文课本送给语文老师，语文老师接下后让小丽带份资料给数学老师。此流程包含了数学老师、小丽、语文老师这三个参与者，用泳道流程图更准确清晰。

（3）梳理业务流程和分解要素

业务流程图有 4 个关键要素：执行操作、顺序、输入输出、规则，要更清楚地描述业务流程可以有参与者这一要素。

①执行操作：执行了什么操作。

②顺序：操作产生的顺序。

③输入输出：发生操作的原因和结果。

④规则：操作产生的条件。

⑤参与者：谁参与了这个流程，可以是系统，可以是页面，也可以是用户。

通过以上工作步骤，可以逐步绘制出准确清晰的业务流程图。

5. 业务流程图的绘制示例

（1）某超市的综合业务流程图示例

绘制业务流程图就是根据系统调查结果，按照上述原则和要求并结合业务实际处理过程将它们绘制在一张图上，图 5－7 就是某超市的业务流程图示例。

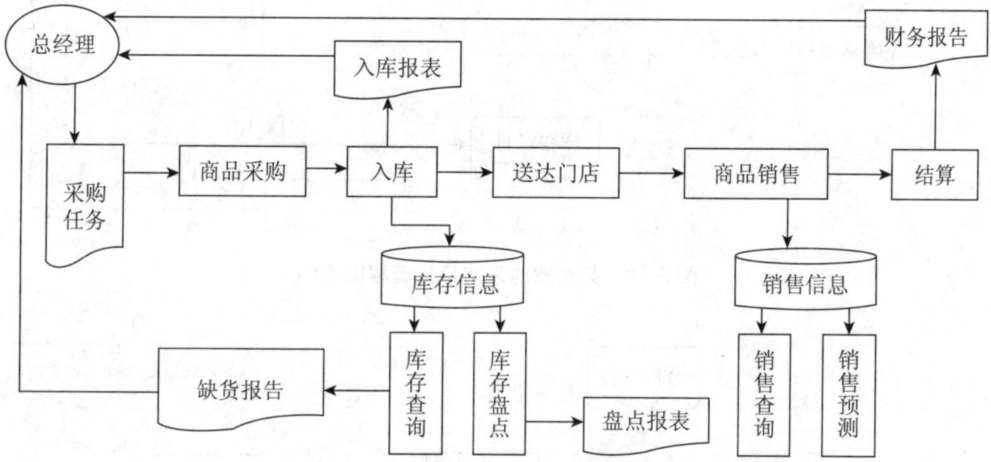

图 5－7　超市的综合业务流程图示例

（2）某企业的采购订货流程图示例

某企业采购部通过查询库存信息及用户需求来制定采购订货决策，若商品的库存量不能满足用户的需要，则编制相应的采购订货单，并交送给供应商提出订货请求。供应商按订单要求发货给该公司采购部，并附上采购收货单。公司检验人员在验货后，发现货物不合格，将货物退回供应商，如果合格则送交库房。库房管理员再进一步审核货物是否合格，如果合格则登记流水账和库存账目，如果不合格则交由主管审核后退回供应商。图 5－8 是上述管理过程的业务流程图示例。

（3）某企业的物资供应流程图示例

某企业的供应商发出货物，将发货单提交给供应科进行收货处理，供应科查询合同文件，将不合格的发货单退回给供应商，将合格的发货单提交给库管员；库管员对货物进行质量检验处理，若货物检验不合格，则向供应商开具退货单，进行退货处理；如货物检查合格则填写入库单，提交给记账员进行产品入库处理；记账员登记库存台账，并向财务科发出付款通知单。图 5－9 是上述管理过程的业务流程图示例。

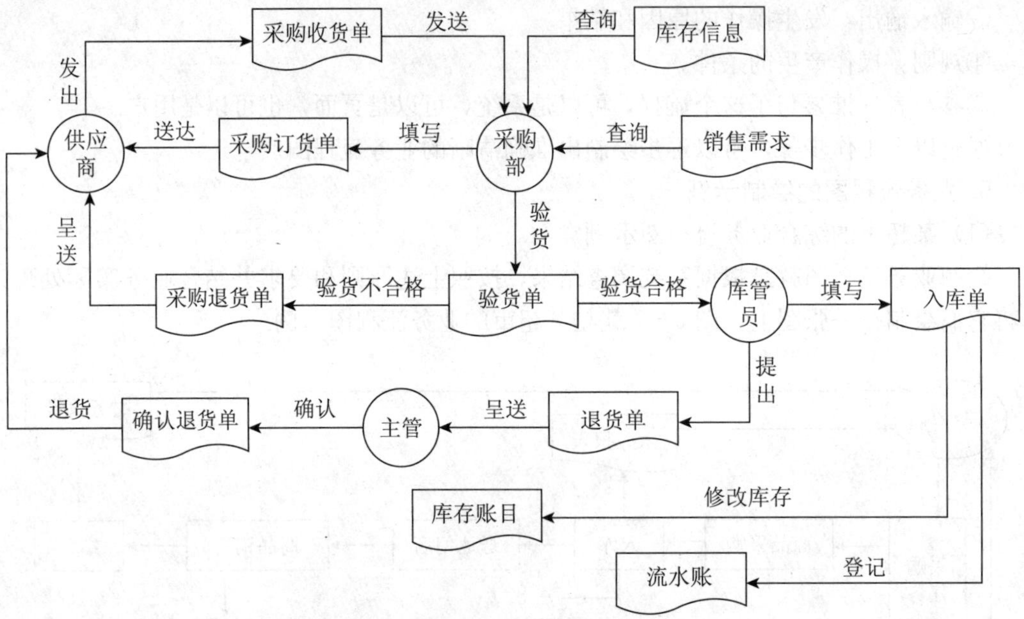

图 5-8　某企业的采购订货流程图示例

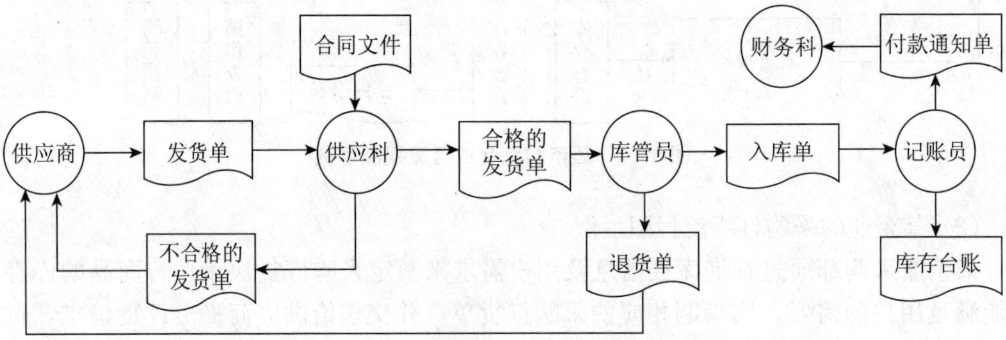

图 5-9　某企业的物资供应流程图示例

第三节　采购流程的优化

（一）传统采购流程的主要问题

由于公司体制、机制、管理等方面的原因，传统采购存在着一些较明显的缺陷，主要包括以下几个方面：

1. 信息共享不畅

传统采购模式由于部门之间的信息私有化，采购信息没有实现有效共享，包括采购与供应商之间、企业采购部门与相关部门之间以及管理者与实施者之间。

2. 采购和供应商之间的合作关系不稳定

传统的采购模式主要是以临时的或短期的合作模式为主，造成了竞争多于合作，进而导致了采购过程的不稳定。

3. 订单难以跟踪

传统的采购模式在由采购订单生成到入库请款过程中，订单发货、验收、请款等动作均无法进行及时有效的跟催。

4. 采购计划与需求无法达到一致

传统采购作业模式不能有效地根据生产需要来组织采购作业，实现物料的供应计划与当前需求的平衡，并与企业的库存投资和策略相一致。

5. 权限制约不够严谨

采购事务的授权、签发、批准、执行和记录没有进行职务等级分类，容易导致暗箱操作。

6. 缺少对供应商的定期考核和管理

传统的采购模式不能满足现代企业发展的需求，企业必须寻求更科学合理的采购模式。新型的采购流程管理模式采取供应链管理策略，改进与供应商之间的合作关系，强调合作的概念，并且随着采购的品种、数量和频率的增加，协同合作的作用将越发明显，包括企业内部各部门间的合作、企业与供应商之间的合作。企业要实施高效的采购行为，需要设计开发部门、生产部门、销售部门、财务部门等各业务部门的配合，并及时维护物料、供应商、采购价格等相关信息，只有这样才能以最合理的价格采购到所需的物料、合适的数量并实施正确的交付。

（二）移动互联时代对采购流程的管理挑战

随着移动互联时代的来临，企业都开始关注转型、颠覆式创新，因此我们也不断听到有人提出，流程和管控的时代已经成为过去式！流程管理真的落伍了吗？这也引发我们的深度思考，当企业面临动态经营环境以及移动互联的新技术革命时，采购流程管理应如何与时俱进以适用新的变化并产生新的价值。这些问题集中体现在：

（1）当企业应对移动互联网的时代变革，提出 O2O（线上到线下）、平台化等战略转型时，采购流程管理该如何提供采购战略落地支撑？

（2）如何通过采购流程管理建立扁平化采购组织，实现对市场的快速响应？

（3）移动互联时代，采购流程管理部门的定位该如何调整以适应新的变化？

（三）采购流程优化的核心思想

1. 回归提升客户价值的本质

从流程的定义我们可以看出，流程管理强调为客户创造价值，这个和移动互联时代强调的“以用户为中心，用户体验至上”理念是完全一致的。但是目前很多企业做流程更强调管控，一说流程就是谁提交、谁审批、谁决策、谁负责等，流程做得越成熟，规范化标准化越提升，创新、效率和灵活性越少，久而久之让大家对流程产生了误解，流程成了“官僚”的代名词。

采购流程管理的“以用户为中心”不能再仅仅是企业挂在墙上的口号理念，而必须落实到企业的经营模式和价值链重构，这种转型的核心就是从“听命于领导”真正改变为“倾听客户/用户”。这种以流程为中心的组织，从为客户创造价值为始，进行跨专业领域人力资源链接，将传统的职能部门从管控转变为支持和服务平台。这应该是互联网时代组织变革的新方向，如图 5－10 所示。

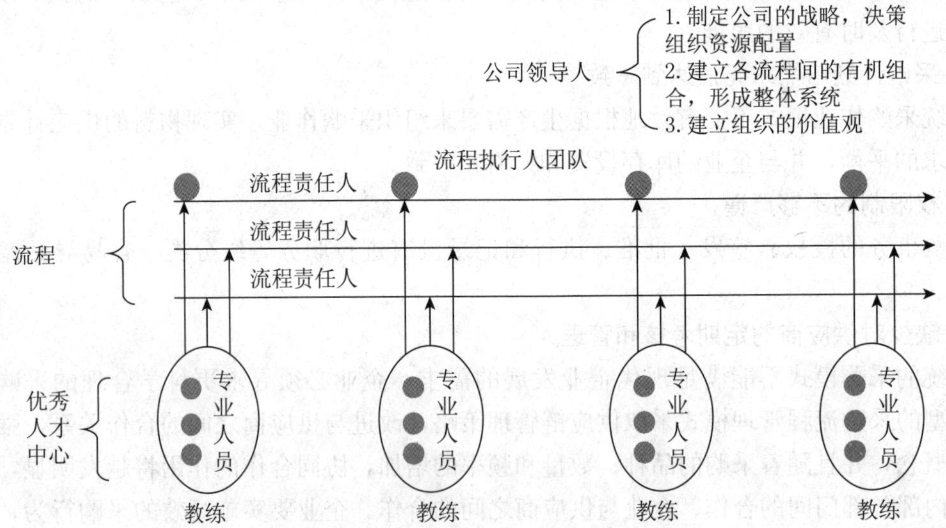

图 5－10　以流程为中心的组织形式

补充阅读

以流程为中心的组织形式

1. 海尔的组织变革

企业里面的中间层就是一群烤熟的鹅，他们没有什么神经，也不会把市场的情况反映进来。所以去年我们去掉 16000 人，变成 70000 人，去掉了 18%，今年准备再去掉 10000 名中层管理者。海尔目前将员工分为多个自主经营体，实行“人单合一”，即以用户为中心制定的，让员工成为自主创新的主体。原来企业是串联的流程，研发完了去制造，制造完了去营销，一环一环下来，但不知道最后产品的用户在哪里。现在变成并联的流程，各个节点都在一起面对用户需求。从产品最初设计开始，用户就参与，一直到最后销售结束。用户成为员工的考核结果，也决定他的薪酬。

资料来源：摘自海尔首席执行官张瑞敏演讲稿。

2. 华为的组织变革

进一步推进组织变革，简化管理，下移管理重心，加大一线授权。公司可以越做越大，但管理不能越来越复杂。严格、有序、简单化的认真管理是实现超越的关键。公司将进一步推进组织变革，下移管理重心，推动机关从管控型向服务型、支持型转变，加大向一线的授权，让听得见炮火的组织更有责、更有权；让最清楚战场形势的主管指挥作战，从而提高整个组织对机会、挑战的响应速度。同时，我们将加强在一线作战面的流程集成，提升一线端到端效率，使客户更容易、更简单地与我们做生意。

资料来源：摘自华为轮值首席执行官徐直军内部讲话。

3. 美的的组织变革

以前我们这种行政的体制，以我为主的这种体制，我们要彻底把它改造成用户为主。我们认为现阶段组织和管理的变革比技术创新和产品创新更加重要。组织改造不了，互联网改造都是空的。所有的组织结构围绕着用户来设计，在这个平台里面，所有人的工作都是平行的，没有层级结构，没有说总监下面还有高级经理，全部都是打破，打乱的。未来美的所有人的薪酬体系激励都是以用户价值和用户体验这个指标来考的，而不是以你赚了多少钱，卖了多少东西。

资料来源：摘自美的董事长兼总裁方洪波演讲稿。

2. 打造与客户互动的流程

传统的以厂商为中心，从研发—采购—生产—销售—服务封闭的链式生产，只有在最终环节面向用户；而当今时代要快速满足用户需求，最有效的方式是在供应链全程引入与用户的互动。用户不再是被动的产品购买和服务接受，而是可以通过全流程的接触点更多地参与到企业的价值创造过程中来。

许多组织甚至已经通过一些客户活动完成对他们业务流程的彻底改变。例如，很多加油站由司机自己完成加油工作，并通过加油卡自动支付；很多果园让消费者自己去进行采摘，既完成了水果销售，同时在产品销售中实现了娱乐体验；宜家家具让用户自己组装，虽然有些人不会自己做，但更多的人宁愿自己动手，因为这样可以确保该项工作能够在自己想要的时间内，以自己想要的方式完成。我们看到，通过让客户参与到企业流程互动，甚至成为企业流程中的一部分，可以进一步创建一个能够节省企业资源，并创造更高客户满意度的环境。

企业首先必须全面的研究客户的行为习惯，识别所有可能的互动接触点；其次，在这种全网接触客户的过程中，必须建立统一的客户信息平台，打通每个接触点的信息共享，从而使线上线下，在每个接触点都能够有效的识别客户，并提供基于历史交互信息的针对客户个性化需求的互动交流。

3. 客户体验管理

客户体验是一种纯主观在用户使用产品过程中建立起来的感受。现代服务理论研究表明，客户体验有三个主要的来源：整体品牌形象、产品和服务本身的特质以及与企业的交互和接触的过程。

客户体验管理（Customer Experience Management，CEM）是近年兴起的一种崭新客户管理方法和技术。根据伯尔尼 H. 施密特（Bernd H. Schmitt）在《客户体验管理》一书中的定义，客户体验管理是“战略性地管理客户对产品或公司全面体验的过程”。它以提高客户整体体验为出发点，注重与客户的每一次接触，通过协调整合售前、售中和售后等各个阶段，各种客户接触点，或接触渠道，有目的地，无缝隙地为客户传递目标信息，创造匹配品牌承诺的正面感觉，以实现良性互动，进而创造差异化的客户体验，实现客户的忠诚，强化感知价值，从而增加企业收入与资产价值。

首先，明晰客户接触过程。通过梳理客户接触过程，一方面，实现对客户从最初接触企业信息到最终持续使用公司产品或弃用公司产品的全过程的把握；另一方面，通过梳理客户接触过程来找出这个过程中的各个关键客户接触点，也就是给客户带来感知的交互场景。

其次，是定义客户感知状况和期望。在理清接触过程后，需要通过客户访谈和调研等方法明确客户感知内容，了解客户感知现状和期望。客户感知期望的确定可通过分析客户对竞争对手和行业领先企业的感知状况来定义客户最低期望。

最后，是明确改进方向。改进方向的明确首先需要区分各个感知点对客户影响的重要度，这可通过前面所述的客户调查一并进行，而后综合评估客户期望、企业能力、ROI（投资回报），围绕重要感知进行体验设计（我们能够为客户提供怎样的最佳体验），并结合感知现状进一步明确未来体验改进的方向和目标，制定改进策略（包括提升哪些感知点、提升目标、关键举措等）。

4. “快速迭代”的柔性流程管理

全球化的动态经营环境，新技术带来的商业革命，使一切都在快速地发生着改变。因此对于企业管理者来说，成功没有可以完全照搬的经验，只有保持开放的心态，不断行动反思和获取新的认知。小步快跑，从而形成一个“快速迭代”的执行与优化循环。

传统的流程优化的做法，反复漫长的论证过程，层层审批会签的流程文件生效过程等已经不再适用，因此，不管是业务流程的设计，还是流程持续优化机制的设计，都需要引入快速迭代的思想。

首先，流程的设计减少刚性的管控节点，增加更多的柔性的知识型活动。如对于营销活动管理，只需要做到对预算总额的刚性管控，对于具体的营销活动创意方案设计和执行，鼓励一线人员更多的创新，给予更灵活的授权，让“听得见炮声”的人来决策；同时，要增加一个新流程，即对营销活动的分析总结，对最佳营销方案的识别和快速推广，提升一线人员的行动反思和学习能力，从而改善整体的绩效。这样也促使总部后台职能部门、后方管理人员从权力管控向知识输出/教练指导的服务职能转变。

其次，移动化、实时化的IT技术手段，打破了时间和区域的限制，使我们无须回到办公室就能执行流程，使信息沟通和决策的过程可以随时随地发生。因此，在流程的运行支持上需要引入更多的移动化、实时化管理系统或者工具。如美的提出企业前移，未来企业所有流程运作都在移动端，小的报销，大的几亿项目审批，所有跟美的发生往来的供应商、代理商、零售商都在移动端进行交互（摘自美的方洪波《组织改造不了，互联网改造都是空的》）。越来越多的企业引入或者使用移动版的管理信息系统或者工具，如通过微信请求指示、接收指派任务、分享信息、寻求资源协助等；如通过在线会议系统和各类即时通信工具及时的沟通决策等。

最后，使流程持续优化管理常态化，如同我们在《序流程管理的十年演进》中提到的“当变化成为常态，变革成了一种能力，需要常态化、立体化、集成化、流程化”。因此，在流程持续优化机制设计上需要重点考虑以下几个重要方面：

（1）从组织保障上，建立常设的变革管理办公室，实现以流程为主线的管理体系集成和综合改进，保证对战略和业务变化的快速响应。

（2）从治理机制上，基于企业动态经营新思维，建立快速迭代的流程持续优化机制，即提高对环境变化和改进建议的快速识别和响应，缩短对流程回顾优化的周期。

(3) 从变革能力上，行动式学习能力成为重要的能力，因此需要流程管理者掌握行动式学习的群策群力、团队学习和思考工具，行动、认知、反思、再行动。

(四) 采购流程优化的主要措施

通过分析传统企业采购的流程，我们看到有诸多缺陷，因此有必要提出更好的优化建议来完善企业采购的流程管理。

(1) 不断改进采购流程

采购业务流程效率的高低对企业的竞争力有直接的影响。传统的采购流程是生产管理人员制订出生产计划后，再由物资采购部门编制采购计划，还要经过层层审核，才能向供应商发出订货。由于流程较长，流经的部门较多，常常出现脱节、反复、效率低下的现象，导致一项业务要花费较多的时间才能完成。这种流程已经不适应现代企业高效率营运的要求，尤其是在今天供应链管理的环境下。企业要研究在满足自身整体战略要求的前提下，运用一定的信息技术作为支持平台，通过采购作业流程的重组来不断提高采购作业的效率。还要指出的是，采购流程作为一个不断前进的过程，企业对此要有充分的认识和持续改进的决心。改进采购流程、增强采购能力的有效路径在于转变观念，加快信息化发展，提高工作流的运行效率、资金的流通速度，更快更好地了解和满足顾客需求。畅通的业务流程是保障高效采购的基础，它应具备优化、无冗余、并行作业的基本属性。

(2) 建立适应企业战略的采购组织

优秀的采购流程需要有相应的组织结构来支撑，这种组织结构应是扁平化的，并支持先进的采购模式。要想成功的建立采购组织，最关键的因素是获得高层管理者的支持。高层管理者要认识到，采购是企业的一项重要职能，无论一个企业的核心竞争力是服务、销售还是生产，管理采购成本和供应来源对于企业的成长和获取竞争优势是非常重要的。因此，需要建立和构架有效的采购组织，对企业的基本要求给予持续满足，并在建立竞争优势方面发挥重要作用。企业将其采购组织纳入到企业战略的一个重要组成部分，为采购组织设定积极长远的目标，并且要投入各种资源建立能达到这一目标的采购组织。

(3) 应用供应链管理思想实施准时化采购

目前，世界上许多先进的企业正在采购领域研究和应用供应链管理来保持它们的竞争优势。我国企业也应加快供应链管理思想在采购管理中的研究与应用，来提高我国企业的竞争能力。在实施供应链管理方面，准时化采购思想的应用将起到重要的促进作用。如前文所述，准时化采购的核心内容是选择合适的供应商和质量可能改制，从而达到减少库存、缩短前置期、提高货物的质量、降低企业的采购总成本等目的。实施准时化采购的一个重要前提是观念的转变，特别是企业高层领导要转变观念，转变过去那种企业之间竞争多于合作的观念。要致力于与企业的重要供应商建立一种战略合作关系，建立“双赢”机制。

(4) 协同采购

传统的采购模式已不能适应现代企业发展的要求，必须用新的采购模式——协同采购取而代之。这种新型采购模式采取供应链管理策略，改进了与供应商之间的关系，强调协同的理念，而且，随着采购的品种、数量和频率的增加，协同的作用将越发明显，包括以下几点。

①企业内部协同。企业要实施高效的采购行为，需要企业内部各业务部门的协同配合，包括设计开发部门、生产部门、销售部门、财务部门等，并适时进行相关数据的维护，如物料、供应商、采购价格等，只有这样才能以合理的价格采购到所需的物料、合适的数量并实施正确的交付。

②企业与外部的协同。采购不仅需要企业内部的协同，更需要与外部的协同，即与供应商在库存、需求等方面信息的共享。企业可以根据供应链的供应情况调整计划及执行的过程。同时，供应商可以根据企业的库存、计划等信息调整供应计划。

③实现从“为库存采购”到“为订单采购”的转化。在供应链管理条件下，采购活动以订单驱动方式进行，这种方式可以准时响应客户的需求，降低库存成本，进而改变了传统的以库存补充为目的的采购模式。

④加强对外部资源的管理。有效的外部资源管理可以建立一种新的不同层次的供应网络，减少供应商数量，与供应商建立一种长期的、互惠的合作关系，进而摒弃传统采购管理的不足：缺乏合作、缺乏柔性和对需求的快速响应能力。

(5) 运用IT技术对采购数据加强管理

有效利用协同采购模式解决企业管理中的采购问题，必须依赖于强有力的技术手段。IT技术与先进管理模式的结合有效解决了采购问题。对采购数据实施管理是信息快速传递、共享的基础。采购数据主要包括物料数据、供应商数据和采购价格数据。应该建立对采购数据的唯一性录入、动态更新和维护的机制。健全的采购数据可以快速地寻找并评价供应商、询购、形成采购订单、审批、跟踪采购情况。

案例分析

解百集团的采购流程管理

1. 落实组织机构，规范采购流程

在采购和配送方面，解百集团制定了一套较为规范的操作流程和配套的组织机构与规章制度，把加强商品采购管理放到极其重要的位置。设立了专门的采供部，下设专职采购人员和三信员（质量、计量、物价管理员）。采购人员由一批综合素质较强、具有一定的经营管理意识、市场意识和公关谈判技巧的人员组成，负责新渠道引进和新产品引进；三信员负责商品质量把关，并直接参与新品引进的资质审核，包括商品质量、计量、价格、标识、标志、合同的审核，引进的新产品必须做到证件齐全。各连锁门店专门负责销售促进，并不具有独立的进货权。新品引进后配送到各门店，门店销完后向采供部提出要货计划，采供部保证在两天内将货品配送到要货门店，实行统一进货、统一配送、统一结算。这种“进销分离”的经营模式，使各个岗位分工明确，各司其职，有利于岗位之间相互合作、相互监督，使采购员一心一意钻研市场需求，了解市场动态，提高业务能力，引进适销对路的商品；不断扩大经营商品的类别和品种；门店则专门研究市场营销、提高促销水平，扩大市场占有率。这种模式为净化进货渠道、杜绝人情货，引进货真价实的商品提供了机制上的保障。

2. 强化商品控制，完善淘汰机制

解百集团建立起一套商品控制和淘汰机制，主要措施有：

(1) 引入计算机POS（销售终端）系统，利用计算机系统方便、快捷、准确的特性对商品进、销、存进行全过程动态控制，掌握商品的动销情况。

(2) 质量控制，把好商品质量关。进货时坚持“六不进”原则，即：假冒伪劣产品不进；无厂名、无厂址、无合格证产品不进；不符合质量标准及有关法律法规产品不进；查证不齐产品不进；进货渠道不正产品不进；来路不明、有疑问产品不进。上柜时坚持商品检查验收，超市每月定期和不定期对商品进行抽查，并形成制度，对于不符合质量标准的坚决不予上柜。

(3) 对同类商品的品种实行严格的控制，对于那些生活必需品，如拖鞋、扫帚、拖把等，顾客对此类商品的品牌要求不高，所以要控制同类商品的重复和重叠；而对于那些品牌认知度较高的商品，如化妆品等，则尽量扩大经营的品牌，细分目标顾客群，从而提高销售。

(4) 对于新引进的商品实行试销制度，新产品引进后配送到各门店，试销3～6个月，如门店销售不畅，该产品坚决予以清退。

(5) 换季商品及时撤换，腾出场地销售当季热销商品，提高场地的利用率。

(6) 随着商品市场的日益丰富，新产品层出不穷，对那些逐渐滞销的商品及时淘汰，使超市商品常换常新，保持旺盛的生命力。

3. 降低进价成本，形成规模效应

为了降低零售价格，解百集团首先降低进价成本，为此，公司采取了多种行之有效的办法，如：

(1) 对采购人员进行职业道德和业务技能培训，不断提高他们的业务水平，使他们掌握谈判技巧，竭尽全力降低进货价格。

(2) 利用公司的品牌、信誉效应和现有的业务渠道，吸引大量厂家主动为我们提供价廉物美的商品。

(3) 制定具体的进货原则：本地产品坚持从厂家直接进货，扩大一手货的范围；外地产品要从总代理处进到最低价格的货；减少进货环节，降低进货成本。

(4) 扩大连锁范围，发展直营和加盟形式的便民超市和大型综合超市，不断扩大销售量，通过规模效应降低进价成本。

(5) 加强与厂家的合作，建立良好的工商关系，通过为供货商提供良好的服务，及时反馈商品信息、及时结算或引进一些产品已形成系列化的厂家进店设立专柜等，使进货价格进一步降低，而厂家派往超市的促销员，也使超市节省了大量的劳动力成本。

(6) 掌握市场需求，扩大商品销售。

为了及时掌握市场动向，采购人员改变以往商家坐等厂家和供货商上门推销的被动做法，采取多种渠道开展市场调研，了解市场需求，从而确定超市经营的商品种类。超市向周围小区居民和购物顾客发放了近万张的调查表，征询消费者的意见，并在此基础上对经营的商品进行调整，在加大非食品类经营力度的同时，重点增加生鲜食品、熟食卤味、腌腊制品、粮食加工等居民“菜篮子工程”系列商品，扩大了超市的销售额。超市发展中心还针对个性化的消费需求，走自有品牌的道路，探索定牌加工的路子，充分发挥解百的牌誉优势，创出自己的经营特色，挖掘新的利润空间。

思考题：解百集团的采购流程管理有何成效？

思考与练习

一、判断题

1. 业务流程一般是自底而上进行设计。（　　）

2. 业务流程的核心目的是加强企业内部管理。（　　）

3. 流程是一系列逻辑相关的活动的结合，包含一系列的输入/输出、处理活动、交接处，就可以通过精简和压缩流程的过程来实现重组。（　　）

4. 画流程图之前需要先确定业务流程起终点。（　　）

5. 采购流程优化是一个循环渐进的过程，需要持续地改进提高。（　　）

二、单项选择题

1. （　　）用一些规定的符号及连线来表示某项具体工作，描述系统内各单位、人员之间业务关系和作业顺序。

A. 数据流程图　　B. 业务流程图　　C. 组织结构图　　D. 系统关系图

2. 采购流程管理的要点不包括（　　）。

A. 采购订单　　B. 采购计划　　C. 采购规模　　D. 采购货款支付

3. 传统采购流程的主要问题是（　　）。

A. 只关注价格　　B. 不重视长期合作

C. 不做采购计划　　D. 缺乏科学评价

4. 采购流程管理应以（　　）为中心。

A. 客户　　B. 效益　　C. 信息　　D. 成本

5. 业务流程图的逻辑结构则由（　　）组成。

A. 顺序、选择和循环　　B. 组织、控制和计划

C. 判断、否定和肯定　　D. 起点、终点和过程

三、思考题

1. 关注业务流程对于企业有何意义？

2. 采购流程管理的要点有哪些？

3. 简述业务流程图的绘制原则。

4. 简述传统采购流程的主要问题。

5. 流程持续优化需要重点考虑哪些工作？

实训题

1. 业务流程图绘制：采购员从库房收到缺货通知单以后，查阅订货合同单，若已订货，向供货单位发出催货请求，否则，填写订货单交供货单位。供货单位发出货物后，立即向采购员发出取货通知单。采购员取货后，发出入库单给库房。库房进行验货入库处理，如发现有不合格货品，发出验收不合格通知单给采购员，采购员据此填写退货单给供货单位。

思考题：根据上述业务描述绘制业务流程图。

2. 业务流程图绘制：某公司需求部门查询物料采购信息，提出采购需求，首先由需求部门填写采购通知单，由需求部门总监核准后，送财务部总监批准，然后提交采购部。采购部采购人员接到采购通知单后，按照采购通知单上的要求与供应商签订采购合同，监督供应商的合同执行情况。供应商发货并填写发货单，需求部门负责货物的验收，向财务部提交货物验收单，并记录物料采购信息、修改物料库存台账。

思考题：根据上述业务描述绘制业务流程图。

第六章　供应商管理

学习目标

知识目标

1. 理解供应商开发与选择；
2. 熟悉供应商审核的内容和程序；
3. 熟悉供应商关系管理。

技术目标

1. 能够掌握供应商审核的技术；
2. 能够明确供应商绩效考评的方法；
3. 能够制定防止供应商控制的措施。

职业能力目标

1. 理解发展与供应商关系的意义，掌握发展供应商关系的技巧；
2. 能掌握供应商考评的技能。

采购聚焦

供应商管理的重要性

大型企业因急需某种铸件产品，选择了一个小厂为其配套生产零部件，由于该厂质量控制能力差，在一次供货中将未经过热处理的铸钢件发出，使企业在组装该铸钢件时发生断裂。只好将已经组装的几百件配件拆下，并且更换供应商，给企业造成较大损失，也影响生产正常进行。

供应商管理越来越受到企业的重视，必须发展与供应商的良好关系。供应商管理过程包括供应商开发与选择、供应商审核体系的建立、供应商关系管理、供应商绩效考评等系列工作。

第一节　供应商管理概述

一、供应商管理的概念

供应商是指在一定时期内能够向买方提供各类生产要素（包括原材料、机器设备、零配件、半成品、成品、工具、技术和劳动服务等）并相应收取货币作为报酬的实体，是可以为企业生产提供原材料、设备、工具及其他资源的法人、其他组织或自然人。供应商所提供的生产要素的质量、价格、交货期等将直接影响企业生产制造的产品质量、成本及客户满意度。供应商的重视是采购活动的重要内容，采购活动离开了供应商的配合就是独角戏难以唱得精彩。

供应商管理就是对供应商的了解、选择、开发、使用和控制等综合性的管理工作总称。

二、供应商管理的意义

新的管理思想变革，如供应链管理思想，产生诸如现代企业间的战略联盟与伙伴关系等。供应链管理要求采购方式也进行变革，企业的采购活动由关注内部管理，向更加关注供应商管理方向转变。

首先，供应商管理有助于提高企业对客户需求的响应性。供应商供应的物料顺畅，可以保证生产不会因为待料而停工；进料质量的稳定性可以保障生产质量的稳定；交货数量的准确性可以保证公司生产数量准确（货仓数据不单是由货仓人员点出来的）；交货的准确可以保障公司出货期的准确；等等。

其次，供应商管理有助于保证采购质量，降低采购成本，提高客户需求的满意度。

最后，通过与供应商确立合作关系，建立相互间的信任，确定共同目标和行动计划，共同面对市场，研发新产品，持续改进产品质量，共同努力解决问题，有助于提升企业的核心能力，赢得竞争优势。

三、供应商管理的目的

供应商管理就是通过管理供应商，以低综合成本获取符合企业需求的各类生产资料。就是要发展与维持良好的供应商关系以及开发潜在优质供应商。供应商管理的目的如表 6－1 所示。

表 6－1　　供应商管理的目的

目　的	企业数量百分比（%）
降低库存	76
控制成本	75
保证供应	70
缩短交货周期	67
减少纸面工作	46
改进质量	43
取得技术支持	23

第二节　供应商的开发与选择

一、供应商开发与选择的含义

供应商的开发与选择是指采购商为帮助供应商提高其能力和绩效，以适应自身的供应需求所进行的一切活动。包括寻找、发现新的供应商，以建立适合企业需要的合格供应商队伍的过程。

供应商的开发与选择是具有前瞻性的采购活动。它不仅能帮助供应商迅速解决问题，而且更着眼于在开发过程中帮助供应商掌握学习能力。需要强调的是，供应商开发不仅针对公司的直接供应商，如果有必要也可延伸到供应商的供应商，甚至是第三层级供应商。

二、供应商开发与选择的程序

采购企业在开发与选择供应商时，首先应对供应市场进行分析，初步掌握供应市场的基本情况，然后按照规范的流程和步骤来开发和选择供应商。供应商开发与选择流程，如图 6－1 所示。

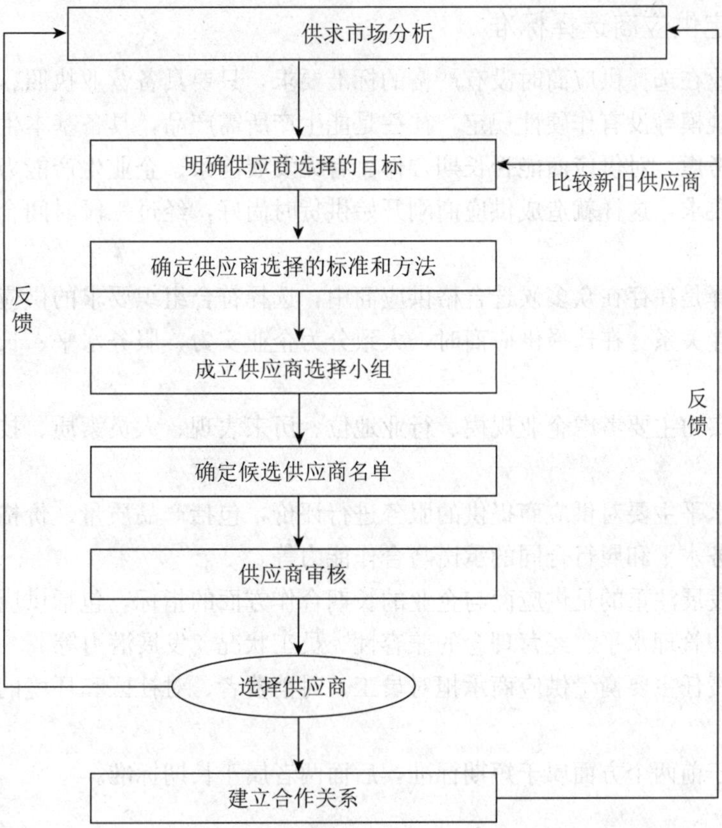

图 6－1　供应商开发与选择流程

（一）供应市场分析

（1）明确供应市场的规模、容量、性质。例如供应市场究竟有多大范围？有多少物资量？有多少需求量？是卖方市场还是买方市场？是完全竞争性市场还是垄断性竞争市场，还是垄断性市场？是紧缺型的市场还是富余型市场？是一个新兴的成长型市场，还是一个陈旧的没落性市场？

如果是垄断性市场，我们将来应当采用垄断性采购策略；对于竞争性市场，我们应当采用竞争性采购策略；如果是没落性市场，则我们要趁早准备替换产品。

（2）分析供应市场的环境。了解供应市场的管理制度、法制建设、市场的规范化程度、市场的经济环境、政治环境等。通过分析，可以判断供应市场的发展前景如何。

（3）分析供应市场中供应商的情况。调查众多的供应商，并对调查资料进行分析，就可以确定资源市场总的水平，例如生产能力、技术水平、管理水平、可供资源量、质量水平、价格水平、需求状况以及竞争性质等，就可以根据整个市场水平来选择合适的供应商。

（二）确定供应商选择的目标

企业选择供应商之前会确定一个选择目标，并且，此目标会与企业发展的战略目标相适应。通常企业会选择在供应市场中处于先进水平、产品质量优而价格低的供应商。但是企业情况不同，往往会根据自身情况选择并最终确定自己的供应商。

（三）制定供应商选择标准

大部分企业在选择供应商时没有严格的标准要求，只要具备营业执照、税务登记证就可以了，企业规模等没有作硬性规定，往往是能生产所需产品，具备基本生产条件就可以了，没有长远考虑。对供应商能否长期合作、有无发展前景、企业生产能力、物流运输能力等没有明确要求，这样就造成供应商刚开始供货时尚好，经过一段时间合作后，问题开始逐渐显现。

供应商选择是在存在众多候选合格供应商中，选择符合组织要求的供应商，并与之建立长期合作伙伴关系。在选择供应商时，大致分为企业实力、服务水平、长期发展和社会责任四个方面。

（1）企业实力主要考虑企业规模、行业地位、历来表现、人员素质、技术能力、企业地理位置等。

（2）服务水平主要对供应商提供的服务进行评价，包括产品质量、价格水平、交付能力以及整体服务水平和履行合同的承诺与合作能力等。

（3）长期发展注重的是供应商与企业的长期合作方面的指标，包括供应商信誉、财务状况、内部组织管理水平、经营理念的兼容性、员工状况、发展潜力等。

（4）社会责任主要衡量供应商承担对员工、对消费者、对社区和环境的社会责任履行情况。

其中，对于前两个方面属于短期标准，后面两者属于长期标准。

知识链接

采购聚焦：供应商地理位置的重要性

选择地理位置偏远的供应商，如果遇到突发事件，就不能保证及时到货，特别是较大物品，如钢件，即使供应商愿意通过快递发货也不能在较短时间内送达。以黑龙江某企业为例：该企业共有供应商 132 家，其中分布北京以南的就有 89 家，承担该企业的主要配件供应，占全部供应商的 67%。最远的供应商在浙江温州，相距 3 千多千米，在急需配件时，即使供应商有现货，汽车直达发运，到达该企业至少也需要 5 天时间。而分布在东北三省的供应商只有 27 家。占全部供应商的 20%，这些供应商生产的配件大多为较小配件，市场上容易采购。正因为供应商分布的不合理，在该企业几次遇到突发事件时，都因配件运输问题不能及时到货，造成企业停产，损失严重。

资料来源：根据网络资料整理。

（四）确定供应商选择的方法

1. 直观判断法

直观判断法是根据征询和调查所得到的资料并结合采购人的综合分析判断，选择出供应商的一种方法。这是一种主观性较强的判断方法，简单、快速、方便，但是缺少科学性，比较适用于非主要原材料供应商。

2. 招标法

当订购数量大、合作伙伴竞争激烈的时候，可以采用招标的方法选择供应商。它有一整套严格的招标程序（在前面章节已经做了详细介绍），规范性强，灵活性差。

3. 协商选择法

在潜在供应商较多，企业难以一次做出最终选择，或时间紧迫，投标单位少，订购物资规格和技术要求比较复杂时，企业可以先根据一般的标准选出供应条件较好的几个候选者，再与他们分别作充分的协商和交流，在此基础上确定最后的合作伙伴。这种方法由于选择范围比较有限，不见得能选择出条件最有利的供应商。

4. 采购成本比较法

对质量和交货期都能满足要求的合作伙伴，需要通过计算和分析各个不同的供应商的采购成本，从而选择采购成本比较低的供应商的一种方法。这里的采购成本主要指的是采购总成本。

5. ABC 成本法

运用鲁德霍夫（Rood Hooft）和科林斯（Jozef Konings）在 1996 年提出的基于活动的成本（Activity Based Costing Approach）分析法，其指导思想是“成本对象消耗作业，作业消耗资源”，这种方法以作业为核心，确认和计量耗用企业资源的所有作业，将耗用的资源成本准确地计入作业，然后选择成本动因，将所有作业成本分配给成本计算对象，从而选择出成本值最小的供应商。这种方法拓宽了成本的计算范围，更准确真实，但是计算相对复杂。

6. 层次分析法

层次分析法是诞生于 20 世纪 70 年代一种较好的定量与定性相结合的分析方法，由著名运筹学家赛惕（T. L. Satty）提出。

7. 神经网络算法

人工神经网络（Artificial Neural Network，ANN）是 20 世纪 80 年代后期迅速发展的一门新兴学科，它可以模拟人脑的某些智能行为，如知觉、灵感和形象思维等，具有自学习、自适应和非线性动态处理等特征。

（五）成立供应商选择小组

企业要成立供应商选择小组来进行供应商的选择，成员来自采购、质量技术、生产、工程等与供应商合作关系密切的部门，专家小组必须同时得到本企业和供应商领导层的支持。如由副总经理任组长，采购，质量技术部门经理，主管，工程师组成评估小组。

（六）确定候选供应商名单

供应商选择根据选择供应商的标准进行讨论，确定候选供应商名单。

（七）供应商审核

客观、公正地评价供应商是否能持续、稳定地提供合格产品，需要进行供应商审核来促进供应商持续改进质量管理体系，确保企业所销售的产品能持续满足客户的要求。可见供应商审核是提升供应商质量能力，稳定供应商关系，降低采购风险和成本的一种手段。

1. 供应商审核的分类

通过供应商审核，企业可以了解供应商有哪些优点和缺点，并将审核结果作为选择供应商的依据。对供应商进行的审核，主要包括对供应商的产品审核、过程审核和质量管理体系审核。

（1）对供应商的产品审核。目前公司采取的方法是对供应商提供的部分产品送交第三方检测机构进行检测，主要是确认供应商的产品质量，根据检测结果，合格产品的供应商继续维持合作关系，不合格产品的供应商除书面督促供应商改进产品质量以符合公司的要求外，必要时还应根据采购协议对供应商采取相应的处罚。

（2）对供应商的过程审核。这是分析评价供应商的产品在生产过程中质量控制是否在正确、有效进行的一种活动，即所谓的供应商审核。审核时，公司往往派有经验的审核员到供应商处，依照《供货商调查表》所列标准，按规模、生产能力等基本指标进行分类，实施实地调查，现场审核，对供应商的过程审核，一般依据产品或供应商的实际情况而定。调查项目如实填写在调查表上，然后由评估小组进行综合评估，将合格厂商分类按顺序统计记录。

知识链接

为什么要进行现场审核

现场审核是持续改善的基础。一般管理人员往往对现场中的很多问题或者视而不见，或者习以为常，或者认为无法改变。也有很多管理者往往对直观信息熟视无睹，只对数字情有独钟。结果就可能挂一漏万，忽略一些关键线索，不能真正了解企业的真实状况。

采购方应该到供应商的现场，直观感受最真实的员工精神面貌和现场氛围。现场观察是发现问题的最直接的手段，绝大部分问题都会在现场表现出来，可快速对工厂做初步评估，由此追根溯源，也可以减少很多工作的盲目性。了解其成本构成、生产效率、品质管控。现场观察还有很多方式方法及不同的着眼点，但基本原则和需要注意的事项是一致的。

首先，不能戴有色眼镜来看现场，不能揣着结论到现场找证据，这样往往会有失偏颇。

其次，现场不能光看表面，需要核对说的、写的、做的是否一致，需要多问几个为什么。

再次，应同时以宏观和微观的眼光来看，采用缩的方式聚焦细节，采用放的方式来看整体。

最后，尽量不做笔记，这样会影响观察和思路的连续性，也会让现场人员感到紧张。

（3）对供应商的质量管理体系审核。通常是依据 ISO 9000 标准进行，也可用于供应商年审，主要内容包括管理职责、资源管理、过程管理、监测分析与改进。对于有必要进行体系审核的供应商，可以采取第三方审核。对已经通过第三方体系认证的供应商，可关注其内审、管理评审、纠正措施、预防措施、检验与试验等过程。对未获得第三方认证的供应商，应着重从控制有效性入手，关注其采购、设备、人员、检验、不合格品控制等重要过程。审核原则上必须在供应商生产现场进行，审核范围应集中在供应商生产与本公司产品相关的行政及生产领域；审核的结果可作为供应商认可的依据。福特公司的供应商质量审核体系，如表 6-2 所示，供应商质量体系审核，如表 6-3 所示。

表 6-2　　福特公司的供应商质量审核体系

项　目	行动计划
	1月 2月 3月 4月 5月 6月 7月 8月 9月 10月 11月 12月
1. 组织机构 2. 计划 3. 文件及工艺变化管理 4. 制造设备控制 5. 生产程序作业指导 6. 检验程序作业指导 7. 标准 8. 检验手段 9. 采购件的质量保证 10. 过程参数 11. 过程检验 12. 最终检验 13. 抽样作业指导 14. 不合格项 15. 质量与检验状态 16. 物料处理 17. 人员培训 18. 文件与登记 19. 纠正措施 20. 对供应商的检验	
分　类	要求得分
A1 合格 A2 合格、仍有改进余地 B1 可接受 B2 有保留接受 C 不可接受	825～855 755～820 645～750 535～640

表 6-3　　供应商质量体系审核

供应商名称： 审核日期：	提供本企业的产品：	审核主要区域及供应商参与人员： 审核员：
1. 管理职责		
2. 资源管理		
3. 过程管理		
4. 监测分析与改进		
供应商质量体系审核总平均分： 结论：很差　　差　　一般　　良好　　优秀		

2. 供应商审核程序

（1）建立供应商审核评价体系。质量管理部计划和组织供应商审核评价体系，它是采购方对供应商进行综合评价的依据和标准，同时针对不同的供应商建立相适应的评估管理办法。

（2）编制供应商审核计划。供应商审核计划应与供应商审核评价体系要素保持一致，并保持持续进行。

（3）供应商审核的准备。供应商审核是质量体系的一个主要因素，因此，它必须依靠标准程序。首先，审核小组应制作规范的程序表；其次，审核小组成员应预先了解被审核产品的性质、制造流程等相关知识。

（4）供应商审核的实施。实际的审核应从了解被审核方的管理情况开始。首先，进行首次会议，向被审核方介绍审核原则、审核范围、审核依据和一些需配合的其他事项。其次，现场查阅文件控制程序等，审核小组应仔细核实所有相关证据，对不符合现象予以记录，同时审核期间，被审核方应陪同审核小组，确保审核过程顺利完成。

（5）完成审核报告。审核结束前进行末次会议，对审核情况进行总结分析，做出审核结论并提出纠正措施。

（6）审核跟进。审核跟进可以书面通知，对于不合格项目由被审核方反馈纠正措施的进度及完成情况。审核小组根据反馈信息决定复审时间，以此促进供应商持续改进。

供应商审核检查标准，如表 6－4 所示，供应商质量体系审核纠正措施报告，如表 6－5 所示。

表 6－4　　供应商审核检查标准

<table>
<tr><td>供应商名称：</td><td>提供本企业的产品：</td><td>联系人：　　联系方式：
电话（传真）：　　电子邮件：
供应商地址：</td></tr>
<tr><td colspan="3">第一部分：基本情况</td></tr>
<tr><td colspan="3">第二部分：企业管理</td></tr>
<tr><td colspan="3">第三部分：质量体系及保证</td></tr>
<tr><td colspan="3">第四部分：设计、工程与工艺</td></tr>
<tr><td colspan="3">第五部分：生产</td></tr>
<tr><td colspan="3">第六部分：企划与物流
审核内容：　　适用否　　观察记录
1. 机构设置　　是否　　0　25　50　75　100
2. 物流管理系统　　是否　　0　25　50　75　100
3. 发货　　是否　　0　25　50　75　100
4. 供应商管理　　是否　　0　25　50　75　100
第六部分综合得分：</td></tr>
<tr><td colspan="3">第七部分：环境管理</td></tr>
<tr><td colspan="3">第八部分：</td></tr>
<tr><td colspan="3">供应商审核综合得分：</td></tr>
</table>

表 6-5 供应商质量体系审核纠正措施报告

<table>
<tr><td colspan="2">供应商名称：
审核日期：
审核人：</td><td>报告编号：
被审核单位代表：</td></tr>
<tr><td>不合格项目描述</td><td></td><td></td></tr>
<tr><td colspan="3">纠正措施
1. 短期措施
2. 长期措施</td></tr>
<tr><td colspan="3">跟进结果（被审核单位填写）</td></tr>
<tr><td colspan="3">跟进结果（被审核人员填写）
结论：该纠正措施已（未）实施到位，下一步行动</td></tr>
</table>

3. 供应商审核的方法

供应商审核的方法可分为主观评判法和客观评判法。其中主观评判法就是依据个人的印象或经验对供应商进行评判。而这种评判缺乏科学标准，评判的依据十分笼统，模糊，所以要结合客观评判法。客观评判法则依据事先制定的标准或准则对供应商情况尽可能量化考核，所以具有可比性。主要包括调查法、现场打分评比法、供应商绩效考评、总体成本法。

（1）调查法。是指事先准备一些标准格式的调查表格发给不同的供应商填写，收回后进行比较的方法，通常用于供应商初步情况的收集。

（2）现场打分评比法。现场打分评比法是预先准备一些问题并格式化，然后组织不同部门的专业人员到供应商现场进行检查并根据实际进行打分。

（3）供应商绩效考评。供应商绩效考评是对已经供货的现有供应商在供货、质量、价格等方面的表现进行跟踪、考核和评比。

（4）供应商综合评审。供应商综合评审是针对供应商从企业层面组织各个部门的专业人员参与全面评审。

（5）总体成本法。是一种需要供应商参与，由采购方组织专家团队对供应商的财务及成本进行全面分析研究，找出降低供应商的总体成本，并要求供应商实施与改进，双方共享改进成果的方法。

（八）选择供应商

调查合格的厂商可通知送样或小批量采购，送样检验或试验合格者可正式列为《合格供货商名册》，未合格者可列为候补序列重新评估；之后采购只可从合格供货商中采购，付款时也应审核名单，非合格供货商者应报上级予以淘汰。对于一般的供货商，应予以减少采购量，并重点加以辅导；对于优秀之供货商，应加大采购量。

选择供应商时应注意的问题：

（1）选择自营还是外包采购。通常情况下，通过外包，可以使企业将精力集中于核心产品生产上，避免精力分散。外包的比率越高，选择供应商的机会均等越大。

（2）选择单一供应商还是多家供应商。单一供应商是指某种物品集中于一家供应商采购，这种方式有助于供需双方密切关系，保证供货质量的稳定性，同时采购成本也可以控制。但是这种方式风险比较大，如果供应商出现问题则会影响本企业的生产经营活动。选择多家供应商则正好与之相反。

（3）选择国内采购还是国际采购。选择国内采购，地理位置接近，法律法规比较熟悉，供应商信息容易获取，具体操作上可以实现即时制生产或零库存策略。而选择国际采购则可以扩大供应来源，可能采购到国内企业技术未达到的物品，并且操作更加规范。

（4）选择直接采购还是间接采购。若是采购物品规模大、价值高或对企业生产经营影响重大，则适合选择直接采购，以提高控制能力和降低成本。如果采购数量小或采购物品对企业生产经营影响比较小，则可通过间接采购方式，节省采购企业的精力与成本费用。

知识链接

“外包”（Outsourcing）

外包指企业整合利用其外部最优秀的专业化资源，从而达到降低成本、提高效率、充分发挥自身核心竞争力和增强企业对环境的迅速应变能力的一种管理模式。

第三节　供应商评价指标体系

供应商绩效考评是对现有供应商的日常表现进行定期监控和考核。传统上，虽然我们一直也在进行供应商的来货质量定期检查，但没有一整套的规范和程式。随着采购管理在企业中的地位越来越重要，供应商的管理水平也在不断上升，原有的考评方法已不再适应企业管理的需要。

一、供应商考评的目的

供应商考评的主要目的是确保供应商供应的统一性，对供应商之间比较，以便继续同优秀供应商进行合作而淘汰表现差的供应商。供应商的考评同时也可以了解供应商存在的不足之处，并将其反馈给供应商，促进供应商改善其业绩，为日后更好地完成供应活动打下良好基础。

二、供应商绩效考评的基本原则

（1）持续性。供应商绩效考评必须持续进行，要定期限地检查目标达到的程度。当供应商知道会被定期考评时，自然就会着力于改善自身的绩效，从而提高供应质量。

（2）整体性。要从供应商和企业自身各自的整体运作方面来进行考评，以确立整体的目标。

（3）抗干扰性。供应商的绩效总会受到各种外来因素的影响，因此对供应商的绩效进行考评时要考虑到外在因素带来的影响，不能仅仅衡量绩效。

三、供应商考评的程序

供应商考评的程序，如图 6－2 所示。

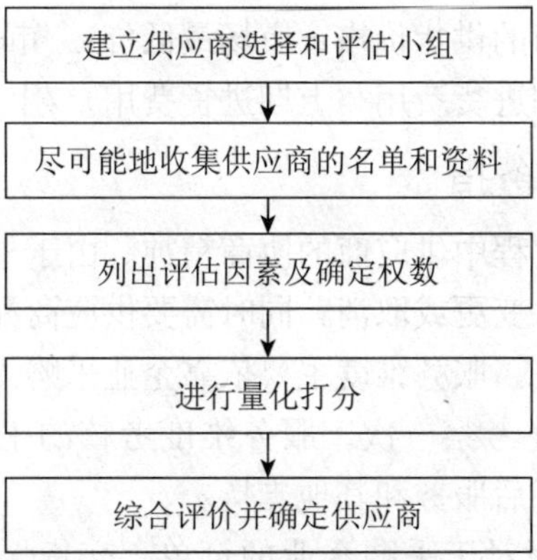

图 6－2　供应商考评的程序

四、供应商考评的指标体系

供应商考评对现有的供应商实际表现进行定期的监测、考核。传统的做法是对重点供应商的来货质量进行考评。当前具有国际水准的供应商管理则不仅仅局限于对质量的要求了。

（一）产品质量指标

（1）来料批次合格率＝合格来料批次/来料总批次×100％

（2）来料抽检缺陷率＝抽检缺陷总数/抽检样品总数×100％

（3）来料在线报废率＝来料总报废数/来料总数×100％

（4）来料免检率＝来料免检的种类数/该供应商供应的产品总种类数×100％

（二）工作质量指标

（1）交货差错率＝期内交货差错数/期内交货总量×100％

（2）交货破损率＝期内交货破损数/期内交货总量×100％

（三）供应指标

（1）准时交货率＝按时按量交货的实际批次/订单确认的交货总批次×100％

（2）交货周期：自订单开出之日到收货之时的长度（天）

（3）订单变化接受率＝订单增加或减少的交货数量/订单原订的交货数量×100％

（4）总供货满足率＝期内实际完成供应量/期内应当完成供货总量×100％

（5）总缺货率＝期内实际未完成供应量/期内应当完成供货总量×100％－1

（四）经济指标

（1）价格水平：同本公司所掌握的市场行情比较

（2）报价：是否及时、报价单是否客观、具体、透明

（3）降低成本的态度及行动

（4）分享降价成果

（5）付款条件

平均价格比率＝（供应商的供货价格－市场平均价）/市场平均价×100％

最低价格比率＝（供应商的供货价格－市场最低价）/市场最低价×100％

进货费用节约率＝（本期进货费用－上期进货费用）/上期进货费用×100％

（五）支持、配合与服务指标

服务维度主要考核供应过程中供应商的协商精神。由于外界环境的变化，采购企业的生产计划有时需要进行调整、变更或取消，同时需要供应商配合由此带来的采购计划的变化，甚至会给供应商造成损失。服务维度主要依靠企业采购人员的定性判断，根据经验对供应商进行评分，通常每季度考察一次。服务维度考核的主要指标有反应能力、沟通能力、合作态度、共同改进、售后服务和其他支持。

（1）反应能力——供应商对于采购企业的订单、交货、质量等投诉反应是否及时答复，对退货、挑选等要求是否及时处理。

（2）沟通能力——供应商是否选派合适的人员与采购企业定期进行沟通，沟通手段是否符合采购企业的要求（电话、传真、电子邮件以及文件书写所用软件与企业的匹配程度等）。

（3）合作态度——供应商是否将采购企业当作其重要客户，供应商高层领导或有关人员是否重视采购企业的要求，是否经常走访采购企业，供应商内部沟通（如市场、生产、计划、工程、质检等部门）是否能整体理解并满足采购企业的要求。

（4）共同改进——供应商是否积极参与或主动提出与采购企业相关的质量、供应、计划等改进项目或活动，是否经常采用新的管理办法，是否积极组织参与采购企业共同召开的供应商改进会议、配合采购企业开展的质量体系审核。

（5）售后服务——供应商是否主动征询采购企业意见，是否主动走访采购企业，是否主动预防可能发生的质量和交货期事故，是否及时安排技术人员对发生的问题进行处理。

（6）其他支持——供应商是否积极接纳采购企业提出的有关参观、访问、实地调查等事宜，是否积极提供采购企业要求的新产品报价与送样，是否妥善保存与采购企业相关的机密文件等不予泄露，是否保证不与影响到采购企业利益的相关的其他单位合作等。

五、考评评价

对于供应商按上述指标进行考评，对于考评的结果：

（1）得分在85～100分者为A级，A级为优秀供应商，作为后续新产品的首选供应商，可加大采购量，进一步发展为长期供应商。

（2）得分在70～84分者为B级，B级为合格供应商，可正常采购，并且可以要求其修改其行为，协助其发展为A级供应商。

（3）得分在60～69分者为C级，C级为应辅助供应商，要求对其不足部分进行整改，并将整改结果以书面形式提交，供应商评价小组对其提交的纠正措施和结果进行确认，需辅助它改进，并决定减量采购或暂停采购。

（4）得分在59分以下者为D级，D级供应商为不合格供应商应予以淘汰。

知识链接

肯德基星级系统（star system）

星级系统进行评估的五个方面：

质量：评估供应商提供安全、稳定、高品质产品的能力；

技术：评估供应商在技术改进和研究能力方面的水平；

财务：评估供应商财务状况和支持能力；

可靠性：评估供应商的诚信度及供应可靠性；

沟通：评估供应商与百胜的沟通系统和能力。

第四节　供应商关系管理

随着企业越来越专注于核心竞争力的领域，企业与供应商的联系也将越来越紧密。选择合适的供应商进行合作将会是企业能否取得成功的关键之一。因此，努力营造互利双赢的供需关系，与优秀供应商建立长期战略合作伙伴关系，是提高公司产品质量的有效途径。

一、供应商关系演变

供应商开发大致经历五个阶段：

第一阶段：传统阶段。采购方与供应商是交易关系，即买卖关系，采购过程中价格是决定因素，也开始对供应商进行正规认证。但总体来看，双方的关系是短期的，供应商极其容易发生转换，此时采购方的理念是供应商是靠不住的，必须加强监督。

第二阶段：供应链管理阶段。采购方与供应商是长久关系，采购过程中质量是决定因素，注重减少供应商数量，以获得规模性，此时采购方的企业理念是与供应商一起改进质量、降低成本和缩短交货期。

第三阶段：生产联盟阶段。采购方与供应商关系紧密，采购过程中时间是决定因素，关注关键工艺能力，尝试一同开发项目，此时采购方的理念是部分生产开始在供应商处进行。

第四阶段：战略联盟阶段。采购方与供应商业务及流程一体化，双方有一致的战略与政策，从长远利益出发，相互配合，不断改进产品质量与服务质量，共同降低成本，提高供应链的竞争力，此时采购方的企业理念是发展与供应商的业务战略伙伴。

第五阶段：世界级水平阶段。不同公司或企业通过某类产品价值创造过程使供应、生产、销售等各个环节有机连接，形成新的企业组织模式——精益企业。参加精益企业的各成员要求通力合作，实现同步化。基础是强化与各级供应商之间的长期关系，利用信息技术使精益更加柔性化。世界级水平的企业追求动态供应链的创新以赢得竞争力。此时采购方的理念是以合作和信任为基础，实现在整个价值链上不断完善。

二、供应细分矩阵

供应细分矩阵，主要是依据产品或服务的重要程度和风险程度或不确定性两类指标进行划分。

其中，产品或服务的重要程度主要指所购物品对企业产品的贡献程度，衡量指标是成本价值比。一般衡量成本价值比的因素有：采购总量，该物品采购金额占总采购金额的比例，该物品占总成本的比例，该物品对产成品质量的影响程度，该物品短缺给企业带来的损失等，利用好这个指标可以使企业更好地进行资源分配。

风险程度或者不确定性是指采购的物品供应可靠性以及不同物品之间转换成本高低的程度。企业可以根据技术因素、供应商数目，供应商可靠性，供应商增值能力，自制和外包的可能性，系统的保障性，供应资源的可获得性，环境等多种指标综合确定风险程度。利用好这个指标可以使企业降低风险或不确定性给企业带来的危害。供应细分矩阵如图 6－3 所示。

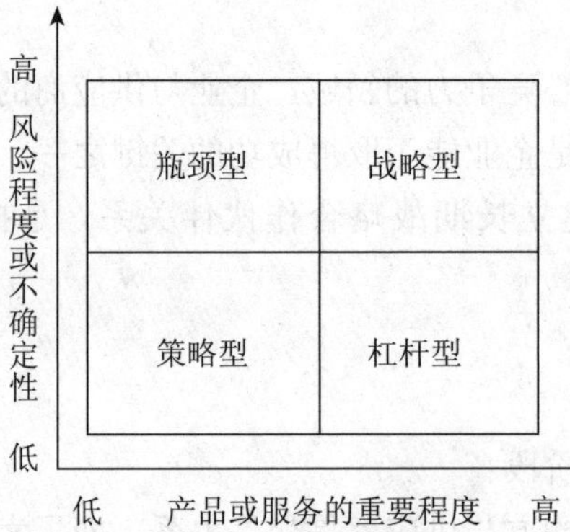

图 6－3　供应细分矩阵

按照这两类指标的影响程度高低将各项产品或服务标注在矩形方阵的不同位置，就可以将所有采购产品或服务分为四大类。

第一类策略型。这些产品或服务大多是常规标准化的通用型号商品或部件，数量占到采购总量的 80%左右，但采购支出一般只占总支出的 20%左右。可供选择的供应商很多，因此，供应商的转换成本也很低，对企业提升竞争力的作用不大。因此，可采购系统合同和电子商务手段，尽量精简采购流程，也可以选择采购外包。

第二类杠杆型。这类产品或服务具有一定价值，需要支出较多的资金，但给企业带来的风险程度并不高。像包装物、紧固件、涂料等都属于杠杆型产品，提供这一类型的产品或服务的供应商众多，具有充分的可得性，所以容易替换。此类产品的品牌差异很小，采购者应寻找产品或服务的边际利润率高的供应商。可以考虑精减供应商数目，标准产品条款以获得更有竞争力的价格。

第三类瓶颈型。这类产品或服务对采购商来说尽管成本不高，但存在高进入门槛和严重的地理/政治障碍，短缺的风险却很高，如特殊的热疗法、化学治疗、专利产品等。由于这类产品或服务的供应商很少，替代困难，供应商占据绝对的支配地位。对企业而言，它们是生产制造中的瓶颈，一旦停止或延迟供应将给企业造成重大损失，如何降低风险保证供应是这类产品采购管理的重点，一般可考虑签订长期合同，适当过量库存并设法寻找替代品。

第四类战略型。这类产品既带来高风险又需要花费高额成本，可见这类产品对企业贡献非常大。像顾客定制的产品、或企业核心产品部件等都属于这类产品，由于这类产品或者服务是能保证企业至关重要的产品，具有重要的战略性，产品的价值通过顾客满意度或对顾客的增值价值，而非采购价格来衡量。而提供这些产品或服务的供应商数量非常有限，替代/更换难度大，供应管理的重点是与供应商建立合作伙伴关系甚至战略联盟，以获得并保持竞争优势。

供应细分矩阵清晰地显示了供应市场风险和成本价值之间的相互联系与影响。通过供应细分矩阵，可以很明显地看出各种产品或服务在企业竞争力中所处的影响地位，也便于企业在各种供应市场和环境中选择相应的战略和战术，以提高企业相对竞争优势。

三、供应商感知模型

供应商感知模型是采购方根据采购物品或服务的供应定位矩阵，从供应商角度来看待所采购物品，或者说是对供应商进行该项业务积极性的判断。

供应商感知模型也考虑两个因素，一个因素是采购价值的大小，即采购方采购额占供应商销售额的百分比，通常大于15%为高，0.8%～5%为中，0.8%以下为低。另一个因素是吸引力大小，吸引力是指那些非货币因素，包括战略一致性、往来方便性、财务稳定性、间接利益的获得性及未来业务发展的可能性等。根据这两个因素的高低，把采购分为四类：维持型、盘剥型、发展型、核心型。根据不同的分类，供应商会采取不同的态度对待采购方。供应商感知矩阵如图 6－4 所示。

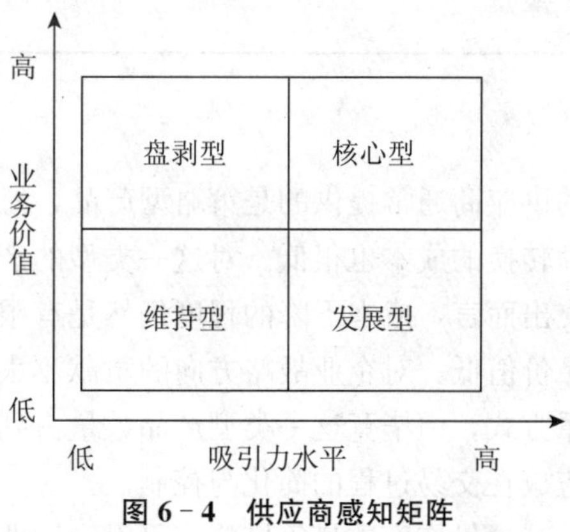

图 6－4　供应商感知矩阵

维持型。表现为低业务价值和低吸引力。这类物品采购价值低，没有发展潜力，采购方谈判地位很弱，供应商不急于发展与采购方的关系。

盘剥型。表现为高业务价值和低吸引力。企业的采购或许很重要，但对供应商来讲没有吸引力，难以形成发展长期关系理由，因此，供应商不会付出特别的精力，也不会给采购企业优先权。如果采购方极力想促成交易，供应商会抬高价格确保获得业务好处。

发展型。表现为低业务价值和高吸引力。尽管采购企业的业务量可能很少，但供应商认为具有长期发展的潜力或者因为其他原因而与公司合作，并且愿意投入时间和精力来建立关系。

核心型。表现为低业务价值和高吸引力。根据当前的业务和发展潜力，供应商认为采购企业是他们的核心业务部分，因此会投入明显的精力与时间来保持对采购企业的关注并且与采购企业开展业务合作。

四、供应商分类关系管理

供应商关系的基础是供应商分类，在供应商管理中，需要将供应商关系分为不同的类别，根据各供应商对采购企业经营影响的大小设定优先次序，区别对待，以利于集中精力重点改进、发展最重要的供应商。

从上述基于采购方对采购物品或服务分类的供应细分矩阵和基于供应商对采购方的供应商感知矩阵，可以看出双方面对不同的采购和供应环境所采取的不同策略与态度。由此，采购企业针对自身采购商品或服务进行了分类之后，结合供应商对企业业务的不同看法，实施供应商的分类管理，发展不同的供应商关系。供应商分类关系管理如表 6－6 所示。

表 6－6　　供应商分类关系管理

采购项目类型	供应商对企业业务的不同看法			
	维持	盘剥	发展	核心
一般物料	普通商业型			
杠杆物料			优先型	
瓶颈物料		重点商业型		
关键物料				伙伴型

1. 普通商业型关系

发展普通商业型关系的供应商通常提供的是策略型产品，意味着采购风险较低，而且市场能够充分供应，供应商转换的成本也很低。对这一类型的产品来说，单位成本即使降低的幅度较大，但是就总支出而言，成本下降的程度仍然是有限的。对这类型供应商的管理，并不能因为它们的产品价值低，对企业战略方向的贡献不大，就有所忽视。显然，交易关系是该类型的主要关系方式，但毕竟这一类型产品数量占到了企业采购数量的 80%左右，所以，采购方关注点应放在交易过程的简化与控制。

实现采购流程标准化，减少供应商数量等措施。可以采用业务外包，供应商管理库存（VMI）等方式进行管理；也可采用集中购买、电子采购（电子数据交换，供应商条码，电子转账）以尽量减少多余的活动和交易次数；可以说流程简化与控制交易成本是该类型产品采购成功的关键。

要注意的是如果采用了业务外包，即将这一类型的采购工作外包出去，那么企业面临的就不再是零散的，众多的，随时可以替换的供应商了，而是只有少数几个甚至只有一个采购承包商，此时与承包商的合作关系直接影响到企业大半以上的采购资源。所以这时应将与采购承包商的关系视为战略型供应商关系进行管理。

2. 重点商业型关系

重点商业型关系下的供应商提供的产品或服务主要是瓶颈类产品，这是采购管理中最需关注的物品。因为它进入壁垒较高，供应来源稀少，一旦供应中断就会影响整个业务流程的顺利进行，市场风险较大。面对这类物品，采购企业应该尽可能与此类供应商达成合作关系，消除风险，如果企业不能找到替代产品，那么供应商达成战略联盟不只是远期规划而是必须马上执行的计划。企业不必要与供应商保持密切关系，甚至牺牲企业的利润而发展关系，改善目前所处的高风险状态。如尽量扩展全球采购以增加采购渠道；在产品或服务的设计阶段，与工程师密切沟通，通过有效地采用价值分析和价值工程技术来消除或减少对该类产品或服务的需求；同时，让客户参与进来，可以改变客户在其定制产品中对瓶颈型材料或者零配件的看法而采购替代品，以摆脱瓶颈型供应商的制约。

对于供应商关系的处理，企业也需要根据其转化作出相应的调整。克服供应紧张问题的一种办法如积极寻找替代品，加紧研发，优化产品配方，以及减少瓶颈原料的使用，引导这些产品或服务转换成策略型，或杠杆型。克服供应紧张问题的另一种办法是将采购品提升到战略型产品的地位。或将它们转化为能够对市场产生影响和形成竞争优势的战略型产品或服务。

3. 优先型关系

发展优先型关系的供应商通常提供的主要是杠杆型产品，与策略型产品不同，它的成本价值比较高，单个产品的成本降低对企业利润的贡献较大。因此，杠杆型产品或服务可以考虑在不影响供应的基础上，以需求为导向，采用有效的方法设法降低直接采购成本，提高边际贡献率，通过有竞争力的采购活动来提高公司盈利能力。

对于优先供应商的管理一般沿用传统做法，将重点放在签订短期合同上，以便企业能不断地寻找更换转向成本更低的资源。企业不仅要集中采购降低单位采购成本，并加深对供应商的了解，而且要全面把握市场信息，了解潜在供应商范围，将供应范围拓展到全国甚至全世界，在全球范围内寻找新的供应商或替代产品，努力扩大全球供应渠道。

但是杠杆产品仍处在一个充分供应的买方市场，所以为了达到成本作用于利润的杠杆作用，与供应商讨价还价，更新合同，给供应商施加压力等策略都适用于此类型产品的采购。另外，在集中采购的基础上，实施本地化战略也是充分发挥杠杆作用的保障。

4. 伙伴型关系

由于伙伴型产品或服务具有价格高，风险高的特点，所以采购企业不能使用对待策略型或杠杆型产品的方式节约成本，那这些产品往往也无法使用规模采购去降低成本，因为规模同时意味着风险，而且由于该类型产品价值高，含有核心技术，技术的日益革新迫使此类产品只能以多批次，小批量的形式供应。伙伴型产品或服务又不同于瓶颈型产品或服务，其价值是为顾客创造的增值部分，成本和价值均很高，本身就具有长期计划性质和合作价值。

因此，企业应以长远发展为重，与供应商建立战略联盟关系，形成供应联盟，在相互信任的基础上，供应商可以帮助采购企业实现其战略计划，不仅会参与采购企业产品或服务的设计流程，而且会替采购企业考虑，帮助它们获得新技术和新机会以尽可能地降低成本，增加收益，最后双方都会对未来需要面对的风险和潜在收益进行认真的分析后再做出决定。一旦形成联盟关系，即将两家企业的风险与收益捆绑在一起，轻易分开需要付出代价，相反，如果实施成功，双方都能从中获得巨大的收益。供应商关系特点与发展要求如表 6－7 所示。

表 6－7　供应商关系特点与发展要求

<table>
<tr><td rowspan="2">供应商类型</td><td rowspan="2">商业型供应商</td><td rowspan="2">优先型供应商</td><td colspan="2">伙伴型供应商</td></tr>
<tr><td>供应伙伴</td><td>设计伙伴</td></tr>
<tr><td>关系特征</td><td>运作联系</td><td>运作联系</td><td>战术考虑</td><td>战略考虑</td></tr>
<tr><td>时间跨度</td><td>1 年以下</td><td>1 年左右</td><td>1～3 年</td><td>1～5 年</td></tr>
<tr><td>质量</td><td>按顾客要求并选择</td><td>·顾客要求
·顾客与供应商共同控制质量</td><td>·供应商保证
·顾客审核</td><td>·供应商保证
·供应商早期介入设计及产品质量标准
·顾客审核</td></tr>
<tr><td>供应</td><td>订单订货</td><td>年度协议＋交货订单</td><td>顾客定期向供应商提供物料需求计划</td><td>电子数据交换系统</td></tr>
<tr><td>合约</td><td>按订单变化</td><td>年度协议</td><td>·年度协议（1 年）
·质量协议</td><td>·设计合同
·质量协议等</td></tr>
<tr><td>成本价格</td><td>市场价格</td><td>价格＋折扣</td><td>价格＋降价目标</td><td>·公开价格与成本构成
·不断改进，降低成本</td></tr>
</table>

这四种关系中，采购企业与供应商的合作程度逐渐提高，关系密切程度也逐渐加强。在普通商业关系中，对供应商的管理主要是进行谈判，目的是降低采购交易成本和简化采购流程。在优先关系中，采购企业关注的是整条供应链上的物流环节，目的是减少整条供应链成本，降低采购交易风险，通过全球采购，招标采购以提高产品或服务的边际利润率。在重点商业关系中，强调供应的安全性和稳定性；在伙伴关系中重在联合开发新产品，设计重组企业流程，通过发展速度柔性，优化企业生产系统在内的供应链系统绩效，实现企业经济价值的不断增值，提升核心竞争力。

五、供应商关系谱

确定供应商考察数量与频率，实现对供应商进行定期考察。如表 6－8 所示。

表 6－8　供应商考察数量与频率

供应商类型	数量（个）	考察频率	每年考察工作量
重点商业型供应商	20	每季度	80
优先型供应商	30	每半年	60
伙伴型供应商	50	每年	50
	100		190

对考察结果，利用供应商关系谱是将供应商从不可接受供应商、可考虑供应商到不同层级的供应商进行关系的确认如表 6－9 所示。

表 6－9　　供应商关系谱

	层次	类型	特征	适合范围
供应商关系	5	自我发展型的伙伴供应商	优化协作	态度、表现好的供应商
	4	共担风险的供应商	强化合作	态度、表现好的供应商
	3	运作相互联系的供应商	公开、信赖	态度好的供应商
	2	需持续接触的供应商	竞争游戏	表现好的供应商
	1	已认可的、触手可及的供应商	现货买进关系	方便、合理的供应商
	0	可考虑的供应商		潜在供应商
	－1	不可接受的供应商		不合适

六、供应商关系维护与改善

优秀的供应商不仅可以为采购企业提供质量过硬的物资，而且可以为采购企业的最终产品带来竞争优势。所以掌握学习能力对于供应商来说很重要，因为持久的学习能力可以帮助他自己的供应商提高能力，这样就形成一个良性循环，最后的结果就是整个供应链上的企业都更具竞争力。

知识链接

如何判断供应商有没有发展潜力

（1）供应商的最高决策者是急功近利的“商人”还是有长远眼光的“企业家”。

（2）供应商的发展方向是否与我们的发展需求相一致，有无明确的战略规划，有无实现战略规划的具体行动计划和行动记录。

（3）供应商的质量目标是否明确，有无实现质量目标的行动计划和行动记录。

（4）供应商是否有质量体系升级计划，现有质量体系是否真正得到贯彻执行。

（5）供应商现有员工的素质能否满足其企业发展的需要，有无中长期人力资源发展计划。

（6）供应商现有的管理手段能否满足其企业发展的需要，有无改善计划。

（7）供应商的社会信誉如何，其关联供应商对其有无信心。

（8）供应商企业管理的基础性工作是否扎实，有无改善计划。

1. 建立科学的供应商评估和准入制度

企业可委托具有相应资质的中介机构对供应商资质信誉情况的真实性和合法性进行审查，确定合格的供应商清单，健全供应商网络。企业新增供应商的市场准入、供应商新增服务关系以及调整供应商物资目录，都要由采购部门根据需要提出申请，并按规定的权限和程序审核批准后，纳入供应商网络。

2. 择优确定供应商

对供应商进行定时，有效的考察，针对考察结果，采购人员应当按照公平、公正和竞争的原则，在切实防范舞弊风险的基础上，与供应商签订质量保证协议。

3. 建立良好的沟通渠道

信息是现代社会企业最重要的资源，企业之间可以通过加强信息沟通获得共同的发展。通过供采双方定期的交流会特别是技术生产方面的，成立专业问题小组，针对自身存在的问题有针对性地去处理解决，以及通过信息分享平台来分享彼此的生产，销售和成本等数据，尤其是具有个人情感效应的关联企业之间的中高层人员的互访，是采购企业与供应商之间建立互信机制的重要基础。

4. 树立共同的质量观念

质量是一个广义的概念，是围绕最终用户需求而展开的有形产品质量和无形服务质量的综合。供应商与采购方必须建立在共同认可的质量观的基础上才有保证。具体而言可以包括供应商要向采购组织提供质量满意的产品和服务；准时、按量交付，不出现差错；在运输、装卸、仓储、流通加工等各环节维持或提升产品和服务的质量；供应商要强化服务质量，以保证供需双方接触面的人员共同的满意；供应商要努力提升创新能力以满足需方不断增长的新需求，采购组织提供必要的帮助与合作；供需双方都要向对方提供可靠的信用保证并持之以恒。

5. 建立利益共享机制

包括通过建立公正、合理的供应协议，立足于长期的合作，建立供应合作关系。在供应链的利益共享机制中，直接地点对点建立供需企业之间合理的利益分配机制，这是供应管理中企业利益共享机制的基础。

6. 对供应商激励

对供应商的有效激励可以促进更加深入的合作，采购组织应有针对性地建立双向的激励机制。所谓双向就是奖优罚劣。在对供应商激励方法上可以有订单激励，即对于表现优秀的供应商，采购组织可以通过加大采购的方式进行激励，这也是供应商最乐于见到的、最有效的激励手段。针对长期保持优良质量供应记录的供应商，采购组织可以开辟免检通道，这样的免检待遇，对于供应商具有长期、广泛的外部影响，特别是对竞争对手具有强大的震撼作用。还可以有商誉激励，采购组织对表现优秀的供应商，可以通过供应商信息平台进行发布，以获取对供应方和需求方都有效的广告效应。还可以通过股权激励的方式，使供应商与采购组织相互参股，形成利益体，也可以一荣俱荣，起到激励的效果。淘汰则是一种负激励，为了使供应链的整体竞争力保持在一个较高的水平，必须建立对供应商的淘汰机制，通过淘汰一些相对劣质的供应商，加强同优质供应商的合作，可以对供应商队伍有警示作用，形成危机激励，使供应商努力改善自身。

7. 防止供应商控制的措施

事物在不断地变化，供应商也在变化。对于采购方来讲，需要防止被供应商控制给采购企业带来威胁。

（1）实施全球采购，扩大供应商选择范围。

（2）增加合作供应商，对现有供应商起到约束其不良行为的作用。

（3）建立采购联盟。与其他用户联合实施共同采购，既有利于降低成本，又可提高同强势供应商的谈判资格。

（4）实施一次性采购，形成采购规模，引起供应商重视，同时增加仓储，加强材料的验收管理等。

（5）利用供应商对垄断形象的维护，约束其不规范行为。

（6）合同约束。通过合约甚至道德等多方面手段来约束供应商的行为，使其不能够影响自身的生产服务活动和发展。如发生供应问题，企业可终止或更换供应商。

（7）未雨绸缪，化解控制，事先做好防范风险的对策，开通更多的信息通道，一旦供应商出现问题，可以迅速应对。

案例分析

苹果公司的供应商管理经验

苹果公司选择和管理供应商的方式是该公司取得成功的重要因素之一。苹果公司在选择新的供应商时重点评估质量、技术能力和规模，成本次之。

而成为苹果公司的供应商绝非易事，竞争非常激烈，原因在于苹果公司的认可被视为对制造能力的认可。在苹果公司最新的供应商名录上，可以看到156家公司的名单，其中包括三星、东芝和富士康。富士康以作为iPhone（苹果）手机的主要组装公司而著称。然而，这些供应商的背后还有代表苹果公司向这些供应商供货的数百家二级和三级供应商。苹果公司几乎控制了这一复杂网络的各个部分，利用其规模和影响以最好的价格获得最佳产品并及时向客户供货。此外，苹果还通过观察供应商制造难以生产的样品考验每一家工厂——此阶段的技术投资由供应商负责。苹果公司还有其他要求用以增强其对投入、收益和成本的控制。比如，苹果公司要求供应商从其推荐的公司那里购买材料。

随着时间的推移，苹果公司已经同这些供应商建立了强大的合作关系，同时，还投资于特殊技术并派驻600名自己的工程师帮助供应商解决生产问题，提高工厂的效率。与此同时，苹果公司一直寻找其他方法以丰富供应商队伍并提高议价能力。比如，富士康现在就有一个名为和硕联合科技股份有限公司（“和硕联合科技”）的竞争对手。和硕联合科技是一家小型台湾公司，同苹果公司签署了生产低成本iPhone5C（一种手机型号）的协议。

很少有买家能有像苹果公司那样的业务范围或同样的需求。但是，苹果公司在选择、谈判和管理中采用的战略能够为任何从中国采购的公司提供一些经验。最主要的五大经验如下：

1. 拜访工厂

买家需要确定供应商是否有能力及时满足订单要求以及是否有能力生产高质量的产品。工厂拜访还能够使买家了解供应商的员工人数和他们的技能水平。评估供应商的无形资产，包括供应商的领导能力以及增长潜力。比如，当要求供应商提供样品时，买家要提供非常具体的要求，并派驻自己的工程师监督生产流程以便了解样品是由供应商内部生产的而不是从别处采购的。

2. 谈判和监督并用

同一种产品使用不止一家供应商，以改善买家的议价能力并降低风险。当为合同开展谈判时，成本和质量都要重视。为有缺陷的产品建立缓冲并且为延迟交货谈判一个折扣。下单后，派本地代表拜访工厂并且在不同的阶段检查货物，以便能够介入和矫正缺陷。发货前检查非常重要，因为由于税收原因退回有缺陷的产品代价非常高。买家应该密切监督供应商的表现。在建立合作关系的最初阶段，这一点尤为重要。

3. 了解供应商的供应商

供应链的能见度对于尽量减少有缺陷的产品和知识产权盗窃的风险以及控制成本来说非常必要。

4. 准备好提供帮助

当确定了供应商名录中的优质供应商时，要准备好同这些供应商分享提高产品的想法，以便提高供应商所售产品的利润。这样做可以向供应商表明，降低成本（比如通过使用更便宜的材料）不是持续提高利润的唯一方法。

5. 经常沟通

第三方报告和年度拜访不足以建立合作关系。而建立一个包括反馈在内的成熟的沟通机制则势在必行。这样可以避免误解的发生，同时在问题演变成危机前把问题解决掉。

理想的状态是，向供应商派驻一个具备业务知识和专业技能的现场团队，以便对供应商的工厂进行定期拜访，而不仅仅是当出现问题时才去拜访。如果目前无法采取这种做法，则要增加贵公司的总部工作人员拜访供应商的频率。

思考题：

1. 苹果选择供应商时主要看重供应商的哪些特性？

2. 苹果对供应商选择的主要经验有哪些？

3. 在供应商选择时苹果怎样实施有效监督以降低风险？

思考与练习

一、判断题

1. 评价供应商时一般不需要进行实地考察或者试用期考察。（　　）

2. 选择供应商时，要选择最好的供应商。（　　）

3. 当我们要求供应商进行成本改善时，自身也应该做好榜样。（　　）

二、多项选择题

1. 防止供应商控制的方法包括：（　　）。

A. 寻找多家供应源　　B. 更多地掌握信息

C. 全球采购　　D. 进行一次性采购

2. 供应商选择时首要考虑的因素是（　　）。

A. 价格　　B. 质量　　C. 交货期　　D. 服务

3. 供应商审核主要包括（　　）。

A. 供应商数量审核　　B. 供应商认可审核

C. 供应商能力审核　　D. 供应商质量体系审核

4. 如果供应商有较强的开发能力，采购业务对本公司很重要，同时此采购业务对供应商也很重要，那么此类供应商按重要性方面来说，应该属于（　　）供应商。

A. 伙伴型　　B. 优先型　　C. 重点商业型　　D. 普通商业型

5. 准时交货率这一指标是属于供应商绩效考核指标中的（　　）。

A. 质量指标　　B. 供应指标　　C. 经济指标　　D. 服务指标

三、思考题

1. 简述供应商选择应考虑的因素。

2. 评价供应商的指标主要有哪些?

3. 如何选择供应商?

4. 选择供应商的方法有哪些?

5. 简述供应商分类管理的意义。

6. 供应商分类管理的必要性体现在哪几个方面?

7. 企业如何去管理和控制供应商?

8. 防止供应商控制的措施。

实训题

调查了解企业供应商选择的影响因素及流程分析

就近选择不同类型的企业，包括大型、中型、小型国有、民营企业，企业类型可以是生产企业、物流企业、零售连锁企业等，了解企业的供应商选择的流程。

实训要求：以小组形式开展调研，收集相关资料，撰写调查报告、汇报 PPT（幻灯片），团体进行交流。

第七章　采购谈判与合同管理

学习目标

知识目标

1. 理解采购谈判和采购合同的概念；
2. 熟悉采购谈判的原则、程序和内容；
3. 熟悉采购合同的履行要求和违约责任。

技术目标

1. 能够分析采购谈判的目标；
2. 能够制定采购谈判的策略；
3. 能够界定采购合同的违约责任。

职业能力目标

1. 理解双赢的采购谈判理念，掌握采购谈判的技巧；
2. 能够起草和分析采购合同。

采购聚焦

麦当劳的面包采购谈判

麦当劳派高管斯蒂芬带队和上海怡斯宝特面包公司进行采购谈判，斯蒂芬为了不负使命，做了充分的准备工作，查找了大量有关该公司面包的资料，掌握了国内市场面包行情及谈判对象的发展历史和经营现状，在掌握了足够的资料后，开始了与怡斯宝特公司的谈判。

谈判开始，怡斯宝特公司谈判代表一开口就要价100万元人民币/年，且不予松口。但斯蒂芬不同意，坚持出价90万元人民币/年。怡斯宝特谈判代表表示价格已经到了他们的底限，如果麦当劳坚持压价将不愿继续谈下去了，并说："我们已经作了这么大的让步，贵公司仍不能合作，看来你们对这笔交易没有诚意，那只好期待下次能合作。"斯蒂芬对此并未有急切挽留的表现，闻言轻轻一笑，便礼貌地道别。怡斯宝特谈判代表果真走了，麦当劳同行谈判的其他人对此突发状况有些着急，甚至开始埋怨斯蒂芬不该抠得这么紧，表示公司已经准备同怡斯宝特签订合同，这样把对方逼走完全破坏了公司的发展计划。斯蒂芬说："放心吧，他们会回来的，这只是他们的谈判策略。根据我们的前期调查，同样的合同成交价格，去年他们同另外一家快餐厅建立合作首批面包定价只有85万元人民币/年，即使有涨幅，也不应过高。"

果然不出所料，一个星期后怡斯宝特谈判代表又回来继续进行谈判了。斯蒂芬向怡斯宝特谈判代表点明了他们去年与另一家快餐厅的成交价格，怡斯宝特谈判代表愣住了，没有想到眼前的对手如此精明，于是不敢再报虚价，只得说："现在物价上涨得利害，比不了去年。"斯蒂芬说："去年物价上涨指数没有超过6%。一年多时间你们算算该涨多少？"怡斯宝特谈判代表被问得哑口无言，在事实面前，不得不让步，最终以90万元人民币/年与麦当劳达成了这笔交易。

通过这个案例可以看出，麦当劳谈判人员对于谈判技巧的运用更为恰当准确，赢得有利于己方利益的谈判结果也是一种必然，本章重点从采购方的角度阐述了采购谈判的策略和技巧、采购合同签订的程序和注意事项等。本文主要从麦当劳的食品采购谈判的案例分析在采购谈判中应掌握的技巧以及需要注意的问题，希望会对大家今后的学习有所启迪和帮助。

第一节　采购谈判管理

一、采购谈判概述

（一）谈判的概念和内涵

经济活动中的谈判是一个过程，是指在一定的时间和空间条件下，参与谈判的各方为满足各自的需求和维护各自的利益，就不同的观点、条件和利益等进行协商的过程。

我们可以从谈判的形式、内容和特征等方面入手，对谈判的内涵进行分析，描绘出谈判比较清晰的轮廓，以便理解谈判的基本概念。

1. 谈判的目的性

谈判总是以某种利益的满足为目标，是建立在人们需要的基础上的，这是人们进行谈判的动机，也是谈判产生的原因。尼伦伯格指出，当人们想交换意见、改变关系或寻求同意时，人们开始谈判。这里，交换意见、改变关系、寻求同意都是人们的需要。这些需要来自于人们想满足自己的某种利益，这些利益包含的内容非常广泛：有物质的、精神的，有组织的、个人的等。当需要无法仅仅通过自身而需要他人的合作才能满足时，就要借助于谈判的方式来实现，而且需要越强烈，谈判的要求越迫切。

2. 谈判的多边性

谈判是两方以上的交际活动，只有一方则无法进行谈判活动。而且只有参与谈判的各方的需要有可能通过对方的行为而得到满足时，才会产生谈判。比如，商品交换中买方卖方的谈判，只有买方或者只有卖方时，不可能进行谈判；当卖方不能提供买方需要的产品时，或者买方完全没有可能购买卖方想出售的产品时，也不会有双方的谈判。至少有两方参与是进行谈判的先决条件。

3. 谈判的关系性

谈判是寻求建立或改善人们的社会关系的行为。人们的一切活动都是以一定的社会关系为条件的。就拿商品交换活动来讲，从形式上看是买方与卖方的商品交换行为，但实质上是人与人之间的关系，是商品所有者和货币持有者之间的关系。买卖行为之所以能发生，有赖于买方或卖方新的关系的建立。谈判的目的是满足某种利益，要实现所追求的利益，就需要建立新的社会关系，或巩固已有的社会关系，而这种关系的建立和巩固是通过谈判实现的。但是，并非所有的谈判都能起到积极的社会效果，失败的谈判可能会破坏良好的社会关系，这可能会激起人们改善社会关系的愿望，产生又一轮新的谈判。

4. 谈判的过程性

谈判是一种协调行为的过程。谈判的开始意味着某种需求希望得到满足、某个问题需要解决或某方面的社会关系出了问题。由于参与谈判各方的利益、思维及行为方式不尽相同，存在一定程度的冲突和差异，因而谈判的过程实际上就是寻找共同点的过程，是一种协调行为的过程。解决问题、协调矛盾，不可能一蹴而就，需要一个过程。这个过程往往不是一次，而是随着新问题、新矛盾的出现而不断重复，意味着社会关系需要不断协调。

5. 谈判的特定性

任何一种谈判都选择在参与者认为合适的时间和地点举行。这是区分狭义的谈判和广义的谈判的一个很重要的依据。谈判时间与地点的选择实际上已经成为谈判的一个重要组成部分，对谈判的进行和结果都有直接的影响。尽管某些一般性的谈判不一定对此非常苛求，但至少企业之间、团体之间乃至国家之间的谈判是这样的。购销谈判、项目谈判、外贸谈判等都对时间和地点的选择十分重视。尤其是军事谈判，更注重地点的选择。美越战争，双方选择在法国巴黎进行和谈；朝鲜战争，中美双方在朝鲜三八线上的板门店举行谈判，谈判桌的放置，一半在三八线的左侧，一半在三八线的右侧；20 世纪 60 年代的中苏会谈，在各自代表的国家轮流进行。可见谈判双方对地点选择的重视。

6. 谈判的契约性

谈判是指双方或多方互换商品和服务，并试图对他们的交换比率达成协议的过程，协商成功的谈判最终会以合同、协议、条约和备忘录等形式达成契约，从而使谈判方达成一定的信息传递、问题共识和行为约束。

综上所述，我们认为谈判是参与各方出于某种需要，在一定时空条件下，采取协调行为的过程。

知识链接

楚王谈判“自取其辱”

晏子使楚。楚人以晏子短，为小门于大门之侧而延晏子。晏子不入曰：“使狗国者从狗门入。今臣使楚，不当从此门入。”傧者更道，从大门入。见楚王，王曰：“齐无人耶？使子为使。”晏子对曰：“齐之临淄三百闾，张袂成阴，挥汗成雨，比肩继踵而在，何为无人？”王曰：“然则何为使子？”晏子对曰：“齐命使各有所主。其贤者使使贤主，不肖者使使不肖主。婴最不肖，故宜使楚矣。”

这个成语源自春秋末期齐国大夫晏子出使楚国的故事，在这次外交谈判中楚王三次试图侮辱晏子，晏子则依靠机智勇敢和灵活善辩，维护了自己和国家的尊严。

（二）采购谈判的定义和原则

采购谈判（Acquisition Negotiations）是指企业为采购商品作为买方，与卖方厂商对购销业务有关事项，如商品的品种、规格、技术标准、质量保证、订购数量、包装要求、售后服务、价格、交货日期与地点、运输方式、付款条件等进行反复磋商，谋求达成协议，建立双方都满意的购销关系。

1. 采购谈判的要素

采购谈判的要素是指构成采购谈判活动的必要因素，即谈判主体、谈判客体、谈判议题和谈判目标。

（1）谈判主体是指谈判的发起方。

（2）谈判客体是指与谈判发起方相对的另一方及谈判对手及供应商。

(3) 谈判议题是指采购谈判涉及的具体内容，是采购谈判必不可少的因素，包括采购合同中设计的所有内容及其他。

(4) 谈判目标是指最终达成协议，而不是打败对方。

2. 采购谈判的特点

采购谈判既有一般谈判的特征，也具有自身的特殊性。

(1) 合作性与冲突性。合作性表明双方的利益有共同的一面，冲突性表明双方利益又有分歧的一面。

(2) 原则性和可调整性。原则性指谈判双方在谈判中最后退让的界限，即谈判的底线。可调整性是指谈判双方在坚持彼此基本原则的基础上可以向对方做出一定让步和妥协的方面。

(3) 经济利益中心性。指谈判双方对关系到经济利益的某些问题往往予以特别关注。主要包括货物的数量、质量、价格、交货期、检验、索赔、不可抗力和仲裁，等等。

3. 采购谈判的原则

(1) 合作原则

采购谈判主要是采购各方获得经济利益的磋商过程，因此以追求商业价值为核心，以平等互利、真诚合作为前提，本着实事求是、友好协商、求同存异的态度来开展。因此采购谈判的合作原则一般包括如下几个细则：

①量的准则要求所说的话包括交谈所需要的信息，而不应包含超出的信息。

②质的准则要求不要说自知是虚假的话，不要说缺乏足够证据的话。

③关系准则要求所说的话内容要关联并切题，不要漫无边际地胡说。

④方式准则要求清楚明白，避免晦涩、歧义，要简练，井井有条。

(2) 礼貌原则

采购谈判要求参与者秉承一定的语言和行为礼仪，主要包括以下几个细则：

①得体准则是指减少表达有损于他人的观点。

②慷慨准则是指减少表达利已的观点。

③赞誉准则是指减少表达对他人的贬损。

④谦逊准则是指减少对自己的表扬。

⑤一致准则是指减少自己与别人在观点上的不一致。

⑥同情准则是指减少自己与他人在感情上的对立。

(三) 采购谈判的管理流程

一般情况下，采购管理的流程包括确定采购谈判目标、收集采购谈判信息、初步确定谈判项目、收集和分析供应商信息、议价分析、分析谈判优劣势、制订谈判方案、组织实施谈判、形成谈判协议、执行谈判协议和汇总谈判资料等几个方面，并由采购经理、采购主管、采购员等多层级员工共同参与，通过与供应商的协调沟通过程来实现。

采购管理的流程如图 7－1 所示，我们可以将采购谈判的管理过程分为三个显著的阶段：谈判前期阶段、谈判中期阶段和谈判后期阶段。

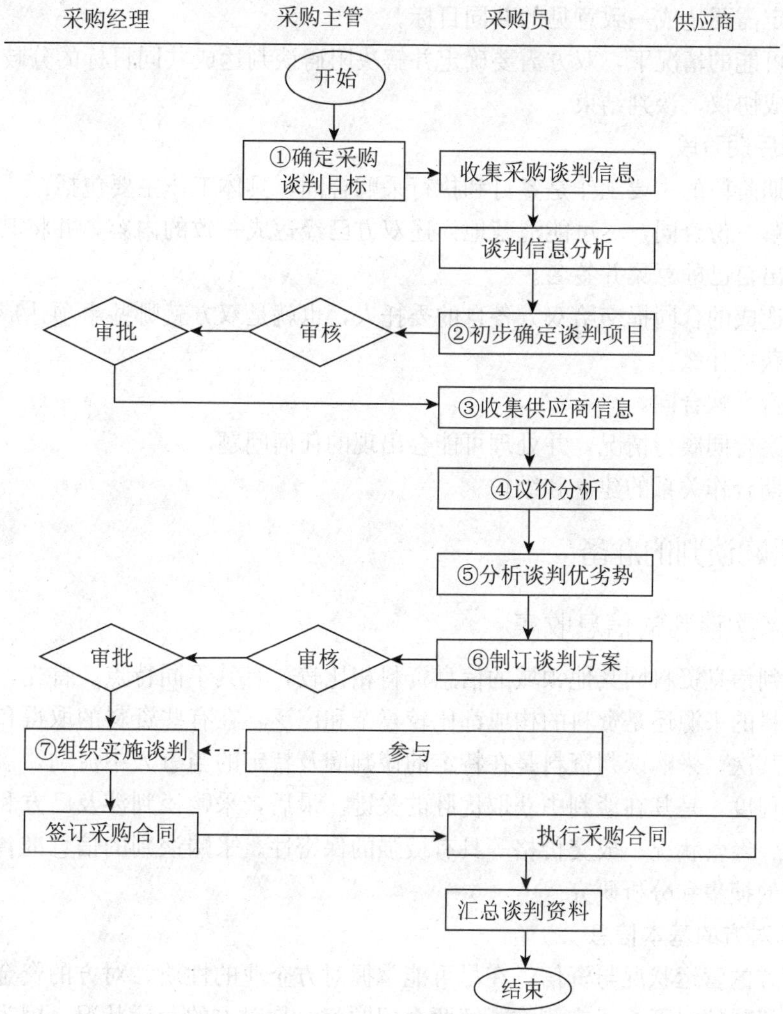

图 7－1　采购谈判的管理流程

1. 谈判前期阶段

谈判前期阶段的主要工作是制订采购谈判方案。具体工作主要包括：

（1）确立谈判的具体目标，认识自己和对方的需要。

（2）收集相关信息并进行分析，识别实际问题和特殊情况。

（3）分析各方的优势和劣势，制定采购谈判策略。

（4）向其他人员简要介绍谈判内容。

（5）制定意外情况或紧急情况的预案。

（6）谈判预演。

2. 谈判中期阶段

谈判中期阶段的主要工作是实施采购谈判方案，具体工作主要包括：

（1）商议谈判议程和程序规则。

（2）探讨谈判所涉及的范围，即双方希望在谈判中解决的事宜。

(3) 确定需要达成一致意见的共同目标。

(4) 在可能的情况下，双方需要确定并解决阻碍谈判达成共同目标的分歧。

(5) 达成协议，谈判结束。

3. 谈判后期阶段

谈判后期阶段的主要工作是签订和执行采购合同，具体工作主要包括：

(1) 起草一份合同，尽可能清楚地详述双方已经达成一致的内容，并将其呈送到谈判各方以便提出自己的意见并签名。

(2) 将达成的合同提交给双方各自的委托人，也就是双方就哪些事项达成协议，从该协议中可以获益什么。

(3) 执行采购合同。

(4) 监察合同履行情况，并处理可能会出现的任何问题。

(5) 长期合作关系的建立和维护。

二、采购谈判的准备

(一) 采购谈判的信息收集

采购谈判信息资料同其他领域的信息资料相比较，有其不同特点。首先，采购谈判资料无论是资料的来源还是资料的构成都比较复杂和广泛，在有些资料的取得和识别上具有相当难度。其次，采购谈判资料是在特定的谈判圈及特定的当事人中流动，谈判者对谈判资料的敏感程度，是其在谈判中获取优胜的关键。最后，采购谈判涉及己方和谈判对手的资金、信用、经营状况、成交价格等具有极强的保密性。采购谈判的信息准备应包括对以下各类资料的搜集和分析研究。

1. 谈判对方的基本信息

(1) 对方的营运状况与资信。在尽可能掌握对方企业的性质、对方的资金状况及注册资金等有关资料情况下，还应侧重了解两个问题：一是对方的营运状况。因为即使对方是一个注册资本很大的公司，但如果营运状况不好，就会负债累累，而公司一旦破产，己方很可能收不回全部债权。二是对方的履约信用情况。应对交易对象在资格信誉等方面进行深入细致的了解，避免客户不能履约，防止货款两空，造成严重的经济损失。

在掌握对方运营状况和资信情况下，才能确定交易的可能规模及与对方建立交易往来时间的长短，也才能做出正确的谈判决策和给予对方恰当的优惠程度。

(2) 对方的真正需求。应尽可能摸清对方本次谈判的目的，对方谈判要求达到的目标以及对我方的特殊需求，当前面临的问题或困难，对方可能接受的最低界限等方面。

摸清对方的真正需求，必须透过表面现象去辨别、发现。只有认真了解对方的需求，才能有针对性地激发其成交的动机。在采购谈判中，越是有针对性地围绕需求谈判，交易就越有可能取得成功。

(3) 对方参加谈判人员权限。应尽可能多地掌握对方谈判人员的身份、分工。如果是代理商，必须弄清代理商其代理的权限范围及对方公司的经营范围。绝大多数国家规定，如果代理人越权或未经本人授权而代本人行事，代理人的行为就对本人无约束力，除非本人事后追认，否则本人不负任何责任。同样，如果代理人订立的合同超出了公司章程中所规定的目标或经营范围，即属于越权行为。对属于越权行为的合同，除非事后经董事会研究予以追认，否则公司将不负任何责任。

在谈判中，同一个没有任何决定权的人谈判是浪费时间的，甚至会错过最佳交易时机；弄清代理商的代理权限范围和对方公司的经营范围，才能避免日后发生纠纷和损失。

（4）对方谈判的最后期限。必须设法了解对方的谈判期限。任何谈判都有一定的期限。最后期限的压力常常迫使人们不得不采取快速行动，立即做出决定。

了解对方的谈判期限，以便针对对方的期限，控制谈判的进程，并针对对方的最后期限，施加压力，促使对方接受有利于己方的交易条件。

（5）对方的谈判作风和个人情况。谈判作风指的是在反复、多次谈判中所表现出来的一贯风格。了解对手的谈判作风可以更好地采取相应的对策，以适应对方的谈判风格，尽力促使谈判成功。

另外，还要尽可能了解谈判对手的个人情况，包括品格、业务能力、经验、情绪等方面。

2. 采购商品的市场资料

市场资料是采购谈判可行性研究的重要内容。市场情况瞬息万变、构成复杂、竞争激烈。对此必须进行多角度、全方位、及时的了解和研究。

与谈判有关的市场信息资料主要有：

（1）交易商品市场需求量、供给量及发展前景。

（2）交易商品的流通渠道和习惯性销售渠道。

（3）交易商品市场分布的地理位置、运输条件、政治和经济条件等。

（4）交易商品的交易价格、优惠措施及效果等方面。

市场情况对企业的采购谈判活动产生重大影响，谈判者要密切注视市场的变化，根据市场的供求运动规律，选择有利的市场，并在谈判中注意对方的要价及采取的措施。

3. 有关交易条件的资料

交易条件资料是采购谈判准备的必要内容。交易品资料一般包括商品名称、品质、数量、包装、装运、保险、检验、价格、支付等方面的资料。

（1）商品名称的资料

①交易品在国际上的通称和在各地的别称。了解这一点可避免因名称叫法不一而导致失去交易机会或发生误会。

②品名在运费方面、关税及进出口限制的有关规定。

③世界各地消费者对商品名称的喜好与忌讳。

（2）商品品质的资料

①商品在品质表示方法上的通用做法和特殊做法。

②世界各地对交易品品质标准的最新规定。了解这点，以便在合同中能明确规定交易的商品品质以什么地方、何时颁布的何种版本中的规定为依据，以避免日后发生误解或造成不必要的损失。

（3）商品数量的资料

①世界各地在同一计量单位所表示的数量差异与习惯做法。把这些情况了解清楚，才

能在合同中明确规定，避免日后发生纠纷。

②世界各地在计量概念上的不同解释。了解这点，以避免因实际交货量和原订货量有差异而发生争议。

(4) 商品包装的资料

①国际市场上同类商品在包装的种类、性质、材料、规格、费用及运输标志等方面的规定和通用做法。

②交易品包装装潢的发展趋势。了解商品包装在所用材料、装潢设计上出现的新趋势，改进包装，适应市场，增强己方商品的竞争能力。

③世界各地对商品包装的喜好与忌讳。了解各个国家和地区的消费者对包装在式样、构图、文字、数字、线条、符号、色彩的设计上的不同心理联想与要求，改进包装以迎合其喜好，避免其忌讳，增强竞争力。

(5) 商品装运的资料

①世界各主要运输线路营运情况和有关规定。以便选择合理的运输方式和避免违反法规。

②世界各种运输方式的最新运费率、附加费用及运输支付方式。以便确定己方的报价及划清双方费用的界限。

③世界各地关于商品装运时间和交货时间的规定及有关因素。以便在不影响成交的前提下，定出切实可行的装运时间和交货时间，避免纠纷和影响信誉。

(6) 商品保险的资料

①国际上同类商务在保险的险别、投保方式、投保金额等方面的通用做法。

②世界各地对交易商品在保险方面的特殊规定及世界各主要保险公司的有关规定。

③世界各地对保险业务用语在叫法上的差异和不同的解释，以便在谈判中争取有利条件，避免损失。

(7) 商品检验的资料

①世界各国主要检验机构的权限、信誉、检验设施等情况。只有事先了解清楚检验机构的有关情况，才能在谈判中选择较有利的交易商品的检验机构。

②同类商务在检验内容、检验标准、检验方法、检验时间和地点等方面的做法和规定。以便事先掌握交易商品顺利通过检验的各种因素，防患于未然。

(8) 商品价格和支付的资料

①世界各主要市场同类商品的成交价和影响因素及价格变动情况。以便制定己方的价格策略。

②国际上对与价格术语有关问题的规定和不同解释。以避免日后发生误解和纠纷。

③世界各地商人在报价还价上的习惯和技巧，特别是交易对方在报价中的水分，以便己方有针对性地采取有效的讨价还价的技巧。

④商品交易的主要方式和信用等情况。以便谈判中确定货款支付方式及支付货币等事项，避免造成损失。

4. 竞争对手的资料

竞争对手资料是谈判双方力量对比中一个重要的“砝码”，会影响谈判天平的倾斜度。

竞争对手资料主要包括：

(1) 现有竞争对手的产品因素，如数量、品种、质量、性能、包装等方面的优缺点。

(2) 现有竞争对手的定价因素，如价格策略、让价策略、分期付款等方面。

(3) 现有竞争对手的销售渠道因素，如有关分销、储运的实力对比等方面。

(4) 现有竞争对手的信用状况，如企业的成长史、履约、企业素质等方面。

(5) 现有竞争对手的促销因素，如推销力量、广告宣传、营业推广、服务项目等方面。

了解竞争者是较困难的，但如果是卖方，至少应该知道一个销售价格高于自己，而质量比自己差的竞争对手的详细情况。作为买方则应掌握有关供货者的类似情报。

通过对以上情况的了解分析，找出主要竞争对手及其对本企业商品交易的影响，认清本企业在竞争中所处的地位，并制定相应的竞争策略，掌握谈判的主动权。

5. 相关的环境资料

在采购谈判中，不同的社会背景对具体的谈判项目的成立，对谈判进程和谈判的结果会起到相当重要的影响。因此，在谈判准备阶段必须认真搜集分析以下资料。

(1) 政治状况。政治状况关系到谈判项目是否成立和谈判协议履行的结果。因此，必须了解对方国家的政治制度和政府的政策倾向、政治体制、政策的稳定性，以及非政府机构对政策的影响程度。特别是要了解对方国家和地区的政局稳定性，判断政治风险的大小。政治风险一般来源于：政府首脑机构的更替、政治改变、社会的动荡或爆发战争、政府的经济政策突然变化、国家间关系的重大变化等。若在合同履行期内发生重大的政治风险，将使有关的企业蒙受沉重的经济损失，这是应该尽力避免的。

(2) 法律制度。这主要是为了解与商贸谈判活动有关的法规。除了要熟知我国现有的法律外，还要认真了解当事各国的法规及一些国际法规，如联合国国际货物销售合同公约、联合国国际贸易委员会仲裁规则等。

(3) 商业习惯。商业习惯不同会使商贸谈判在语言使用、礼貌和效率，以及接触报价、谈判重点等方面存在极大的差异。商业习惯在国际贸易谈判中显得更为重要，因为几乎每一个国家乃至地区的做法都有自己的特色，而且差别很大，如果不认真了解其商业习惯就会误入陷阱，或使谈判破裂。例如，法国商人往往在谈妥合同的重要条件后就会在合同上签字，签字后又常常要求修改。因此，同法国人谈成的协议必须以书面形式互相确认。

(4) 社会文化。社会文化主要包括文化教育、宗教信仰、生活方式和社会习俗等。跟外国商人谈判，特别要注意对宗教信仰和社会习俗的了解，了解这些情况，不仅可以避免不必要的冲突和误会，而且可以更快、更好地理解对方的谈判行为，促使谈判的成功。

(5) 财政金融。应随时了解各种主要货币的汇兑率及其浮动现状和变化趋势，了解国家的财税金融政策，以及银行对开证、承兑、托收等方面的有关规定等情况。

6. 信息搜集的方法和途径

(1) 检索调研法。检索调研法是根据现有的资料和数据进行调查、分类、比较、研究的信息资料准备方法。检索调研法的资料搜集的途径很广，主要有以下方面：

①统计资料。主要包括我国、对方国家及国际组织的各类统计月刊或统计年鉴，以及

各国有关地方政策的各类年鉴或月刊。

②报纸杂志，专业书籍。如我国的“国际商务研究”“国际经贸消息”“外贸调研”等杂志都刊登有与贸易谈判活动有关的资料。

③各专门机构的资料。如政府机关、金融机构、市场信息咨询中心、对外贸易机构等提供的资料。

④谈判对方公司的资料。如经对方专任会计师签字的资产负债表、经营项目、报价单、公司预算财务计划、公司出版物和报告、新闻发布稿、商品目录与商品说明书、证券交易委员会或政府机关的报告书、官员的公开谈话与公开声明等。

(2) 直接观察法。直接观察法是调查者在调查现场对被调查事物及被调查者的行为与特点进行观察测度的一种信息资料准备方法。直接观察法的形式主要有以下几种：

①参观对方生产的经营场地。如参观对方的公司、工厂等，以明了对方实情。

②安排非正式的初步洽谈。通过各种预备性的接触，创造机会，当面了解对方的态度，观察对方的意图。

③购买对方的产品进行研究。将对方的产品拆开后进行检验，分析其结构、工艺等以确定其生产成本。

④搜集对方关于设计、生产、计划、销售等方面的资料。

(3) 专题询问法。专题询问法是以某一项命题向被调查者征询意见，以搜集资料的一种信息准备方法。专题询问法的方式运用灵活，其途径主要有：

①向对方企业内部知情人了解。如对方现在或过去的雇员、对方领导部门的工作人员、对方内部受排挤人员等。

②向与对方有过贸易往来的人了解。如对方的客户、对方的供货商。

③向对方的有关人员了解。如在会议或社交场合通过与对方的重要助手或顾问的交往探取情报，通过银行账户了解对方的财政状况等。

在做好采购谈判信息准备工作的同时，还应该配置采购谈判人员或者建立采购谈判小组，本着层次分明、分工明确、团结协作的原则，明确赋予谈判人员权利和义务，设定谈判人员职责范围，为采购谈判准备好人力资源。谈判小组主要由谈判组领导、主要成员、专业成员和后援人员（如后勤人员、法律人员等）组成。

(二) 采购谈判的信息分析

采购谈判的相关信息收集完成后，可以应用多种方法对信息进行分析，为制订采购谈判策略提供依据。

1. 波特五力分析

波特五力模型是迈克尔·波特（Michael Porter）于 20 世纪 80 年代初提出的。他认为行业中存在着决定竞争规模和程度的五种力量，这五种力量综合起来影响着产业的吸引力以及现有企业的竞争战略决策。五种力量分别为同行业内现有竞争者的竞争能力、潜在竞争者进入的能力、替代品的替代能力、供应商的讨价还价能力、购买者的讨价还价能力。

该模型被用于评估整体的市场结构以及一个组织在市场中的地位。是准备采购谈判的起点，收集的信息有助于识别谈判中所使用的变量。

(1) 供应商的议价能力

供应商主要通过其提高投入要素价格与降低单位价值质量的能力，来影响行业中现有企业的盈利能力与产品竞争力。供应商力量的强弱主要取决于他们所提供给买主的是什么投入要素，当供应商所提供的投入要素其价值构成了买主产品总成本的较大比例、对买主产品生产过程非常重要或者严重影响买主产品的质量时，供应商对于买主的潜在讨价还价力量就大大增强。

(2) 购买者的议价能力

购买者主要通过其压价与要求提供较高的产品或服务质量的能力，来影响行业中现有企业的盈利能力。

(3) 新进入者的威胁

新进入者在给行业带来新生产能力、新资源的同时，将希望在已被现有企业瓜分完毕的市场中赢得一席之地，这就有可能会与现有企业发生原材料与市场份额的竞争，最终导致行业中现有企业盈利水平降低，严重的话还有可能危及这些企业的生存。新进入者威胁的严重程度取决于两方面的因素，这就是进入新领域的障碍大小与预期现有企业对于新进入者的反应情况。

(4) 替代品的威胁

两个处于同行业或不同行业中的企业，可能会由于所生产的产品是互为替代品，从而在它们之间产生相互竞争行为，这种源自替代品的竞争会以各种形式影响行业中现有企业的竞争战略。总之，替代品价格越低、质量越好、用户转换成本越低，其所能产生的竞争压力就强；而这种来自替代品生产者的竞争压力的强度，可以具体通过考察替代品销售增长率、替代品厂家生产能力与盈利扩张情况来加以描述，奇货可居。

(5) 同业竞争者的竞争程度

大部分行业中的企业，相互之间的利益都是紧密联系在一起的，作为企业整体战略一部分的各企业竞争战略，其目标都在于使得自己的企业获得相对于竞争对手的优势，所以，在实施中就必然会产生冲突与对抗现象，这些冲突与对抗就构成了现有企业之间的竞争。现有企业之间的竞争常常表现在价格、广告、产品介绍、售后服务等方面，其竞争强度与许多因素有关。

2. PEST 分析

PEST 分析是指宏观环境的分析，P 是政治（politics），E 是经济（economy），S 是社会（society），T 是技术（technology）。在分析一个企业集团所处的背景的时候，通常是通过这四个因素来进行分析企业集团所面临的状况。

(1) 政治环境主要包括政治制度与体制、政局、政府的态度等；法律环境主要包括政府制定的法律、法规。

(2) 经济环境的关键战略要素是指 GDP（国内生产总值）、利率水平、财政货币政策、通货膨胀、失业率水平、居民可支配收入水平、汇率、能源供给成本、市场机制、市场需求等。

(3) 社会环境主要是指人口环境和文化背景。人口环境主要包括人口规模、年龄结构、人口分布、种族结构以及收入分布等因素。

(4) 技术环境不仅包括发明，而且还包括与企业市场有关的新技术、新工艺、新材料的出现和发展趋势以及应用背景。

有时，亦会用到PEST分析的扩展变形形式，如SLEPT分析、STEEPLE分析，STEEPLE是以下因素英文单词的缩写，社会/人口（Social/demographic）、技术（Technological）、经济（Economic）、环境/自然（Environmental/Natural）、政治（Political）、法律（Legal）、道德（Ethical）。此外，地理因素（Geographical Factor）有时也可能会有显著影响。

3. SWOT分析

SWOT分析法就是将与研究对象密切相关的各种主要内部优势、劣势和外部的机会和威胁等，通过调查列举出来，并依照矩阵形式排列，然后用系统分析的思想，把各种因素相互匹配起来加以分析，从中得出一系列相应的结论，而结论通常带有一定的决策性。运用这种方法，可以对研究对象所处的情景进行全面、系统、准确的研究，从而根据研究结果制订相应的发展战略、计划以及对策等。

S（strengths）是优势、W（weaknesses）是劣势、O（opportunities）是机会、T（threats）是威胁。按照企业竞争战略的完整概念，战略应是一个企业“能够做的”（即组织的强项和弱项）和“可能做的”（即环境的机会和威胁）之间的有机组合。优势和劣势是组织内在的，而机会和威胁则与已识别出的问题有关，尤其与PESTLE分析所得出的结果有关。SWOT分析法一般都出4种组合的分析结果，如表7-1所示。

表7-1　　SWOT分析结果对照

	哪些是我们的强项	哪些是我们的弱项
哪些是我们的机遇	S→O战略	W→O战略
哪些是我们的威胁	S→T战略	W→T战略

从表7-2看出，不同的SWOT分析结果可以针对具体问题采取不同的策略。

S→O战略：是那些寻求利用组织机构的强项来开拓外部机遇的战略。

W→O战略：是那些寻求调整组织机构的弱项以便能开拓外部机遇的战略。

S→T战略：是那些利用组织机构的强项来减少易受外部威胁而遭攻击和损害的战略。

W→T战略：是建立防御性的计划来避免组织机构的弱项成为非常易受外部威胁的攻击的对象。

三、采购谈判的策略

(一) 整合性谈判和分配性谈判战略

采购谈判策略的制订过程中，针对两类明显不同的谈判情景，可以分别采用整合性战略和分配性战略进行分析。

1. 整合性谈判战略

整合性谈判战略一般应用于人们是通过合作来寻求协议（整合）以及解决问题的情

形，整合性成果是那些可以产生共同收益的成果（从定义上讲，他们作出决定是谈判各方认定的最佳协议）。这类谈判所产生的结果相关联（即所谓双赢），进而描述双方同等的（或平衡的）价值的结果。整合性谈判战略能够综合性地解决问题，有利于建立双方长期的合同关系，比较适用于正在进行的供应（重复的），战略上很重要（即使是规模很小的）的供应商。

2. 分配性谈判战略

分配性谈判战略则应用人们通过分配（竞争）的方法来达成协议的情形，分配性结果往往是以牺牲对方的代价来使己方获益，而不去考虑分割所有可用资源。所产生的结果也是相关联的（即所谓一赢一输），进而描述一方以牺牲另一方利益代价而获得自身的利益。分配性谈判战略强调竞争性和对抗性，比较适用于一次性的、战略上不重要的供应商。两种谈判战略的比较如表 7－2 所示。

表 7－2　整合性谈判战略和分配性谈判战略的比较

整合性谈判战略		分配性谈判战略
两种谈判战略的比较	合作性	分配性
	共同的利益和目标	对立和抗争
	机动灵活性	顽固不化
	双方问题解决	冲突和争议
	双方均达到目标，达成协议	一方“打败”另一方
	长期合作和重复供货	一次性交易并成为对手
	组织的最大化回报	采用威胁、对峙和争辩
	聚焦于共同利益	不易于接受劝说
	考虑对方的需求、利益和态度	从交易中获取最大化收益
	分享共同的收获	不考虑对方的需求、利益和态度

采购管理者根据采购管理理念和实际情况进行整合性和分配性谈判战略的选择，这也就决定了相应的采购策略的基调，然后再通过相应的辅助分析工具进行进一步分析，制订最终的采购谈判策略。

（二）辅助分析工具

1. 供应商感受分析

供应商感受分析主要基于供应商角度，从业务吸引力和价值两个维度对采购客户的特点进行分析。将供应商感觉分为 4 类，并绘制相应的矩阵，如图 7－2 所示。

（1）干扰：采购量少、价值低、不经常采购。

（2）榨取：价值高、吸引力低。

（3）开发：价值低、业务吸引力高。

（4）核心：价值高、业务吸引力高。

供应商感受分析法可以充分了解供应商的主观感受，正确评估供应商的供货和服务能力，可以节省采购成本。获得供应商感受信息的主要途径包括：通过网站信息判断供应商性质；通过供应商产品品种判断；通过资料、样品判断；通过交谈了解；直接去经营场所拜访等。

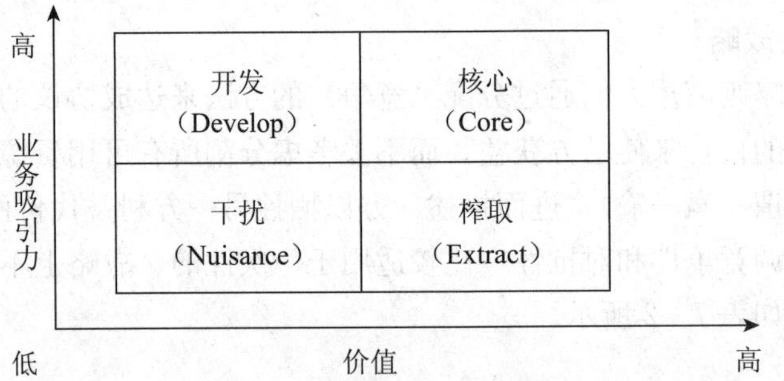

图 7－2　供应商感受分析矩阵

2. 供应商力量分析

供应商力量分析主要基于采购方角度对采购特点进行分析，从供应商力量和采购策略两个维度进行分析。供应商力量分析更有针对性地评估采购方与供应商谈判力量强弱，明确双方的优势（strengthens）或劣势（weakness）。

例如，属于买方力量占优势的状况：采购数量占供应商的产能的比率越大；供应商产能的增长能配合买方需求的增长；供应厂商产能利用率未达瓶颈（90%以上）；卖方市场竞争激烈，而买方并无指定的供应来源。

因此，供应商力量分析一般将采购策略分为压榨、平衡和多角化 3 种类型，并绘制相应的矩阵，如图 7－3 所示。

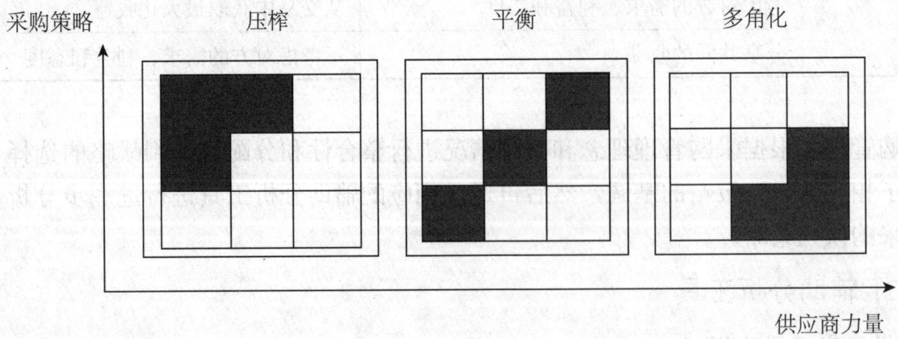

图 7－3　供应商力量分析矩阵

基于采购方与供应商的谈判影响力的对比，就可以找出各自的机会或弱点，同时在供应商力量分析矩阵的基础上，从数量、价格、合约范围等方面给出了行动指南，针对供应商制订采购方相应的采购策略，如表 7－3 所示。此策略将成为采购人员的行动方针。

表 7-3　　供应商力量分析法提出的采购策略

行动项目	压榨策略	平衡策略	多角化策略
数量	分散	保持原状或谨慎变化	集中
价格	施以减价压力	伺机协商	保持低价格
合约范围	采购现货	平衡合约及现货采购	通过合约确保供应
新供应商	保持联络	择优采购	积极寻求
存货	维持低库存水平	保持一定存货作为缓冲	保持安全库存
自产	减少或避免	视状况而定是否自产	提高自产能力
替代品	保持接触	把握机会	积极寻求
附加价值开发	迫使供应商负责	因地制宜	积极自主开发
供应	尽量降低成本	选择性降低成本	确保足够货源

四、采购谈判的技巧

（一）创造有利条件

1. 明确谈判目标

在正式开始谈判前，一定要充分厘清自己需要的商品和服务，并把它们整理记录下来。对于谈判中许多常见的问题，如价格、数量、质量、交货期、折扣和售后服务等，也要先列出自己的谈判目标，并考虑对方和竞争对手可能关心的内容，按优先级列举出来，加以思考和讨论以制定对策。

2. 控制谈判时间

采购谈判时如果时间安排得很仓促，准备不充分，匆忙上阵难免心浮气躁，很难冷静地在谈判中实施各种策略；而相反如果时间安排得很拖沓，不仅会耗费大量的时间和精力，而且随着时间的推迟，各种环境因素都会发生变化，还可能会错过一些宝贵的机会。

3. 选择谈判地点

谈判地点的选择往往涉及谈判的环境心理因素问题，有利的谈判场所能增加自己的谈判力量，往往表现出很高的效率。在自己熟悉的地方与对方谈判，各方面都会感到比较习惯，在生活起居、饮食、睡眠等方面都不容易受到影响，处理各种谈判事务都比较主动，谈判底气也会相对比较足。

补充阅读

主场优势

日本的钢铁和煤炭资源短缺，而澳大利亚盛产铁和煤，日本渴望购买到澳大利亚的煤和铁，而在国际市场上，澳大利亚一方却不愁找不到买主。按理来说，日本人的谈判地位低于澳大利亚，处于不利地位，而澳大利亚一方在谈判桌上占据主动地位。

为了取得谈判的优势，日本商人总想方设法把对方的谈判代表请到日本去谈生意。一旦澳大利亚人到了日本，日本方面和澳大利亚方面在谈判桌上的相互地位就发生了微妙的变化，往往容易得到更优惠的价格。

（二）运用沟通技巧

沟通通常被定义为借助一定手段把可以理解的信息、思想和情感在两个或两个以上的个人或群体中传递或交换的过程。采购谈判中强调沟通的重要性，这种沟通应该是有效沟通，有效沟通包括沟通速度、沟通范围和沟通目的等多方面的内容，既通过沟通的过程，使信息真实迅速地得到交流，并使彼此需要此信息的个体达成共识，完成沟通所要求达到的目的。为了实现有效沟通，采购谈判中需要掌握一定的沟通技巧。

1. 表达技巧

商务谈判者可以采取多种语言表达技巧来陈述自己的观点、推销自己的意见。常见的表达方法一般包括：

（1）直叙法

开宗明义，谈判者直截了当地表达自己的意图，不拐弯抹角，不掩饰推诿、不追求陈述的遣词造句。谈判者在直接叙述时，应该言简意赅，力求使对方听得清楚、弄得明白。

（2）类比法

谈判者以类似或具有可比性的事物作为比较对象，说明己方的意图和条件。谈判者在采用类比法时，要考虑听者的理解能力，要对方能够理解的事物做参照，立足于直观易懂。

（3）诡辩法

谈判者利用似是而非的道理，采取以偏概全、偷换概念等手段达成自己的谈判目标。

（4）提问法

提问法是了解对方的想法和意图、掌握更多信息的重要手段和重要途径。在对方发言的时候一般不要急于提问，因为打断别人的发言是不礼貌的，容易引起对方的反感。可以先认真聆听，发现对方的问题，应该记录下来，待对方发言完毕后再发问。

2. 倾听技巧

倾听是谈判者进行交流的十分重要的基础和前提。商务谈判的目的决定了谈判者必须了解、重视、关心、引导对方的需要，而了解对方的有效手段之一就是通过倾听获取信息。

（1）专注

无论谈判者角色在行为上的要求如何，他的内心必须保持清醒和精神集中。

（2）注意对方的说话方式

对方的措辞、表达方式、语气、声调，都能为你提供线索，去发现对方一言一语背后隐藏的需要。一个合格的谈判者应该是观察人的行家。

（3）观察对方的表情变化

察言观色，是判断说话者态度以及意图的有用辅助方法，但不可把其当作唯一可靠的方法。

（4）证实并记录

对于听到的陈述，特别是关键问题，即使听懂了，也要通过恰当的方式进一步证实，切不可自以为是。

（5）避免以貌取人

不以一个人的外表或者说话方式来判断其是否能说出值得你听的话。

（6）多判断、慎表态

在未弄清对方全部的、真实的意图之前，不可贸然向说话者提出刁难性的问题或进行反驳。

（7）鼓励

通过某些恰当的鼓励方式促使说话者阐明真意。对于不能马上回答的问题，应努力弄清意图。

（8）学会忍耐

对于难以理解的话，不能避而不听，尤其是对方说出你不愿意听，甚至触怒你的话时，只要对方表达还有信息价值，都应听下去。

（9）善用质疑

质疑不仅是一种姿态，更是促使对方进一步透露信息的有效工具。提出一些有关对方提议的问题。

（三）注重谈判礼仪

谈判礼仪是指人们在长时间谈判实践活动中形成的一些约定俗成的礼仪规范。一般认为，谈判礼仪主要集中表现在衣着、举止和礼节等方面。

1. 衣着礼仪

雅致、端庄的服饰也表示对他人的尊敬，邋遢不洁的着装则是一种不礼貌的行为。服饰不光体现的是个人的形象，也代表着企业的总体的形象。在商务谈判中，服饰的颜色、样式及搭配等的适当与否，对谈判人员的精神面貌、给对方留下的印象和感觉、对方的认可与评价都会产生一定的影响。

男士在商务谈判活动中宜穿合乎时宜的职业装，领带要美观、大方、挺括，具有厚重感，一般与西服颜色相近，配备讲究的黑色皮鞋，袜子的颜色也必须与皮鞋相匹配。女性宜着西装套裙，要合体典雅，体现服饰美，鞋子则应穿黑高跟鞋或半高跟皮鞋，可以佩戴得体的首饰并适度地化妆。

2. 行为礼仪

（1）站姿

男士为两脚跟相靠，脚尖开度 45 度到 60 度，呈“V”字形，女士一般为丁字步；要两腿直立，双膝并拢；收腹提臀，髋部上提；立腰挺胸，挺直脊背；双肩平齐，放松下沉，双肩自然下垂；虎口向前，手指自然弯曲；头正、颈直、下颌微收，双目平视前方。

（2）坐姿

包括入座起坐，头正、颈直、下颌微收，双目平视前方或注视对方，身体正直，挺胸收腹，腰背挺直，双脚并拢，小腿与地面垂直，双膝和双脚脚跟并拢，双肩放松下沉，双肩自然弯曲内收，双手呈握指式，右手在上，手指自然弯曲，放于腹前双腿上。

(3) 走姿

总体要做到轻巧、自如、稳健、大方有节奏感。具体要做到头正、颈直、下颔微收，双目平视，挺胸收腹，直腰，直背，提臀，上体微向前倾；肩平下沉，手臂放松伸直，手指自然弯曲；行走时脚不宜抬得过高，也不宜太低，步速均匀稳定。

(4) 谈话

交谈得体，被邀请者应该主动与其他人交谈，特别注意同主人的交谈，不要光顾着和自己熟识的人交谈。交谈的话题要轻松、高雅、有趣，不要涉及对方敏感、不快的问题。

3. 其他礼节

如相互介绍、握手、交换名片和赠送礼品等交往礼节。

案例分析

日航缘何贱买麦道机

日本航空公司决定从美国麦道公司引进10架新型麦道客机，日航代表飞抵美国稍事休息，双方就约定次日在麦道会议室开谈。第二天，3位日本代表略显疲劳且行动迟缓地走进会议室，谈判开始，日航代表仿佛还在缓解时差的不适，狡猾而又注重实效的麦道方主谈，把日方的疲惫视为可乘之机，在开门见山地重申双方购销意向之后，迅速转入谈判主题。

从早上9点到中午11点30分，3架放映机相继打开，字幕、图表、数据、电脑图案、辅助资料和航行画面应有尽有。孰料日航3位谈判代表自始至终默默地坐着，一语不发。

麦道的领队大惑不解地问："你们难道不明白？你们不明白什么？"

日航的领队笑了笑，回答："这一切。"

麦道主谈急切地追问："这一切是什么意思？请具体说明你们从什么时候开始不明白的？"

日航助谈歉意地说："对不起，从拉上窗帘的那一刻开始。"日方主谈随之咧咧嘴，用连连点头来赞同同伴的说法。

麦道领队泄气地倚在门边，松了松领带后气馁地呻吟道："你们希望我们再做些什么呢？"

日航领队歉意地笑笑说："你们可以重放一次吗？"

麦道公司谈判代表重复那两个小时的介绍时，已经失去了最初的热忱和信心。

谈判进入交锋阶段，老谋深算的日航代表显得很难甚至无法明了麦道方在说些什么，让麦道公司的代表十分恼火，只想尽快结束这场谈判，于是直截了当地把球踢向对方："我们飞机性能是最佳的，报价也是合情合理的，你们有什么异议吗？"

此时，日航主谈似乎由于紧张，忽然出现了语言障碍。他结结巴巴地说："第……第……第"

"请慢点说。"麦道主谈虽然嘴上是这么劝着，心中却觉得又恨又痒。"第……第……第"

"是第一点吗？"麦道主谈忍不住问。日航主谈点了点头。

"价……价……价"

"是价格吗？"麦道主谈问。日航主谈又点了点头。

“好，这点可以商量。第二点是什么？”麦道主谈焦急地问。

“性……性……性”

“你是说性能吗？只要日航方面提出书面改进要求，我们一定满足。麦道主谈脱口而出。”

麦道轻率地许诺让步，日航就想得寸进尺地捞好处。这是一笔价值数亿美元的大宗贸易，还价应按国际惯例取适当幅度，日航主谈却故意装作全然不知，一开口就要求削价20%。麦道主谈听了不禁大吃一惊，心想既然许诺让价，为表示诚意就爽快地让价，于是便说：“我们可以削价5%。”

双方差距甚大，都竭力为自己的报价陈说大堆理由，第一轮谈判在激烈的交锋中结束。经过短暂的沉默，日方第二次报价：削减18%，麦道还价是6%。

第三次谈判，日航一下子降了6%，要求削价12%；麦道公司增加1%，只同意削价7%，谈判又形成僵局。沉默，长时间的沉默。麦道公司的主谈终止交易，开始收拾文件。

恰在这时，口吃了几天的日航主谈突然消除了语言障碍，十分流利地说道：“你们对新型飞机的介绍和推销使我们难以抵抗，如果同意降价8%，我们现在就起草购买11架飞机的合同。”（这增加的那架飞机几乎是靠削价得来的）说完他笑吟吟地起身，把手伸给麦道公司的主谈。

“同意！”麦道公司的代表们也笑了，起身和3位日本绅士握手：“祝贺你们，用最低的价钱买到了世界最先进的飞机。”的确，日航代表把麦道飞机压到了前所未有的低价位。

思考题：日航公司代表在与麦道公司的飞机采购谈判中采用了哪些谈判策略？对你有何启示？

第二节　采购合同管理

一、采购合同概述

（一）合同的概念和特征

1. 合同的概念

合同是当事人之间确立、变更、终止民事关系的协议。按照《中华人民共和国合同法》的规定，合同是平等主体的自然人、法人和其他组织之间设立、变更、终止民事权利义务关系的意思一致的协议。

广义的合同是指任何确立当事人权利义务的协议；狭义的合同仅指民事上的合同，是指确立、变更和终止民事法律关系的协议。

2. 合同的特征

（1）合同是平等主体的自然人、法人和其他组织所实施的协议。

（2）合同是两个或两个以上当事人意思表示一致的民事法律行为，一个当事人不可能形成合同。

（3）合同是以设立、变更、终止民事权利义务关系为目的的民事法律行为。

3. 合同的订立

合同订立又称为缔约，是当事人为了建立合同关系，通过交互进行的意思表示以达成意思表示一致而形成合意的状态和过程。合同的订立描述的是缔约各方自接触、洽商直至达成合意的过程，是动态行为和静态协议的统一体。

合同成立是一种状态，主要标志就是订约方对合同的主要条款达成一致。合同成立的要件有：第一，必须存在双方或多方合同当事人；第二，必须对合同主要条款达成意思一致；第三，合同成立必须要经过要约和承诺这两个阶段。要约和承诺是合同成立必须经过的两个阶段。只有要约而没有承诺，合同关系是不存在的。合同的成立经过要约和承诺两个阶段，意味着当事人具有明确的订立合同的目的。

（二）采购合同的特征、内容和类型

采购合同是采购方与供应方，经过双方谈判协商一致同意而签订的“供需关系”的法律性文件，合同双方都应遵守和履行，并且是双方联系的共同语言基础。签订合同的双方都有各自的经济目的，采购合同是经济合同，双方受法律保护同时也承担法律责任。

采购合同管理是采购谈判所达成协议的法律实现阶段，也是采购管理各方都会十分重视采购合同的管理工作。采购合同管理直接关系到采购工作的顺利进行，关系到各自的利益是否能够得到有效保护。

1. 采购合同的特征

（1）采购合同的普遍性

采购合同普遍约束性指参与项目各方均应在采购合同签订和履行过程中自觉、认真、严格地遵守采购合同的各项规定和要求，享有各自的权利，履行各自的义务，发扬协作精神，处理好采购合作关系，做好各项管理工作，使采购合同各个条款得到完整的实现。

（2）采购合同的过程性

虽然签订采购合同是有关双方短暂的一个行为，但采购合同管理工作却引申到采购合同签订之前和之后。即要做好采购合同签订前的各项准备工作至关重要，这些准备工作包括采购合同文件草案的准备、各项招标工作的准备、做好评标工作等，又要监督跟踪采购合同签订后的履行工作，保证合法权益得到保护。因此采购合同管理实际上是一个跨度较大、时间较长的管理过程。

（3）采购合同的复杂性

采购合同中既体现出商务上的要求，也体现出技术上的要求，有严谨明确的合同条款和履行程序，既要明确采购合同双方的义务和权利，还要遵守国家相关的法律法规。因此，采购合同管理的具体内容十分丰富，具有一定的复杂性。

2. 采购合同的内容

采购合同中，平等主体的当事人协商签订的由一方转移标的物的所有权于他方，他方受领该标的物并支付相应价款的合同。换句话说，采购合同是出卖人转移标的物的所有权给买受人，买受人支付价款的合同。

因此，一份完整的采购合同一般包括以下条款：

（1）当事人的名称和住所。

（2）标的。

（3）质量和数量。

（4）履行期限、地点和方式。

（5）价款和付款方式。

（6）违约责任。

（7）争议解决条款。

3. 采购合同的类型

目前在采购活动中，主要有以下几种典型的采购合同类型：

（1）一般采购合同

供应方提供符合相关质量标准的商品或服务，采购方支付款项。

（2）质量担保采购合同

质量问题构成了采购方和供应商的谈判矛盾。供应商知道自己的质量水平，拥有信息优势，而采购方却处于信息劣势。为保证采购方和供应商自身的利益不受侵犯，并保证供应链绩效最优，采购合同谈判双方必须运用合作激励机制（一定程度信息共享），设计采购合同决策以及采购合同惩罚（供应商提供不合格产品的惩罚）。

（3）备货采购合同

采购方和供应商通过谈判约定备货采购合同：为采购方提供一定的采购柔性，采购方承诺在销售旺季采购一定数量的产品。供应商按其承诺数量的一定比例为采购方保留存货。采购方可以按原始的采购成本采购供应商保留的货物，但要为没有采购的部分支付罚金。

（4）数量折扣采购合同

按照数量折扣采购合同，供应商承诺在一定时期给予采购方购买的总价值一定的价格折扣，这种折扣主要根据采购方的采购数量按一定比例进行调整。

（5）最低购买数量采购合同

在最低购买数量采购合同下，采购方在初期做出承诺，将在一段时期内至少向供应商购买一定数量的产品。通常供应商根据这个数量给予一定的价格折扣，购买产品的单位价格将随着数量的增加而降低。

（6）数量柔性采购合同

在这种采购合同下，规定每期订货计划的最大波动比率，供应商有义务满足采购合同规定最高上限的供应量，同时采购合同规定采购方最小购买数量。采购合同中规定的最高上限有助于遏制采购方高估需求导致供应链供应过多。

（7）时间柔性采购合同

传统的供应采购合同不仅指定了购买数量，而且确定了具体的购买时间。在时间柔性采购合同中，买卖双方合作更趋灵活，采购合同规定了采购方一定时期的采购数量，但没有规定具体的采购时间。

（8）退货采购合同和削价采购合同

退货采购合同经常应用于时令商品。采购合同规定，在一定期间内，采购方可以按照一定的价格把积压的产品退还给供应商。削价采购合同是更新类型的采购合同，它以一定价格削减激励，让采购方继续保留那些过时产品，其主要目的是避免采购方把过时产品退还给供应商。

（9）定量采购合同

这种采购合同经常用于供应商生产能力、采购方需求等方面不确定的供应链中。采购合同规定采购方在指定的若干时期内，每期向供应商购买固定数量的产品。

知识链接

不是法人签订的采购合同是否有效

《中华人民共和国合同法》第32条规定，当事人采用合同书形式订立合同的，自双方当事人签字或者盖章时合同成立。签字盖章是合同当事人达成合意的基本表现形式，也是确定合同生效的实质性标准。在经济来往中，签字盖章是法律规定的基本要求，但合同书谁可以签字、如何签字、签字时需注意哪些事项都没有具体规定。

一般情况下，合同必须由双方法定代表人，或其授权的委托代理人签字生效。其他人代表单位签订的合同无效。但单位法定代表人事后追认合同效力的，或合同已经开始履行的，视为有效。

二、采购合同的履行

1. 合同履行的定义

合同的履行是指合同的双方当事人按照合同约定，正确、适当、全面地完成合同中规定的各项义务的行为。合同当事人在履行合同时要注意以下几点：

（1）履行主体

合同的履行主体不仅包括债务人，也包括债权人。

（2）合同履行标的

合同的标的是合同债务人必须实施的特定行为，是合同的核心内容，是合同当事人订立合同的目的所在。

（3）履行期限

合同履行期限是指债务人履行合同义务和债权人接受履行行为的时间。

如果履行期限不明确的，双方当事人可以补充协议；协议不成的，按照合同的条款和交易习惯来确定；如果仍然无法确定的，债务人可以随时履行，债权人也可以随时要求履行，但应当给对方必要的准备时间。

（4）履行地点

履行地点是债务人履行债务、债权人受领给付的地点，履行地点直接关系到履行费用和时间。

（5）履行方式

合同的履行，一般包括对标的的履行或对价款或酬金的履行。

（6）履行费用

履行费用是指债务人履行合同所支出的费用。

2. 合同履行的原则

合同履行的原则主要是指适当履行原则、协作履行原则、经济合理原则和情势变更原则。

（1）适当履行原则

适当履行原则，又称正确履行原则或全面履行原则，是指当事人按照合同规定的标的及其质量、数量，由适当的主体在适当的履行期限、履行地点以适当的方式，全面完成合同义务的履行原则。《中华人民共和国合同法》（以下简称为《合同法》）第60条第1款规定："当事人应当按照约定全面履行自己的义务。"

全面履行原则和实际履行原则既有联系又有区别。实际履行原则强调债务人按照合同约定交付标的物或者提供服务，至于交付标的物或提供的服务是否适当，则无力顾及。因此，适当履行必然是实际履行，而实际履行未必是适当履行。

（2）协作履行原则

协作履行原则，是指当事人不仅适当履行自己的合同义务，而且应基于诚实信用原则要求对方当事人协助其履行债务的履行原则。它一般包括以下内容：

①债务人履行合同债务，债权人应适当受领给付。

②债务人履行债务，时常要求债权人创造必要的条件，提供方便。

③因故不能履行或不能完全履行时，应积极采取措施避免或减少损失，否则还要就扩大的损失自负其责。

④发生合同纠纷时，应各自主动承担责任，不得推诿。

《合同法》第60条第2款规定："当事人应当遵循诚实信用原则，根据合同的性质、目的和交易习惯履行通知、协助、保密等义务。"

（3）经济合理原则

经济合理原则要求在履行合同时，讲求经济效益，付出最小的成本，取得最佳的合同利益。如：债务人选择最经济合理的运输方式，选择合理期限履行合同，选择设备体现经济合理原则，变更合同、对违约进行补救体现经济合理原则。

（4）情势变更原则

情势变更原则，是指合同依法成立后，因不可归责于双方当事人的原因发生了不可预见的情势变更，致使合同的基础丧失或动摇，若继续维护合同原有效力则显失公平，允许变更或解除合同的原则。

情势变更原则有其存在的合理性和生命力，我国最高人民法院的司法解释已经承认了该原则，在我国《合同法》草案征求意见稿中也有规定，但该法在最后通过时删除了情势变更原则。

情势变更原则的适用条件：

①须有情势变更原则的事实。

②情势变更须发生在合同成立以后，履行完毕以前。

③情势变更的发生不可归责于双方当事人。

④情势变更是当事人不可预见的。

⑤情势变更使履行原合同显失公平。

情势变更原则的效力体现在以下两个方面：

①变更合同，使合同履行公平合理。

②解除合同。

3. 合同履行中的抗辩权

抗辩权则是指专门对抗请求权的权利，亦即权利人行使其请求权时，义务人享有的拒绝其请求的权利。民法上的抗辩权很多，诸如同时履行抗辩权、后履行抗辩权、不安抗辩权、先诉抗辩权、时效消灭抗辩权等，这些抗辩权除了具有民事权利的一般特点之外，还具有自己的特征。

（1）抗辩权的特征

①抗辩权的客体是请求权，而且该项请求权只能是具有财产内容的抗辩权。

②抗辩权是一种防御性而非攻击性的权利，只有一方当事人行使请求权，另一方当事人才可能对此进行抗辩，否则“对抗”就无从谈起。

③抗辩权的有效行使权是对请求权效力的一种阻却，它并没有否认相对人的请求权，也没有变更或消灭相对人的权利。

（2）抗辩权的类型

①抗辩权按其是否从属于主债权而存在，可以分为独立抗辩权和从属抗辩权。

②抗辩权按其行使效力的强弱不同，可以分为永久抗辩权和一时抗辩权。

③抗辩权按其是依法律规定或当事人的约定而生，可以分为法定抗辩权和约定抗辩权。

（3）同时履行抗辩权的法定条件

①在同一双务合同中互负对待给付义务。

②互负的义务已到了清偿期。因为同时履行抗辩权是在同时履行时的抗辩权，是一种对方在不为给付时也同时拒绝给付的违约救济权，所以对方的对待给付义务没有到履行期，也就不存在同时履行抗辩权。

③须对方未为对待履行义务。只有在对方未同时履行义务时，才享有同时履行抗辩权，拒绝自己的履行。这种拒绝是相互的，自己可以拒绝向对方履行，对方也可以拒绝向自己履行，最终的平衡通过同时履行而实现，或者以都不履行而告终。

（4）后履行抗辩权的法定条件

①必须是双务合同。

②合同债务的履行存在先后。履行先后可根据当事人约定、法律规定或交易习惯确定。

③先履行义务一方不履行债务或履行债务不符合约定。

（5）不安抗辩权行使条件

①通知义务。当事人因行使不抗辩权而中止履行时，应当及时通知对方。这是对对方权利的必要保护，双方及时了解情况后，可以提出异议，或采取补救措施，等等。如果不尽及时通知义务，行使不安抗辩权的一方应当承担相应的违约责任。

②对方提供担保时应及时恢复履行。法律赋予不安抗辩权的目的是保护先为履行义务一方的债权，如因相对方提出担保措施而使债权得到了保障，不安抗辩权的适用条件就不存在，此时应当恢复已中止的债务履行。这种法定附随义务也是对不安抗辩权的一种限制。

三、采购合同的违约责任

1. 合同违约的概念

违约行为，是指当事人一方不履行合同义务或者履行合同义务不符合约定条件的行为。这一定义表明：

（1）违约行为的主体是合同当事人。合同具有相对性，违反合同的行为只能是合同当事人的行为。如果由于第三人的行为导致当事人一方违反合同，对于合同对方来说只能是违反合同的当事人实施了违约行为，第三人的行为不构成违约。

（2）违约行为是一种客观的违反合同的行为。违约行为的认定以当事人的行为是否在客观上与约定的行为或者合同义务相符合为标准，而不管行为人的主观状态如何。

（3）违约行为侵害的客体是合同对方的债权。因违约行为的发生，使债权人的债权无法实现，从而侵害了债权。

根据不同标准，可将违约行为做以下分类：

（1）单方违约与双方违约。双方违约，是指双方当事人分别违反了自己的合同义务。《合同法》第120条规定：当事人双方都违反合同的，应当各自承担相应的责任。可见，在双方违约情况下，双方的违约责任不能相互抵消。

（2）根本违约与非根本违约。以违约行为是否导致另一方订约目的不能实现为标准，违约行为可作此分类。其主要区别在于，根本违约可构成合同法定解除的理由。

（3）不履行、不完全履行与迟延履行。

（4）实际违约与预期违约。

知识链接

不一样的火鸡

英国A公司从中国B公司进口一批冻火鸡供应圣诞节市场。合同规定中国B公司应当在12月5日以前装船。但是中国B公司违反合同，推迟至12月25日才装船，到达英国时已经错过圣诞节2天时间，因此A公司拒收货物，并主张撤销合同。

另外，同样是A公司从中国C公司进口一批普通冻肉鸡，合同规定卖方应在9月底以前装船。但是卖方推迟到10月才装船。货到英国后超过合同约定的供货期5天，A公司同样拒绝收货并主张撤销合同，双方发生争议。事后查明，英国肉鸡市场价格在9月、10月、11月保持平稳，无大变化。

同样是未按时交货构成违约，但是由于火鸡在圣诞节用途的特殊性，B公司构成根本违约，而C公司则是非根本违约，双方承担的违约责任也是不同的。

2. 合同违约的构成要件

违约责任的构成要件是指违约当事人应具备何种条件才应承担违约责任。违约责任的构成要件可分为一般构成要件和特殊构成要件。所谓一般构成要件，是指违约当事人承担任何违约责任形式都必须具备的要件。所谓特殊构成要件，是指各种具体的违约责任形式所要求的责任构成要件。例如，赔偿损失责任构成要件包括损害事实、违约行为、违约行为与损害事实之间的因果关系、过错；违约金责任的构成要件是过错和损害行为。各种不同的责任形式的责任构成要件是各不相同的。

（1）要有不履行或者不完全履行合同义务的行为。违约责任只有在存在违约事实的情况下才有可能产生，当事人不履行或者不完全履行合同义务，是违约责任的客观要件。违约行为包括以下几种情况：

①拒绝履行。合同当事人拒绝履行合同又称毁约，是指当事人不履行合同规定的全部义务的情况。

②不完全履行，又称部分履行，是指当事人只履行合同规定义务的一部分，对其余部分不予履行。

③迟延履行，又称逾期履行，是指当事人超过合同规定的期限履行义务的。在合同未定期限的情况下，债权人要求履行后，债务人未在合理期限内履行，也构成迟延履行。

④质量瑕疵，是指履行的合同标的达不到合同的质量要求。对质量瑕疵，权利人应在法定期限内提出异议，否则，后果自行承担。

⑤不正确履行，是指合同义务人未按合同规定的履行方式履行义务。

(2) 当事人的违约行为造成了损害事实。损害事实是指当事人违约给对方造成了财产上的损害和其他不利的后果。从权利角度考虑，只要有违约行为，合同债权人的权利就无法实现或不能全部实现，其损失即已发生。在违约人支付违约金的情况下，不必考虑对方当事人是否真的受到损害及损害的大小；而在需要支付赔偿金的情况下，则必须考虑当事人所受到的实际损害。

(3) 违约行为和损害结果之间存在着因果关系。违约当事人承担的赔偿责任，只限于因其违约而给对方造成的损失。对合同对方当事人的其他损失，违约人自然没有赔偿的义务。违约行为造成的损害包括直接损害和间接损害，对这两种损害违约人都应赔偿。

3. 采购违约分类

采购违约按不同的标准有不同的分类：采购违约的形式主要有供应商拒绝交货、不适当交货以及拒绝或迟交单证及资料。交货义务是供应商的主给付义务，供应商不履行交货义务，将使企业的采购合同目的落空或受挫。因供应商不履行交货义务或不适当履行交货义务而引起的违约，是采购中的主要违约形式之一。

供应商违反交货义务的表现主要包括：拒绝交货，交货时间、地点、方式、数量、质量、包装有瑕疵，拒绝交付提货单证以外的有关单证和资料，交付提货单证以外的有关单证和资料的时间、地点、方式、有瑕疵等。

交货是指供应商将货物交由企业实际占有，或将对货物的占有权移转于企业。供应商为交货的目的而合理地放弃对货物的占有，将货物交由承运人、仓储保管人等第三人占有的，也属交货。

交货可分为现实交货和拟制交货两类：

(1) 现实交货。现实交货也称实际交货。是指供应商将货物交由企业实际占有，或为向企业交货的目的而合理地放弃对货物的占有，将货物交由承运人、仓储保管人等第三人占有。

供应商为向企业交货的目的而将货物交由第三人占有的，应当有合同、习惯或法律上的依据，或得到企业的要求或同意时，才具有合理性，才构成现实交货，并在企业不知情且没有理由知情时，应依诚实信用原则履行适当通知义务。

(2) 拟制交货。指供应商将对货物的占有权转移于企业，但并不在合同生效后实际交货。由于拟制交货情况下，供应商移转对货物的占有权即具有交货的效力，而供应商并不实际交货，故拟制交货应当有合同依据或法律依据。拟制交货又可分为简易交货、指示交货和占有改定三种。

①简易交货。指在合同成立前，货物已经由企业实际占有，供应商不可能于合同生效后再向企业实际交货，因而法律推定供应商在合同生效时即已完成交货。

②指示交货。也可称为象征性交货，是指在货物已由第三人实际占有时，供应商将提取货物的单证等占有权凭证，甚至所有权凭证交付给企业以转移占有权，或将对于第三人的返还物的请求权让与企业以替代实际交货。

③占有改定。也可称为供应商保有占有权的货物买卖，是指企业同意供应商在货物出售后的一定时间内继续占有、使用货物，仅需将货物所有权移转于买卖人，因而推定出供应商在将所有权移转于企业时完成交付。

供应商拒绝交货的表现形式如下：

（1）供应商在交货期限届满以后的一段合理时间内仍未交货，以致构成重大违约，或企业依约取得解除权的，属拒绝交货。

供应商在交货期限内未交货，在交货期限届满后仍未交货的，不一定属于拒绝交货，而可能属于迟延交货。区别拒绝交货和迟延交货的关键，是看供应商不交货的后果是否构成重大违约，或企业是否依约取得解除权。若答案是肯定的，则属拒绝交货，否则属迟延交货。

（2）供应商在交货期限届满之前或之后，明确表示它将不交货，或其状况、行为已显著表明它将不交货的，属拒绝交货。

但是供应商在交货期限届满之前预期拒绝交货时，如果企业尚未因此采取实质性行动或尚未实际性地改变交易安排，则供应商可采取适当的交货方式除去其预期拒绝交货的违约事实。然而，企业因供应商预期拒绝交货而未履行相应义务的，不构成违约。

供应商在交货期限届满后明确表示他将不交货，或其状况、行为已显著表明他不交货的，如果企业尚未就供应商明示或默示拒绝交货采取实质性行动，或实质性地改变交易安排，则供应商可以以适当的交货方式除去其拒绝交货的违约责任，但仍应承担迟延交货的违约责任。企业因供应商明示或默示拒绝交货而未履行相应义务的，不构成违约。

不论供应商在何时明确表示他将不交货，如果企业已因此通知供应商解除合同的，则供应商不得再以交货的方式除去其拒绝交货的违约事实。

（3）供应商在交货期限内未交货，经企业催告要求在合理宽限期内交货的，如果供应商在该合理宽限期内仍未交货，或明确表示他将不在该合理限期内交货，则属于拒绝交货。

（4）供应商在交货期限届满以后的一段合理时间内虽然向企业交货，但所交货物或所交提单证上记载的货物根本不是或实质上有别于合同项下货物，且拒不交付替代物或替代单证的，属于拒绝交货。

应当注意的是，拒绝交货应当与自始不能交货及利用合同诈骗相区别。供应商自始不能交货，却仍与企业订立合同的，应按侵权行为予以处理；构成合同诈骗罪的，则应通过刑事诉讼程序处理。

（5）不适当交货识别。

①供应商未按照约定的期限交付货物或交付提取货物的单证。约定交付期间的，供应商应在该交付期间内的任何时间交付。合同未约定交付期限或者约定不明确的，按协议补充的期限交付。不能达成补充协议的，按合同有关条款或交易习惯所能确定的期限交付。交付期限不能由合同条款或交易习惯确定的，供应商可以随时交付，企业也可以随时要求交付，但应当约对方必要的准备时间（所谓必要的准备时间，应自供应商将收取货物的通知送达买受人时起计算，或自企业将催告交付的通知送达供应商时起计算，其长短应视具体情况而定）。

②供应商未按照约定的地点交付货物或交付提取货物的单证，或者交付地点未明确说明。

4. 违约责任

违约责任即承担违约责任的具体方式。对此，《中华人民共和国民法通则》第 111 条和《合同法》第 107 条做了明文规定。《合同法》第 107 条规定：当事人一方不履行合同义务或者履行合同义务不符合约定的，应当承担继续履行、采取补救措施或者赔偿损失等违约责任。据此，违约责任有三种基本形式，即继续履行、采取补救措施和赔偿损失。当然，除此之外，违约责任还有其他形式，如违约金和定金责任。

（1）继续履行。

①继续履行的概念。继续履行也称强制实际履行，是指违约方根据对方当事人的请求继续履行合同规定的义务的违约责任形式。其特征为：继续履行是一种独立的违约责任形式，不同于一般意义上的合同履行。具体表现在：继续履行以违约为前提；继续履行体现了法的强制；继续履行不依附于其他责任形式；继续履行的内容表现为按合同约定的标的履行义务，这一点与一般履行并无不同；继续履行以对方当事人（守约方）请求为条件，法院不得径行判决。

②继续履行的适用。继续履行的适用，因债务性质的不同而不同：

金钱债务：无条件适用继续履行。金钱债务只存在迟延履行，不存在履行不能。因此，应无条件适用继续履行的责任形式。

非金钱债务：有条件适用继续履行。对非金钱债务，原则上可以请求继续履行，但下列情形除外：法律上或者事实上不能履行（履行不能）；债务的标的不适用强制履行或者强制履行费用过高；债权人在合理期限内未请求履行（如季节性物品之供应）。

（2）采取补救措施。

①采取补救措施的含义。采取补救措施作为一种独立的违约责任形式，是指矫正合同不适当履行（质量不合格）、使履行缺陷得以消除的具体措施。这种责任形式，与继续履行（解决不履行问题）和赔偿损失具有互补性。

②采取补救措施的类型。关于采取补救措施的具体方式，《合同法》第 111 条规定为：修理、更换、重作、退货、减少价款或者报酬等；《消费者权益保护法》第 44 条规定为：修理、重作、更换、退货、补足商品数量、退还货款和服务费用、赔偿损失；《产品质量法》第 40 条规定为：修理、更换、退货。

③采取补救措施的适用。在采取补救措施的适用上，应注意以下几点：采取补救措施

的适用以合同对质量不合格的违约责任没有约定或者约定不明确，而依《合同法》第61条仍不能确定违约责任为前提。换言之，对于不适当履行的违约责任形式，当事人有约定者应依其约定；没有约定或约定不明者，首先应按照《合同法》第61条规定确定违约责任；没有约定或约定不明又不能按照《合同法》第61条规定确定违约责任的，才适用这些补救措施；应以标的物的性质和损失大小为依据，确定与之相适应的补救方式；受害方对补救措施享有选择权，但选定的方式应当合理。

（3）赔偿损失。

赔偿损失的概念与确定方式。赔偿损失，在《合同法》上也称违约损害赔偿，是指违约方以支付金钱的方式弥补受害方因违约行为所减少的财产或者所丧失的利益的责任形式。赔偿损失具有如下特点：

赔偿损失的确定方式有两种：法定损害赔偿和约定损害赔偿。

①法定损害赔偿，是指由法律规定的，由违约方对守约方因其违约行为而对守约方遭受的损失承担的赔偿责任。

②约定损害赔偿。是指当事人在订立合同时，预先约定一方违约时应当向对方支付一定数额的赔偿金或约定损害赔偿额的计算方法。它具有预定型（缔约时确定）、从属性（以主合同的有效成立为前提）、附条件性（以损失的发生为条件）。

（4）违约金。

①违约金的概念和性质。违约金是指当事人一方违反合同时应当向对方支付的一定数量的金钱或财物。

②依不同标准，违约金可分为：法定违约金和约定违约金；惩罚性违约金和补偿性（赔偿性）违约金。《合同法》施行之前，中国的违约金制度兼容以上各种形态，合同法则做了全新的规定。

关于违约金的性质，一般认为，现行合同法所确立的违约金制度是不具有惩罚性的违约金制度，而属于赔偿性违约金制度。即使约定的违约金数额高于实际损失，也不能改变这种基本属性。关于当事人是否可以约定单纯的惩罚性违约金，合同法未作明确规定。通说认为此种约定并非无效，但其性质仍属违约的损害赔偿。

（5）定金责任。所谓定金，是指合同当事人为了确保合同的履行，根据双方约定，由一方按合同标的额的一定比例预先给付对方的金钱或其他替代物。对此担保法做了专门规定。《合同法》第115条也规定：当事人可以依照担保法约定一方向对方给付定金作为债权的担保。债务人履行债务后，定金应当抵作价款或者收回。给付定金的一方不履行约定的债务的，无权要求返还定金；收受定金的一方不履行约定的债务的，应当双倍返还定金。据此，在当事人约定了定金担保的情况下，如一方违约，定金罚则即成为一种违约责任形式。

定金应当以书面形式约定，定金的数额由当事人约定，但不得超过主合同标的额的20%。

5. 违约责任免责事由

免责事由也称免责条件，是指当事人对其违约行为免于承担违约责任的事由。《合同法》上的免责事由可分为两大类，即法定免责事由和约定免责事由。法定免责事由是指由法律直接规定、不需要当事人约定即可援用的免责事由，主要指不可抗力；约定免责事由是指当事人约定的免责条款。有人认为，抗辩权也可成为免责事由。其实，行使抗辩权并不构成违约，因而无责可免。

（1）不可抗力的定义。所谓不可抗力，是指不能预见、不能避免并不能克服的客观情况。不可抗力的要件为：

①不能预见，即当事人无法知道事件是否发生、何时何地发生、发生的情况如何。对此应以一般人的预见能力为标准加以判断。

②不能克服，即以当事人自身的能力和条件无法战胜这种客观力量。

③客观情况，即外在于当事人的行为的客观现象（包括第三人的行为）。

（2）不可抗力的范围。不可抗力主要包括以下几种情形：

①自然灾害，如台风、洪水、冰雹。

②政府行为，如征收、征用。

③社会异常事件，如罢工、骚乱。

在不可抗力的适用上，有以下问题值得注意：

①合同中是否约定不可抗力条款，不影响直接援用法律规定。

②不可抗力条款是法定免责条款，约定不可抗力条款如小于法定范围，当事人仍可援用法律规定主张免责；如大于法定范围，超出部分应视为另外成立了免责条款，依其约定。

③不可抗力作为免责条款具有强制性。当事人不得约定将不可抗力排除在免责事由之外。

（3）不可抗力的免责效力。因不可抗力不能履行合同的，根据不可抗力的影响，违约方可部分或全部免除责任。但有以下例外：

①金钱债务的迟延责任不得因不可抗力而免除。

②迟延履行期间发生的不可抗力不具有免责效力。

（4）免责条款的定义。免责条款是指当事人在合同中约定免除将来可能发生的违约责任的条款，其所规定的免责事由即约定免责事由。对此，合同法未作一般性规定（仅规定格式合同的免责条款）。值得注意的是：免责条款必须在合同中明示做出，并且其构成合同的组成部分是合同有效的前提之一。免责条款不能排除当事人的基本义务，也不能排除故意或重大过失的责任，免责条款不得违背法律规定和社会公益，也就是不能违背公序良俗，以免造成对相对人的不利。

（5）免责条款无效的一般情形。

①一方以欺诈、胁迫手段将免责条款订入合同，损害国家利益的。

②双方当事人恶意串通，免责条款损害国家、集体、第三人利益的。

③免责条款损害社会公共利益的。

④免责条款违反法律、法规强制性规定的。

⑤免除故意或者重大过失所生责任的条款无效。

⑥免除根本性违约所生责任的条款无效。

案例分析

一个煎饼引发的采购合同管理问题

早上的公交站点上，人多车少。一个卖煎饼的老者正在吆喝着，顾客排起了长队。而一个卖糯米饭团的小伙也不停地忙着。

有个乘客想吃个煎饼，一边要老者做块煎饼，一边催促着车要来了，快点快点。老者手忙脚乱，在热滚滚的铁板上摊饼、打蛋、翻转，可是车来了，乘客收回拿着钱的手转身冲入挤车的人群。老者呼喊着就快好了、就快好了，眼巴巴地看着车辆晃悠悠地离开。老者郁闷无语，无奈地看着卖糯米饭团的小伙和等着糯米饭团的人群。

如何提高煎饼的交货速度？假如老者总是未能及时地将煎饼交给客户，势必影响生意，造成商品积压和资金周转不灵，老者也终将因竞争力弱而逐渐退出站点市场。

难道煎饼没有竞争力吗？老者的煎饼优势是营养成分高，劣势是制作过程较长，机会是顾客的早上要吃好的早餐营养需求，威胁是糯米饭团快速化的强大竞争。所以，要利用外部机会来克服内部劣势。即提高煎饼摊的竞争力关键在于提高煎饼的物流（交货）速度。做一个糯米饭团需要 20 秒的时间，而一个煎饼的制作时间一般在 1 分钟左右，站点的乘客多是随时要登车，时间要求为快，要想和糯米饭团竞争，必须提高采购交货速度。

煎饼老者现在采取的按订单生产，只保存原材料存货（面浆和鸡蛋），这样交货提前期较长；而糯米饭团小伙采取的是按订单组装，只保存半成品存货（熟米饭、油条、咸菜等），根据顾客个性化需要组装成糯米饭团，这样的交货提前期较短，比较适合在车站等车人的心态。

思考题：

1. 乘客弃煎饼而去是否属于采购合同违约？如果违约应承担什么违约责任？
2. 请为老者提供解决现存问题的建议。

思考与练习

一、判断题

1. 谈判总是以某种利益的满足为目标，是建立在人们需要的基础上的。（　）

2. 采购谈判就是指与谈判双方在一定时间和一定地点进行商谈讨论的过程，主要依靠的是谈判技巧。（　）

3. 整合性谈判战略能够综合性地解决问题，有利于双方建立长期的合同关系，比较适用于正在进行的供应（重复的），战略上很重要（即使是规模很小的）的供应商。（　）

4. 采购合同一旦签订，供应商就必须要不计成本地完全履行合同中的各项约定。经济合理原则要求在履行合同时，讲求经济效益，付出最小的成本，取得最佳的合同利益。（　）

5. 当事人双方都违反合同条款的，可以根据损害的实际情况相互抵消，过错较轻的一方可以不承担相应的责任。（　）

二、单项选择题

1. 供应商感受分析主要基于供应商角度，从业务吸引力和价值两个维度对采购客户的特点进行分析，其中“价值低、业务吸引力高”的客户可归为（　　）型客户。

A. 干扰　　B. 榨取　　C. 开发　　D. 核心

2. 采购谈判中强调沟通的重要性，这种沟通应该是（　　）。

A. 有效沟通　　B. 快速沟通　　C. 全面沟通　　D. 高层沟通

3. 倾听是谈判者进行交流的十分重要的基础和前提，以下选项中，（　　）不是正确的倾听方法。

A. 注意对方的说话方式　　B. 观察对方的表情变化

C. 证实并记录　　D. 及时反馈自己的看法

4. （　　）是合同双方当事人的权利义务共同指向的对象。

A. 合同条款　　B. 合同标的　　C. 特别约定　　D. 履行时间

5. 以下不属于不可抗力的情形是（　　）。

A. 自然灾害，如台风、洪水、冰雹　　B. 政府行为，如征收、征用

C. 社会异常事件，如罢工、骚乱　　D. 道路交通意外情况，如车祸、交通管制

三、思考题

1. 如何理解谈判的过程性？

2. 简述主要的谈判战略及其选择。

3. 商务谈判者的语言表达技巧有哪些？

4. 目前的经济活动中，有哪几种典型的采购合同类型？

5. 说明合同违约的构成要件。

实训题

案例分析：江西某市G工厂与C进口公司（以下称中方）联合组团赴法国巴黎与法国P公司（以下称法方）谈判铝电解电容器用铝箔生产线的技术与商务条件，由于工程进度要求，此行希望能够在过去双方技术交流的基础上完成最终签署合同的谈判。当进入价格谈判时，法方态度开始强硬，给了480万美元的报价之后，不论中方怎么说就不肯调整了。为了充分利用时间，中方建议价格谈判与合同文本谈判同时进行，法方表示同意。双方将人员分成两组，继续谈判。在法方律师与中方B经理的努力下，合同文本的大部分条款在两天之中也谈得差不多了，但价格小组的谈判几近停顿。更严重的是P公司的总经理不露面了，当问及对方律师时，回答是“他到国外开会去了，什么时候回来不知道。”中方谈判组陷于困境。

B经理与律师联系上了，送上中国特产作为见面礼，然后从家庭、生活、兴趣、朋友、文化的话题逐步转移到交易的谈判上。由于彼此聊得愉快，生意上的事也当生活见解倾诉出来。B经理说：“若有可能，请您转告P公司总经理，我方的交易条件可以调整，但我方对他目前的态度与做法有意见。他不改变，我们将无法谈判。这样的话，我们就准备回国了。此外，如您能施加影响，说服他带助手到中国来，我们将欢迎他并可恢复谈

判。否则，我们将另做打算。”律师说：“当然可以转达贵方的意见。我也会尽全力说服他到中国去。”说完，两人告别。中方回国一个月后，律师来电，说 P 公司总经理回国后即与其交换了意见，他表示歉意，但同时表示重视与中方的交易，若中方邀请，他们可组团来华谈判。

思考题：中方谈判组就新一轮的谈判应如何争取成功？

第八章 采购成本管理

学习目标

知识目标

1. 了解采购成本的组成；
2. 熟悉采购成本的 ABC 分析法；
3. 熟悉采购成本的价值分析法。

技术目标

1. 能分析采购成本的组成，进而控制采购成本；
2. 能应用 ABC 分析法进行成本控制；
3. 能应用价值分析法进行成本控制。

职业能力目标

能够对采购成本进行分析，并采用相对应的成本控制法降低采购成本。

采购聚焦

> 2002年，美心公司与大多数高速发展的企业一样，开始面临增长瓶颈。掌门人夏明宪毅然采取以利润换市场的策略，大幅降低产品价格。然而降价不久，风险不期而至，原材料钢材的价格突然飙升。继续低价销售，卖得越多亏得越多；涨价销售，信誉扫地，再难立足。面对两难抉择，降低成本，尤其是降低原材料的采购成本就成了美心生死攸关的“救命稻草”。
>
> 夏明宪向采购部下达命令：从现在开始的3年内，企业的综合采购成本，必须以每年平均10%的速度递减。
>
> 这让美心公司采购部的员工们有点傻眼，甚至不服气。此前美心公司的“开架式采购招投标制度”属国内首创，既能有效降低成本，又能杜绝暗箱操作，中央电视台都为此做过专题报道，而且此举已经为美心节约了15%的采购成本，还有什么魔法能够让青蛙变得更苗条？请你为美心公司想想，有什么方法可以进一步降低采购成本？如何做？

第一节　采购成本分析

一、采购价格的构成

确定所需支付的价格，是采购过程中的一项重要决策。是否具备得到“好价钱”的能力，有时是衡量一个优秀采购者的首要标准。尤其是在“好价钱”能带来巨大经济利益的时候，这种标准的作用更为明显。

虽然价格只是整个采购工作的一方面，但它的确是非常重要的。采购者必须很好地掌握各种定价的方法，了解各种方法的适用时机，并且能够利用技巧来取得满意的支付价格。在采购的各个要素中，强调价格的重要性是十分必要的，采购人员的职责就是为公司争取可能得到的优惠。

从采购部门的利润杠杆作用，我们可以看到采购部门在帮助企业达到持续改进客户服务、质量和增强竞争力等方面的战略目标上所起的关键作用。采购部门要加强对于内部成本和外部成本的管理，充分利用一切机会来降低、控制成本或者避免它们的发生，从而使采购的总成本最低，并有望使企业成为能够以低成本提供优质商品和服务的制造商。

（一）货物总成本

采购人员应该在选择供应商之前预计货物总成本。从广义上讲，货物总成本包括所有的相关成本，诸如采购管理、订单跟踪、催货、运输、检测、返工、存储、废物处理、保修、服务、停工损失、售货退回以及错过销售机会等所造成的费用。采购价格加上所有内部成本就构成了货物总成本。在总成本的确定过程中，需要工程、质量、制造和采购等部门的合作来协调诸如规格和公差等要求，这些要求直接影响着采购的决策。同时，供应商的早期参与对于保证合理确定成本也是十分必要的。

从利用简单清单到使用复杂的计算机软件，有许多种方法可以用来预计货物总成本。每一家企业都应该开发并采用一种最适合本企业需要的成本模型化方法。

（二）成本与价格的关系

采购主管们认为，供应商应该保有一个公平的价格。但是，什么是公平价格呢？公平的价格是指对于那些不定时间、定地点发生的需求，供应商能够保证对具备相当质量的货物持续进行供应的最低价格。

对于旨在获得合理利润的供应商来说，长期的持续供应是必要的。供应商的总成本，包括合理利润，应该能在长期的交易过程中得到补偿。即使这个过程中的某一项交易在某个特定的期间内不能完全满足这些需要，这项交易的价格至少也应该超过供应商的直接成本，否则交易将难以进行。

对于某一项交易来说，提供给一个供应商的公平价格，可能高于提供给另一个供应商的公平价格，甚至高于提供给统一供应商的另一项同等重要交易的公平价格。对于采购者来说，这些价格都可以是公平价格，并且采购者可以同时支付这些不同的公平价格。

即使是有垄断者或供应商之间通过串通所制订的价格也可能是不公平的。同样地，现行价格也可能是不公平的。例如，黑市价格或者通过垄断行为的压台所形成的价格，均是现行的价格，但它们并不是公平的价格。

在不断变化的环境中，采购主管需要不断地确定公平价格，这就需要他们具有经验和常识。在制订公平合理的价格过程中，涉及很多变化因素。从某种意义上讲，对这些因素准确衡量必须利用过去的经验和对签订条款的过程及类似与存储、运输等物流成本和其他相关成本的透彻理解。

二、成本的含义

（一）成本的概念

1. 广义的成本概念

美国会计学会（AAA）所属的成本概念与标准委员会于 1951 年所发布的《成本概念与标准委员会报告》中，对成本定义为：“成本是指为达到特定的目的而发生或应发生的价值牺牲，它可用货币单位加以衡量。”

美国会计师协会（AICPA）于 1957 年在所发布的第 4 号会计名词公报中，对成本定义为：“成本系指为获取财务或劳务而支付的现金或转移的其他资产，发行股票，提供劳务或发生负债而以货币衡量的数额。成本可以分为未耗成本和已耗成本两部分，未耗成本可由未来的收入负担，如存货、预付费用、厂房、投资、递延费用等；已耗成本不能由未来收入负担，故应列为当期收入的减项或借记保留盈余，如出售产品或其他资产的成本及当期费用等。”

美国著名会计学家埃尔登·亨德里克森在《会计理论》一书中，对成本定义为：“成本就是为了取得某一财产或某种服务而付出的现金或其他等支出。”

2. 狭义的成本概念

我国财政部制定的企业会计制度，对成本所下的定义为："成本是指企业为生产产品，提供劳务而发生的各种耗费。"广义的成本观指的是企业为获得一项资产或一项劳务而付出的代价，而狭义的成本观仅指生产产品或提供劳务而付出的代价。不管是哪种成本观，企业发生成本的目的，或是为获取一项资产，或是为获得一项服务，为了达到这一目的，企业必将发生资源的耗费（或牺牲，或付出）。因此，为了明确成本的内涵，梳理成本的外延，消除成本概念在各学科之间的矛盾，真正反映成本概念的本质特征，广义的成本概念，更符合这一理念。所以，成本是为了获得一项资产或某种服务而付出的代价。

（二）采购成本定义

1. 采购成本的定义

采购作为物流的第一个环节，它的成本高低对于整个生产的总成本有着十分重要的影响，它也是构成企业产品成本和产品价格高低的重要因素。

采购成本指与采购原材料部件相关的物流费用，包括采购订单费用、采购计划定制人员的管理费用、采购人员管理费用等。采购成本的含义有广义采购成本和狭义采购成本之分。

狭义采购成本，包括采购过程中发生的订购成本（包括取得商品、物料的费用，订购业务费用等）以及因采购而带来的库存维持成本和采购不及时带来的缺料成本。狭义采购成本不包括商品、物料的价格。

广义采购成本及整体采购成本又称战略采购成本，是指企业产品的整个生产周期中有所发生的与商品、物料（如原材料、零部件）采购相关的全部成本，包括采购市场调研费用、自制或采购决策成本、产品预开发与开发中供应商参与的成本以及供应商交货、库存、生产、出货测试、售后服务各阶段因供应商的参与或提供的产品（或服务）所导致的成本或损失，还包括供应商的参与或提供的产品（或服务）没有达到最好水平而造成的二次成本或损失。广义采购成本，考虑的是企业采购引发的全面成本及战略成本，本章重点讨论广义的采购成本。

2. 采购成本的构成

根据采购成本狭义和广义的区分，通常来说狭义的采购成本包括订货成本、持有成本和缺货成本，即：

$$采购成本＝订货成本＋持有成本＋缺货成本$$

而广义的采购成本还包括商品、物料的价格：

$$采购成本＝材料成本＋订货成本＋持有成本＋缺货成本$$

(1) 订货成本

订货成本又称进货费用，是指从发出订单到收到存货整个过程中所付出的成本，如订单处理成本，包括（办公成本和文书成本）、运输费、保险费以及装卸费等。订货成本一般可分为两部分：

固定成本：订货成本有一部分与订货次数无关，如采购人员的工资等，称为订货的固定成本。

变动成本：订货成本的另一部分与订货次数有关，如发出采购订单向外部供应商购买物料而发生的成本，包括办公费、差旅费、邮资、电话电报费、运输费、检验费、入库搬运费等支出；除此之外，还有向内部工厂发出订单而发生的成本，如向工厂定制一批物料时所发生的文书工作的成本、机器调整费、新调整后首次生产带来的开工废品以及其他取决于订货或生产的批数的一次性费用。计算公式为：

订货次数＝年需要量/每次进货量

订货成本＝订货次数×每次订货费用＋订货固定成本

(2) 库存持有成本

库存持有成本是指为保持商品而发生的成本，它可以分为固定成本和变动成本。

固定成本与存货数量的多少无关，如仓库折旧、仓库员工的固定月工资等。变动成本与持有数量的多少有关，如物料资金的应计利息、物料的破碎和变质损失、物料的保险费用等。

库存持有成本的发生，主要由库存控制、包装、废弃物处理等物流活动引起。它是与库存水平有关的那部分成本，其组成包括库存商品所占用的资金成本、库存服务成本（相关保险和税收）、仓储空间成本以及库存风险成本。

在年销量一定的条件下，库存周转率越高，单位商品在仓库停留的时间越短，它们呈反比关系，相应的资金成本、保险以及库存风险成本也与库存周转率成反比。库存周转率越低，持有成本越高，在坐标中呈双曲线状。

(3) 缺货成本

缺货成本又称亏空成本，是指由于存货供应中断而造成的损失，包括材料供应中断造成的停工损失，产成品库存缺货造成的拖欠发货损失和丧失销售机会的损失（还应包括需要主观估计的商誉损失）等；如果生产企业以紧急采购代用材料解决库存材料中断之急，那么缺货成本表现为紧急额外购入成本（紧急额外购入的开支会大于正常采购的开支）。

缺货成本能否作为决策的相关成本，应视企业是否允许出现缺货短缺的不同情形而定。若允许缺货，则缺货成本便与存货数量反向相关，即属于决策相关成本；反之，若企业不允许发生缺货情形，此时缺货成本为零，也就无须加以考虑。

(4) 材料成本

材料成本又称材料采购成本，是指企业从外部购入原材料等所实际发生的全部支出，包括购入材料支付的买价和采购费用（如材料购入过程中的运输费、装卸费、保险费，运输途中的合理损耗，入库前的整理挑选费等）。

3. 采购成本的影响因素

采购成本由多方面构成，但主要还是由采购成本、库存成本、缺货成本等构成。同样，影响采购成本的因素也很多，不仅包括采购次数、采购批量、采购价格，同时还受企业采购战略、企业产品成本结构和供应商成本结构、采购谈判能力等方面的影响。其中，最重要的、直接的影响因素还是采购的批量、批次和价格。

(1) 采购批量和采购批次

物料采购的单价与采购的数量成反比，即采购的数量越大，采购的价格越低。企业将联合采购，可合并同类物料的采购数量，通过统一采购使采购单价大幅度降低，使各企业的采购费用相应降低。因此，采购批量和采购批次是影响采购成本的主要因素。

（2）采购价格及谈判能力

企业在采购过程中谈判能力的强弱是影响采购价格高低的主要原因。当前，随着社会主义市场经济体制的深入，不同市场形态在供应、需求等方面的要素也不同，企业在实施采购谈判时，必须分析所处市场的线形态，是有针对性地选取谈判议价手法。根据市场形势呈现的卖方市场、中性市场和买方市场等不同情况，分别采取不同的一价政策以达到降低采购价格的目的。

（3）企业采购战略

对于一个企业，它的采购战略对采购成本的影响是根本性的，采购战略决定着采购成本的控制力度和控制措施、方法。毕竟，相对于采购部门来说，采购成本仅仅是采购活动中的一方面，而采购战略却涉及采购活动的方方面面。因此，采购战略不仅直接影响着采购成本，而且也会间接影响到采购成本。格兰仕就是一个典型的例子，它的低成本采购战略对采购成本的影响是不言而喻的。

（4）产品成本结构和供应商成本结构

企业产品成本结构由于行业或产品类别的不同会有所差异。它包括原材料成本、制作成本、管理费用等。在一定程度上，采购成本中的很大一部分会转移到产品成本中去，因此，它们必须会相互影响。

供应商会影响企业的采购活动，这一点毫无疑问。具体到采购活动中，供应商的成本结构也必然会或多或少地影响采购企业的采购成本。

三、采购成本分析

将采购成本降到最低对公司利润增长具有重要的作用，但更重要的是，我们应该考虑项目生命周期内的最低整体采购成本。在实际采购工作中，很多招标单位通常只关注承包方的投标报价，而忽视了招标成本、建设成本和所有权损耗成本等项目整体采购成本。

1. 招标成本

首先要考虑发出招标要约前的行为，招标方需要确定目标、调查主题、编写需求建议书（RFP）、考察和认同供应商、获取内部的授权、寻求预算支持等，然后发出要约。该过程可能需要整个合同价的2%～5%。

另外，竞标者需要对招标方的招标文件制订其投标建议书，费时又费钱，每个竞标者在竞标说明上都要花费合同价1%～6.7%的成本。如果有5个竞标者，该成本将达到合同价的5%～30%。表面上看来，这笔款项由竞标者承担，但是，从长远看是由招标方承担，因为竞标者总是把竞标成本直接加到每次竞标的项目上。

评标程序开始后，招标方需要做包括开标、评标、定标、谈判、批准等事项。这个总成本可能占合同价的2%～5%。如果因为某种原因必须重新招标时，这部分成本将大幅增加。

因此对于一般行业来说，竞标的总成本可能占到合同价的10%～50%。无论招标方处于何种行业，降低招标成本都是一种责任。

2. 建设成本

建设成本是投标报价的主要依据，往往是买卖双方关注的重点。一般包括以下几个方面。

前期准备、正式建设费用等、与其他系统的集成、授权、交付和保险、相关手册、对员工和管理者的培训等。

3. 所有权损耗成本

所有权损耗成本指长期损耗成本，包括项目运营成本和处置成本。项目运营成本可能会持续多年，并且可能是前期费用的许多倍；在设备濒于报废之时，还须考虑其销毁或处理的处置成本。

综合考虑这些成本，将有助于以正确的观点看待实际采购价，帮助买方选择最好的方案。

第二节　ABC 分析法

一、ABC 分析法介绍

ABC 分类法又称帕累托分析法或巴雷托分析法、柏拉图分析、主次因素分析法、ABC 分析法、ABC 法则、分类管理法、重点管理法、ABC 管理法、ABC 管理、巴雷特分析法。它是根据事物在技术或经济方面的主要特征，进行分类排队，分清重点和一般，从而有区别地确定管理方式的一种分析方法。由于它把被分析的对象分成 A、B、C 三类，所以又称为 ABC 分析法。

一般来说企业采购物资的种类繁多、规格不等、价格不同、物资的品种、数量不同，有的物资数量多但总量很小，有的物资少但价值很大，是企业应重点控制采购成本的对象。基于成本—效益原则和重要性原则，企业不可能也没有必要对所有采购物资一视同仁地进行成本控制和管理。为了使企业有限的资源得到更高效率的运用，企业应当对采购物资进行分类，区分主次，采取不同的控制手段，进行科学的采购成本管理。ABC 分类就是采用分清主次的方法对采购成本进行管理的方法。

采用 ABC 分类法完成后，对不同重要程度的物资采用不同的管理方法，如表 8－1 所示。

表 8－1　　ABC 分类管理法

项目	管理方法对比
管理程度	1. 对 A 类物资严格管理，准确、完备地记录，高层的监督与必要的审计，供应商按订单频繁交货，对生产紧密跟踪、压缩提前期等 2. 对 B 类物资正常管理，做好常规的记录和检查 3. 对 C 类物资使用最简单的管理方式，关注程度低，采取大量订货以避免缺货
采购记录	1. 对 A 类物资要求准确、完整地明细记录，要频繁地、实时地更新记录，对采购过程严加控制 2. 对 B 类物资只需正常的记录处理、成批更新等 3. 对 C 类物资不用专门记录，简化记录

续 表

项目	管理方法对比
优先级	1. 对A类物资给予最高优先级，尽量地压缩提前期和库存水平 2. 对B类物资只用正常处理，突发事件时给予较高优先级 3. 对于C类物资以最低的优先级
订货过程	1. 对A类物资进行仔细、准确的确定经济订货批量和订货时间 2. 对B类物资，间隔一定的时间确定经济订货批量与订货点 3. 对C类物资不要求做经济订货批量和再订货点的计算，订货时间间隔较长，订货量较多

二、ABC分析法的基本程序

1. 开展分析

这是区别主次的过程，它包括以下步骤：

（1）收集数据。即确定构成某一管理问题的因素，收集相应的特征数据。以库存控制涉及的各种物资为例，如拟对库存物品的销售额进行分析，则应收集年销售量、物品单价等数据。

（2）计算整理。即对收集的数据进行加工，并按要求进行计算，包括计算特征数值，特征数值占总计特征数值的百分数，累计百分数；因素数目及其占总因素数目的百分数，累计百分数。

（3）根据一定分类标准进行ABC分类，列出ABC分析表。各类因素的划分标准，并无严格规定。习惯上常把主要特征值得累计百分数达70%～80%的若干因素归为A类，累计百分数在10%～20%的若干因素称为B类，累计百分数在10%左右的若干因素称为C类。

（4）绘制ABC分析图。以累计因素百分数为横坐标，累计主要特征值百分数为纵坐标，按ABC分析表所列示的对应关系，在坐标图上取点，并连接各点构成曲线，即绘制成ABC分析图。除利用直角坐标绘制曲线图外，也可绘制成直方图。

2. 实施对策

这是分类管理的过程。根据ABC分类结果，衡量管理力量和经济效果，制订ABC分类管理标准表，对三类对象进行有区别的管理。

第三节　价值分析法

一、价值分析的含义

价值分析（Value Analysis，VA），又称价值工程（Value Engineering，VE），是降低成本、提高经济效益的有效方法。所谓价值分析，是指通过集体智慧和有组织的活动对产品或服务进行功能分析，以最低的总成本（寿命周期成本）可靠地实现产品或服务的必要功能，从而提高产品或服务的价值。价值工程主要思想是通过对选定研究对象的功能及费用分析，提高对象的价值。这里的价值，是反映费用支出与获得之间的比例，用数字比例式表达如下：

价值=功能÷成本

二、价值分析在采购中的应用

早在 20 世纪 40 年代，美国通用电气公司的采购员麦尔斯就成功地解决了短缺物资的代用问题，随之创立了价值分析学说。对在物资采购中所遇到的问题，根据价值分析的原理进行研究，经过实践发现价值分析应用于物资采购不失为一种有效方法。

正确选购物资是企业合理使用物资、降低产品成本的先决条件，要做到正确地选购物资，就必须对采购物资进行价值分析，以最低的费用获得所需的必要物质。采购物资不仅是购买一种实物，更重要的是购买这种实物所包含的必要功能，这是价值分析理论在采购中应用的核心。

以合理的价格采购物资，是价值分析的目的之一。任何功能都要为之付出费用，不切实际地追求多功能、高质量势必造成浪费。因此，应以性能价格比作为衡量物资采购成功与否的标志。

降低物质的使用费用是价值分析的另一个目的。购置费用容易引起人们的重视，而使用费用往往被忽视。例如，有的物资购置费用低，而使用费用及寿命周期费用却较高，价值分析则要求整个寿命周期费用降低到最低限度。

过去，企业在面对经济萧条时，为了追求企业利润与降低成本，惯用的方法是通过采购人员的强势或谈判能力，将卖方的报价给予无情地砍杀以使采购价格压低，进而达到降低成本的目的。然而近年来，由于经济、社会环境的变化，不仅使企业经营成本大幅提高，更导致企业经营管理的巨变，因此，只凭借往昔的强势作为，已无法达到降低采购价格与生产成本的目标。或许尚有些采购人员仍然抱着以往强势采购的观念，例如卖方（或协作厂商）是靠企业养的、只有杀价才能买到便宜货等，但相信倘若企业中有此类型的采购人员，将是影响企业成长与发展的重要祸源之一。目前在国内外经营绩效卓著的企业，其采购策略普遍采用 VA 方式。

三、价值分析方法

（一）VA 的特征、程序及思想

1. VA 的特征

（1）以顾客为中心，即以市场或买主需要为依据。

（2）运用功能中心的研讨方式，以成本分析达到节省成本的目的，但它是从产品设计的构想出发，并以确保功能为前提。

（3）以团队合作的方式凝聚了设计、生产、品质管理、采购人员的智慧。

2. VA 的程序

VA 的工作程序包括三个过程（分析、综合及评价）、两个步骤（基本步骤及详细步骤），以及一项质询（针对产品的功能、价值、成本等进行质问）。

3. VA 的思想

（1）提高功能，降低成本，大幅度提高价值。

（2）功能不变，降低成本，提高价值。

（3）功能有所提高，成本不变，提高价值。

（4）功能略有下降，成本大幅度降低，提高价值。

（5）适当提高成本，大幅度提高功能，从而提高价值。

4. VA 与一般降低成本方法的差异

VA 与一般降低成本方法的差异比较如表 8－2 所示。

表 8－2　VA 与一般降低成本方法的差异比较

VA 法	一般降低成本方法
· 以功能为中心 · 注重功能性研究/设计构想 · 团队组织共同努力、共同设计 · 通过团队任务编组与分工发挥整体配合优势 · 可以获得明显的成本降低	· 以采购品或材料为中心 · 以成本分析为中心，节约采购成本 · 以采购本位为主，情报及创意不定 · 因本位观念太重，造成力不从心 · 降低成本目标不易明确

（二）VA 实施的八大步骤

（1）选定对象、设定目标，即以采购物品中最重要的及影响最大的物品（按 80/20 原则确定）为对象。

（2）成立 VA 改善工作小组，并以采购为核心，召集设计、生产、质量管理、采购等部门人员及提供零组件或模具的人员共同组成。

（3）收集、分析对象的情报。

（4）拟订降低采购成本的战略方案，以正确掌握价值分析的目的与功能。

（5）拟订具体实施计划，即改善方案。

（6）改善方案的展开。

（7）效果的确认，即确定具体改善方案及其成效。

（8）新方案变更（即标准化）与跟催。

案例分析

某公司的采购成本分析及改进

某生产婴儿食品的大型公司过去每年花在采购方面的开支接近 8 亿美元。由于处在一个高利润的行业，因此该公司对采购成本的管理并不当回事。然而，当经济开始回落、市场增长减慢时，该公司终于意识到，它现在不得不花更大的力气以求保住利润了。由于过去几年的采购过程未经严格的管理，采购方面无疑是降低成本、维持利润的首要突破点。

该公司首先从保养、维修及运营成本入手，很快做出决定：请专家制订一套电子采购策略。这一做法有助于通过集中购买及消除大量的企业一般行政管理费用来达到节省开支的目的。然而在最后的分析中，节省的效果却并未达到该公司的预期。

为了寻求更佳的节省效果，该公司开始转向其主要采购商品，如原料、纸盒、罐头及标签。公司分析了可能影响到采购成本的所有因素，包括市场预测、运输、产品规格的地区差异、谈判技巧及与供应商关系等。通过深入的调查，一些问题开始浮出水面。结果显示，在材料设计、公司使用的供应商数量和类型、谈判技巧以及运输方面均存在着相当明显的缺陷，具体表现在：

(1) 公司采购的谈判效率非常低。人们对是否该争取有利的谈判地位并不关心，采购经理们通常习惯于在一个垂直一体化的卖家手中购买各种原料，而不是去寻找每种原料的最佳供应商。

(2) 公司几乎从不将自己的采购成本与竞争对手的采购成本进行比较。

(3) 公司缺乏将营销及购买部门制度化地集中在一起的机制。这也意味着，公司没有对市场营销所需要的材料的成本和收益进行评估的系统。

(4) 公司节省成本的机制不灵活。即使当采购经理发现了节省成本的机会（可能需要改变机器规格或操作流程），他们也很难让整个企业切实地采取措施。任何一次对系统的调整所耗去的时间都会比实际需要的长得多。

当意识到未能进行采购成本管理而造成的诸多损失时，公司开始对这个问题进行全面的处理：

(1) 设定了商品的优先次序，随后进行了一系列成本收益的统计，并运用六西格玛指标对竞争对手的情况进行了比较。例如，按照营销部门对包装材料的规格要求，公司在制作包装盒时，其使用的制裁比竞争对手的制裁更厚而且昂贵得多。而高质量的制裁并不会给公司带来任何额外的好处。公司还发现，在给铁罐上色的过程中，整个流程需要四道工序，而事实上一道工序就足够了。

除此以外，公司在低价值品牌的产品包装上使用了两张标签（前后各一张），事实上只用一张也已足够。最后，由于公司下属的品牌及规格品种繁多，并且考虑到地区性推广的时间问题及不同地区所采用的不同标签内容，公司所印制的标签的流通周期显得偏短。比较而言，延长印刷标签的周期会给公司节省很多钱。事实上，公司高达80%的标签是用作短期运作的，而主要竞争对手80%的标签却是用作长期运作的。

(2) 建立了一套积极的谈判方式。采购经理们在进行谈判前应做好准备，充分了解供应商成本的相互比较，并对供应商的成本结构作深入分析。在这些方面做好精心准备是非常重要的：对于大多数商品而言，70%的成本是由产品特质决定的，30%才是由供应商的竞争力决定的。

例如，公司发现在购买一种主要原料时，其供应商的要价是最高的。在对供应商的成本结构进行分析后，公司发现事实上供应商是在其自身相对较高的成本基础上给产品定价的。于是，公司对其他供应商的成本结构进行了研究——除了设计一些普通的要素外，还将诸如农场位置、精炼设施、电力和劳动力成本及企业规模等因素考虑在内。研究结果显示，有一些企业的成本结构使它们能够以较低的价格出售产品。

公司同样对它的一家“一站式”供应商进行了研究，这家供应商不仅供应纸盒，而且还生产纸盒用的纸材并承揽纸盒印刷业务。经过对其他职业及印刷业厂家成本的研究，公司发现，其实它能够以低得多的价格买到纸并进行印刷。当公司在谈判中指出这一点时，供应商不得不降低了产品价格。

这些工作的结果是公司原料成本节省了12%。节省下来的这些钱被平分至产品规格的改进及谈判技巧的完善工作上。

思考与练习

一、判断题

1. 采购成本是指企业为获取原材料、配套件、外协件而发生的相关费用。(　　)

2. 相对成本控制是以预定成本限额为目标，绝对成本控制是以使成本最小化为目标。(　　)

3. 价值分析是以较低的费用成本来实现它应具备的、必要功能的一项有组织的管理活动。(　　)

4. 采购费用和商品维持成本随着采购次数或采购规模的变化呈反方向变化。(　　)

5. 成本与费用控制标准一经确定就要据此监督企业生产过程中的各项耗费。(　　)

二、选择题

1. 为保持商品供应而发生的成本指的是(　　)。

A. 采购费用　　B. 商品维持成本　　C. 保险存货成本　　D. 失销成本

2. 品种数量大，占用资金较少的超市的商品采购成本控制适宜采用(　　)。

A. 定期采购控制法　　B. 不定期采购控制法

C. 定量采购控制法　　D. 不定量采购控制法

3. 品种数目少但占用资金大的超市商品采购成本控制适宜采用(　　)。

A. 定期采购控制法　　B. 不定期采购控制法

C. 定量采购控制法　　D. 不定量采购控制法

4. 超市采购成本主要包括(　　)。

A. 采购费用　　B. 商品维持成本　　C. 保险存货成本

D. 失销成本　　E. 延期交货成本

5. 降低采购成本的方法有(　　)。

A. 集团采购　　B. 目标成本法　　C. 作业成本法

D. 标杆法　　E. 价值工程与分析法

三、思考题

1. 采购成本组成要素是什么？

2. 采购成本的价值分析法如何分析成本？

3. 采购成本如何管理？各方法的优缺点是什么？

4. ABC分类成本控制法的基本原理是什么？

5. 简述供应链环境下采购成本的控制策略。

实训题

Acreage Foods 是美国一个主要的跨国食品加工企业。贝蒂是这家公司负责购进生产所需要的水果产品的老采购员。公司在其产品中使用各种浓缩果汁、浓汤、调料。贝蒂的职责之一是每年与供应商就这些配料购买合同进行磋商。其中一种配料——番石榴浓缩汁在世界多个国家季节性生长和收获。

贝蒂现在正在检查一项支出。这笔支出是用于支付给一家菲律宾的番石榴种植及加工商的。该公司已经和这个高质量的供应商合作多年了。番石榴浓缩汁产于菲律宾，一个偏远的地区，要运至加工厂进行浓包装，然后出口海外。口味独特的番石榴系列产品，以其美味著称，而其特殊口味的支撑来源于供应商所采用的特殊加工过程。

番石榴浓缩汁目前 FOB（船上交货价）价为 0.29 美元/磅，用银箔进行内包装，每包有产品 50 磅，配以中文纸箱外包装。这些纸箱堆在托板上，每个托板堆 40 个纸箱，以便装入集装箱。每个集装箱可装 20 个托板，通过海运运出。海运费用为每集装箱 2300 美元。集装箱到了美国港口后，再以每箱 250 美元的运费运至本地仓库储存。美国海关收取货物本身价格（不含运费）15%的关税。该公司每个月需要一集装箱番石榴浓缩汁。

集装箱在本地存储到需要提货加工为止。月库存费用为每托板 5.5 美元。此外，仓库收取每托板 6 美元的进出费作为管理成本。Acreage Foods 公司的资本成本为 18%，假设一年中番石榴浓缩汁的需求不变。

厂家需要番石榴浓缩汁 10 箱，集装箱由本地运输公司从仓库运来，每箱运价 150 美元，每托板质量控制成本约为 2 美元，公司估计由于产品的特性，购买和存储番石榴浓缩汁会有一定的损失，并入公司产品预算时，番石榴浓缩汁以 97%计，另外 3%为产品损耗，这些损耗品是不可以从生产商处兑换的。

一些事前未发现的腐坏变质的番石榴浓缩汁要从商店的货架上撤掉并回收，每次产品回收会发生的现付成本为 20000 美元，供应商不承担弥补这些损失的责任。公司记录表明，这种事件平均每 8 个月发生 1 次。此外公司会计政策要求划出全部采购总额的 15%作为管理成本。

计算题：

1. 计算每磅番石榴浓缩汁从菲律宾运到美国的成本。

2. 计算每磅番石榴浓缩汁从码头运到仓库的成本。

3. 计算每磅番石榴浓缩汁从仓库进入生产的成本。

4. 计算该公司购买每磅番石榴浓缩汁的全部相关成本，需要考虑案例中提出的全部相关成本。

思考题：如果该公司的目标就是降低采购该原料的总成本，讨论公司在该原料上降低成本的具体可选方案。

第九章　采购信息管理

学习目标

知识目标

1. 了解采购管理信息系统的功能；
2. 熟悉 ERP（企业资源计划）中采购管理的工作模式；
3. 熟悉电子订货系统的组成和流程。

技术目标

1. 学会使用采购系统进行采购的方法；
2. 学会应用电子订货系统进行采购作业；
3. 学会编制采购管理信息系统的可行性研究报告。

职业能力目标

1. 培养良好的职业道德，树立信息是重要战略资源的理念；
2. 树立科学技术是第一生产力的观念，提高信息技术的应用水平。

采购聚焦

信息技术在采购中的应用

(1) 王晨是江西省新华书店联合有限公司下属的一家连锁书店的进货员，他每天的采购流程十分简单：登录江西新华书店的网站，输入连锁店用户名和密码，查看当日最新书目、本店和总店各类图书的销售和库存情况，填写网上订单并确认，总部在24小时内就能够完成配货。或者，王晨还可驱车4千米，来到南昌市京东开发区宽敞的连锁物流信息中心大厅挑选图书，把通过PDA（掌上电脑）无线订货系统传送的配货信息，上传到总部的计算机中心，同样在24小时之内图书将准确配货到位。

(2) 信息时代的第一件事，就是统一软件包、统一产品代码，并建立好几个数据库，使员工能通过网络交流信息。瑞士采购员森纳，找不到犹太教所要求的肉类，就在内部网上发布消息，立即得到一位美国同僚的回应，为他找到了一个乌拉圭供应商。当森纳看到意大利采购员急需芥末，就把自己手上一位巴塞尔供应商介绍给她。

(3) 每年榛子收获季节，各地公司都要派人到意大利和土耳其视察行情，但现在就不必了。森纳去了一趟土耳其，一个星期内就把考察报告挂到网上，其他73个地区得以坐享其成。同样，森纳在瑞士，也可以看到某公司的同事关于阿塞拜疆供应商情况的报告。

以上3个案例说明了采购过程中信息技术的应用，那么采购中常用的信息技术有哪些？采购信息系统的功能有哪些？这些问题都将在本章中找到答案。

第一节　信息与管理信息系统

一、信息概述

(一) 信息的含义

信息（Information）是现代社会中人们广泛使用的一个概念。21世纪是信息社会，企业无时无刻不处在千变万化的信息环境中，信息成为企业取得竞争优势的重要战略资源。有关信息的定义可以说是仁者见仁，智者见智，许多学者基于不同的学科从不同的视角对信息的定义做了界定和解释，总结起来有几十种之多。一般认为，信息是关于客观事实的可通信的知识，是对决策者有价值的数据。这一定义可以从以下三方面来理解：

(1) 信息不同于数据。信息是客观世界各种事物的反映，但信息不同于数据，数据反映的是客观实体的属性值或对客观事物的记载，信息是数据经过加工处理以后得到的有用数据，是有一定含义的数据，是对决策者有价值的数据。

(2) 信息是可以通信的。信息是可以传输的，人们可以通过感官直接获得信息，也可以利用手机、电视以及计算机等通信工具来获取和传输信息。

(3) 信息可以形成知识。知识是对经过实践证明的客体在人的意识中相对正确的反映，所以，人们正是通过人类社会中的各种信息来形成知识，进而不断地去认识世界和改造世界。在信息社会中，知识成为最重要的核心生产要素，所以信息和知识成为组织最重要的核心竞争力。

(二) 信息的属性

理解信息的属性是信息系统开发与设计的前提。信息具有以下几方面的属性：

(1) 事实性。事实是信息的核心价值，不符合事实的信息不仅没有价值，而且其价值可能为负值。

(2) 层次性。管理是分层次和等级的，不同层级的管理需要的信息不同，因而信息也是分层次和等级的。管理信息的层次包括战略信息、战术信息和作业信息。战略信息又称决策信息，是关系到全局和重大问题决策的信息。战术信息又称管理控制信息，是企业中层管理人员进行生产经营过程控制所需要的信息。作业信息是反映企业日常生产和经营管理活动的信息。

(3) 不完全性。由于人们认识事物的能力是有限的，所以关于客观事实的信息是不可能全部得到的。

(4) 可传输性。信息可以通过各种网络快速传输和扩展，它的传输成本远远低于物质和能源的运输成本。

(5) 共享性。指信息不具有独占性。按信息的固有性质来说，信息只能共享，不能交换。

(6) 价值性。信息是经过加工并对生产经营活动产生影响的数据，是有价值的。

(7) 可变换性。信息可以转化成不同的形态，也可以由不同的载体来存储。

(8) 可压缩性。信息可以进行浓缩、集中、概括以及综合，而不至于丢失信息的本质。

(9) 动态性。信息是事物运动的状态和状态变化的方式，事物本身在不断发展变化，因而信息也会随之变化，脱离了母体的信息因为不再能够反映母体的新的运动状态和状态变化方式，它的效用就会降低，以致完全失去效用。所以人们在获得信息之后，要不断补充和更新。

(三) 信息的作用

信息是一种无形资产，全面、准确的信息是企业做出正确决策的关键。信息的作用包括以下几点：

(1) 信息是企业重要的战略资源

信息是一种资源，是企业可持续发展的基础，也是决策者进行战略规划的基础。如果没有合理的数据与信息，决策失误的可能性会加大。

（2）信息已经逐步取代资本的作用

在农业社会，劳动力是核心生产要素；到了工业社会，资本成为最核心的生产要素；在信息经济社会，核心生产要素则是知识。在工业经济时代，附加值主要来自生产制造部门，但在知识经济时代，信息已经取代资本成为企业的重要资产，它对企业的贡献越来越大。

（3）信息是管理活动必不可少的重要因素

管理工作的成败取决于能否做出有效的决策，而决策的正确程度则在很大程度上取决于信息的质量，所以，信息是管理活动中一项极为重要的资源，有效的管理信息成为企业管理的重要任务。

二、管理信息系统概述

（一）管理信息系统的概念

信息系统是一个人造系统，主要由人、硬件、软件和数据资源组成，目的是及时、正确地收集、加工、存储、传递和提供信息，实现组织中各项活动的管理、调节和控制。

管理信息系统（Management Information System，MIS）是以人为主导，以信息技术为基础，将信息流联系起来，对信息进行收集、传输、加工、存储、更新和维护，产生管理者所需要的信息，改善协同合作、效率与制订，协助企业管理资源并获利的信息处理系统。

管理信息系统是一个人机系统，人员包括高层决策人员、中层职能人员和基层业务人员；机器包括计算机硬件及软件，硬件包括各种办公机械及通信设备，软件包括业务信息系统、知识工作系统、决策支持系统和经理支持系统，由这些人和机器组成了一个和谐的人机系统。管理信息系统是一个社会和技术的综合系统，它的开发与实施大大提高了企业的工作效率，为企业决策提供了极大的便利和有力的支持。

（二）管理信息系统的功能

管理信息系统的发展基础是信息、管理和系统。首先，它是一个系统，其次是一个信息系统，最后是一个用于管理方面的信息系统。这说明了一切用于管理方面的信息系统均可以认为是管理信息系统，同时也强调了这种信息系统是用于管理的支持系统。

1. 数据处理功能

对数据进行加工处理是管理信息系统的核心功能。现代化的信息系统可以利用计算机对数据进行排序、分类、归并、查询、统计、模拟及各种数学运算。

2. 计划功能

根据现存条件和约束条件，提供各职能部门的计划，如生产计划、财务计划、采购计划等，并按照不同的管理层次提供相应的计划报告。

3. 控制功能

根据各职能部门提供的数据，对计划执行情况进行监督、检查、比较执行与计划的差异、分析差异及产生差异的原因，辅助管理人员及时加以控制。

4. 预测功能

运用现代数学方法、统计方法或模拟方法，根据现有数据预测未来。

5. 辅助决策功能

采用相应的数学模型，从大量数据中推导出有关问题的最优解和满意解，辅助管理人员进行决策，以期合理利用资源，获取较大的经济效益。

（三）管理信息系统的基本结构

管理信息系统的基本组成部件有4个，即信息源、信息处理器、信息使用者和信息管理者。信息源是指原始数据的产生地。信息处理器的功能是对原始数据进行收集、加工、整理和存储，把它转化为有用的信息，再将信息传输给信息使用者。信息使用者是信息的用户，不同层次的信息使用者依据收到的信息进行管理决策。信息管理者负责管理信息系统的设计和维护工作，在管理信息系统实现以后，还要负责协调信息系统的各个组成部分，保证信息系统的正常运行和使用。信息系统越复杂，信息管理者的作用就越重要。组成管理信息系统的这些部件还可以进一步详细化。如根据原始数据的产生地不同，可以把信息源分为内信息源和外信息源。内信息源主要指组织内部管理活动所产生的数据，如生产、财务、销售和人事等方面的信息。外信息源则是指来自企业外部环境的数据，如国家的政策、经济形势、市场状况等。信息处理器也可以细分为数据采集、数据变换、数据传输和数据存储等装置。在实际的管理信息系统中，由于各个企业都具有不同的组织形式和信息处理规律，因此其结构也不尽相同。

第二节　企业采购管理信息系统

一、企业采购业务中的信息流程

企业采购业务中的信息流包括采购部门以外的信息流入和采购部门为其他职能部门提供所需信息的信息流出。信息流入包括企业范围之外的市场信息和企业内部其他部门的内部信息两部分，其中，从企业外部流入采购部门的信息包括市场信息、产品信息、运输信息、价格信息、劳动力市场信息、供应商信息和税收政策等；从企业内部其他部门流入采购部门的信息包括生产计划、销售计划、预算及财务控制、库存控制、质量控制、新产品开发和规章制度等。采购部门向企业内部其他部门提供的信息包括向高层管理人员提供的市场行情信息、向工程技术人员提供的物料供应信息、向生产部门提供的替代品供应情况及价格信息以及向财务部门提供的成本和价格调整信息等。

企业采购业务中的信息流程是伴随着采购业务流程产生的，不同企业的采购货物来源、采购方式以及采购对象不同，其采购业务流程就会有所不同。一般来说，经典的采购业务流程包括以下八个环节。

(1) 接受物料需求或采购指示（采购申请）

由采购单位根据客户或生产的需要提出采购申请，由物料控制部门计算出货物需求量，填写请购单。采购中心收到请购单后，根据总的采购计划及要求确定采购方式并汇总合并申购单。采购中心根据申购单的信息，在网上发布采购公告。供应商根据采购公告，在报价有效期内允许报价及撤标。

(2) 选择供应商

采购单位遵循价格最低原则初选中标人并说明选择的理由，采购中心根据相关采购法等法律规定，对采购单位初选的中标供应商理由进行合法性审查，确定中标供应商。

(3) 谈判和签订采购合同

采购中心在公示期内无异议或异议解决后，发布中标公告，签订采购合同。

(4) 签发采购订单

采购订单是执行付款交货的直接凭证，是根据采购合同和企业物料需求计划形成的信息文件，具有法律效力，需要长期留存备查。签发采购订单需要遵循一定的审核制度，规定哪些物资、多大规模的采购资金必须经过相应级别主管的批准才有效。

(5) 跟踪采购订单

采购订单发出后，要对其进行跟踪，控制采购进度，并且要做好跟踪记录，以保证货物按时保质保量交接。

(6) 验收货物

验收货物需要采购部门协助库存与检验部门一起来完成，要以采购合同、采购订单等作为验收依据，并且要做好记录，如供货商交货时间、数量及合格率等。

(7) 确认发票与支付

支付货款前要查对支付的发票与验收的货物清单是否一致，没有差错才能签字付款。

(8) 结案并维护供应商档案

货物验收后，需办理结案手续，查清各项原始凭证有无缺失，并报请上级管理部门核阅批示，然后将整个过程记录后归档备查。

二、企业采购管理信息系统的功能

采购管理信息系统是指运用现代的采购管理思想，以电子计算机和现代化技术为手段，为采购的综合管理提供决策服务的信息系统。它是为采购人员提供的一套快速而准确地、为供货厂商适时适量地开立采购订单的系统。该系统的实施使商品能在出货前准时入库，并无库存不足及积压货太多等情况发生，大大提高了采购的经济效益。

不同企业的采购业务不同，其采购管理信息系统的功能模块也不尽相同。一般来说，企业采购管理信息系统包括以下几项功能：

(1) 基础信息管理。基础信息管理功能模块提供各项基础信息的设定和维护功能，包括各项代码（物料代码、供应量代码、人员代码和部门代码等）的定义、采购管理工作流程的设定、终端用户操作权限的设定以及不同级别的审批人员的审核金额权限的设定等。

(2) 供应商管理。供应商管理功能模块是采购管理信息系统最核心的子系统。与供应商建立密切的联系是降低采购成本的一种有效手段。供应商管理就是收集和整理供应商数据，并定期进行供应商评价，形成合作伙伴资源库，从而形成企业的战略资源。供应商信息包括供应商的基本信息、供货信息（包括供货范围、批量、供货能力、价格、质量、折扣等）、资信信息（包括到货质量等级、质量合格率、准时交货率、质量分数、资信等级等）和历史信息（供货记录、质检记录、退货记录、降价记录、代用记录、应付款记录等），这些信息是企业对供应商进行评价的重要依据。

（3）采购申请。采购申请是签订采购合同和签发采购订单的依据。企业的请购计划经审批生效后生成采购计划，采购计划的书面信息载体就是采购申请，采购申请包括采购物料的品名、规格型号、数量、到货时间、包装要求等信息。

（4）采购谈判与合同管理。采购谈判是供需双方进行接洽、沟通并达成一致的过程。采购谈判过程需要记录和传输信息，以供决策者决策。合同管理包括合同文本生成、合同审批、合同签订、合同履行跟踪、合同终止以及生成付款计划、合同统计、跟踪与监控合同履行情况等决策支持功能。

（5）签发订单。业务人员从客户库中对供应商进行选择，选择信誉良好、供货质量稳定的供应商，提出招投标或比质比价采购意向，经过相应的审批后进入比质、比价环节。

（6）跟踪订单。跟踪订单主要是实现催货、订单执行情况调整等功能。采购人员根据合同和已经签发的订单，在交货日期到来之前的某一时间向供应商催货，并对这一过程作详细的记录，作为供应商考核的依据。

（7）验收货物。仓库保管员根据到货单上的合同号，自动生成到货单，清点实物后存放入库。验收货物包括订单收货处理、退货处理和采购过账处理等。订单收货处理是按照订单对供应商发来的物资进行验收，合格的进行入库处理，不合格的进行退货处理。采购过账处理是根据采购订单、收货单和退货单进行会计过账，向财务部门发出付款通知。

（8）确认发票与付款。货物验收合格后，要认真核对发票，确认没有差错后就可以付款了。付款的流程包括：根据合同到货情况生成合同付款单，并依据付款计划表生成实际付款通知书，经审批后通知财务部门付款。付款环节一定要认真核对，确保公司利益不受损失。

（9）库存管理。库存管理主要包括合同入库、合同出库、库存统计、资产移交等功能。库存管理的原理是系统自动依据合同付款情况生成入库单，办理入库手续，记录收发存流水账。

（10）统计与辅助决策。统计与辅助决策提供各业务环节的查询、统计、分析功能，包括委托查询、采购查询、合同查询、到货查询、付款查询、库存查询、价格查询等功能。统计与辅助功能模块能及时、准确地为各级管理人员提供决策信息依据，为业务人员提供信息查询、实现业务跟踪，为客户提供咨询服务。

补充阅读

韩国政府网上采购节约仓储和运输成本

韩国实行网上采购除杜绝腐败外，还在以下两方面发挥了重要作用。

一是网上采购提高了政府的效率，节约了资金。过去，采购需要处理大量的文件，还要安排各种会面和谈判。韩国在引进“国家卖场”网上交易系统后，调达厅公务员平均每人处理的合同件数比引进前增加两倍以上。网络采购为调达厅节约了数万亿韩元的经费。同时，各种供应商也从网络供货中减少了销售环节，节约了营销成本。

二是通过网上采购节约了仓储和运输成本。供货商和需求方通过调达厅监管的“国家卖场”，在网上进行“一站式”网上交易，由供货商在交易后根据各部门需要直接将物资及时送到使用者手中，而不再需要使用大量的库房用于存放物资，节约了仓储和监管成本，还省去了运输成本。调达厅每年都要在网上对政府部门、地方政府、公共机关和学校所需要的物资和工程建设进行政府采购。交易过程中需要银行、(供应商) 担保机构、政府机关、建设协会和交易认证发放部门等各部门的协作。为便于交易，“国家卖场”网站有便捷的检索功能，为政府、公共机关和供货商之间架起了一座桥梁。

第三节　ERP 中的采购管理

一、传统采购工作模式的缺点

目前大多数企业行使采购管理的职能部门为供应部（科），也有企业将销售职能与采购职能并在一起，称为供销科。在这种模式下，其传统采购工作基本流程如图 9－1 所示。

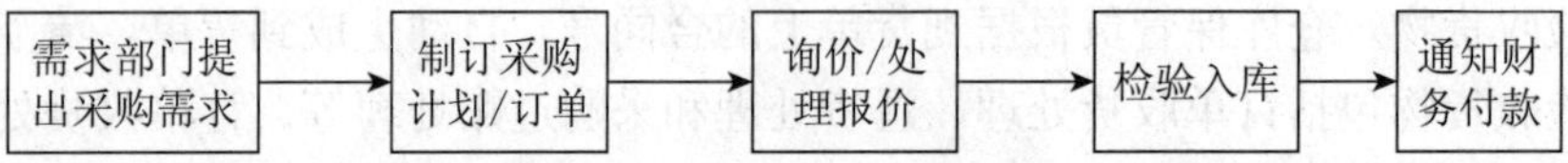

图 9－1　传统采购工作基本流程

传统采购工作基本流程在实践中存在以下显著缺点：

(1) 物料采购与物料管理混为一体。物料管理、采购管理、供应商管理由一个职能部门来完成，缺乏必要的监督和控制机制；同时在这种模式下，供应部（科）担负着维系生产用原材料供给的重任，为保证原材料的正常供应，必然会加大采购量，尤其是在原料涨价时，容易带来不必要的库存积压和增加大量的应付账款。

(2) 业务信息共享程度弱。由于大部分的采购操作，以及与供应商的谈判都是通过电话来完成，没有必要的文字记录，采购信息和供应商信息基本上由每个业务人员自己掌握，信息没有共享。其带来的影响是：业务的可追溯性弱，一旦出了问题，难以调查；同时采购任务的执行优劣在相当程度上取决于人，人员的岗位变动对业务的影响很大。

(3) 采购控制通常是事后控制。不仅是采购环节，许多企业对大部分业务环节基本上都是事后控制，无法在事前进行监控。虽然事后控制也能带来一定的效果，但是事前控制能够为企业减少许多不必要的损失，尤其是如果一个企业横跨多个区域，其事前控制的意义将更为明显。

二、ERP 系统的采购管理模式

传统模式下的采购管理存在上述 3 个问题，ERP 系统的实施则解决了传统模式下的这些问题，为采购管理带来了持续改进的效果。ERP 系统的采购管理模式具有以下特点：

(1) 以职责为核心

在传统的管理模式下，其贯穿的管理思路是基于部门的管理，其层次首先是部门，然后才是部门对应的工作范围，而在 ERP 系统中，每名员工首先对应各个职责，这些职责既可以是系统预先设定的，也可以灵活进行定义。表 9－1 列出了 ERP 系统中采购流程包含的职责。

表 9-1　ERP 系统中采购流程包含的职责

工　作	职　责	对应模块
提出采购请求	采购申请	采购、库存
提出采购计划/订单/发运通知	采购计划/计划发放/订单	采购
询价/报价	询价管理/报价处理/供应商管理	采购、财务
检验入库	接收	库存
通知财务付款	付款/发票	财务

从表 9-1 可以看出，系统将部分工作从采购模块中全部或部分剥离出来，如提出采购请求、检验入库、通知财务付款等工作。系统的这种设计方法是将所要完成的工作分解成相关的职责，并对应到模块中。ERP 系统可以将属于一个模块的职责进行组合，变成一个工作组或业务部门，将同一类业务进行集中处理，充分体现了集中管理的思想。如某企业通过职责分析，发现同一个采购订单职责由多个业务部门拥有，咨询顾问后，将其收归为一个部门，减少了大量的采购资金，也减少了许多协调工作，极大地提高了工作效率。如 ERP 系统将属于库存的职责从原有的职能部门分离出去，有利于加强对业务的监督，将通知财务付款职能放到财务部门，物流管理和资金流管理分离，体现了资金流随物流而动的管理思路，避免了对供应商付款中的很多人为因素，对盲目采购也起到了一定的限制作用。

（2）信息高度共享

虽然许多企业在实施 ERP 时都将减少日常工作量作为成功的标准之一，但在使用 ERP 系统后，有些岗位的工作量会增加，尤其是提供基础信息的岗位。具体到采购管理中，采购员、询价、报价管理员的工作都会增加，因为以往这些工作是通过电话来完成的，而 ERP 系统要求所有的采购单据都要在系统中进行记录，这样一来，他们的工作量必然会增加。但是，ERP 的实施带来了信息的高度共享，给采购工作带来了如下的变革：首先是业务的可追溯性增强。ERP 系统可随时查询任何时候与任何供应商发生的采购业务，并可以查出该笔业务进行的状态，包括库存接收的数量、采购退货的数量、发票数量等。其次是减少了业务操作中的人为因素。供应商管理是采购管理的一个中心环节，传统的供应商管理存在大量人为因素，使用 ERP 系统后，系统将按照设定的指标对供应商的状态进行分析，并从中总结规律制订相应的策略，这样，新来的业务人员可以通过系统方便地查询某一类供应商的名单、联系方式、历史供货记录等信息，并按照设定的供应策略进行采购业务，大大减少了业务人员的调动对工作造成的影响。

（3）控制体系完备

"事前控制、事中监督、事后分析"这一管理理念在 ERP 系统中的具体运用是 ERP 系统与传统信息系统最明显的区别。在 ERP 系统中，能够做到流程有序、审批严格和监督有方。

①流程有序。在 ERP 系统中可以设定哪些物料必须经过采购申请，哪些物料必须首先制订总的采购计划等来对采购工作流程进行控制，细化采购部门的日常管理，加大管理幅度。

②审批严格。虽然在传统模式下也强调采购管理要按照一定的层次进行控制，但是在实际操作中，尤其是跨地区的公司要做到这一点非常难。通过 ERP 系统建立采购单据的审批控制流程，可以控制不同职责的员工所采购物料的种类和采购金额的范围，超过一定的金额必须经主管领导审批，否则 ERP 系统中将无法继续处理该单据，包括接收相应的货物、进行付款等。

③监督有方。在采购业务处理过程中，监督人员若通过查询发现业务处理有问题，则可以终止或暂停业务处理，直到问题解决为止。如果发现某订单属于重复订单，可以将其暂停，查明原因，或者取消该订单。

区别于传统管理模式，ERP 系统还可以随时运行需要的报表，来反映某一时期采购业务的执行情况，包括趋势分析等，为下一阶段工作改善及时提供信息。ERP 系统实施对采购管理的改善不仅局限于上述 3 个方面，更重要的是它为业务人员带来了一种体验，让业务人员认识到信息技术是如何改变和优化业务流程的。ERP 系统运行后，项目并没有结束，而是进入一个新的阶段，即它是管理持续改善的开端。对采购管理而言，ERP 系统运行后，企业人员职责明确，便于考核和管理，为电子商务、SCM（软件配置管理）、CRM（客户关系管理）等相关系统的实施打下了坚实的基础。

三、ERP 系统的采购管理与传统的采购管理的对比分析

（一）管理流程的改进

ERP 系统的采购管理与传统的采购管理方式相比，体现的技术形式更先进，更能适应现代化管理的主要要求。ERP 系统的采购管理优化了传统的管理流程，实现了标准化的运作形式。ERP 系统的采购管理不仅是先进的管理软件，还是现代化的管理理念。无论在设计思路、设计方案，还是模块创建等方式上都形成了统一的改进方式。利用计算机技术对信息进行有效处理，不仅简化了传统的业务流程，还要建立标准化的使用模型。在现代化系统中，不仅能使企业根据模型对管理流程进行全方位处理，还能完善不规范的运作模式。不仅表现了工作环节的简化形式，工作环境的规范性，还能促进工作流程再造，实现有效、合理的管理模式。

（二）控制、监督以及分析的区别

ERP 系统的采购管理与传统的采购管理模式的区别主要表现为控制、监督与分析，分别在事前、事中以及事后形成。其一，在事前的控制形式主要对库存进行控制。传统的采购行为也按照一定的库存量进行采购，但由于物资品种的广泛性，采购人员根本无法完成任务。而且，由于在采购期间，采购数量大会获得一定的价格折扣，采购人员在实际采购期间，只是根据自己的经验进行采购，但随着 ERP 系统的出现，每个采购物种都会在库存量中设定好，系统能自动、综合性地为采购人员提供数据参考，不仅提高了采购人员的工作效率，还降低了资金的占用形式，从而实现对业务的监督与控制。其二，事中实现的监督现象主要在采购过程实施期间。ERP 系统的采购管理能够对企业整个采购过程进行规范，实现标准操作，然后将已经采购的信息、价格以及数据等消息直观展示，以保证采购活动处理期间的全方位监督与控制，并促进采购过程的阳光化实施。其三，事后进行

分析。ERP系统所有的数据管理只需要一次性录用就能实现信息的全部共享，不仅能保证数据信息的一致性，还能发挥真实性和及时性特点。

(三) 较强的业务性

传统的采购管理实现采购信息比较难，采购的数据资料以及业务人员的变动现象都会不断流失。而ERP系统的采购管理则能随时查询相关信息，对新的业务以职责为核心的流程设计人员也能随时接手，从而减少人员因素造成的业务问题。

(四) 供应商的伙伴关系

传统的采购管理在交易过程中只重视供应商的价格比较，根据多个供应商之间的竞争，选择价格比较低的供应商作为合作伙伴。而ERP系统的采购管理体现的是一种拉动模式，主要从一般的战略关系转变为战略性合作伙伴。

(五) 物流与资金管理的分离

采购资金的总体预算以及财务付款发挥的职能都能在财务管理中完成，主要根据资金与物流管理分离的实际思路，抑制不规范的采购行为。

(六) 全方位的监督与控制

全方位的监督与控制，主要执行的是阳光采购模式。ERP系统的采购管理与传统的采购管理相比，它是在监督与控制过程中完成的，不仅能实现规范的、标准的阳光采购行为，还能防止腐败现象的持续增长。

四、ERP系统的采购流程

ERP系统的采购流程是：采购人员登录到企业内部采购系统，提交采购需求单；系统根据需求单的种类确定需求单的处理程序，依次审批；审批通过的需求单汇总生成具体采购单，根据采购单类别确定采购方式（如招标或直接采购）。

ERP系统可以实现采购需求单的自动或手动生成、修改和删除，在线完成各种管理工作，同时提供各种分析决策支持。

第四节　电子订货系统

一、电子订货系统概述

(一) 电子订货系统的基本概念

电子订货系统（Electronic Ordering System，EOS）是指将批发、零售商场所发生的订货数据输入计算机，通过计算机通信网络连接的方式即刻将资料传送至总公司、批发商、商品供货商或制造商处。EOS能处理从新商品资料的说明直到会计结算等所有商品交易过程中的作业，可以说EOS涵盖了整个商流。在寸土寸金的情况下，零售业已没有多少空间用于存放货物，在要求供货商及时补足售出商品的数量且不能有缺货的前提下采用 EOS 系统成为必然。

EOS 并非单个的零售店与单个的批发商组成的系统，而是许多零售店和许多批发商组成的大系统的整体运作方式，要求每一个使用者皆能十分了解此系统的运作，因为机器并非万能，整个系统的运作顺利与否全要依赖人才能发挥作用。EOS 采用了许多先进的管理手段，使用非常广泛，不论零售业、批发业或是制造商，都可采用 EOS 进行企业内的补充订货，而且越来越受到商业界的青睐。

EOS 具有以下几个特点：

(1) 商业企业内部计算机网络应用功能完善，能及时产生订货信息。

(2) POS 与 EOS 高度结合，产生高质量的信息。

(3) 满足零售商和供应商之间的信息传递。

(4) 通过网络传输信息订货。

(5) 信息传递及时、准确。

电子订货系统在零售商和供应商之间建立起了一条高速通道，使双方的信息及时得到沟通，使订货过程的周期大大缩短，既保障了商品的及时供应，又加速了资金的周转，实现了零库存战略。

(二) 电子订货系统的系统构成

从系统构成的角度来看，EOS 系统是企业间利用通信网络和终端设备以在线联结方式进行订货作业和订货信息交换的系统。EOS 采用电子手段完成供应链上从零售商到供应商的产品交易过程。因此，EOS 系统的构成必须具有以下几方面：

(1) 供应商：商品的制造者或供应者（生产商、批发商）。

(2) 零售商：商品的销售者或需求者。

(3) 网络：用于传输订货信息（订单、发货单、收货单、发票等）。

(4) 计算机系统：用于产生和处理订货信息。

从商流的角度来观察电子订货系统，不难看出批发与零售商场、商业增值网络中心和供货商在商流中的角色和作用。EOS 的系统构成如图 9－2 所示。

(1) 批发与零售商场

采购人员根据 MIS 系统提供的功能，收集并汇总各机构要货的商品名称、要货数量，根据供货商的可供商品货源、供货价格、交货期限、供货商的信誉等资料，向指定的供货商下达采购指令。采购指令按照网络中心的标准格式进行填写，经商业增值网络中心提供的 EDI 格式转换成标准的 EDI 单证，经由通信界面将订货资料发送至商业增值网络中心，然后等待供应商发回的有关信息。

(2) 商业增值网络中心

商业增值网络中心的 VAN（Value Added Network，增值网）不参与交易双方的交易活动，只提供用户连接界面。每当接收到用户发来的 EDI 单证时，自动进行 EOS 交易伙伴关系的核查，只有互有伙伴关系的双方才能进行交易，否则视为无效交易。确定有效交易关系还必须进行 EDI 单证格式检查，只有交易双方均认可的单证格式，才能进行单证传递。增值网络服务中心对每一笔交易进行长期保存，供用户今后查询或在交易双方发生贸易纠纷时，将储存的单证作为司法证据。

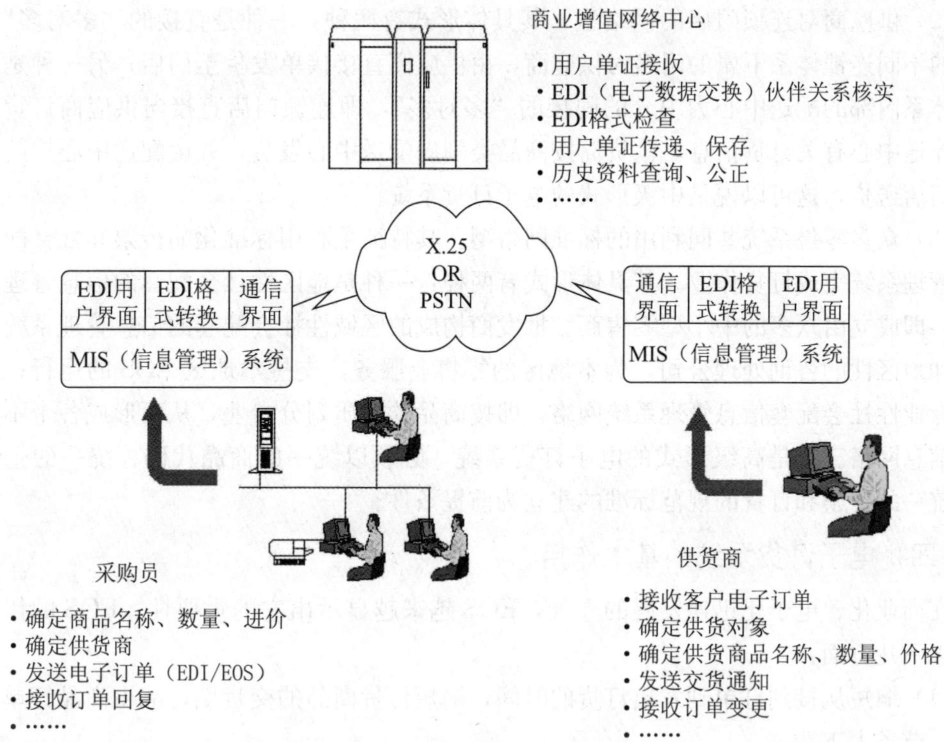

图 9－2　EOS 的系统构成

知识链接

商业增值网络中心

商业增值网络中心是公共的情报中心，通过通信网络让不同机构的计算机各种终端相连，促进情报的收发更加便利的一种共同的情报中心。

VAN 不仅仅是负责资料或情报的转换工作，也可以与国内外其他地域 VAN 相连并交换情报，从而扩大了客户资料交换的范围。

(3) 供货商

供货商根据商业增值网络中心转来的 EDI 单证，经 VAN 提供的通信界面和 EDI 格式转换系统而成为一张标准的商品订单，根据订单内容和供货商的 MIS 提供的相关信息，供货商可及时安排出货，并将出货信息通过 EDI 传递给相应的批发、零售商场，从而完成一次基本的订货作业。

(三) 电子订货系统的类型

根据电子订货系统的整体运作程序划分，EOS 可以分为以下三种类型。

(1) 连锁体系内部的网络型。即连锁门店有电子订货配置，连锁总部有接单电脑系统，并用即时、批次或电子信箱等方式传输订货信息。这是“多对一”与“一对多”相结合的初级形式的电子订货系统。

（2）供应商对连锁门店的网络型。其具体形式有两种：一种是直接的“多对多”，即众多的不同连锁体系下属的门店对供应商，由供应商直接接单发货至门店；另一种是以各连锁体系内部的配送中心为中介的间接的“多对多”，即连锁门店直接向供应商订货，并告知配送中心有关订货信息，供货商按商品类别向配送中心发货，并由配送中心按门店组配向门店送货，这可以说是中级形式的电子订货系统。

（3）众多零售系统共同利用的标准网络型。其特征是利用标准化的传票和社会配套的信息管理系统完成订货作业。其具体形式有两种：一种是地区性社会配套的信息管理系统网络，即成立由众多的中小型零售商、批发商构成的区域性社会配套的信息管理系统营运公司和地区性的咨询处理公司，为本地区的零售业服务，支持本地区 EOS 的运行；另一种是专业性社会配套信息管理系统网络，即按商品的性质划分专业，从而形成各个不同专业的信息网络。这是高级形式的电子订货系统，必须以统一的商品代码、统一的企业代码、统一的传票和订货的规范标准的建立为前提条件。

（四）电子订货系统的基本作用

在商业化、电子化迅速发展的今天，EOS 越来越显示出它的重要性。EOS 的作用主要有以下几方面：

（1）缩短从接到订单到发出订货的时间，缩短订货商品的交货期，减少商品订单的出错率，节省人工费。

（2）有利于减少企业的库存水平，提高库存管理效率，同时也能防止商品特别是畅销商品缺货现象的出现。

（3）对生产厂家和批发商而言，能准确判断畅销商品和滞销商品，有利于企业调整商品生产和销售计划。

（4）有利于提高企业物流信息系统的效率，使各个业务信息子系统之间的数据交换更加便利和迅速，丰富企业的经营信息。

二、电子订货系统的操作流程

（1）在零售店的终端利用条码阅读器获取准备采购的商品条码，并在终端机上输入订货资料，利用电话线通过调制解调器传到批发商的计算机中。

（2）批发商开出提货传票，并根据传票开出拣货单，实施拣货，然后根据送货传票进行商品发货。

（3）送货传票上的资料成为零售商店的应付账款资料及批发商的应收账款资料，并接到应收账款的系统中去。

（4）零售商对送到的货物进行检验后，就可以陈列出售了。

使用 EOS 时要注意订货业务作业的标准化，这是有效利用 EOS 系统的前提条件；商品代码的设计，商品代码一般采用国家统一规定的标准，这是应用 EOS 系统的基础条件；订货商品目录账册的做成和更新，订货商品目录账册的设计和运用是 EOS 系统成功的重要保证；计算机以及订货信息输入和输出终端设备的添置是应用 EOS 系统的基础条件；在应用过程中需要制订 EOS 系统应用手册并协调部门间、企业间的经营活动。

三、电子订货系统的业务过程

1. 销售订货业务过程

销售订货作业流程包括以下八个步骤，如图 9－3 所示。

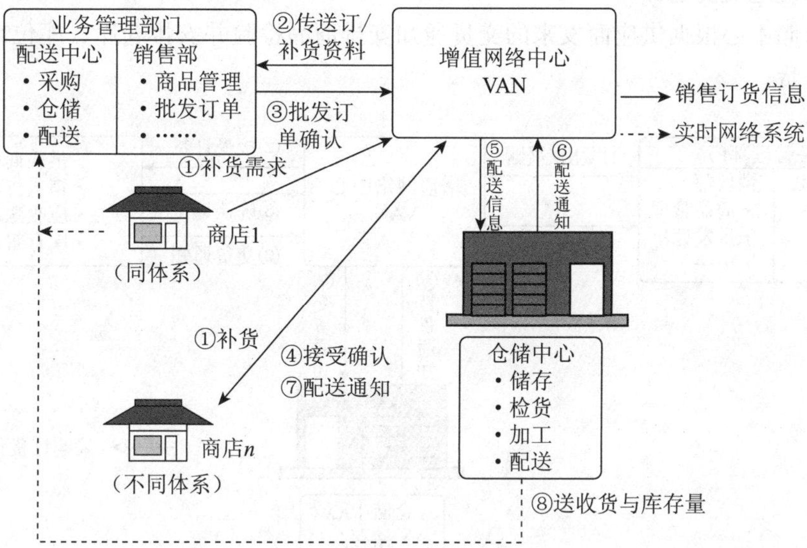

图 9－3　销售订货作业流程

（1）各批发、零售商场或社会网点根据自己的销售情况，确定所需货物的品种、数量。同体系商场根据实际网络情况补货需求通过增值网络中心或实时网络系统发送给总公司业务管理部门，不同体系商场或社会网点通过增值网络中心发出 EOS 订货需求。

（2）增值网络中心将收到的补货、订货需求资料发送至总公司业务管理部门。

（3）业务管理部门对收到的数据汇总处理后，通过增值网络中心向不同体系的商场或社会网点发送批发订单确认。

（4）不同体系的商场或社会网点从增值网络中心接收到批发订单确认信息。

（5）业务管理部门根据库存情况通过增值网络中心向仓储中心发出配送通知。

（6）仓储中心根据接收到的配送通知安排商品配送，并将配送通知通过增值网络中心传送给客户。

（7）不同体系的商场或社会网点从增值网络中心接收仓储中心对批发订单的配送通知。

（8）各商场、仓储中心根据实际情况将每天进出货物的情况通过实时网络系统报送总公司业务管理部门，让业务管理部门及时掌握商品库存数量，以安排合理的库存。

2. 采购订货业务过程

采购订货作业流程包括以下七个步骤，如图 9－4 所示。

（1）业务管理部门根据仓储中心商品库存情况，向指定的供应商发出商品采购订单。

（2）增值网络中心将总采购单发送至指定的供应商处。

（3）指定的供应商在收到采购订单后，根据订单的要求通过增值网络中心对采购订单加以确认。

（4）增值网络中心增值将供应商发来的采购订单确认发送到业务管理部门。

（5）业务管理部门根据供应商发来的采购订单确认，向仓储中心发送订货信息，以使仓储中心安排检验和仓储空间。

（6）供货商根据采购订单的要求安排发运货物，并在交运货物之前通过增值网络中心向仓储中心发送交货通知。

（7）仓储中心根据供应商发来的交货通知安排商品检验并安排仓库、库位或根据配送要求进行备货。

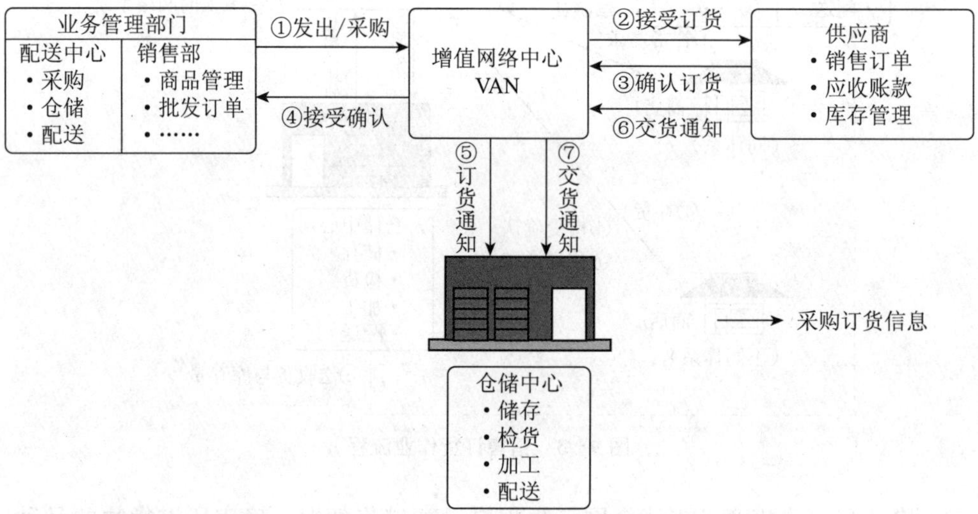

图 9-4　采购订货作业流程

3. 物流作业过程

物流作业流程包括以下四个步骤，如图 9-5 所示。

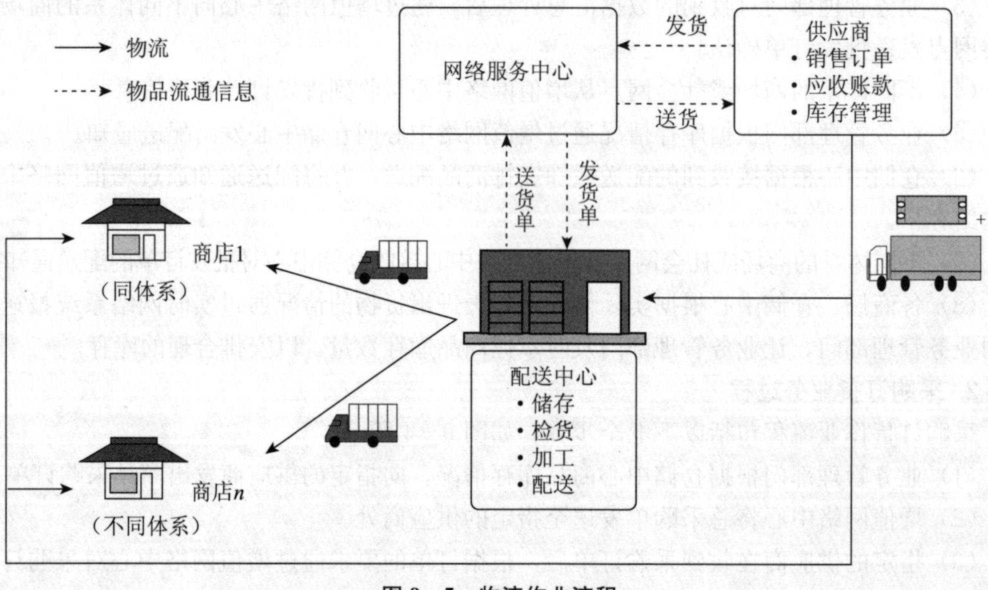

图 9-5　物流作业流程

（1）供应商根据采购合同要求将发货单通过网络服务中心发给仓储中心。

（2）仓储中心对接收到网络服务中心传来的发货单进行综合处理，或要求供应商送货至仓储中心或发送到各商场。

（3）仓储中心将送货要求发送给供应商。

（4）供应商根据接收到的送货要求进行综合处理，然后将货物送到指定地点。

四、电子订货系统规划

企业在对本企业的情况以及社会配套条件等方面的问题进行全面分析之后，如果决定导入 EOS，就要进行详细的规划。电子订货系统规划的内容包括以下几方面：

（1）选择加入的社会配套信息管理系统。根据拟导入的电子订货系统的类型，以及服务功能、价格、同业参加状况，选择最合适的社会配套信息管理系统。

（2）与交易对象共同建立 EOS 运作规范。如新商品加入、促销特价处理、适用商品扩大、变更登录、标签发行、例外状况处理等都应建立规范的运作办法。

（3）建立标准的商品代号与企业代号。EOS 作业不仅要利用统一的商品条码，还必须对商品分类码、企业代码、店内码等标准化。

（4）建立商品订货簿和货架卡。订货簿和货架卡应标示的项目有：商品代号、商品条码、商品名称、售价。

（5）建立标准的订货模式。一是订货方式，如利用货架卡、订货簿，或两者并用，或采用安全存量订货法。二是订货时间，如固定式或不定式。三是订货周期，如每日、隔日、每周两次等。四是订货人员，可选择专业订货人员、商品群负责人或店长。五是电子订货系统终端机台数，根据订货作业量来确定。六是设备操作，应制作标准的作业手册。

（6）建立商品交易档案，即根据商品目录，建立或提供交易对象目录，以便有关方面进行分单处理和数据分析。

（7）货架卡定位。货架卡是 EOS 作业的必备条件，通常由连锁总部或供应商、增值网络中心制作发行，门店得到货架卡后应放置到指定的货架上，并随时注意其位置的变动。

（8）建立统一的传票。使用统一的传票有利于交易各方交换信息，这也是 EOS 作业的基础。

（9）作业人员教育训练。导入电子订货系统需要有关部门和人员的理解和支持，这就必须在导入前进行必要的教育，以建立共识，同时还应对直接相关的人员进行维护、操作、例外处理等方面的训练指导。

（10）导入测试。正式导入之前，除了系统本身及通信线路的测试外，还应在门店对货架卡、订货簿、终端机等工具进行实地测试。测试无误后，才能选定日期正式导入。

知识链接

电子订货系统的优点

EOS 具有如下优点：订单内容详尽、准确、不会出差错；发送订单速度快、工作效率高；操作简单，可以很方便制作订单；接收到的订单格式规范，便于发货；详细记录订单处理过程、便于管理；可以向所有供应商发送订单；可以接收所有客户的发货订单；可以进行每月统计、年统计，便于掌控市场情况；免费升级，不断增加辅助功能。

第五节　采购信息管理系统的实施

一、采购信息管理系统开发的可行性研究

（一）可行性研究的概念

可行性研究（Feasibility Study）是指在当前组织内外的具体条件下，系统开发工作必须具备的资源和条件是否满足系统目标的要求。

对采购管理信息系统进行可行性研究的任务是在做出决策之前，全面论证采购管理信息系统开发项目的必要性、可能性、有效性和合理性，并通过调查研究，全面分析与采购管理信息系统项目有关的因素，组合设计出多个可能的方案，并对各个方案的经济效果进行分析，最后评选最优方案，为决策者提供决策依据。采购管理信息系统可行性研究主要回答以下问题：

（1）目标和方案是否可行？

（2）技术能力上是否可行？

（3）系统开发运行环境是否可行？

（4）经济投资能力如何？

（5）系统需要多长时间才能建立起来？

（6）需要多少人力、物力？

（7）系统分析说明书是否符合现行系统实际情况？

（8）系统分析说明书对新系统的效益分析是否有依据？

（二）可行性研究的内容

采购管理信息系统可行性研究的内容包括技术、经济、环境以及操作可行性研究。技术上的可行是可行性研究的基础；经济上的可行则是可行性研究评价和决策的主要依据；环境的研究是可行性研究的前提；操作上的可行性是项目能否成功的关键。

1. 技术可行性

技术可行性研究是指根据现有的技术条件，考虑所提出的要求能否达到，所需的资源是否具备和能否得到。一般来说，技术可行性研究包括以下几方面的内容：

（1）人员和技术力量的可行性。即有多少科技人员，其技术力量和开发能力如何，有没有系统开发的可行性，如果本单位没人，有没有同其他单位合作开发的可能性。不仅考虑数量，更重要的是质量，以及在近期内可以培养和发展的水平。

（2）基础管理的可行性。即现有的管理基础、管理技术和统计手段等能否满足新系统开发的要求。

（3）组织系统开发方案的可行性。即合理地组织人、财、物和技术力量并实施的可行性。

(4) 计算机硬件的可行性。硬件方面主要考虑各种外围设备、通信设备和计算机设备等的性能是否能满足系统开发的要求以及这些设备的使用、维护及其充分发挥效益的可行性。

(5) 计算机软件的可行性。软件方面主要考虑操作系统、编译系统、数据库管理系统和汉字处理系统。主要研究是否有现成的软件包、自己有无能力编制、各种软件的功能能否满足系统开发的要求以及系统是否安全可靠，还应考虑本单位对使用、掌握这些软件技术的可行性，暂时不能被本单位开发人员掌握的技术，一般应视为不成熟或者没有可行性的技术。

(6) 环境条件以及运行技术方面的可行性。分析目前有关的技术能否支持将要开发的新系统以及能否实现新系统的目标，并对新系统将要采用的技术是否成熟、能否有效地支持新系统的运行进行研究。

2. 经济可行性

经济可行性是指建立后的系统带来的经济效益是否超过其研制和维护的费用。一般来说，建立后的系统在经济效益上应大于花费在系统研制和维护上的费用，否则，从经济上来说是不可行的。经济可行性研究主要从费用估计和经济效益估计两方面进行。

(1) 费用估计。费用估计是对系统开发和运行整个过程的总费用进行估计。费用估算包括的项目有：①设备费用。包括计算机硬件、软件、外设、电源和空调等费用；②开发费用。包括土建费用、技术开发、人员培训等费用；③运行费用。包括人员工资、水电等公共设施使用费、硬软件租赁和维护费、数据收集和录入费、通信费和消耗材料等费用；④其他费用。费用估算时往往会出现低估现象，因为很多意外因素会使费用大大增加，因此，应适当增加费用的比例。

(2) 经济效益估计。在可行性研究阶段，系统尚未建成，只能凭系统分析人员的经验，根据已建成的类似系统取得的经济效益和社会效益预测系统方案实施后可能取得的经济效益。经济效益估计可分为直接经济效益和间接经济效益两种。直接经济效益可用数字直接表达出来，如节省人力和财力、增加产量、提高生产效率等。间接效益难以用数字直接表达出来，如解放繁重的体力劳动和脑力劳动、使企业情报畅通从而增加决策的正确性、改善用户服务和提高公司信誉等，这些效益经常被忽视。有些效益虽然不能从本系统直接体现，但可以从对社会经济活动可能产生的影响来进行估计。效益估计时往往会出现高估现象，因为用户的实际收益取决于用户的应用水平，虽然有的系统能提供很多及时准确的决策信息，如果用户没有很好利用，其实际收益就会降低。

3. 操作可行性

操作可行性是指管理层、员工、客户、供应商以及其他人员是否愿意和是否能够操作、使用和支持这个系统，即组织内外是否具备接受和使用新系统的条件。例如，如果新业务系统的软件难以操作，客户或员工可能会出现很多操作错误，那么他们就不会使用该软件。这样，操作可行性就无法通过。具体地，从组织内部来讲，管理信息系统的建立可能导致某些制度，甚至管理体制的变动。对于这些变动，组织的承受能力影响着系统的生存，尤其是从手工系统过渡到人机系统，这个因素影响更大。领导者不积极参与或旁观怀疑，中下层怕改变工作性质，由于惰性或惧怕心理而反对采用新技术，都是系统失败的关键因素。从组织外部来讲，管理信息系统运行后，报表、票证格式的改变是否为有关部门认可和接受也会直接影响企业的营业额。

4. 环境可行性

环境可行性研究主要是指对新系统能否在实际的环境中顺利地运行并达到预定的目标的分析。如企业领导对于采购管理信息系统的开发是否支持，能否抽出骨干力量参与系统的开发等。采购管理信息系统的开发是一项复杂的工程，需要投入大量的人力、物力和时间，如果没有企业领导的支持和骨干力量的参与，系统的开发和实施将很难成功。环境可行性研究的内容包括形势的急迫性分析、企业的管理水平分析、系统方案是否与现实环境相吻合和人员配备和培训方面的分析。

（三）采购管理信息系统可行性研究的流程

不同类型的系统开发项目，可行性研究所涉及的基本问题大致相同。按照系统分析的原理，采购管理信息系统可行性研究的流程如下：

1. 确定目标

在可行性研究中，目标是指在一定的环境和条件下希望达到的某种结果。项目目标可以分为基本目标和期望目标。基本目标就是必须实现的目标，期望目标则是力争达到的目标。确定目标的同时，还要提出达到预期目标的考核指标，通常，指标并非一个，而是一个指标体系，包括技术、经济、社会和环境指标等。

2. 系统调查

对现行系统和市场做全面、细致和充分的调查研究和分析。

3. 列出可能的技术方案

在系统调查的基础上，列出各种可供选择的技术方案。要求所拟订的备选方案应当把所有可行方案都包括进去，否则，会因漏掉了一些可行方案，导致分析的结果不是最优的。实际工作中，可以根据目标和约束条件筛选掉一些不符合条件的可行方案，只需列出几个可行方案即可。

4. 技术先进性分析

技术的先进性分析有着广泛的含义，既有系统功能的先进性，又有所用计算机设备的先进性，还有标准化等组织技术的先进性等，这些都是必须考虑的因素。

5. 经济效益分析

对方案经济效益的分析是指按现行财务制度的各种规定、现行价格、税收和利息等来进行的财务收支计算，并用可能发生的资金流量对技术方案的经济效益进行的一种评价。

6. 综合评价

通过对技术方案的经济效果的评价，可优选出效益最好的方案。但经济上的最好方案不一定是最优方案，必须进行综合评价。综合评价是指在经济评价的基础上，同时考虑其他非经济方面的效果，如政治、社会和环境效果等，对技术方案进行评价。这种评价往往采用多目标决策的方法。

7. 优选方案并写出可行性研究报告

通过以上分析和评价，根据项目目标优选最合适的方案，并按照总体纲要写出可行性研究报告。

二、采购信息管理系统开发的可行性报告

可行性研究报告是可行性研究的最后成果，必须用书面的形式记录下来，作为论证和后续开发活动的依据。采购管理信息系统可行性研究报告的内容包括以下几方面：

1. 引言

（1）概要。说明系统的名称、目标和功能。

（2）背景。系统开发的组织单位、系统的服务对象及本系统和其他系统或机构的关系与联系。

（3）参考和引用的资料。说明系统相关的经核准的文件、合同及系统有关的文件、资料，报告所使用的专门术语的定义等。

2. 系统建设的背景、必要性和意义

（1）现行系统分析摘要。对现行系统初步调查分析的结果，主要包括：①现行系统的组织结构、业务流程、工作负荷；②现行系统的人员状况、运行费用开支及设备的使用状况；③现行系统的计算机配置、使用效率和局限性；④现行系统在上述各方面的问题和要求。

（2）需求调查和分析。对系统的需求进行详细调查和说明，并考虑各种制约因素。

（3）需求预测。说明改革和经济发展对管理信息系统可能产生的新的要求，并对这一要求进行预测。

3. 新系统的候选规模及方案

提出一个主要方案和若干个辅助方案，其内容包括：

（1）新系统的目标。从多方面论述新系统的目标，有可能提高的社会效益和经济效益，需要改进的管理手段，可能减少的人力和设备费用等。

（2）系统的建设规模和初步设计方案。说明新系统的规模、组织和结构。

（3）系统建设的实施计划。

（4）投资方案。说明投资的数量，投资的来源及投资的时间安排等。

（5）人员培训及补充方案。说明新系统对人员的数量及质量的要求，对现有人员进行培训及新增人员的计划。

（6）其他。

4. 可行性研究

可行性研究部分包括可行性研究的内容、方法和结论等。

5. 几种方案的比较研究

对所有的候选方案从技术、经济和运行三个方面进行比较研究。

6. 可行性分析的结论

可行性分析的结论要根据以上的可行性分析得出开发项目是否可行的结论。一般包括以下几种方式：

（1）可以立即进行系统的开发。

（2）需要增加一定的设备资源后才能进行开发。

（3）要推迟到某些条件具备以后才进行开发。

(4) 需要对系统的目标进行重大修改。

(5) 不能或不必要对系统进行开发。

三、采购信息管理系统的实施过程

系统实施阶段既是成功地实现新系统，又是取得用户对系统信任的关键阶段。系统实施阶段的任务是将系统设计阶段形成的物理模型加以具体的实现，这一阶段需要投入大量资金来进行软硬件的购置，还需要投入大量的技术力量来进行程序的设计与调试，是耗费人力、物力和财力较大的阶段，也是采购管理信息系统成功运作的关键阶段。

(一) 实施领导小组的建立

系统实施是将系统设计阶段的结果在计算机上实现，并应用到实际管理工作之中的过程。即将纸面上的、类似于设计图的新的管理信息系统方案（物理模型）转成可以实际运行的管理信息系统软件，并应用到实际的管理工作当中。

系统实施过程涉及的人员多、范围广，时间也较长，需要设立系统实施领导小组，统一进行指挥和协调。领导小组是信息系统的最高决策机构，一般来说，这一项目属于企业战略高度的项目，甚至关系企业的兴衰存亡，需要领导阶层强有力的支持。实施领导小组的组长一般应是副总级别的，其人员组成应包括使用信息系统的各级管理组织的主要负责人、有经验的管理专家和信息系统的系统分析员。领导小组的主要工作是编制目标系统的实施计划、进行项目控制、检查工作进度、协调各小组人员的工作以及处理实施过程中产生的问题等。

(二) 系统实施内容

系统实施的任务是以系统设计方案为依据，按照系统实施方案进行具体的实现，最终组建出一个能够实际运行的系统，交付用户使用。系统实施的内容包括以下几方面：

(1) 物理系统的实施

物理系统包括硬件系统和软件系统。硬件系统包括服务器、工作站和一些外设，软件系统主要是指操作系统和一些中间件服务器。MIS 物理系统的实施是计算机系统和通信网络系统设备的订购、机房的准备和设备的安装调试等一系列活动的总和。购置计算机系统除了能够满足系统设计与应用的要求外，还应当考虑以下问题：一是计算机系统是否具有合理的性价比。二是系统是不是具有良好的可扩充性。三是能否得到供应商的售后服务和技术支持。选择安装地点时要考虑系统对电缆、电话或数据通信服务、工作空间和存储、噪声和通信条件及交通情况的要求，例如，使用专门的地板，让电缆通过地板孔道，连接中央处理机及各设备，保证安全，同时要保证不中断电源，以免丢失数据。

(2) 建立数据库系统

数据库系统包括桌面数据库系统和大型数据库系统。建立数据库系统的工作主要包括数据库系统的选择、相关数据库的建立和历史数据的加载。数据库的选择要考虑到系统本身的安全性控制、完整性控制、可移植性、可兼容性以及事务处理能力，同时还要考虑投资和可操作性等方面的要求。历史数据的加载是一项烦琐复杂但又十分重要的基础工作，对这部分人员要加强教育和培训，提高其输入技能和工作责任心，保证数据的完整与准确。

（3）程序设计

程序设计的任务是根据系统设计说明书中关于模块的详细描述和处理过程的描述，选择合适的计算机语言来编制程序的工作。程序设计的目标有四个：①可维护性；②可靠性；③可理解性；④效率。为了提高程序设计效率，应充分利用各种软件开发工具。程序设计的方法主要有结构化法、快速原型法和面向对象法。

程序设计的基本要求有：①程序的功能必须按照规定的要求，正确地满足预期的需要；②程序内容清晰、明了、便于阅读和理解；③程序结构严谨、简捷、算法和语句选用合理，执行速度快，节省机时；④程序和数据的存储、调用安排得当，节省存储空间；⑤程序适应性强。程序交付使用后，若应用问题或外界环境有了变化能调整和修改程序。

知识链接

软件维护的分类

软件的维护是指软件交付用户使用进入正常运行阶段以后，为改正潜在错误、扩充功能、完善功能、结构更新、延长软件寿命而进行软件修改的活动，它是软件生命周期的最后阶段，也是持续时间最长、代价最大的阶段。

软件维护的类型有：

（1）校正性维护。是指发现和改正潜在的软件错误（由于软件工程和项目管理技术的应用，软件的正确性得到极大的保证，维护量已大大减少，占20%）。

（2）适应性维护。是指在硬件环境和软件支撑环境改善的情况下，对交付使用的软件作相应的修改，以适应新的系统环境（如由单机环境过渡到网络环境，占25%）。

（3）完善性维护。是指为了适应用户新的要求，完善软件功能，进一步提高软件质量而进行的一种维护（最主要的维护工作，占50%）。

（4）预防性维护。是指为了改良软件将来的可靠性或可维护性，或者为将来的改进奠定更好的基础而对软件进行的修改或补充，这种维护最少（如系统安全备份设计，占5%）。

对于MIS软件，加强其适应性维护和完善性维护是延长其使用寿命的主要维护工作。

（4）软件测试与调试

广义上讲，测试是指软件产品生存周期内所有的检查、评审和确认活动，如设计评审、系统测试。狭义上讲，测试是对软件产品质量的检验和评价，它主要检查软件产品质量中存在的质量问题，同时对产品质量进行客观的评价。测试的目的是为了以最少的时间和人力，系统地找出软件中潜在的各种错误和缺陷。测试可以分为四种类型：①模块测试。在每个单独的模块中进行，包括模块界面、内部数据结构、独立路径错误处理和边界条件等项目。②集成测试。将各模块集中，形成一个完整的软件，对该软件进行测试。

③系统测试。将被测软件放在系统环境中进行测试。④验收测试。用户参与的测试，是对系统的最后确认。

人们常常有一种错觉，认为程序编写出来就“万事大吉”了。其实，程序编制完成后，需要对程序进行调试，排除其中的各种错误，常用的调试方法有试探法、跟踪法、对分查找法、归纳法和演绎法等。调试是为了改正错误，而程序中的错误需要通过测试来查找。所以程序测试与调试往往是密不可分的。

（5）人员培训

人员培训包括：①事务管理人员的培训。通过事务管理人员培训，使他们了解新系统的目标、功能、系统的结构、运行过程以及对企业组织机构、工作方式等产生的影响。对事务管理人员进行培训时，必须做到通俗、具体，尽量不采用与实际业务领域无关的计算机专业术语。②系统操作人员的培训。系统操作员是采购管理信息系统的直接使用者，对系统操作员的培训应该提供比较充分的时间，除了学习必要的计算机硬、软件知识，以及键盘指法、汉字输入等训练以外，还必须向他们传授新系统的工作原理、使用方法、简单出错的处置等知识。③系统维护人员的培训。系统维护人员一般由计算中心和计算机室的计算机专业技术人员担任，系统维护人员的培训内容包括系统整体结构、系统概貌、系统分析设计思想、计算机系统的操作与使用、系统主要软件工具的使用、系统输入方式与操作流程、可能出现的故障排除方法、系统文档资料的分类与检索方式、数据的收集渠道、统计口径以及操作注意事项等。

（6）系统转换

系统转换就是用新系统代替旧系统的过程。在进行转换前要进行数据的准备、文档的准备和人员的培训。系统的转换有直接转换、并行转换和分段转换三种方式。直接转换就是在确定新系统运行准确无误时，立即启用新系统，终止原系统运行，这种方式能节省人员、设备费用，一般适用于处理不太复杂的数据。平行转换是新旧系统并行运行一段时间，经过一段时间的考验后，新系统正式代替原系统。对于较复杂的大型系统，它提供了一个与原系统运行结果进行比较的机会，可以对系统在各个方面进行考察和评价。当然，由于是与原系统同时运行，消除了不稳定的潜在危险，也消除了尚未认识新系统之前的惊慌与不安。分段切换是上述两种方式的结合，采取分期分批逐步转换。一般比较大的系统采用这种方式较为适宜，它能保证系统平稳运行，费用也不会太大。

（7）文档的编制

文档的编制是系统开发的每个阶段都必不可少的工作，系统实施阶段也不例外。文档编制的内容包括硬件设备的配置说明、数据库文件清单、应用程序清单、用户手册和操作说明等。这些文档可以为系统的维护和评价提供依据。

案例分析

网上集中采购为何半途而废

风驰物流有限公司是思源电力公司的全资子公司，负责思源电力公司所属电厂的物资供应工作。从2005年开始实行网上采购，风驰公司向各发电公司实行统一采购，统一结算，并提取5%的管理费用。各电厂对网上采购的支持情况，纳入对各电厂一把手的年度责任考核和年薪制考核。为了完成全系统的网上采购任务，公司完善了采购网站的功能，实行了网上询价采购、网上招标采购、网上超市采购、网上虚拟出口仓库等功能模块。相应地，各发电厂将需求的所有物资上网，要求网上采购，各基建电厂将标书上传到网上进行网上招标。网上采购的结果如下：

(1) 电缆等技术型号简单的物资网上采购效果明显，采购单价显著降低，和同期人工采购相比，单价平均降低5%，但由于物流公司5%的加价，发电厂的采购成本没有降低。

(2) 网上采购遭到了发电厂普遍的抵制。它们对供应商送货到现场进行尽可能的刁难，上网采购时间最低要求1天，供应商来不及网上报价。

(3) 技术条件比较复杂的物资，如物品备件等，发电厂物资部门故意填错、少填型号等，造成网上供应商报价不够准确，发电厂物资部门再将准确的型号私下通知个别的供应商，操纵网上报价，使得网上采购徒有虚名。

(4) 网上招标只能够完成标书上网，实际工作中是以传统方式招标后，再在网上走一遍，造成全过程网上采购的迹象。

(5) 上网之后将技术型号改变，造成其他供应商不能报价，形成单一货源，实际手工采购。

(6) 故意晚报急需物资，特别是事故检修物资，造成网上采购不能满足要求而转入人工，个别发电厂急需物资达93%。

(7) 供应商恶意报价搅乱市场、采购质量得不到保证的行为时有发生，腐败现象没有得到明显遏制，采购效率下降、采购劳动生产率下降。

(8) 供需双方对网上超市交易方式均不太熟悉，货架上物资品种不足，造成超市物资的比质比价工作基本不能正常开展。

分析原因：

首先，询价采购订单处理不及时，造成采购申请积压。这是因为：①管理考核不到位，虽然制订了工作标准和考核标准，但执行不到位。②集中采购业务人员岗位压力小，没有岗位危机和紧迫感。③工作量相对比较集中。④技术业务不熟练。

其次，采购申请凌乱，三类零散物资上网数量较大。

最后，除电缆等技术简单的物资之外，网上采购没有降低采购成本，部分物资采购成本反而升高。具体原因是：发电厂物资需求属于多品种、小批量，不能形成批量采购优势；个别人员操纵报价，用网上采购规避采购成本增加的责任。

基于上述原因，仅半年之后，集中由物流公司采购改为由各发电厂自行网上采购，批量采购的酸碱盐等实行统一人工采购。网上集中采购宣布中止。

思考题：

1. 思源公司从各厂分散采购到集中网上采购的变革缘何以失败告终？

2. 成功实施网上采购需具备哪些基本条件？

思考与练习

一、判断题

1. 采购管理信息系统的实施阶段主要是对系统的程序设计加以具体的实现。(　　)

2. ERP 系统与传统信息系统最明显的区别在于它的事先控制、事中监督和事后分析。(　　)

3. EOS 可以缩短从接到订单到发出订货的时间，缩短订货商品的交货期，降低商品订单的出错率。(　　)

4. 合同管理功能模块是采购管理信息系统最核心的子系统。(　　)

5. 选择供应商是采购信息的源头，也是触发后续采购业务的基础。(　　)

二、单项选择题

1. 下列哪项不属于信息的属性?(　　)

A. 对称性　　B. 层次性　　C. 价值性　　D. 事实性

2. (　　) 不属于采购管理信息系统的功能。

A. 供应商管理　　B. 采购申请　　C. 库存管理　　D. 薪酬管理

3. EOS 由零售商、供应商、(　　) 和计算机系统构成。

A. 硬件设备　　B. 软件系统　　C. 网络　　D. 操作员

4. 电子订货系统的业务不包括(　　)。

A. 销售订货　　B. 存储货物　　C. 物流作业　　D. 采购订货

5. 管理信息系统的经济可行性要从资金的(　　) 和经济上的合理性两方面来考察。

A. 效益性　　B. 成本性　　C. 可得性　　D. 利润率

三、思考题

1. 简述企业采购业务中的信息流程。

2. 简述采购管理信息系统的功能。

3. ERP 中的采购工作模式有哪些特点?

4. 简述电子订货系统的基本构成。

5. 简述采购管理信息系统的实施过程。

实训题

案例分析：连锁超市的 EOS

美国连锁超市巨头企业沃尔玛的每一家门店都备有 8 万种以上的商品，通过 EOS 及其他的电子通信手段（如 POS 等）的联合使用，沃尔玛可以保证货品从仓库运送到任何一家商店的时间不会超过 48 小时。相对于其他同业商店平均两周补货一次，沃尔玛可保证分店货架平均一周补两次。门店销售与配送中心，配送中心与供应商均可保持同步。

沃尔玛与生产商、供应商之间建立起的实时订货系统，使其赢得了比其竞争对手管理费用低 7%，物流费用低 30%，存货期由 6 周降至 6 小时的优异成绩。

电子订货系统是物流信息化的产物，而连锁超市开发使用电子订货系统成为必然趋势。就国内的连锁企业来说，目前的 EOS 实施还处于起步阶段。国外先进的跨国零售业企业进军中国，他们拥有一流的管理理念和丰厚的电子订货系统实施经验，为我国连锁企业的发展树立了榜样。

思考题：

1. 沃尔玛的 EOS 有哪些特点？
2. 沃尔玛的 EOS 对我国连锁企业发展有何启示？

第十章　采购风险管理与绩效评估

学习目标

知识目标

1. 熟悉采购风险及主要风险内容；
2. 熟悉采购风险的主要防范措施；
3. 熟悉采购风险控制的方法；
4. 了解实施采购绩效管理的必要性；
5. 掌握采购绩效评估的主要内容。

技术目标

1. 会根据实情识别采购风险；
2. 会采用采购风险防范的相应策略；
3. 会应用采购绩效管理的方法。

职业能力目标

1. 培养良好的职业道德，树立采购风险管理的意识；
2. 树立采购的绩效意识，提高组织部采购部门的运营效率。

采购聚焦

2000 年飞利浦美国芯片工厂失火造成芯片断货改变了功能手机市场格局。爱立信市场份额一路下滑最终退出功能手机市场，而诺基亚通过买断货源、更改设计和开发新供应商等一系列事后快速反应策略一跃成为功能手机市场的龙头老大。

历史又一次重现。最近博世由于铝制壳体断货造成转向齿轮断供，2017 年 5 月 29 日，宝马发表声明数处工厂停工；2017 年 6 月 1 日，博世宣布买下断货供应商意大利阿拉提尼恺撒公司，快速控制了事态的进一步恶化。如果不能迅速控制局面，估计博世付给宝马的赔偿足够买下好多个阿拉提尼恺撒公司。而最具有代表性的还是前面提到的飞利浦芯片工厂失火的事件。如果按时间轴对比一下事件发生后诺基亚和爱立信的应对措施，相信大家对最终的结果也不会惊讶了。

从上面案例可以看出，采购的首要任务是保证物料的供应，其次才是以合理的成本获取物料。在企业运营中由于断货造成的断货风险远甚于原材料涨价带来的影响，供应链断货的风险很有可能改变产业的竞争格局。

采购风险管理一直是一个值得关注的问题，采购部门很明显会影响到企业各个方面的风险度，包括运营财务以及声誉风险。不管是能源、服务还是直接或间接要求而导致的供应中断，都会影响组织按照计划生产及顾客预期运营，因而也就带来运营风险。假设商品市场和金融市场的价格幅度已经超过了单个购买商品所能控制的范围，并且长期的供应协议要求价格固定，那么供应这部分就会有巨大的财务风险，更进一步而言，道德约束或者让人质疑的供应行为以及供应商或许会给组织带来很大的声誉风险。

第一节　采购风险及其分类

一、采购风险的概念

采购过程通常包括采购计划、采购预算、供应商选择、采购价格管理、合同签订与执行、物资验收、付款结算、成本核算等诸多环节，企业的采购活动充满风险。采购风险通常是指采购过程可能出现的采购员“暗箱操作”、弄虚作假、舍贱求贵、以次充好、收受回扣等腐败现象，或者出现采购物品积压浪费、质量不达标、交付不及时等各种意外情况，导致采购的实际结果与企业预期目标相偏离的程度和此偏离程度给企业带来损失的可能性。

虽然采购风险并不是企业风险的全部，但是发生的概率高，影响大，可能造成的后果就是：由于损失或不能即时变现，发生支付危机；因未及时查清转账，造成虚盈实亏；由于企业采购资金陷落，出现“资不抵债”，终致瘫痪全身。

二、采购风险分类

采购风险按照不同的分类方式可以分为不同的类型。

(一) 按照采购风险的原因分类

1. 采购的外因型风险

(1) 意外风险。物资采购过程中由于自然、经济政策、价格变动等因素所造成的意外风险。

(2) 价格风险。一是过于依赖某一供应商，导致供应商往往能左右采购价格，对采购方施加极大的影响或压力，使采购方落入供应商垄断供货中，特别是供应商处于垄断地位或受到强有力的专利保护时，被控制的风险会更大。二是当公司采购认为价格合理情况下，批量采购，但该种物资可能出现跌价而引起采购风险。

(3) 采购质量风险。一方面，由于供应商提供的物资质量不符合要求，而导致加工产品未达到质量标准，或给用户造成经济、技术、人身安全、公司声誉等方面的损害。另一方面，因采购的原材料的质量有问题，直接影响到公司产品的整体质量、制造加工与交货期，降低公司信誉和产品竞争力。

(4) 技术进步风险。一是公司的制造产品由于社会技术进步引起贬值、无形损耗甚至被淘汰，原有已采购原材料的积压或者因质量不符合要求而造成损失；二是采购物资由于新项目开发周期缩短，如计算机新型机不断出现，更新周期越来越短，刚刚购进了大批计算机设备，但因信息技术发展，所采购的设备已经被淘汰或使用效率低下。

(5) 合同欺诈风险。

①以虚假的合同主体身份与他人订立合同，以伪造、假冒、作废的票据或其他虚假的产权证明作为合同担保。

②接受对方当事人给付的货款、预付款，担保财产后逃之夭夭。

③签订空头合同，而供货方本身是“皮包公司”，将骗来的合同转手倒卖，从中牟利，而所需的物资则无法保证。

④供应商设置的合同陷阱，如供应商无故中止合同，违反合同规定等可能性及造成损失。

2. 采购的内因型风险

(1) 计划风险。因市场需求发生变动，影响到采购计划的准确性；采购计划管理技术不适当或不科学，与目标发生较大偏离，导致采购中计划风险。

(2) 合同风险。一是合同条款模糊不清，盲目签约；违约责任约束简化，口头协议，君子协定；鉴证、公证合同比例过低等。二是合同行为不正当。卖方为了改变在市场竞争中的不利地位，往往采取一系列不正当手段，如对采购人员行贿，套取公司采购标底；给予虚假优惠，以某些好处为诱饵公开兜售假冒伪劣产品。而有些采购人员则贪求蝇头小利，牺牲公司利益，不能严格按规定签约。三是合同日常管理混乱。

(3) 验收风险。在数量上缺斤少两；在质量上鱼目混珠，以次充好；在品种规格上货不对路，不合规定要求；在价格上发生变形等。

(4) 存量风险。一是采购量不能及时供应生产之需要，生产中断造成缺货损失而引发的风险。二是物资过多，造成积压，大量资金沉淀于库存中，失去了资金的机会利润，形成存储损耗风险。三是物资采购时对市场行情估计不准，盲目进货，造成价格风险。

（5）责任风险。许多风险归根结底是一种人为风险，主要体现为责任风险。例如，合同签约过程中，由于工作人员责任心不强未能把好合同关，造成合同纠纷。或是采购人员假公济私、收受回扣、谋取私利。

（二）按照采购风险的环节分类

1. 增支风险

由于在采购过程中各种增加支出因素的存在，使完成一项采购活动所需的最终采购支出比预期的采购支出有所增加，所以采购面临增加支出的风险，主要原因有：

（1）采购计划不合理。编制的采购计划不合理，使采购过程中缺乏合理的依据，还可能致使企业为了满足临时性的生产需要而进行紧急采购，进而导致采购支出增加。

（2）预算编制不合理。采购预算编制不合理，导致采购实际成本超过预期的采购支出，使采购面临增支风险或采购过程资金短缺的风险。

（3）采购预算执行。采购人员未按预算管理制度、流程准确执行，使得采购预算形同虚设，相关表单工具也未得到正确使用，导致采购面临增支风险。

（4）采购价格上涨。由于市场形势发生突变，或者对于原材料的上涨缺乏预期，使企业采购成本突然增加，从而使企业面临采购增支风险。

（5）采购数量增加物资管理不当使仓库物资发生变质或者损坏，或生产需求增加等原因，导致企业需紧急增加采购物资的数量，从而产生采购增支的风险。

2. 延迟交货风险

延迟交货是指供应商没有严格按照合同所规定的时间完成交货任务，而是在合同规定的交货期后一段时间才履行交货义务。

（1）供应商管理水平。由于供应商在生产要素的组织管理等方面存在不足或决策失误，使交货日期迟于采购合同所要求的交货日期。

（2）原材料控制不当。供应商在签订合同之前，忘记预估、错误估算或不估算原材料的状况，如果原材料不能及时到位，就存在采购物资不能及时交付的风险。

（3）供应商技术水平。供应商接单之前未对技术水平进行正确评估，在订单生产时，才发现材料、模具、设备不能满足生产的需求，造成问题无法解决而影响交货期。

（4）物资运输。供应商对物资运输时间估算错误，或物资在运输过程中出现突发事件等，都可能造成延期交货风险。

（5）不可抗力。由于发生了供应商无法预见、无法预防、无法避免和无法控制的事件，以致不能履行或不能如期履行合同，造成延迟交货风险。

3. 质量不符风险

质量不符是指供应商提供的物资质量不符合采购企业质量的标准或采购合同的要求，物资质量不符。存在的风险取决于供应商，同时也取决于企业内部质量的标准。

（1）供货质量。由于供应商提供的物资质量不符合要求，导致加工产品未达到质量标准，给企业在经济、技术、人身安全、企业声誉等方面造成损害。

（2）验收人员。物资验收人员对物资的质量验收工作不重视，或技术不强，对质量检验工作和基本理论知识理解不到位等情况，都有可能造成物资质量低下。

(3) 验收工具。采购物资检验仪器的操作方法不当或检测设备失效，引起物资质量误判，造成质量不符合企业要求的风险。

(4) 验收方法。未按规定的检验流程和操作规程进行物资检测，使物资检验不及时、不准确，导致不合格品混入仓库，造成物资质量不符合标准的风险。

(5) 验收标识。对不合格的物资未进行标识，若物资标识与实际不符，导致不合格品混入仓库，则会造成物资质量不符合标准的风险。

案例分析

来自供应商方面的风险是采购工作中面临的重要风险。比如最近三星 GALAXY NOTE（一种手机型号）7 由于电池质量召回 250 万部手机的事件，导致三星电子 10 亿美元的损失，净利润由此下降 16%，严重影响了三星的品牌声誉度。这种由于供应商供应的缺陷部件引发的产品责任往往会给企业带来灾难性的损失。

4. 合同风险

合同风险是指因为供应商与采购方的各种原因，导致采购合同无法正常履行，给企业造成损失的风险。影响合同风险的因素主要包括采购人员的知识结构、供应商的履约能力、合同的内容等。

(1) 合同知识缺乏。采购人员对采购合同和相关法律法规不熟悉，导致无法识别采购合同中存在的风险，无法有效利用合同条款规避风险。

(2) 合同范本紊乱。采购部所签订的合同未以范本为准，使合同的内容不规范、不完善、不合理，导致合同产生法律纠纷的风险。

(3) 合同主体。供应商通过虚假的合同主体身份与采购人员订立合同，或以伪造、假冒、作废的证件作为合同主体证明，容易造成合同无效的风险。

(4) 合同条款。采购合同不合法可能被认定无效，采购合同条款约定不明确或表述不严谨，可能影响合同履行，引发纠纷。

(5) 合同更改确认。供应商替换合同内容或提供的合同与谈判达成的内容不一致，而双方也未进行确认，这样可能会使采购方蒙受较大的经济损失。

(6) 合同履约风险。未对供应商进行调查，不能确定其是否具备履行合同义务的能力，而给企业带来采购风险。

5. 预付款风险

预付款风险是指采购方在提前付款的情况下，出现终止采购退款难、采购质量难保证、虚假承诺难兑现、采购变更难履约、携款逃逸难追款等风险。

(1) 协议约定不详细。采购物资、交货期限、生效条件、合同变更、协议终止、违约责任等内容约定不明确，致使出现采购物资难保证、采购变更难履行等风险。

(2) 供应商履约风险。供应商接受预付款后，可能会擅自变更交货时间、降低服务质量，不按事先约定的条款履行或不完全履行，给采购方造成损失或严重影响。

(3) 突发事件。接受预付款的供应商可能会由于竞争激烈或经营者本身管理能力不足、经营不善等因素，导致企业经营困难，造成无法履约的风险。

（4）付款控制不当。对预付款比例、金额控制不当，增加企业的资金占用率，造成资金无法正常周转的风险。

（5）付款审核不严。付款审核管理制度不完善，审核人员没有对付款凭证进行严格考核，导致付款出错或在付款时出现纠纷。

6. 存货风险

企业通过采购、外协方式取得的原材料或辅料构成了存货。存货是企业开始生产经营活动的物资基础，企业在进行存货管理的过程中存在许多风险。

（1）库存过高的风险。企业库存过高，将占用大量资金，同时需投入过多的成本对其进行保养和维护，若管理不善则会产生大量的呆滞物资，给企业带来经济损失。

（2）库存过低的风险。企业库存过低，将不能满足企业的生产需求，并且导致停工待料和延迟交货。

（3）物资损坏变质。物资长时间的积压、库存管理不善、仓库环境不良等，都可能造成库存物资的损坏，给企业带来损失。

（4）库存周转过慢。库存周转过慢，周转率过低，将可能造成库存积压，增加库存成本。

（5）库存价格下跌。企业库存物资的下跌，将可能导致库存价值缩水，产成品的价格下降，企业利润降低的风险。

（6）库存信息不畅。库存信息不畅通，将导致库存信息不能及时收集并录入系统，造成库存信息不正确、不对称，影响企业的管理决策。

7. 道德风险

（1）采购信息收集。采购人员为了贪图省力，不积极收集信息，致使企业不完全了解市场价格，难以判断价格是否合理，导致采购价格高于市场价格的风险。

（2）供应商选择。采购人员为了个人利益与供应商合谋，并利用职权，使供应商在供应商筛选中处于优势地位，给企业采购工作带来道德风险。

（3）采购回扣。采购人员在谈判议价的过程中，供应商在账外暗中给予采购人员回扣，而采购人员则给予供应商在价格上的优惠。

（4）签订采购合同。供应商利用虚假名义签订合同或设置合同陷阱，导致合同无效，并且合同管理制度不健全，导致采购人员出现暗箱操作的风险。

（5）合同工履行。供应商无故终止合同，不按照合同约定提交货物，耽误企业的生产。

（三）针对不同的业务节点进行分类

1. 业务风险

（1）市场风险。由政府政策的变化等外因导致的市场需求等方面的变化，致使采购活动无法及时调整。

（2）计划风险。在制订采购计划的过程中，由于采购人员对市场的分析不到位、对所要进行的采购项目管理不科学等内部原因，导致采购活动与企业的采购目标发生了较大的偏离。

（3）合同风险。双方在拟定合同的过程中合同条款模糊不清，盲目签约；或是合同的签订违反法律规定，例如采购人员利用职务之便，收受贿赂，私自泄露企业的招标信息。

(4) 意外风险。由于供应商合同在实际履行过程中不按照协议，中途偏离预定的目标，在很大程度上给企业带来意想不到的风险。

(5) 违约风险。供应商在交货时间、交货地点等方面违反合同，给企业带来损失。

(6) 采购价格风险。在制订合同条款时对采购价格的约定较模糊，最终交货时产生价格争议。

(7) 商业发票风险。由于供应商开具的商业发票性质及金额有误，可能会给企业造成无法入账审批等风险。

(8) 质量风险。在质量上参差不齐、滥竽充数，在货物的规格上不按企业规定私自调整等，使所供应的货物无法满足企业生产要求。

(9) 数量风险。由于供应商为企业提供的货物在数量上缺斤短两，不能满足企业所需数量，使企业面临停产风险。

(10) 滞销风险。采购员进行采购活动的过程中，对市场的预估有误，导致盲目采购，最终造成产品贬值滞销。

(11) 脱销风险。采购物品的数量不能满足生产部门的实际需要，不能做到及时供应，导致实际生产不得不中断。

(12) 赠品到货风险。由于供应商承诺给企业的附赠品不能及时到货，导致企业的一系列营销活动不能顺利开展，错过商机。

(13) 库存成本风险。由于采购过程中没有按照经济订购批量来进行采购，导致采购物品的数量远大于实际所需，造成库存成本大大增加。

2. 管理风险

(1) 责任风险。企业在招聘、培训采购人员的过程中，首先对应聘人员的基本信息未能切实把好关，对其能力的测试等环节也没有做到深入细致，导致招聘到企业中来的采购员本身素质、能力等各方面良莠不齐，为企业带来法律及业务方面的责任风险。

(2) 腐败风险。在员工的培训环节没有着重强调采购人员应该具备的各项素质及应该遵守的纪律，给企业的营运带来腐败风险。

第二节　采购风险防范

在识别出以上采购风险之后，要开展的就是采购风险的管理。采购风险管理是指企业在充分认识所面临的采购风险的基础上，采用适当的手段和方法，予以防范、控制和处理，以最小成本确保企业经营目标实现的管理过程。

一、风险矩阵的基本概念

风险矩阵可以说是风险管理学科中最基本的理论之一，只通过两个指标来衡量风险程度，即风险发生的可能性以及风险事故后果的严重性，简言之，风险概率及风险危害。

用公式表示为：

$$风险度（R）=风险概率（L）\times 风险危害（S）$$

根据国内比较流行的风险识别标准来为这些采购风险进行评分，用图示法则如图 10－1

所示，横轴表示风险概率，纵轴表示风险危害程度，两轴相交在坐标轴形成四个区域分别代表四种不同性质的风险。随着风险管理理论的发展，这样的划分暴露出了一定的缺陷，后又采用抛物线重新划分区域，按风险危害程度、对策的可操作性大小进行划分，即图 10-1 中用阿拉伯数字标注出的四部分。

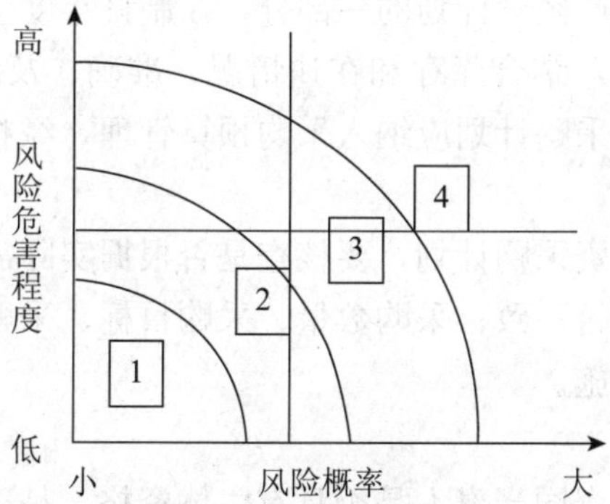

图 10-1　采购风险矩阵

二、采购风险的防范和控制

任何事物都有风险，采购风险归根结底，是可以通过一定手段和有效措施加以防范和规避的。这就要求我们着眼通盘，对采购大方向、采购价格机制和采购行为的影响进行系统思考，才能做出系列安排。

（一）明确采购物资的品类属性

首先着眼采购方向上，要考虑你的需求重点放在采购物资的品类属性上：是基本建设用品还是生活消费品？是高新技术产品还是特色传统产品？是进口货还是国货？是技术设计图纸、专利权还是制成品？其主要资源依托于工、矿、农、林、牧、副、渔还是信息、知识、技艺？不同的行业或不同属性的产品，侧重点会略有不同。产品不同，对服务的要求也会有差异。采购经理需要做到心中有“谱”，对具体品类的采购实施风险监控，采取相应的预防措施。

（二）梳理和完善采购管理体系

首先，制定科学合理的采购架构。按照内控制度制衡性原则，对于采购，在机构设置、权责分配、业务流程等方面做到相互制约、互相监督，实现集中的权力分散化、隐蔽的权力公开化，防范职能特权风险。

其次，强化岗位管理。有效防范采购活动中的人为道德风险，确保企业不产生岗位腐败，最大限度地调动采购人员的工作积极性和主观能动性。

最后，建立科学完善的采购管理制度。为保障采购行为在采购架构下合理有序地进行，需要规范采购实施流程中的各个环节，全面推行岗位责任制、服务承诺制、责任追溯制，避免由于采购人员能力素质差和徇私行为，以及制度缺失或管理疏漏而造成采购风险的增加。也可以有效防范因制度执行不到位而产生的风险。

（三）实施采购过程控制

1. 加强对物料需求计划、物资采购计划的审核

需求部门应当根据实际提出物料需求计划，对独家代理、专有、专利等特殊产品提供相应的独家、专有资料，经专业技术部门研讨后，经具备相应审批权限的部门或人员审批。采购计划是企业年度生产经营计划的一部分，在制订年度生产经营计划过程中，企业应当根据发展目标实际需要，结合库存和在途情况，准确、及时、科学地安排采购计划，防止采购批量过高或过低。采购计划应纳入采购预算管理，经相关负责人审批后，作为企业刚性指令严格执行。

对于物料需求计划、物资采购计划，要核查是否根据实际需求调查预测；是否偏离实际；计划目标与实现目标是否一致；采购数量、采购目标、采购时间、运输计划、使用计划、质量计划是否有保证措施。

2. 加强采购合同管理

首先，要审查签订经济合同当事人是否具有主体资格，是否具有民事权利能力和行为能力。审查经济合同当事人意思表示是否真实。审查经济合同主要条款是否符合国家的法律和行政法规的要求。审查经济合同主要条款是否完备，文字表述是否准确，合同签订是否符合法定程序。通过审查，可以及时发现和纠正在合同订立过程中出现的不合理、不合法现象；提请当事人对缺少的必备条款予以补充；对显失公平的内容予以修改；对利用经济合同的违法活动予以制止，从而减少和避免经济合同纠纷的发生。

其次，做好对合同台账、合同汇总及信息反馈的审计。当前，合同纠纷日益增多，如果合同丢失，那么在处理时会失去有利的地位而遭受风险。因此，建立合同台账、做好合同汇总，运用先进管理手段，向相关部门提供及时准确、真实的反馈信息，也是加强合同管理，控制合同风险的一个重要方面。

再次，要加强对物资采购合同执行中的审计。要审查合同的内容和交货期执行情况，是否做好物资到货验收工作和原始记录，是否严格按合同规定付款。审查物资验收工作执行情况，是否对物资进货、入库、发放进行验收控制。对不合格品控制执行情况审计，发现不合格应及时记录，并采取措施。重视对合同履行违约纠纷的处理。合同履行过程中违约纠纷客观存在，若不及时处理，不仅企业的合法权益得不到保护，而且有可能使合同风险严重化。

最后，加强对物资采购绩效考核的审计。建立合同执行管理的各个环节的考核制度，并加强检查与考核，把合同规定的采购任务和各项相关工作转化分解指标和责任，明确规定出工作的数量和质量标准，分解、落实到各有关部门和个人，结合经济效益进行考核，以尽量避免合同风险的发生。

框架协议的签订应引入竞争制度，根据确定的供应商、采购方式、采购价格等情况，拟定采购合同，准确描述合同条款，明确双方权利、义务和违约责任，按照规定权限签署采购合同。对于影响重大、涉及较高专业技术或法律关系复杂的合同，应当组织法律、技术、财会等专业人员参与谈判，必要时可聘请外部专家参与相关工作。

3. 做好物资验收工作

首先，制订明确的采购验收标准，结合物资特性确定必检物资目录，规定此类物资出

具质量检验报告后方可入库。

其次，各部门要各司其职。验收机构或人员应当根据采购合同及质量检验部门出具的质量检验证明，重点关注采购合同、发票等原始单据与采购物资的数量、质量、规格型号等核对一致。对验收合格的物资，填制入库凭证，加盖物资“收讫章”，登记实物账，及时将入库凭证传给财会部门。物资入库前，采购部门须检查质量保证书、商检证书或合格证等证明文件。验收时涉及技术性强、大宗和新、特物资，应进行专业测试，必要时可委托具有检验资质的机构或聘请外部专家协助验收。

最后，对于验收过程中发现的异常情况，比如无采购合同或大额超采购合同的物资、超采购预算采购的物资、毁损的物资等，验收机构或人员应当立即向企业有权管理的相关机构报告，相关机构应当查明原因并及时处理。对于不合格物资，采购部门依据检验结果办理让步接收、退货、索赔等事宜。对延迟交货造成生产建设损失的，采购部门要按照合同约定索赔。

4. 完善结账付款的审核

首先，严审票据的真实性、合法性和有效性，审查发票填制的内容是否与发票种类相符合、发票加盖的印章是否与票据的种类相符合等，判断采购款项是否确实应予支付。

其次，合理选择付款方式。根据国家有关支付结算的相关规定和企业生产经营的实际，合理选择付款方式，并严格遵循合同规定，防范付款方式不当带来的法律风险，保证资金安全。除了不足转账起点金额的采购可以支付现金外，采购价款应通过银行办理转账。

最后，要加强预付款和定金的管理。涉及大额或长期的预付款项，应当定期进行追踪核查，综合分析预付账款的期限、占用款项的合理性、不可收回风险等情况，发现有疑问的预付款项，应当及时采取措施，尽快收回款项。

总之，企业应当重视采购付款的过程控制和跟踪管理，如果发现异常情况，应当拒绝向供应商付款，避免出现资金损失和信用受损。

（四）加强供应商审查与管理

供应商管理不仅是物资供应管理工作的重中之重，还是控制采购风险的关键环节，因此，企业应通过建立供应商资格预审制和交易供应商现场考评机制来降低和化解此类风险。对供应商的品牌、信誉、规模、销售业绩、研发等方面进行详细调查，可以派人到对方公司进行现场了解，如其收货工序工作是否饱满？原材料库中是否保持安全库存？生产线的班次安排是否正常？必要时需成立一个由采购、生产、质检、技术、财务、审计、监察等部门组成的供应商评选小组，针对交易供应商的质量管理体系运行和保持情况、财务资金状况、技术装备情况、合同履行情况等方面展开现场考评，考评结果作为制订供应商选择策略的依据。

通过S&OP（销售与运营规划流程）、提前或推后发货、缺料管理、库存优化、VMI（供应商管理库存）、JIT（准时制生产方式）和开发新的货源等一系列工作处理需求偏差和避免供应链断货，也可以降低供应商所引发的风险。

（五）加强采购人员的管理

为加强对采购人员的管理，企业可以有针对性地制订和实施一些防范措施，具体措施如下：

（1）根据采购业务流程，企业可制订采购业务行为准则、采购人员行为规范等作为采购人员的行为纲领性文件。

（2）要求每个采购人员都做出书面承诺，并做成公示牌在所在办公区域进行公示，以接受供应商及全体员工的监督，营造一种积极健康的工作氛围。

（3）企业可与供应商签订诚信协议，彼此承诺共同遵守诚信道德的交易规则和行为规范，若违规，企业将对供应商进行经济罚款或取消其供货资格，从而有效抵制来自供应商的利益诱惑。

（4）对关键岗位的采购人员实行不定期的岗位轮换，防范潜规则和小团体或个人利益链的滋生与泛滥。

（5）加强激励管理，通过物质激励激发采购人员的工作热情，并且通过精神激励，让其树立责任意识。

最后，需要强调的是，采购部门的利润中心，作为企业与供应商之间连接的窗口和桥梁，不能只考虑预测和防范采购风险，更应该站在整个公司的角度上，考虑由此对公司制造、物流、财务、营销、质量、售后服务等各方面造成的影响。

三、采购风险管理策略

采购风险管理涉及在降低风险时的收益与成本之间如何权衡并采取何种措施的选择，而风险矩阵恰恰可以在解决这个问题上提供一定的帮助，即根据风险的性质而采取风险管理策略，避免对所有的风险都采取特别“激进”的处理态度。一般而言，针对这四种风险，可以采取的管理措施对应着风险自留、风险转移、风险控制和风险规避。

1. 采购风险自留策略

风险自留也称为风险承担，是指企业自己非理性或理性地主动承担风险，即指一个企业以其内部的资源来弥补风险带来的损失。对于发生频率很小，并且即使发生损失也不严重的风险，企业就可以采取自留的方式处理风险。风险自留并不是对风险的不管理，而是经过了风险识别后认为该风险发生概率很小，可认为几乎不发生，即使发生损失也很低，用于降低风险的收益还不能弥补因此发生的管理费用。在采购过程中，由于某种成本不高的原材料因技术进步而发生变换，导致不合要求而弃之不用，或是采购物资由于新产品开发周期缩短，使已采购的该种低成本物资不能适应新的要求而被淘汰时，造成的这些技术进步风险都属于可以采取风险自留的方法加以管理的风险类型。

2. 采购风险转移策略

风险转移指在风险事故发生前，采取购买保险等方法，将风险转移给其他个体。风险转移对于企业而言是一种彻底的风险管理策略，但必须以保费的支付为代价，且只适用于风险概率较小的风险事故，原因是风险概率过大将直接导致保费数额过大，即引起企业管理费用的增加。这样，企业实施投保行为不仅不能弥补事故发生的损失，还要为此承担一笔更加高昂的支出。而对于风险概率较小但损失不是非常大的风险事故，若风险事故不发生，企业损失的只是少量的保费，而事故一旦发生，企业可以获得经济上的补偿，不会对企业的生产运作和经济效益产生影响。另外，保险公司也乐意为这种风险投保，大量的同质低概率风险也便于其管理和从中获利，几乎所有的保险公司都提供适用于运输过程中各种情况的财产保险和责任保险，承保的保险范围大致上包括采购过程中因自然原因或人为原因的物资的损坏、丢失等。

3. 采购风险控制策略

风险控制就是采取措施消除或减少风险发生的可能性或者发生后影响的严重性。风险控制是采购风险评估风险管理方法中最常用的措施，也是许多企业一直致力于研究和完善的管理方式。但风险控制十分复杂，需要企业拥有完备的风险控制系统和专门部门，实施起来具有一定的难度，适用于大多数风险概率较大或风险危害较严重的风险事故。一般而言，采购过程的风险控制策略主要包括：①成立专业的风险管理委员会，负责对采购环节进行全面风险管理。②建立针对内部采购人员的采购监督制度和相关负责人制度；建立针对供应商合理的考评和激励机制。③建立针对双方的采供关系利益共享、风险共担的约束机制。采购风险控制策略的前提就是有一系列对应于企业实际情况的合理的采购流程标准，从采购计划的制订、供应商的选择、采购活动的监督以及相应的信息反馈，以此来衡量整个采购行为的实施质量，纠正偏离标准的采购行为。当采购的所有环节和活动都能按照标准进行，采购风险自然可以得到有效的控制和缓解。

4. 采购风险规避策略

风险规避就是在既定目标不变的情况下，改变方案的实施路径，从根本上消除特定的风险因素。风险规避虽然是消极地躲避风险，但对于那些很容易且发生后后果十分严重的极大概率风险事故，风险规避可以有效地节约企业因管理这些风险而耗费的大量精力和财力。同时对某些风险的规避可能会带来另外的风险，而并没有纯粹地隔绝风险。许多企业在实践中也在采取风险规避，如在采购决策出现重大失误、业务能力成为企业瓶颈或发展的障碍时将采购业务外包给第三方承包商就是一种风险规避，企业取而代之的则是转而要管理由外包业务所带来的风险，并不是一劳永逸的。又如，企业与某供应商的采购活动中，频繁发生产品质量差、送货时间延迟等影响企业生产运作的错误时，更换供应商就是最直接也是最有效率的风险规避方法。风险规避的实质是企业在多种风险中主动去选择自己可以承受而加以管理的风险。

在当下地缘政治冲突日益加剧、需求快速变化和技术迭代加速的大背景下，采购风险事件的预防和处理逐渐变为采购的核心职能，也是采购职能对于提升企业收入和利润、提高客户满意度和构建供应链竞争优势的价值所在。切实有效地实践采购风险监控，夯实提升专业洞察力是采购专业人员职业素养发展的必由之路。

第三节　采购绩效评估

一、采购绩效评估概述

采购绩效评估是采购工作的最后环节，绩效是“绩”与“效”的组合，“绩”就是业绩，体现企业的利润目标；“效”就是效率、效果、态度、品行、行为、方法、方式等。采购绩效包括了采购效益和采购业绩。评估是评论评价。所以采购绩效评估指的是围绕组织采购活动过程和相关主体进行的，通过将企业战略分解为采购具体目标，建立绩效评价体系，对特定采购活动、人员及供应商等进行测评，将测评反馈应用于企业日常管理活动中的一系列业务活动。

做好采购绩效衡量与评估的关键：一是要选择适用的衡量指标；二是绩效指标的目标值要合理；三是确定绩效指标要符合相关原则。

利用采购指标体系与标准对采购部门或人进行评估，通过评估来提升采购绩效。

二、采购绩效评估的参与者、目的与原则

（一）采购绩效评价参与人员

主要包括供应商、采购部门主管、生产部门主管、财务部门、专家顾问等。

（二）采购绩效评估的目的

（1）为企业提供决策支持。通过绩效评估既可以发现计划与实施间的差异，也可以发现问题，直接支持组织管理层对采购活动的战略决策制订。

（2）促进改善关系。通过绩效评估活动，可以使企业部门内部、部门之间以及与供应商之间增进相互了解和沟通，缓和和改善相互间的关系。

（3）提高采购人员的士气。给采购部门及采购人员设立有挑战性但又可行的工作目标，对采购业绩进行评估，特别是对表现突出的采购人员给予物质上及精神上的奖励，可以提高员工的工作热情和积极性。

（三）确定采购绩效衡量指标的原则

1. 持续性

采购绩效评估必须持续不断和长期进行，要定期审视目标达到的程度。

2. 整体性

要从企业自身整体目标的观点出发来考虑，以确定采购评估的目标。

3. 明确公开性

绩效评估标准、评估程序和评估责任都应当有明确的规定，要增加透明度，对其评价的指标体系要让参与者了然于心，这样才能有方向地设定目标去努力完成。

4. 尺度性

采购绩效评估尺度可以多样，要结合组织实际，既注重结果也要注重过程的把握，还要考虑评估的层次性和高度。

5. 反馈性

对于评估的结果，当向被评估方就评语进行说明解释，肯定成绩和进步，说明不足之处，提供今后努力方向的参考意见等。

知识链接

来自《财富》500 强公司的 60 位采购主管报告的衡量采购和供应绩效的 10 条标准：

（1）采购方与供应商双方共同努力降低的材料成本。

(2) 主要供应商按时送货的百分比，按材料分类。

(3) 接到有具体预定期限的订单的百分比，按材料分类。

(4) 内部的顾客满意度。

(5) 集中统一采购带来的材料成本节约。

(6) 按材料和供应商分类的材料次品率。

(7) 有文件证明的战略供应伙伴关系的改善。

(8) 按材料分类的供应商平均提前期。

(9) 主要供应商认同采购方标准的百分比。

(10) 恰当的长期合同的数量，按资金数额分类。

三、采购绩效评价的流程

采购绩效评价流程如图 10－2 所示。

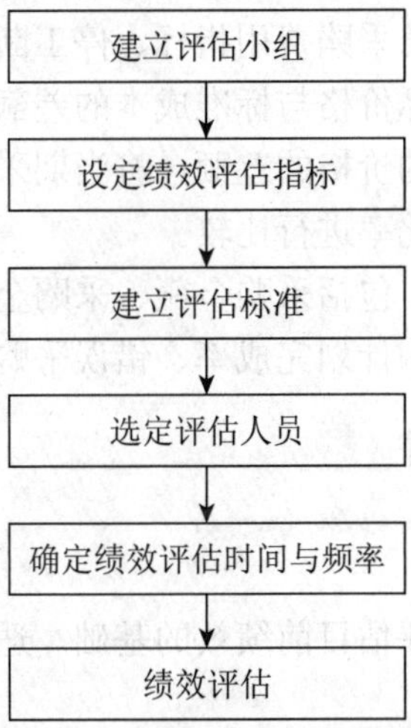

图 10－2　采购绩效评估流程

四、采购绩效评估指标体系

(一) 采购职能部门绩效评价的指标

1. 利润贡献指标

(1) 价格与成本指标。包括营业性支出价格节约、价格增加、增值节约资本性支出、采购成本节约率。

(2) 综合财务指标。采购金额占销售收入百分比、采购部门费用占销售收入百分比、采购部门费用占采购金额百分比。

(3) 交货绩效指标。正面指标：准时交货百分比；负面指标：紧急采购费用、缺料停工损失。

(4) 质量绩效指标。正面指标：合格交货百分比（质量合格率、数量准确率）；负面指标：物料抽检缺陷率、物料在线报废率。

(5) 经济性指标。存货成本、订货和供应成本、仓库运营成本。

(6) 效率指标。库存金额（财务价值）、库存周转率。

(7) 效果指标。客户服务水平、订单满足率。

2. 工作量指标

工作量指标包括订单或合同数量、人均完成采购单数量、人均完成采购金额。

3. 采购系统能力指标

(1) 柔性指标。采购柔性、紧急订单完成率。

(2) 效率指标。采购计划完成率、订单处理周期、人均采购费用、人均管理供应商数量、错误采购次数。

（二）采购人员绩效评价的指标

(1) 品质绩效指标。包括进料验收指标、在制品验收指标。

(2) 数量绩效指标。包括储存费用指标、呆料、废料处理损失指标。

(3) 时间绩效指标。包括紧急采购费用指标、停工断料的损失指标。

(4) 价格绩效指标。考虑实际价格与标准成本的差额；实际价格与过去移动平均价格的差额；使用时的价格和采购时的价格的差额；将当期采购价格与基期采购价格的比率和当期物价指数与基期物价指数的比率进行比较。

(5) 采购效率（活动）指标。包括采购金额、采购金额占销货收入的百分比、订购单的件数、新供应商开发个数、采购计划完成率、错误采购次数、订单处理的时间等。

五、采购绩效评估的标准

（一）历史绩效标准

选择组织以往的绩效，作为评估目前绩效的基础。适用于组织环境变化不大的情况。

（二）标准绩效标准

如果过去的绩效资料难以取得或采购环境变化较大，则可以用标准绩效作为衡量依据。这个标准涉及采用固定标准、理想标准还是可实现的标准，需要根据情况予以设定。

（三）行业平均绩效标准

可以以行业中其他组织作为绩效比较的对象，以此判断组织在采购工作成效上的差异。如个别组织绩效资料难以获取，可以以行业平均绩效水平作为依据来比较。

（四）目标绩效标准

目标是组织的一个期望值，代表组织对采购部门及人员在现有状况下应该达到的要求，因此，它具有一定的难度，是需要经过努力才能达到的标准。

六、采购绩效评估方式

（一）定期评估

定期评估是配合公司年度人事考核制度进行的。一般而言，如果能以目标管理的方式，也就是从各种工作绩效指标中，从年度重要性比较高的若干个项目中选择定量目标，年终按实际达到的程度加以考核，那么一定能够提升个人或部门的采购绩效。并且，这种方式的考核重点对事不对人，比较客观公正。

（二）不定期评估

不定期绩效评估，是以专案的方式进行的。比如，公司要求某项特定产品的采购成本降低 5%。当设定期限一到，评价实际的成果是否高于或低于 5%，并就此成果给予采购部门、人员适当的奖励或处分。此种评价方法对评价主体的士气有巨大的提升作用，特别适用于新产品开发计划、资本支出预算、成本降低的专案等。

采购绩效评估的其他常用方法有：

（1）标杆法。标杆法的重点是衡量和评估，不仅要收集所需要的数据，还要充分对同类数据进行对比分析，其目的是了解当前最佳实践所取得的成就，以便自己的组织赶上或超过这些绩效。在采购中，几乎所有能被评估的活动都可以使用标杆法。例如，未完成的订货量、退货率、生产中断次数等。标杆法需要确定以谁为基准点，一个显而易见的方法就是向供应商了解谁是令他们满意的客户，并考察这些客户成功的采购运作方式。一般来说，如果企业发现其他企业在某个领域表现优于自己，就应该着手去赶上或超过它们，制订出自己的绩效标准，并设计出适当的方法来达到这些标准。

（2）模糊综合评价法。对采购绩效评估指标体系进行分层，构造出多级模糊综合评估模型，实现对未来企业采购行为进行多层的评价，是目前企业最常用的评价方法。

（3）直接排序法。这种方法，是评估人员在每次采购完成后，按绩效表现依好坏的顺序依次进行排序。

（4）其他。如两两比较法、等级分配法、时间序列法等。

由于采购活动的绩效受评估方法的制约会显现出忽上忽下的水准，采购人员不可避免地会感受到组织对自身的要求和工作压力。组织高层管理者可以考虑适时调整评估方法的选择，但无论选取哪种方法，都要对改善或调整采购部门组织和人员有很大的参考价值。

案例分析

福喜事件使餐饮行业反省供应商管理

2014 年，食品行业的热点莫过于上海福喜食品公司向包括麦当劳在内的多家知名餐饮企业供应过期变质肉类原料的事件，包括国家食药监总局在内的各级监管部门对此给予高度关注并进行了严厉的查处。数名上海福喜管理人员被刑拘，福喜母公司 OSI 集团停止上海福喜的运营，而麦当劳等多家快餐企业也停止了与福喜的合作。

受上海福喜事件的影响，麦当劳不仅业绩大幅下滑，其首席执行官也换人了。食品安全一直备受瞩目，上海福喜事件使得公众对餐饮业食品安全问题的关注度进一步提高。

实际上，福喜事件也在倒逼餐饮行业自省。而食品安全不仅是餐饮服务一个环节所面临的问题，还需要整个上下游产业链齐心协力共同努力。

1. 发展多家供应商风险共担

从麦当劳发布的 2014 年业绩显示，其全年总运营利润比 2013 财年的 87.6 亿美元下滑了9%。而福喜事件后，麦当劳在亚洲区整体业绩都下滑严重，表明消费者对于餐饮的认知摆在首位的就是食品安全。

“近年爆发的餐饮业风波很多都来自供应商环节，福喜事件后，供应链体系的安全性也越来越受到质疑。”中国烹饪协会副会长冯恩援接受《中国经营报》记者采访时说，实际上，在麦当劳餐厅并没有发生顾客食用而发生安全事故，而是上游供应商不规范。消费者对其品牌的不满意也直接影响到麦当劳的信誉从而产生危机。

据外媒报道，2014年麦当劳首席执行官Don Thompson（唐恩·汤普森）曾表示，被上海福喜食品公司的质检报告骗了，“我们将不再使用这家公司的原料”。事发后，上海食药监局紧急约谈麦当劳、必胜客、汉堡王、棒约翰、德克士等22家下游食品流通和快餐连锁企业。过期肉事件曝光后，相关餐饮企业均发表公开声明，极力与福喜“撇清关系”。

其实，公众第一次听说福喜也是在过期肉之后，在消费者的印象中，他们只是听说麦当劳、肯德基、德克士出事了。对于福喜过期肉事件的报道，媒体报道的标题也是“麦当劳、肯德基供应商违法”。在福喜事件中，口水纷纷指向了知名洋快餐品牌。

对于供应商的管控，近年来确实成为洋快餐的一大难题。在福喜事件之前，连锁餐饮企业的原料供货商概不向公众透露。该事件后，上海食药监部门多次约谈百胜、麦当劳、棒约翰、德克士、汉堡王、卡乐星等部分连锁餐饮企业，根据国家《食品安全法》有关规定，要求其在官网上公布本企业所有食品供应商、食品原料及相关资质材料、每批食品出厂检验报告，做到产品检验报告和食品同行。

记者了解到，截至目前，百胜、麦当劳、德克士、汉堡王、卡乐星等企业已在其官网上公开了主要食品原料供应商信息，并开通了供应商信息的查询服务，以便接受监管部门的监管和社会监督。赛百味在卷入福喜事件后的第一反应，即是声明自己的肉类原料来自大成和雨润。

作为肯德基的供应商，针对此前发生的上海福喜事件，大成食品副总裁李景辉表示，事件发生后，短期之内行业整体都受到了影响，消费出现下滑，包括国内鸡肉对日本的出口也受到一定影响。不过，因影响期限不长，加上大成食品在中国大陆不同渠道都有供应，事件对公司业绩没有任何影响。

但受福喜事件影响，也逼迫大成改善食品安全追溯系统。大成食品还率先发布“食品安全实名溯源系统”，并推出电商平台，这是国内首个“实名溯源”食品类电子商务平台。目前除了大成食品旗下自有产品之外，还纳入了食品产业链领域内的其他品牌的鲜肉、海产等产品。

福喜事件后，麦当劳也改变了中国地区供应商为福喜、欧圣、铭基3家的供应体系，转变为铭基、嘉吉、荷美尔、海神又和福建圣农发展集团5家供应商共同分担的模式，以此来降低企业运营风险，保障企业在意外事件发生后仍能正常运营。除福建圣农发展集团外，其余都是外资供应商。这也暴露出了供应商的问题，中国的50万家食品加工商中，绝大部分规模太小或太缺乏经验，不适合为外资连锁餐厅等既庞大又要求严格的客户服务。

如今，福建圣农发展集团代替已经和麦当劳合作超过60年的福喜，成为唯一一家麦当劳的中国供应商，此事件首先打破了对外资养殖企业的过度迷信。福建圣农发展集团在接受记者采访时表示，作为一体化的养殖企业，从源头就是可控的，麦当劳也派人加强了对食品安全检测的力度。

不过，对严重依赖福喜的麦当劳来说，彻底更换供应商，对于鸡翅、鸡腿重量微差以及每袋薯条长度的严苛标准，不是随便一家供应商短期内可以做到的。而双方数十年的合作关系，也并非一个普通的供应商可以取代的。

2. 企业尝试抱团采购

跨国食品企业通常被视为食品安全保障程度较高的企业。但“福喜过期肉事件”彻底颠覆了中国消费者的心理预期。虽然国外的快餐连锁相比本土餐饮在中国消费者中一直拥有更好的口碑，但供应链中存在的食品安全问题仍旧不容小觑。

据悉，麦当劳遴选供应商有详细的量化标准，其供应商分为一级（主要做深加工）和二级（基础原料供应），在中国的一级供应商只有 5 家，福喜是其中之一。而二级供应商达上百家，年采购额超 20 亿元人民币。近年来洋快餐已屡屡陷入食品安全风波，其中多起与供应商有关，有业内人士称，或与业绩压力、疏于管理有关。

其实，在食品生产链条上，越是处于上游的原料供应商，越容易引发系统性风险。食品供应链从上游至下游并非一对一的单一流向，上游企业的产品可能会流向多个下游企业，产生类似核裂变式的放大效应，这就是为什么一个福喜能引发蝴蝶效应的原因。

目前麦当劳的菜单是恢复了，但消费者的信心却很难恢复。“‘过期肉’事件，洋快餐企业也推卸不了责任，全球大型快餐连锁品牌不排除对上游供应商压价。”中国食品商务研究院研究员朱丹蓬表示。

据餐饮行业的统计数据显示，目前各地餐饮企业的利润率平均在3%～5%，有的只有1%。与前些年相比，大部分餐饮企业的利润率跌去大半。值得关注的是，供应商这几年人工、原材料等各种成本都在上涨，在成本居高、降低报损率的压力下，将过期肉混入合格肉中的类似情况仍有出现的可能。

当然，也有积极的一面，冯恩援表示，福喜事件后，餐饮企业正在抱团集体采购。据悉，为加强与供应商深度合作，餐饮企业在上海还成立了众美联，在这个平台上，企业家可以携手打造采购平台，目前一年的采购量已达上千亿元。

资料来源：2015 年 03 月 16 日中国经营报。

思考题：

1. 福喜事件发生的原因是什么？给麦当劳带来了哪些不利影响？

2. 这种风险属于采购中的哪种管理风险？又该如何防范这种风险？

思考与练习

一、判断题

1. 采购风险度主要考虑风险概率及风险危害两个指标。（ ）

2. 采购的质量风险属于内因型风险。（ ）

3. 采购的绩效评估就是企业领导对采购人员的绩效展开的评估。（ ）

4. 采购绩效评估的主要方式有定期评估和不定期评估两种。（ ）

5. 采购的道德风险就是败德行为。（ ）

二、单项选择题

1. 采购内因型风险不包括（　　）。

A. 计划风险　　B. 合同风险　　C. 验收风险　　D. 质量风险

2. 采购业务风险不包括（　　）。

A. 市场风险　　B. 计划风险　　C. 责任风险　　D. 合同风险

3. 采购风险管理策略不包括（　　）。

A. 风险自留　　B. 风险测量　　C. 风险转移　　D. 风险规避

4.（　　）不属于采购绩效评估标准。

A. 目标绩效标准　　B. 标准绩效标准

C. 行业平均绩效标准　　D. 销售绩效标准

三、思考题

1. 采购的外因型风险和内因型风险有哪些？

2. 采购风险管理策略主要有哪些内容？

3. 采购绩效衡量指标的原则有哪些？

4. 有哪些采购绩效评估的标准？

5. 采购绩效评估的主要方式有哪些？

6. 什么是采购的道德风险？如何降低道德风险？

实训题

2011 年 3 月 11 日日本大地震发生后，一开始并没有引起下游企业的高度关注，去了解在受灾地区直接供应商的受损情况和复产安排。但随着事态的发展，下游企业逐渐意识到电子元器件行业面临前所未有的危机，因为在受灾区域，供应着当时全球 90％用于连接芯片及印刷电路板的 BT 树脂、90％用于在 LCD（液晶显示器）面板贴合 IC 用的异方性导电胶（ACF）、81％片式电感、76％固态电容和铝制电容、60％半导体硅料、52％ MLCC（片式多层陶瓷电容器）、36％ FLASH 存储器……从基础材料到元器件再到组件，最终影响终端市场。这已不再是供应商在不在受灾区域的问题，而需要将触角延伸到整个上游供应链。处于受灾区域的瑞萨电子（RENESAS）供应着全球汽车行业 40％的微控制单元（MCU），用于博世、德尔福、大陆和电装等汽车一线供应企业的产品，最终组装在宝马、通用、大众、丰田等品牌的汽车上。受此影响，2011 年，各大汽车厂商纷纷下调了销售预期目标。

思考题：采购人员应该怎么应对采购风险？

第十一章　全球化采购

学习目标

知识目标

1. 掌握全球化采购的概念、特点及优势；
2. 熟悉全球化采购的流程；
3. 熟悉全球化采购的主要模式；
4. 熟悉全球化采购的主要风险。

技术目标

1. 能够制订全球化采购的步骤；
2. 能够制订全球化采购风险管理的策略。

职业能力目标

1. 理解全球化采购产生的背景、动因及影响关键因素，贯彻全球化采购理念在采购的工作实际中；

2. 能够分析与制订现实企业采用全球化采购时遇到的采购风险及防范策略。

采购聚焦

全球化采购，家乐福怎么做

家乐福集团是一个有40多年历史的法国零售企业，2005年集团总销售额实现837亿欧元，目前是欧洲第一大零售商，世界第二大零售集团，在世界500强企业中排名第22位。现在有超过11000家的销售网点，分布在30个国家和地区，有43万员工正在为全球20亿消费者服务。

1. 主要零售业态

家乐福集团有多种销售经营业态，最主要的业态是大卖场。所谓大卖场，就是一站消费，一站采购，消费者从食品到非食品的各种商品都可以从中采购。大卖场要提供免费停车位，让人们能够很方便地采购到家里所需要的消费品。通常，大卖场的平均面积在8000～10000平方米。

第一种主要业态是超级市场，平均面积为4000～8000平方米，商品中的80%是食品。它的分布策略是要靠近居民小区。

第二种主要业态叫“折扣店”，主要提供给一些学生阶层的消费者，让他们能够同样采购到大卖场的商品，但价格却低于大卖场20%左右。换言之，在大卖场100元的消费在这里只需要80元。这个差额不是因为家乐福偷工减料，而是运营成本的降低，比如把商店里的布置、货架及产品的包装等都简单化。再如，大卖场的产品需要彩盒等漂亮的包装，但在折扣店都是一些朴素的包装，这就在成本上产生一些差距。

第三种主要业态是仓储式商店，也称作“半批发”商店。人们很熟悉的这种业态的零售企业是麦德隆。由于仓储式商店的消费对象是一些小企业，所以叫“半批发”。

另外，还有一个业态，就是在中国开发得非常成功的便利店。

2. 严定供应商标准

为了提供给客户最好的产品、最低的价格和最优质的服务，家乐福的全球采购在不同的国家和地区寻找具有竞争力的商品，让有实力的供应商成为家乐福的合作伙伴。家乐福在全球10个国家建立了20个办事处，在中国还有11个采购办事处，分布在不同的城市。2002年9月，家乐福全球采购亚洲总部在上海成立。目前，超过1000多个有实力的中国工厂和家乐福建立了业务合作关系。2006年，家乐福集团在中国的综合采购总额实现52.1亿美元，与2005年相比增幅达到13.6%。

家乐福在中国直接采购的主要范围中，第一大类是家用百货，就是各类工具、家庭用品、厨房用品、花园用品、户外用品、体育用品、文具和箱包等；第二大类是家用电器；第三大类是纺织品；第四大类才是食品。

家乐福的采购流程，首要环节是寻找货源。家乐福在全球各地有30多个国家和地区市场，每一个市场都有一份不同的采购清单，每一份采购清单里面的每一个产品都有一份《产品技术要求》。家乐福会据此去寻找能够回应这些要求的供应商，对它们进行技术力量和生产能力的评估。

为了能及时回应每一个国家的采购需求，家乐福必须建立一个完备的供应商数据，需要不断寻找、鉴定、追踪生产基地的情况，并根据不同的产品种类设定不同的鉴定标准。

对生产基地的评估鉴定，分为几个阶段。先是由家乐福的业务员进行工厂评估，通过之后，会交给家乐福的质量部进行技术鉴定，鉴定的结果分成A、B、C、D四种。A、B的供应商是没有问题的、最好的，获得通过。C是有保留的，需要改进，直到达到标准为止，才会升级到A或者B，D意味着马上被拒绝。

对供应商的各种审核标准，分为生产能力、质量风险、质量质控，还有技术力量。根据不同产品的生产要求，技术鉴定由家乐福的专业人员或者检验机构来完成。所有的鉴定都将以专业技术报告的形式提供给供应商，以帮助其了解技术的标准和要求，这样即使是他们被拒绝了，也会知道是怎么回事。而对于食品生产企业，家乐福必须要定期地进行年度性的技术鉴定。

3. 监督每一个环节

所有的供应商必须经过工厂的考察与资格认证之后，才可以参与家乐福的竞标。公开的价格谈判建立在两个基础上：一是投标价格；二是产品的技术和性能指标都必须符合家乐福的要求。不是能提供最低价格的供应商就能够赢得家乐福的订单，相反，如果一个供应商能够在价格合理的基础上，在技术要求上面做得更出色，那么就会赢得订单。

在下订单之后，家乐福的采购部不会到此为止，而是会在生产的每一个环节，对产品质量进行测试和监督，以保证大批量生产的质量和准时交货。根据不同的产品，家乐福有一系列不同的监督与测试标准，目的就是一个，不希望供应商在交货的那一天出现种种问题，从而影响到交货期，并影响到家乐福所有的销售、促销计划。所以，家乐福对采购的每一个环节都进行严格的追踪和监督。

通过这个案例我们可以看出，家乐福集团通过全球化采购达到了大规模降低成本的目的，而且在供应商选择方面制订了严格的标准，家乐福集团从中受益良多。本章重点全面介绍全球化采购，通过本文，希望对接下来的学习有一定了解。

第一节 全球化采购概述

一、全球化采购的产生背景

1. 经济全球化促进生产要素的跨国流动

21 世纪以来，经济一体化、全球化进程不断加速，国际贸易和国际企业的迅速扩张推动了全球采购的发展。信息技术的突飞猛进，以及供应链管理思想的普及，国际企业的采购职能发生了深刻的变革。资料表明，近几年来跨国公司在中国的年采购额已突破千亿美元，并呈逐年递增的态势。在全球化经济条件下，企业与企业之间的竞争，今后将越来越体现为全球供应链与供应链之间的竞争，全球化采购与供应管理已经成为企业的核心竞争力。以全球观点来看，许多企业可以从全球化采购领域获得利益。经济全球化和产业结构调整促进了生产要素的跨国流动。全球贸易快速发展，在各国经济发展中的作用越来越重要；跨国直接投资发展迅猛，高科技、高附加值的高端制造及研发环节转移的比例大大提高；跨国公司是国际直接投资和生产全球化的主要载体，它通过全球化生产、全球化销售、全球化采购和全球化研发活动，把世界各国经济联结为一个紧密的整体；全球经济协调机制不断强化。世界贸易组织、国际货币基金组织和世界银行在多边经济协调机制中继续发挥主要作用，新的区域经济一体化组织不断涌现，并在区域和整个世界经济发展中发挥着重要作用。

2. 世界经济知识密集度提升

在经济全球化的推动下，生产要素特别是资本在全球范围内更加自由地流动，跨国公司通过在全球范围内建立生产和营销网络，推动了贸易投资日益一体化，并对国际经济贸易格局产生了深刻影响。随着高新技术的推广应用，国际化分工的深化，产品质量性能的不断提高，产品种类、规格的不断变化，产品的生产周期大大缩短，全球商品生产和贸易的原材料密度和粗放程度大大减少，技术、知识密集度却大大提高。

3. 跨国企业的全球化经营

在经济全球化和供应链网络形成的背景下，以商品、资本、服务、劳动和信息跨国界流动为主要内容的经济全球化中，跨国企业正在以前所未有的规模和速度加速发展。竞争从单体竞争转向了企业之间的网络竞争和供应链的竞争。竞争的范围从局限于国内市场转向了区域市场乃至全球市场。跨国公司生产基地的全球化分布，跨国公司的这种全球性分布的生产网络，要求其在全球范围内寻找、购买各种原材料和半成品，以降低其采购成本。另外，多式联运的发展和国际航线的形成，使得跨国公司的全球化采购战略成为可能。为了充分应对经济全球化的发展趋势和业务对象的全球化分布的发展，国际运输企业之间也开始形成了一种覆盖多种航线，相互之间以资源、经营的互补为纽带，面向长远利益的战略联盟。这不仅使得全球物流能够快速、便捷地进行，而且使得全球范围内的物流设施得到了充分的利用，有效地降低了国际物流相关成本。

二、全球化采购的概念、特点及优势

（一）全球化采购的概念

全球化采购是指利用全球的资源，在全世界范围内去寻找供应商，寻找质量最好、价格合理的产品。广义的全球采购是在供应链思想的指导下，利用先进的技术和手段，提出合理的采购要求，制订恰当的采购方案，在全球范围内建立生产与运营链，采购质价比最高的产品，以保证企业生产经营活动正常开展的一项业务活动；同时，通过采购规范操作，可以有效地对采购过程中的绩效进行衡量、监督，从而在服务水平不降低的情况下，实现采购总成本最低。

（二）全球化采购的特点

与国内采购相比，供应链管理模式下全球化采购具有以下特点：

1. 全球范围内采购

采购范围扩展到全球，不再局限于一个国家或某个地区，可以在世界范围内配置资源。因此，要充分和善于利用国际市场、国际资源，尤其是在物流随着经济全球化进入全球物流时代。国内物流是国际物流上的一个环节，要从国际物流角度来处理物流具体活动。

2. 风险性增大增强

国际采购通常集中批量采购，采购项目和品种集中，采购数量和规模较大，涉及的资金比较多，而且跨越国境、手续复杂、环节较多，存在许多潜在的风险。

3. 采购价格相对较低

因为可以在全球配置资源，可以通过比较成本方式，找寻价廉物美产品。

4. 选择客户的条件严格

因为是全球采购，供应商来源广，所处环境复杂。因此，制订严格标准和条件去遴选和鉴别供应商尤为重要。

5. 渠道比较稳定

虽然供应商来源广，全球采购线长、面广、环节多，但由于供应链管理的理念兴起，采购商与供应商较为稳定。

（三）全球化采购的优势

1. 可以扩大供应商比价范围，提高采购效率，降低采购成本

通过全球化采购，在全球范围内对有兴趣交易供应商进行比较，可以以较低的价格获得更好的产品和服务。由于地理位置、自然环境以及经济差异，各个国家和地区的资源优势是不同的。通过全球化采购，可以充分利用各国和地区的资源优势并加以合理组合，使企业以较低的价格获得质量较高的商品，从而大大提高企业的经济效益。

2. 实现生产企业为库存而采购向为订单而采购转变

传统的采购模式中，采购的目的就是为了补充库存，采购部门并不关心企业的生产情况和市场的需求变化情况，采购部门制订的采购计划很难适应生产需求的变化。在全球电子商务模式下，采购活动是以订单驱动方式进行的。制造订单是在用户需求订单的驱动下

产生的，然后，制造订单驱动采购订单，采购订单再驱动供应商，这种准时化的订单驱动模式可以准时响应用户需求，从而降低了库存成本，提高了物流的速度和库存周转率。

3. 实现采购管理向外部资源管理转变

传统的采购方式由于缺乏与供应商之间的交流与合作，导致供应商缺乏柔性和需求变化的快速反应能力。通过对外部环境进行管理，使供需双方建立起了一种长期的、互利的合作关系，这样采购方可以及时把质量、服务、交易期的信息传送给对方，使供方严格按要求来提供产品与服务，并根据生产需求协调供应商计划，实现准时化采购。

4. 实现采购过程的公开化和程序化，加强采购的科学化管理

通过全球化采购可以实现采购业务操作程序化，有利于进一步公开采购过程，实现实时监控，使采购更透明、更规范。企业在进行全球化采购时，按软件规定流程进行，大大减少了采购过程的随意性。通过全球化采购还可以促进采购管理定量化、科学化，实现信息化的大容量与快速传递，为决策提供更多、更准确、更及时的信息，使得决策依据更充分。

5. 全球化采购可以利用汇率变动进一步降低商品的采购成本

在签订国际快递间商品买卖合同时，应考虑到汇率变动对购买成本的影响。因为贸易合同从签订到实施有一定的时间间隔，而国际快递汇率又是在不断变化着的，因此在选择以何种货币作为支付工具时，应考虑在该时段内国际快递金融市场汇率的变动趋势，以便从中获得收益。全球化采购突破了传统采购模式的局限，从货比三家到货比百家、千家，有助于企业大幅度降低采购费用，降低采购成本，大大提高采购工作效率。

三、全球化采购的动因

全球化采购是在全球范围内组织货源，面向全球范围内的供应商实施采购工作，以求在价格、质量、服务等方面达到国内采购所无法获得的竞争优势。具体地说，实施全球化采购主要有以下几个方面的原因：

1. 优惠的采购价格

价格是全球化采购的主要原因。在当今经济全球化的时代，全球已经形成了一个大市场，企业可以在这个大市场中进行生产经营活动。由于历史和地理的原因，各国在劳动力成本、汇率、生产效率、产品垄断程度方面存在差别，再加上信息和运输技术的进步，可以在国外市场寻找到具有更低价格的商品。

2. 供应商提供更稳定的产品质量

采购者选择国际市场采购在质量方面的考虑主要有以下几个方面：某些国外产品的性能是国内生产的同类型产品所达不到的；某些国外供应商的质量的稳定性以及技术革新的力量要强。国外供应商的产品质量并不是都比国内供应商好，但在某些产品上，国外供应商的产品质量更稳定。

3. 激发采购方与供应商的企业经营活力

全球化采购可以增强企业的灵活性、适应性和对市场机会的反应能力，企业通过选择供应商，可以时刻适应时代潮流的变化，并相应对产品范围进行修正。同样，一些全球性的供应商为保持竞争优势和良好声誉，凭借自身技术和管理优势，提供更快、更好的服务。

4. 竞争因素

有的时候，采购方为了向国内供应商施加压力而引进国外供应商来参与竞争。一方面，可以使国内供应商为了自身能够长期发展下去，而不断地提高自己的生产效率，以保持国际先进水平。另一方面，采购者还可以进口或者出口威胁作为砝码，向国内供应商施加压力，以获得价格或其他方面的让步。此外，采购方也可能为了保证供给而在国外开辟另一个采购来源。

5. 全球采购环境的好转

全球采购环境的好转促进了全球化采购的发展。现代技术的发展降低了电子通信的成本，特别是近几年来互联网的迅速发展，更加使通信成为一件简单而又低廉的工作；采用ISO 9000标准后，有了统一的国际采购质量标准；虽然大规模的地区贸易壁垒还存在，但在局部范围内降低关税和放宽政府管制已经成为可能。

四、影响全球化采购的关键因素

1. 语言沟通问题

语言通常是成功国际商业关系的一个主要障碍，不同的文化、语言等都会造成沟通问题。不同国家间的文化差异客观存在，由风俗习惯而形成的人们共同遵守的行为规则大不相同。特定国家的国民中进行商品交易的范围，特定人群的利益、习惯、价值观、交流方式和谈判风格等，都会受到文化差异的影响。

2. 供应商的选择问题

进行全球化采购的关键问题应该是选择高效、负责的供应商。获得国际供应商的方法基本上和选择国内供应商的方法相同。为了获得更多的背景资料，最好的办法就是到供应商所在地进行实地调查。对国外的供应商进行这种评估既耗时又耗力，采购方在异地他乡人生地不熟，很容易上当受骗。

3. 政治问题

供应商所在国的政治问题可能导致供应中断，例如供应商所在国发生战乱或者暴动等。采购者必须对这些风险作出估计，如果风险过高，购买者必须采取一些措施监视事态的发展，以便及时应对不利事态。

4. 隐含成本过高

全球化采购会出现一些突发事件使全球化采购的成本增加，这就是全球化采购的隐含成本。影响全球化采购隐含成本的可能因素包括：以采购方所在国货币表示的价格、支付给报关行的佣金、支付方式费用及财务费用、供应商所在国征收的税金、额外存货及其储存成本、额外的劳动力和货运单据带来的费用、商务考察费用、包装和集装箱的费用、咨询费用、检验费用、保险费用、报关费用、进口税率、应对突发事件设立的风险费用等。

5. 汇率波动

采购方必须就采用买方国家的货币还是供应方国家的货币作出选择。如果交款时间比较短，就不会出现汇率波动问题。但是，如果交款时间比较长，汇率就会产生比较大的变动，交货结算时的价格相对合同签订时就会有很大的偏差。

6. 付款方式

全球化采购和本土采购在付款方式上有很大差异。资金的国际转账有一定的困难，也会产生一定的费用。某些时候，国际供应商往往要求采购方在订货时或发货前支付货款。和购买者已经建立长期合作关系的供应商可能同意提前发货，但供货方一般不会在货款未付前提前发货。

7. 全球化采购手续复杂

全球化采购除了包括国内采购几乎所有的手续和程序外，还涉及进出口许可证的申请、货币兑换、保险、租船订舱、商品检验、通关，以及争议处理等烦琐复杂的手续和相关事宜。国内采购一般受到较少的限制，但不同的国家由于经济发展水平、商品竞争能力存在较大差异，因而实施不同的关税和非关税保护措施。而且，随着经济状况和国际收支状况的变化，其保护措施还会动态调整。因此，在进行全球化采购时，必须了解本国对所采购商品的进口管制和供应商所在国对商品的出口管制，以便采取相应的对策。

8. 法律问题

当进行全球化采购时，要确定出口国、进口国的法庭以及第三方的法庭在发生争执时有没有法律权限。全球化采购引起的起诉费用昂贵并且浪费时间，越来越多的合同纠纷倾向于由国际仲裁机构来解决。

补充阅读

多级世界，长袖善舞

——汽车全球化采购大潮中的中国机会

目前各大跨国汽车公司产品自制率都在30%左右，如福特为38%，通用为30%，丰田为22%。整车制造商越来越倾向于掌握几种关键汽车零部件的生产，对标准化的一般性汽车零部件按照QCDD或QCDS原则（Quality质量、Cost成本、Delivery交付、Design设计和Service服务）在全球范围比较选择，利用全球资源实行全球采购。全球采购已经成为汽车企业迅速提高竞争力的一条捷径，使企业能优势互补，获得共同发展的空间。

一、汽车零部件全球化采购的驱动力

整车厂在全球采购时可以充分利用世界范围内汽车零部件企业的竞争关系，获取市场的最新技术，适应汇率波动以及集团采购的批量效果，达到最佳质量、最佳服务、最合理价格的配套。这其中价格和配套便利性是汽车零部件全球采购最重要的驱动因素。

多数研究表明，“6＋3”跨国汽车巨头的国外供应商成本要比其国内供应商低，价格因素是驱使全球采购流行的主要原因。首先，很多传统的汽车零部件企业为寻求低成本的劳动力，将工厂迁往这些地方以获得低加工成本，这些企业一般长期为整车厂配套，导致整车厂采购性质变成全球采购；其次，整车企业在开拓海外市场过程中，也开始在新兴市场建立装配和生产工厂，这就要求相应的汽车零部件厂商能就近提供配套，以减少物流和库存的费用，降低成本；最后，一些新兴市场的汽车零部件企业通过创新和规模化兼并，已经能有效地降低成本，提供物美价廉的产品，也是导致全球采购的一个主要原因。

在市场全球化的影响下，配套的便利性和连续性变成了整车企业的一个迫切需求。特别在新兴汽车市场，各大汽车公司纷纷在当地建立独资或合资企业，为避免采购和生产脱节的风险，必然要求汽车零部件供应符合就近原则。这对日益强调供应链快速响应能力的企业来说无疑是非常重要的。

二、中国汽车零部件行业的发展现状

近年来，国家相关部门先后出台了各种政策鼓励和支持汽车零部件企业发展。2006年12月20日，国家发展和改革委员会发布《国家发展改革委关于汽车工业结构调整意见的通知》，明确指出支持有条件的地区发展汽车零部件产业集群；引导汽车零部件排头兵企业上规模上水平，进行跨地区兼并、联合、重组，形成大型汽车零部件企业集团。

在政策及整车市场的推动下，各大跨国公司近年来都加大了在中国的采购力度，汽车零部件行业的出口取得了显著的发展。德国大众2006年宣布从中国采购10亿美元汽车零部件。这些零部件将用于大众汽车包括德国在内的世界各地的工厂；而通用汽车也不断加大在中国的汽车零部件采购量，上海通用的国内供应商已经达200多家，占采购总额的70%以上。2002年至今，中国汽车零部件出口额年增长率都在35%以上；2007年上半年，国内汽车零部件出口达到了130.58亿美元。

汽车零部件可以分为核心零部件、特征零部件和标准零部件三类：其中，核心零部件是决定一个车型成败的关键，如悬架、发动机和变速器等；特征零部件是那些价格高或通常需要大量专用资产投资的零部件，如汽车内饰件、保险杠和空调等；标准零部件则指汽车紧固件、玻璃和轮胎等。2006年汽车零部件出口总额为215.54亿美元，其中，出口最多的是汽车零部件，附件和车身为115.19亿美元，占汽车零部件出口总额53.44%；汽车相关商品46.99亿美元，占汽车零部件出口总额21.80%；汽车摩托车轮胎45.63亿美元，占汽车零部件出口总额21.17%；发动机7.73亿美元，占汽车零部件出口总额3.59%。其中，高科技含量的电控燃油喷射系统、安全气囊装置只有1.393亿美元，占汽车零部件出口总额的0.65%。

中国汽车零部件产业高速发展过程中依旧存在着很明显的隐患，产品技术含量和企业规模化水平都较低。我国主要汽车零部件企业的出口情况参差不齐，企业数量众多但分布散乱的现状未得到彻底改观。

三、汽车全球化采购大潮的中国机会

对处于全球化采购大潮中的中国汽车零部件企业来说，这是一个最好的时代，也是一个最坏的时代，成败与否关键在于能否抓住市场机会。

1. 坚持低成本，凸显便利性

众所周知，中国的劳动力成本相比欧、美有很明显的优势，低工资策略可能使中国成为低附加值和劳动密集型产品的制造中心。这点对全球各大汽车厂家来说都是极富诱惑力的。采用中国生产的零部件，建立新的全球供应链，所节省的成本也是相当可观的。而且如果能对劳动力进行良好的培训，提升单位员工劳动生产率，低成本的优势还能得到进一步挖掘。日益膨胀的中国整车市场无疑是汽车零部件企业的另一座金矿。作为全球第二大汽车消费国，中国更需要本土采购的支持，在整车价格整体下降的趋势下，装车汽车零部件和维修汽车配件依赖进口显然不现实。但本土采购也需要质量保证。事实证明，汽车零部件企业需在汽车原材料、生产性零部件或维修配件这些市场中找到突破口，把市场做专，把产品做精。

2. 跨越技术坎，迅速规模化

技术含量低是中国汽车行业的整体特点，在汽车零部件方面表现尤为明显。目前我国汽车零部件企业处于二、三级供应商地位，不少企业出口产品的80%～90%是供向售后服务市场，处于“低技术含量—低利润率—低研发费用—低技术含量”的恶性循环。在全球化采购环境下，一方面须坚持搞自主创新，另一方面需要有更多的海外并购或合资合作，抓住技术突破机会。

我国汽车零部件企业众多，规模小，集中度低，无序竞争严重，行业整体效率低下，进入全球采购之后，将迫使一部分有一定实力的国内汽车零部件企业寻求联合重组和对外合资合作，以扩大规模，提高应对市场风险的能力，而那些规模小、产品没有市场的汽车零部件企业不可避免地被淘汰，从而促进整个行业的竞争力的提高。

3. 创新采购模式，优化供应链

目前，全球汽车零部件企业都面临一个新命题，即在采购全球化的新环境下，如何能更有效地实施采购供应链管理？虽然很多关于采购供应链的研究已经得到了初步应用，如协同式采购供应链、电子化定点定时采购等，但所有这些新的采购模式和采购方法，都需要在现实的市场环境中加以研究和论证。汽车采购供应链系统庞大，而我国地域广阔，供求信息交流困难，物流成本大，如果国内汽车零部件企业能发挥本土市场研究的优势，结合中国实际情况，提供一种低成本、高灵敏度的汽车零部件采购供应链模式，或在采购方法上有所创新，那么将会大大增加本土汽车零部件企业的市场竞争力，也会成为中国汽车零部件企业继成本和技术之后的第三个突破口。

第二节　全球化采购模式

全球化采购是在全球背景下资源配置进行优化组合的趋势下整合配置出来的，全球公司进行资源配置，其销售体系、采购体系、供应体系都形成了全球化供应的格局，特别是很多国际企业、国际学术界都在倡导在供应链概念下全球的运作体系、采购体系和这种合作的关系。这是全球采购在全世界发展的一个基本趋势。一般地，跨国公司在进行全球采购活动中有以下几个方式：

（一）以制造企业为核心的全球采购体系

一些技术密集型且具有很大资金优势的跨国公司，作为采购龙头来主导采购体系和采购市场。对于中国企业来讲，很多是为这些企业提供一些配套性的产品，比如说汽车配件，这是一个非常重要的采购方式。

（二）以贸易企业为核心的全球采购体系

很多有竞争力的大企业，在采购活动过程中，由于要把自身的资源集中在一些核心的领域里，所以这些企业很多的采购活动目前都采取了外包的方式，承担这种采购外包的市场主体，往往是那些在国际市场上非常活跃的贸易企业。

（三）以大型零售集团为核心的全球采购体系

近几年来，在中国市场上，大型的跨国零售巨头的表现是非常引人注目的，它们采购的商品更关注的是中国非常有优势的快速消费品和劳动密集型的各种产品，如服装、鞋帽、食品等商品。这些商品通过跨国零售巨头进入国际市场的主流渠道，特别是主流的零售渠道中去，这个对中国出口是有非常的重要影响的。过去中国很多的产品出口依托原来传统的国有贸易企业，或者是企业自行出口，往往不能进入一些主流的渠道，只能进入一些街边市场或者是其他的市场，而这些跨国零售巨头使中国很多企业的商品进入到这些正规的渠道中去。

(四) 以专业采购组织和经纪人为核心的跨国采购体系

中小企业为了获得最佳商品的供应和最佳零售品供应，委托一些经纪人或者是一些专业的采购组织来为它们服务。目前，这些经纪人和采购组织在国际上更为流行的运作方式是通过网上采购，特别是集合众多中小企业的采购要求，到中国或者是到一些低成本的国家进行采购。

补充阅读

全球采购成败在于供应链管理

全球（化）采购日益蔓延到世界的每一个角落。全球采购、全球化生产引起业务的变化，更确切地说是供应链的变化；因此，制订应对全球采购导致供应链延长和复杂的措施，保证全球采购的成功开展是至关重要的。

1. 全球采购使供应链延长

全球采购的最大优势是减少寻货（sourcing）环节、降低采购成本。实际上，全球采购使供应链延长并且复杂，结果供应链扩大后，导致费用增长和风险加大。跨国企业为了预防市场与经营环境的变化，一般会在其供应链各个环节囤积额外的货物，以备不时之需。也就是说，全球采购可能会使供应链的供货时间更长，迫使企业需要储备更多的存货，这直接导致成本上涨，同时过多存货本身就是风险。

另外，当生产向低成本国家和地区转移时，买家可能没有考虑这些低成本国家或地区缺少配套的运输基础设施，因而限制了物流和仓储，结果造成交货不及时。

2. 供应链管理是全球采购成功的关键

全球采购延长了供应链，但是令人担忧的是大部分跨国企业忽视了供应链风险。许多跨国企业无法管理这一转变造成的供应链变化。因此，了解供应链各环节潜在的风险，正确估计风险的爆发点和制订对应的预防措施，就显得至关重要了。

另外，以前本地采购，货运时间只有3～4天，而全球采购至少3～4个星期，在这个过程中，存在许多成本及风险因素，这是买家不容忽略的。

3. 管理全球供应链风险与降低采购成本

在全球采购中，供应链存在许多特殊问题。由于企业之间相距很远，使国际供应链的执行周期相对较长；各企业在语言、政治和法律体系上存在诸多差异，决定了运作方式与国内供应链管理有许多不同，这对管理工作提出了更高的要求。

供应链管理的目标是降低交易的总次数（总交易次数最小原则，Principie of

Minimum Total Transactions)；全球采购的主要意义是减少寻货环节，降低采购成本；但是，交易次数减少确实降低了采购成本，而供应链的延长则增加了成本与风险。

第三节　全球化采购流程与实施

全球化采购的具体实施过程较为复杂，为便于理解，我们从以下四个部分进行阐述。

（一）选择进行全球采购的物品

公司应该选择质量好、成本低、便于装运且无风险的商品进行国外采购。首先选择一个或多个商品进行评价。例如：

（1）选择标准化产品或者说明书易懂的产品。

（2）选择购买量大的产品来检验国际采购的效果。

（3）选择能够使公司从长期采购中获得利益的产品。

（4）选择那些需要较为标准化设备的产品。

（5）识别那些在成本或质量等主要绩效标准方面不具备竞争力的产品。

（二）获取有关国际采购的信息

在确定需要进行国际采购的物品之后，接下来公司就要收集和评价潜在供应商的信息或者识别能够承担该任务的中介。获取信息的途径主要有：国际工业厂商名录、贸易展销会、贸易公司、驻外代理机构、进口经纪人、贸易咨询机构等。

（三）确定价格

传统采购活动的重点是将供应商的不同报价进行仔细比较，从而做出选择。但是如果公司采用全球化采购的方法进行采购，这种方法就不一定最理想，更有效的方法是直接寻找在全球市场上最低的材料价格，而后进行谈判。在谈判前，采购组织必须知道他们所期望的某种特定材料的最低支付价格是多少。以下是如何进行产品估价的数据分析方法。

1. 数据分析

为确定产品当前价值，并提出期望价格，必须对收集数据进行分析，具体实现步骤如下：

（1）建立转换表，按照当前汇率将当前价格转换为适用于多大交易的货币价格。

（2）对“潜力很大”的产品进行详细的成本分析。

（3）建立期望目标。

2. 成本分析

在建立期望价格时，可以使用两种方法：

（1）最小离岸分析法

最小离岸分析法主要是比较供应商地点的离岸价格，包括送货过程的价格，通过计算，找出最小离岸价。接下来，就以此为基础为每个接货地点建立一个期望价格。

（2）成本变动分析法

成本变动分析法需要先建立一个成本模型，然后比较离岸价格和成本模型，其中成本变动被看作离岸价格的一个百分比。成本模型应建立在实际成本基础之上，实际成本是供应商在其经营所在地发生的成本。之所以选择成本模型，是因为它能反映供应商成本结构中比重最高的成本因素。每个确定的模型都应该是专门针对每个供应商的离岸价格建立的。基本的等式是：

成本变动＝（出口价格－材料成本）/出口价格

期望价格的计算公式如下所示：

期望价格＝材料成本/期望成本变动

在计算出所有的数据以后，可以通过比较，设置公司期望的产品价格。

（四）战略实施

确定了期望价格以后，应制订一个实现目标的采购战略，这一战略应包含以下内容：

1. 消除价格差异

经验表明，根据最小离岸价分析法和变动成本分析法设定的混合目标能够产生最佳的结果。以最小离岸价分析为基础平衡价格产生一种价格，称为“影子定价法”。而以成本变动分析为基础平衡价格产生的结果，则反映了每个供应商的供货水平或流程的效率。这种灵活运用两种方法产生目标的做法可以产生最大收益。

2. 重新分配订购规模

（1）在现有或新的供应商中或重新分配订购规模

如果第一步的价格杠杆作用能够实现，就有可能实现在现有供应商之间重新分配订购规模。供应商利用成本变动分析方法提供的规模价格分析将显示不同成本分摊对采购数量的影响。对于额外增加的数量降低的成本变动更能说明这点。成本变动百分比的变化表明了与供应商价格战略相关的数量规模具有敏感性。

（2）在数量减少了的供应商中重新分配订购规模

这并不是每个采购者都需要进行的，只有那些供应商数量确实发生了变化的采购商才需要进行这一步。很显然，如果把一个或更多的供应商排除在考虑范围之外，那么剩余的供应商能够分到的订货量就增加了。但有一点必须明确，那就是每个供应商的实际供应能力，减少后的供应商必须能够供应所需求的采购数量，确定计划时还应包括缓冲或储备的余地。运用成本分析方法进行的敏感性分析，可以用来预测固定成本的分摊影响，然后可以确定每个供应商的分配订购规模。

在现有或新的供应商中重新分配订货数量，要求采购方所有正在使用的订货点都可以对其他供应商开放。这可能是一个非常正式的过程，而且可能需要几个月的时间，为了确保目标的顺利实现，还需要对数据进行详细分析并完善目标。

对于那些已经减少了供应商数量的组织，事先要根据对采购数量的集中要求来改进目标并获得供应商的赞同。因为减少供应商的数量，我们必须对候选供应商可提供的能力进行详细的分析，以确保采购数量得到保证。如果有些供应商确实存在困难，我们应当帮助那些面临挑战的供应商制订应急计划。

（五）全球化供应商的选择

企业成功实施全球化采购的首要条件是选择合适的供应商。由于企业的采购运作逐渐由传统的对抗性，以交易为重点的谈判等活动，转变成确保企业从供应商处获得足够支持，从而更好地完成生产和销售的重要行为。这种转变使得供应商的选择与管理在采购管理中的地位变得异常重要。如果一个企业实行成本领先战略，这个企业会偏好以规模经济生产或具有低成本区位优势的供应商。这些供应商会帮助采购企业确保低成本的竞争优势。如果一个企业是以给客户提供创新产品为战略重心，供应商选择战略将会集中在供应商的技术和创新能力上。尤其是在高度竞争的环境下，供应商常常介入到采购企业的产品设计和开发中。然而，在供应商选择过程中采购部门不能仅仅重视价格或创新能力。采购企业只需要确定供应商在其最优先的需求上具有足够的能力即可。因此一个供应商在低成本、质量和创新方面至少应该有其中一种优势。

全球化采购下环境下，供应商的选择有如下方面要求：

1. 供应商具备的优势

随着企业在产品中使用越来越多的标准化零部件，许多产品渐渐被看作普通商品，其差别仅仅局限在价格方面。因此，成本领先战略比过去显得更加重要。为了保持低成本优势，一个供应商在低成本区位优势、规模经济和学习效果等方面至少具有其中一种能力。

2. 从关注价格到关注总成本

从传统上说，供应商的选择和评估常常基于价格标准。采购企业往往强调产品的当前采购价格而不是长期的总成本趋势。然而，仅仅关注采购价格存在着风险和额外成本。当全球采购成为一个支持企业竞争战略的战略工具时，总成本方法常常作为企业战略成本管理的一部分被用来评估和选择供应商。总成本的理念是，当把各种成本因素考虑在内时，提供最具有吸引力的价格的供应商并不一定具有最低的总成本。其他成本因素同样起着重要的作用，包括质量缺陷带来的成本的增加、供应商不确定的交货服务、运输成本、订单成本、检验成本等。

3. 产品差异化优势

企业采用全球化采购的最初目的可能是降低成本，但是当全球化采购成为一个支持企业竞争战略的战略工具以后，降低成本就不再是全球化采购的唯一目标。不同国家都有各自不同的优势，这就给企业提供了一个利用各种不同优势的机会。也就是说，除了具有低成本优势的供应商，企业还有更多机会在全球范围内找到具有质量和创新优势的供应商。

4. 供应商管理库存

由于全球采购的提前期更长，如果企业在本地再安排一定量的缓冲库存来缩短提前期势必会增加成本。因此，在这种情况下，由供应商管理库存进行运作成为发展的趋势。供应商管理库存（VMI）是由供应商来为客户管理库存，为他们制订库存策略和补货计划，根据客户的销售信息和库存水平为客户进行补货的一种库存管理策略和管理模式。仓库设施为供应商所有（或由采购方所有），但必须建造在接近采购方的周围，以便于满足采购方的及时要货请求。然后，采购方向供应商提供未来一段时间的采购需求情况，供应商据此进行持续补充，但双方必须在采购数量、最高库存量、最低库存量、存储期限和费用分摊等方面达成一致，否则，将很难得到供应商的协调配合。供应商设定缓冲库存量和补给策略，基本目标是以保障采购方的采购要求为前提。这种由供应商管理库存的方法需要双方具有很高的相互信任度，能够相互开放、共享彼此的资源和信息。

由供应商来管理采购商的库存，不仅需要与供应商建立完善的信息共享和沟通系统，以便于供应商及时了解采购方的订货需求和库存情况，适时安排送货；而且需要制订详细周密的协议来界定和巩固双方的责任和义务，否则将很难达到预期的效果。这种协议的内容将体现双方的能力、职责范围、合作关系的性质和相关的指标体系等方面，主要包括以下几点：

（1）仓库水平的最低和最高限度。

（2）订货和补给周期（采购方的采购周期、供应商的补货周期）。

（3）对相关数据的提供、预测、补给和仓库管理的负责。

（4）产品质量规范和检查。

（5）信息系统的共享程度和彼此沟通情况。

（6）仓库满足需求的准确率。

（7）任何一方未能履行其职责的相应补救措施。

这种由供应商管理采购方仓库的做法，具有相当大的优越性，特别适用于供应商与采购商（或批发商）之间的采购订货活动。这些供应商不仅要提供产品的质量测试、货损检查和物流运输等服务，而且需要提供一些附加值业务（包括为库存提供资金融资、承担货物受损的风险以及承担安装业务等）。这样做的结果是完全满足了采购方企业的需求，达到减少库存和加快资金运转的目的。更重要的是，供应商对货物的所有权承担到生产线上为止。

（六）全球化采购货款的支付

全球化采购合同中虽然用货币进行计价和估算，但由于运送的不便以及各国对货币的管制，所以采购中货款的支付很少使用现金，大多数使用票据作为支付工具。票据作为国际银行结算和信贷工具，是指由出票人在票据上签名，无条件约束自己或指定他人，以支付金额为目的的证券。票据是可以流通和转让的债权凭证。全球化采购中常用的票据包括汇票、本票和支票三种。

1. 汇票

汇票是一个人向另一个人签发的，要求见票时或在将来的固定时间或可以确定的时间，对某人或其指定的人或持票人支付一定金额无条件的书面支付命令。

2. 本票

本票是一个人向另一个人签发的，保证在见票时或定期或在可以确定的将来的时间，对某人或其指定人或持票人支付一定金额的无条件的书面承诺。简言之，本票是出票人对收款人承诺无条件支付一定金额的票据。本票可分为商业本票和银行本票；由工商企业或个人签发的称为商业本票或一般本票；由银行签发的称为银行本票。商业本票有远期和即期之分，银行本票则都是即期的。在全球化采购中使用的本票，大都是银行本票。

3. 支票

支票是出票人签发，委托办理支票存款业务的银行或者其他金融机构在见票时无条件支付确定的金额给收款人或持票人的票据。

全球化采购流程如图 11－1 所示。

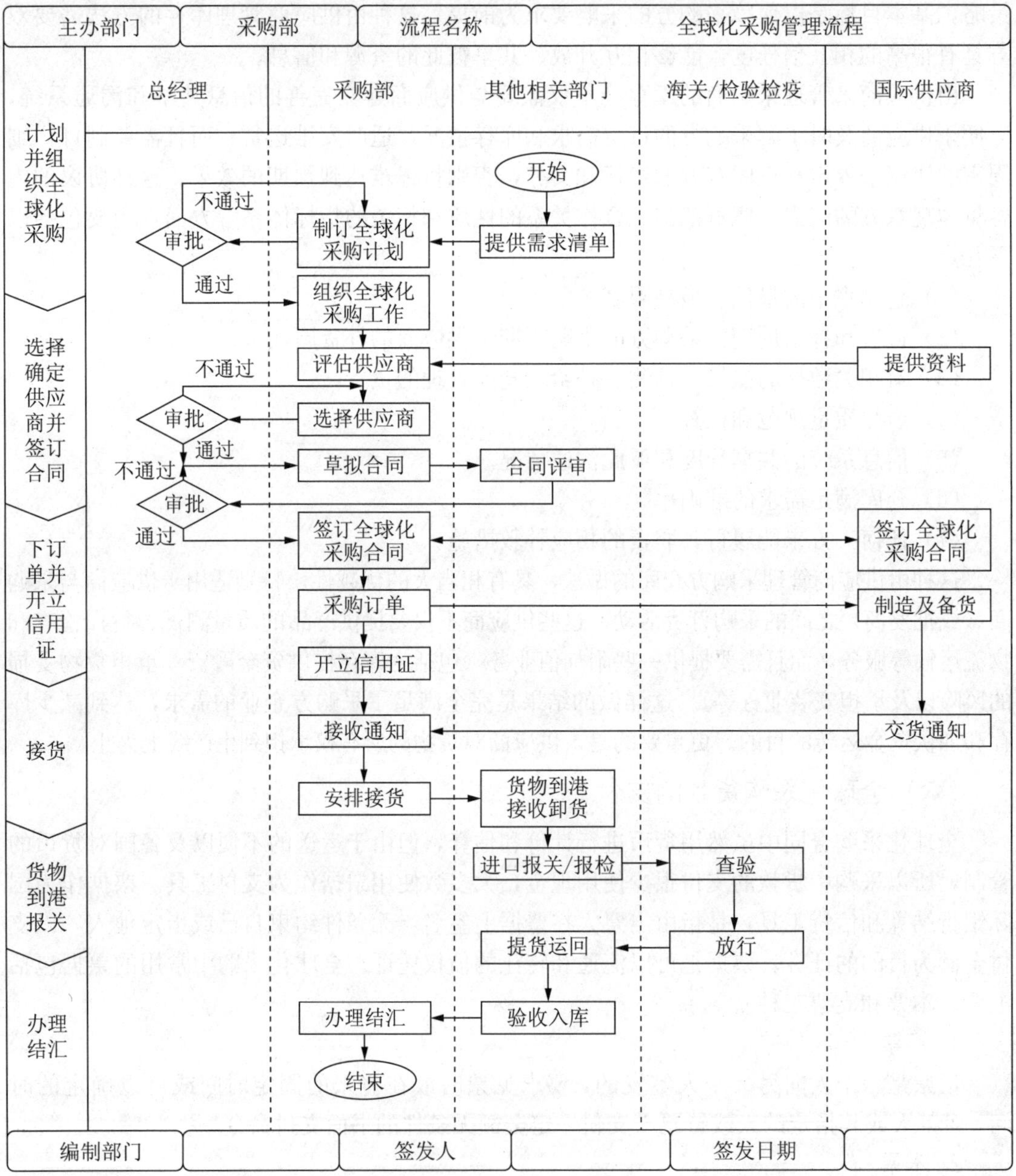

图 11-1　全球化采购流程

知识链接

采购外包

采购外包就是企业在聚力自身核心竞争力的同时，将全部或部分的采购业务活动外包给专业采购服务供应商，专业采购供应商可以通过自身更具专业的分析和市场信息捕捉能力，来辅助企业管理人员进行总体成本控制，降低采购环节在企业运作中的成本支出。

采购外包，从总体上可以减少企业采购运作方式，提高采购运营效率，又可以将自己的全部智能和资源专注于核心采购业务，在新的竞争环境中提高竞争力。企业采取采购外包有以下几方面原因：

1. 加速采购业务重构

企业业务流程重构需要花费很多的时间，获得效益也要等很长的时间，而外包是企业业务流程重构的重要策略，可以帮助企业快速解决采购业务方面的重构问题。对实行外包采购的企业来讲，不仅要做到现有企业核心采购能力和外包供应商核心能力的整合，更重要的还要做到如何巩固和提升自己的核心采购能力。企业如果忽视了本身核心采购能力的培育，就会失去未来的发展机会。

2. 利用企业不拥有的外部资源

如果企业没有有效完成采购业务所需的资源，就可将采购业务外包。企业外包采购时必须进行采购成本、利润分析，确认在长期情况下这种外包是否对企业有利，由此决定是否应该采取外包采购策略。企业在集中资源于自身核心采购业务的同时，通过利用其他企业的资源来弥补自身的不足，从而变得更具竞争优势。

3. 难以控制原辅助采购业务

中小企业可以将内部运行效率不高的辅助采购业务外包，但是这种方法并不能彻底解决企业的问题，相反，这些业务职能可能在企业外部变得更加难以控制。因此，企业必须花时间去找到问题的症结所在。

4. 控制采购成本

外包采购可以削减开支，增强采购成本控制，同时外包供应商的专业化程度较高，能够达到规模经济，因而注定采购成本更低、采购效率更高。从经济学角度来看，外包采购能够增加全社会的财富。

5. 分担采购风险

中小企业可以通过外向资源配置分散由经济、市场和财务等因素产生的风险。企业本身的采购资源、能力是有限的，通过资源外向配置，与外部的外包供应商共同分担风险，企业可以变得更有柔性，更能适应变化的外部环境。

补充阅读

一汽大众的全球化采购流程

一汽大众的诞生，是全球经济一体化背景下，一汽集团和德国大众全球策略的产物，一汽大众立足国内市场，结合全球采购战略，以降低采购成本，提高产品质量为宗旨，进行全方位的采购管理。

从投资之初，一汽大众的厂房规划、产品规划就与国际接轨，其生产线的现代化程度几乎与德国大众所差无几，产品设计完全参照德国的标准，因此，一汽大众所采用的多数设备和装车关键协作配套件，由于国内没有能力自主生产，即便有些零部件可以模仿开发，其成本也远远超过进口产品。因此，一汽大众设备、协作零部件产品都采用了全球采购策略，在全球范围内寻求可能的供应商，并努力帮助和促进国外供应商与国内供应商的合作，以使一汽大众不仅可以在全球采购，利用国外供应商的先进开发能力获得可靠的技术保障，同时，国外供应商与国内供应商的合作又可以降低其生产制造成本和人工费用，最终一汽大众大大降低了采购成本。

一汽大众所采购的物资可以分为两大类，一类是用于“装车”的生产材料，另一类是保证“装车”生产的一般物资，以下分别介绍生产外协件和一般物资的全球采购流程。

一汽大众采购部共分三大部分，包括生产材料采购、项目控制部采购和一般材料采购。生产材料采购部分为金属科、非金属科和电器科。项目控制科主要进行项目的前期采购，订货跟踪及国产化工作，而一般材料采购则分为工具、设备、钢板和基建项目的采购，对进口设备及设施由外经组专门负责，一汽大众在全国汽车厂商中率先提出全球采购的理念，并将全球采购的思想渗透在每一个采购环节，针对不同物资的采购做法不同，对生产材料部分，国内不具备开发生产能力而无法国产化的部分，直接从大众集团进口或与零部件供应商直接签订供货合同。

1. 外协件全球采购流程

在每一项目启动之前，都获得一汽大众公司经营管理委员会或产品战略委员会的认可。采购部会根据技术部门制订的工艺路线，对外协件制订全球采购计划。首先，由采购部组织相关部门制订预选厂家方案，并收集与询价有关的产品技术指标描述、质量保证要求及物流的包装、运输和电子信息传递要求、项目采购要求描述等资料，并将这些资料发给厂家询价。待厂家报价后，采购部会同相关部门，对厂家的报价进行分析比较及评价，以上过程属于前期采购的工作内容。

采购部在得到厂家的报价后，组织厂商进行商务谈判，根据对厂商的综合评价结果和谈判结果，制订供货商推荐建议，报 CSC 或 CSC 预备会，最终确定供应商并与厂家签订“外委协议”，根据进度计划的要求实施跟踪，待技术部门对产品的各项认可完成后，与厂家签订标准国外采购合同，国外厂商交货后，实施运输、保险、商检、清关、入库、验收、交付等一系列工作，如有不合格件产生，还要进入索赔程序，并协调国外厂商的售后服务工作。以上过程如下页图所示。

2. 一般物资的采购流程

公司的一般物资，品种繁多，可谓五花八门，从设备、备件、工具、辅具以至服务等。为了保证生产顺利进行，标准的采购流程起到了关键的作用。首先公司各部门提出采购需求，连同采购所需的技术描述，经控制部门释放给采购部，采购部根据需求的种类，采取不同的流程。

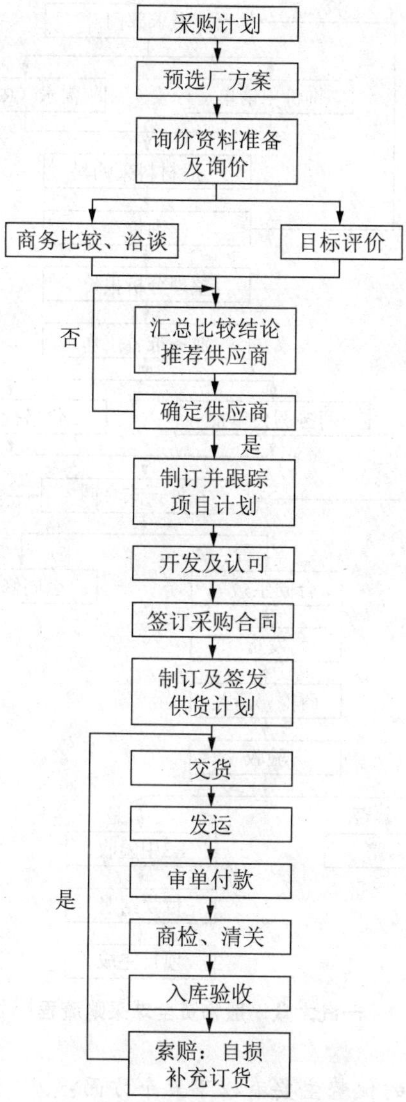

一汽大众外协件全球采购流程

紧急需求情况下，采购部会紧急向厂家订货，并在一周内完成紧急订货；

对投资等大项目的采购，启动前期采购，协同技术部门共同对预选厂家评价、分析，并向预先厂家问价、谈判，对谈判结果进行综合分析比较后报商务例会，确定厂家及价格，向厂家正式发出合同；

对有框架协议的长线产品，直接向厂家发出订单，进行订货。框架合同每年都要重新审定；

对无框架协议的产品，采购部根据商务权限规定，进行询价、谈判，对以上不同的采购订单，根据谈判结果采取不同的付款方式，通常有信用证，托收和电汇三种方式。待厂家将货物从国外运输至海关，一系列的物流程序如清关、商检、放关、入库、验收等履行完成，如有不符合验收标准，采购部负责向厂家索赔。以上流程如下页图所示。

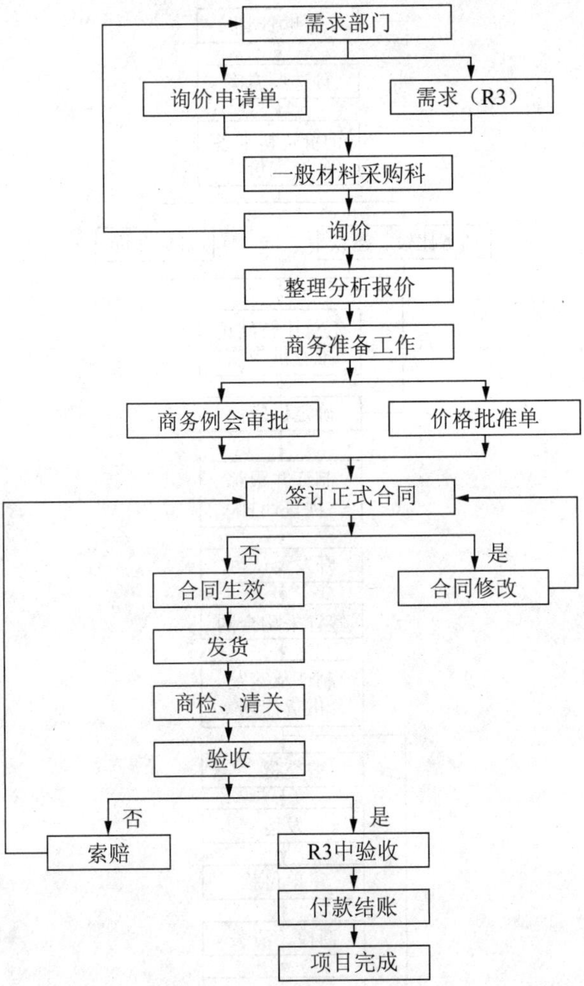

一汽大众一般物资全球采购流程

一汽大众全球采购模式的优势主要有以下五个方面：

一是实现采购业务操作程序化。采购员必须按规定流程进行采购活动，大大减少采购过程的随意性。

二是实现采购过程的公开化。有利于进一步公开采购过程，实现适时监控，使采购更透明、更规范。

三是可以扩大供应商比价范围，降低采购成本。通过多家比价，通常可以获得较低的采购价格，从而降低了采购成本。

四是促进采购管理定量化、科学化。R3 信息系统的大容量与快速传递，使供需双方实现信息共享，提高采购效率为决策提供更多、更准确、更及时的信息，决策依据更充分。

五是实现生产企业为库存而采购到为订单而采购。在电子商务模式下，采购活动是以订单驱动方式进行的。制造订单的产生是在用户需求订单的驱动下产生的。然后，制造订单驱动采购订单，采购订单再驱动供应商。这种准时化的订单驱动模式可以准时响应用户的需求，从而降低了库存成本，提高了物流的响应速度和库存周转率。

尽管一汽大众在公司成立时便进行全球采购，但这种采购模式依然是一种对企业的挑战，因为在具体实施时存在以下困难或风险：

一是语言及文化的障碍。尽管目前英语已经是全球性的语言，但在一汽大众，毕竟需要中国人和德国人同时操着英语交流，这难免产生误解。或者中国人学习德语后与德国人交流，显然也不占优势。即使语言没有障碍，不同的文化差异也同样会在交流沟通时产生障碍。

二是汇率的风险。就一汽大众来说，国外采购的产品来自欧洲的占大多数。而欧元汇率由过去的不到1EUR=8元人民币左右直涨到目前的1EUR=10.8元人民币，在汇率方面即损失28%。

三是运输的风险。货物经长途运输到达中国，不可预见的风险时常威胁一汽大众生产的顺利进行，比如运输时间以及货物破损等。同时运输费用也非常昂贵，大大增加了货物的采购成本。

四是采购流程长，项目跟踪消耗大量的时间和精力，从而导致跟踪成本较高。任一全球采购的货物都要经过一般采购流程和特殊的物流流程。如报关、清关、付款、索赔等程序，琐细，耗时，因此在公司生产管理部，专门设置运输组和海关组，以跟踪和协调国外货物从国外发出直至货到生产线上的一系列物流工作。同时采购部的采购员也要密切关注货物的所在位置，以便应对使用部门对货物的紧急需求。

第四节　全球化采购的风险管理

尽管全球范围内的采购能够为国际企业带来灵活的发货期、低成本等利益，但是国际企业将不可避免地面对迅速变化的国际市场环境和陌生的国际经营环境所带来的风险。这些风险直接影响到全球化采购成本，如果不能有效地规避、控制和管理风险，全球化采购的成本将会大幅度增加，影响到全球供应链的正常运作。

一、全球化采购的风险类型

全球化采购作为全球供应链的一个关键环节，与外部环境有着密切的联系。全球化采购的风险主要分为以下几种：

（1）国家风险。不同国家的法律、风俗、语言、政治制度和政策可能存在较大的差异，这会给全球化采购带来较大的风险。

（2）采购提前期风险。全球化采购活动可能涉及很多环节，如跨国运输、海关滞留、货物核查和中途转运等。因此，全球化采购的提前期较长，一般为3～4个月，期间各种不利因素都会对采购方造成很大影响。

（3）价格波动风险。不同于国内市场，国际市场容易受地区政局、金融危机、恐怖主义等诸多因素的影响，原材料价格波动剧烈。此外，由于技术创新进程加快，各种原材料或设备的更新也非常快，价格下降迅速。

（4）全球化采购合同风险。全球化采购合同与一般的采购合同有很大的不同，采购合同主体的信用、商誉、法律资格等因素会带来全球化采购合同的失效或违约风险。全球化采购合同风险还包括：①全球化采购合同的支付方式（如货币选择、期限确定、支付程序、支付办法等）；②各国税务政策的衔接；③大宗采购是否涉及配套引进；④履约担保、延期交货以及违约的惩罚；⑤不可抗力以及争端的解决；⑥相关商业票据的规范与适用性。

二、全球化采购风险规避策略

1. 国家风险规避策略

在其他条件相同的情况下，全球化采购应该选择在语言、文化背景相同或相近、政局稳定、进出口政策有利的国家或地区进行。在确定供应商之前，调查清楚供应商主体的资信。此外，在全球化采购前期，采购方应该熟悉当地的法律和风俗。

2. 原材料价格风险规避策略

风险价值模型（Value at Risk，VaR）方法十分适合对原材料价格风险进行量化分析，它是一种能够有效测定风险的计量方法。

(1) VaR 方法介绍

VaR 是指在某一特定的概率下，在某一特定的时期内，预期能够发生的最大亏损值。在具体使用 VaR 方法时，可以将风险定义为概率分布的标准差，这种处理方法既简单又便于理解。在多数情况下，用正态分布来表示采购原材料的价格波动情况，如图 11－2 所示。

将 VaR 方法应用到企业的采购风险评估，可以看作在某一概率下，某一特定的期限内，由于采购原材料的价格波动而导致的、预期可能发生的最大亏损值。它同时反映了在市场假设条件下的亏损程度和发生这些亏损的概率大小，不同的损失概率对应不同的最大亏损值，即 5%的损失概率对应的 VaR 值与 6%的损失概率对应的 VaR 值是不同的，因而 VaR 在很大程度上体现了决策者对风险损失和风险概率的态度，期望风险损失越小，则选择相对较为保守的风险概率。

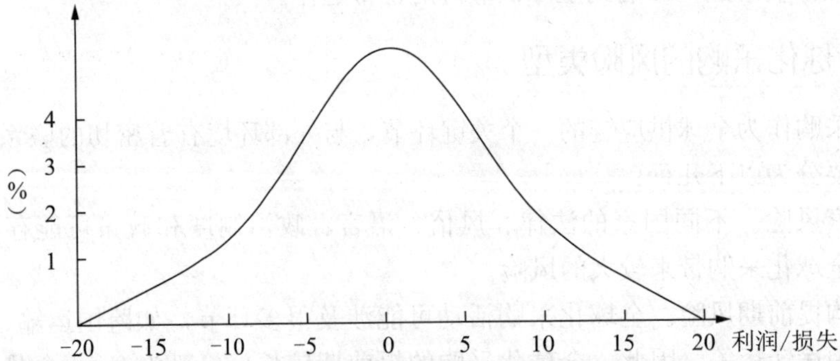

图 11－2　风险价值 VaR

(2) VaR 计算

假设用 x 代表采购原材料的市场价格，$P(t_0, x_0)$ 代表在 t_0 阶段时采购原材料的市场值，在 t 时期的预测估计值是 $P(t, x_t)$，价格变化所引起的利润或损失函数可表示为 $P(t, x_t) - P(t_0, x_0)$，从而对于一定的置信水平 α，经过时间 $t-t_0$，VaR 即是组合价值损失的单边置信区间的临界值，即：

$$p_r\left[\frac{p\ (t,\ x_t)\ -p\ (t_0,\ x_0)}{\sigma}\leqslant\frac{VaR}{\sigma}\right]=\alpha$$

VaR 的度量取决于两个重要的参数，一定的置信水平 a 和时间的长短 t，前者取决于决策者对风险的态度，一般的取值范围在［95%，99%］；后者取决于采购方时间的考虑。由于在不同的时期内，风险分布的概率不尽相同，导致对 VaR 值的计算存在一定的困难。一般情况下，假设采购原材料的价格波动情况符合正态分布，该分布的方差即是代表采购原料价格可能发生的风险程度，从而可以得出：

$$VaR=-Z\ (a)\ a$$

其中，$Z\ (a)$ 代表置信度。

故在一定的置信水平下，在一定的时期内采购一定金额（设为 M）的原材料时，当采购原材料的价格变化符合标准正态分布时，能够发生的最大损失是：

$$VaR=-MZ\ (a)\ a$$

在实际操作过程中，企业一般会统计分析采购原材料的价格变动情况，获取采购原料的价格波动的概率分布，从而得出该概率分布的标准方差。然后在一定的置信度下，求取可能发生的最大亏损额。

3. 全球化采购提前期风险规避策略

国际企业可以运用计算机辅助技术和已经成熟的企业资源计划、制造资源计划等软件，按照订单需求进行生产，缩短采购提前期，提高国际供应商的响应速度，实现准时制采购、准时制生产和准时制销售。另外，国际企业可以让供应商管理库存，或者与供应商展开战略合作来缩短采购提前期，进一步减小预测误差，达到准时化采购、准时化生产和准时化销售的目的，以最大限度地减少采购提前期风险。

4. 全球化采购合同风险规避策略

采购方进行全球采购时，需要仔细推敲和审核采购合同条款，采取适当的采购合同风险规避策略。首先，要采用规范采购合同范本，依据全球通行的采购合同文本和规则条款，结合采购方所在国对采购合同要求，制订采购合同的标准格式；其次，要设定合同保护性条款，保护性条款主要有基本的保护性支付条款，主要包括支付方式、支付程序、支付办法、分阶段的付款和滞留金的安排等。对于大型采购项目，由于金额巨大，货币的时间价值和机会成本明显，阶段性地合理控制滞留金的比例，能够避免利息损失或兑换损失。最后，相关商业票据的规范和适用需要在采购合同中加以说明。在某些情况下，供应商对于商业发票的货款发生项名称，没有加以规范化，就有可能导致采购方无法根据国家的某些政策获得国外采购关税的减免。

案例分析

全球化采购——宜家的“内伤”如何治愈

先来看看宜家的全球化采购流程：资料准备（5 周）、发出采购信息到决策（8 周）、决策到发出报价（2 周）、报价到评估选择投标商（6 周）、评估选择投标商到采购实施（14 周）、采购实施（12 周），合计 47 周。

这是一个标准的集中招标采购流程，流程本身并没有什么问题，但是宜家的集中采购是全球性的集中采购，中间涉及的部门和组织比较多，流程较长。因此，宜家在采购的效率上相对要低，即耗时太长，有时候在一个新的供应商的开发时间上甚至超过了2～3年。如果这个新供应商开发成功可以为公司一年节省50万欧元，晚开发2年，则公司就多付出100万欧元在采购上，这是一笔非常巨大的损失。整个流程有两段时间是最长的，可以说是流程中的瓶颈：

从发出采购信息到做决策。这个步骤需要8周的时间给到各个区域的采购小组们去寻找供应商。宜家没有建立相关产品的供应商资料库，所以当发生采购需求时，采购小组要根据采购消息和基本要求重新去寻找新的供应商，同时也要管理现有的供应商，这就导致需要较长的时间完成这个过程。

从评估选择投标商到采购实施。在14周的时间里，总部对各个区域提供的供应商的供应总成本做分析，然后分配由哪一家或者几家以什么样的价格，多少数量，给哪个市场供货。当确定后，各区域的支持部门就会开始对供应商进行IWAY（宜家家居用品采购标准）、质量体系、物流体系等的审核。然而，往往价格最低的供应商，特别是中国的供应商，在IWAY质量体系和物流体系上都不是那么尽如人意，需要提高，因此，当进行这部分审核的时候，往往花费了更多的时间、人力和物力。

同时，因为寻找新的供应商需要较长的时间，结果也并不一定理想，所以，很多时候区域采购小组就直接在现有的供应商内部进行竞争采购，丧失了外部信息，长时间后会形成内部封闭循环，供应商也会相应处于“安心”的状态。

1. 全球化采购的流程重组

过多要求的采购流程降低了宜家的采购效率，丧失了采购时机。因此，宜家要保持采购优势，必须改善和简化采购流程，提高采购效率。

确定需求是采购开始的基础。对购买什么进行分析是实施战略采购方式的第一步，也是最关键的一步。宜家提出了新的基于供应链基础下的全球采购发展流程（Purchase Development Process）。这种新的采购发展流程是基于产品种类来划分的，同样种类的产品有同样或者类似的材料、生产技术和设备以及同样的供应商。每个种类由一个产品种类经理来确定该种类产品的发展策略。

宜家借这一流程对现有的采购业务进行了全面评估，确定了改善目标，然后设定每种产品的供应商应具备的供应条件，同时分析出该产品现有供应商的价格、质量、供货等状态，最后得出对于该种产品应该在哪个区域采购，供应给哪个区域，由什么样的供应商来供货，是应该采取竞争模式还是合作方式管理供应商的结论。

这一流程的实施使各类产品采购管理的方向更加明确，而且使各区域采购小组对产品线有了整体清晰的认识，充分了解了采购什么，如何采购，在哪里采购，是否需要新的供应商，对现有供应商应该实施什么样的采购策略等，从全局上有了方向和概念，提高了采购效率。

2. 解决瓶颈流程

因为缺乏供应商资料库，并且审核流程过长，为此，宜家在2013年成立了一个新的供应商开发部门，专门负责针对各个业务组的需求来寻找和开发新供应商。目标是将新供应商开发的时间缩短为6个月。也就是将原本采购流程中的信息搜集和供应商搜寻的工作分离出来交给专职的小组人员去做。

采购流程被改进为两段式，一段是预备工作，由开发部门人员来执行，采购小组配合，集中时间、集中人力和物力进行有效率和效果的开发；另一段是采购实施，由采购小组实施采购合同、样品、订单等后续工作。改进后的流程极大地缩短了采购时间，从原本的47周减少到了24周，极大地提高了采购效率。同时这一流程在新的采购发展评估的结果出来后再来确定是否需要采购，做到了有必要的有效采购，避免了资源浪费。

3. 加强采购人员的培训

宜家大中华区总裁吉丽安曾经说过："宜家是一个大学校，可以让你学习到你想学习的东西。"可见宜家是非常重视培训的。各个职位的员工都会受到相关的专业培训，如技术人员的材料专业知识、采购人员的谈判技巧等，员工也可以根据自己的发展方向来选择相关的培训。除了专业技能的培训，每一位员工都要参加宜家的文化培训。"团结热情、简单、谦卑、节省、不断创新、永无止境、敢于不同、愿意承担和授权、面对现实、自我榜样"正是植入宜家员工的宜家文化精神。宜家文化培训会定期举行，让宜家文化深入到每一位员工的头脑里。正如一个供应商说的：宜家的员工都是一个样子。

随着全球化采购业务的发展，宜家对专业人员的需求也越来越多，需要进一步定制培训计划，加快人员的后备培养。实行有效的培训才能保证宜家文化的统一，对外形象的统一和采购的专业性，才能保持宜家全球采购的优势。

4. 大宗原物料的集中采购

供应商报价是按照宜家提供的报价单来报价的，报价单中详细列出了所有需要使用的原材料及其用量，是非常透明和清楚的，然后加上生产成本和供应商的管理成本和所需要的利润。其中，采购的原物料基本占到了总成本的65%～75%。采购小组会根据原料在市场上的价格来评估价格的合理性，同时，因为宜家会给到工厂一年的订单的预估量，这样工厂就可以根据这些数量提前预备原材料，也可以在原料采购中拿到更好的价格。然而，目前国际物料价格大幅度增长，而且趋势很不乐观，供应商无法控制，财力上也无法储备大量的库存。因此，宜家的产品价格和供应受到了严重的威胁。对此，宜家可以协助供应商对其下游供应商实行协同管理，并帮助供应商对大宗原物料实行集中采购，产生规模效应，从而降低采购成本，保证原料供应。

同时，宜家产品中大量用到的材料和配件应该尽量标准化，减少种类，就可以提高单品的采购数量，供应商在采购时就有更多的谈判能力，并且也可以由宜家帮助协同集中采购，从而降低采购价格。

5. 大宗原物料的战略采购

以前，宜家所有的产品不论采购金额的大小，都是采取同样的采购模式，对所有的供应商也是采取同样的要求和管理方式。但是随着产品系列的发展，供应商能力的提升和外部环境竞争的加剧，同等方式的采购管理大大浪费了采购组织资源，好的供应商失去了发展与合作的动力，一般的供应商安心等待宜家的辅导和订单。因此，这种采购模式显然对宜家的发展是不利的。战略采购认为，企业不应该使用相同的策略和方法来管理所有采购的产品，也不需要同所有的供应商都发展战略伙伴关系。战略采购主张用差异化的策略和管理方法来确保产品和服务的供应。这样可以通过优化管理资源的方式来管理采购品，以最低总成本建立采购和供应渠道，从而提升企业的竞争优势。宜家需要建立战略采购模型来对产品进行物料细分，并进行战略定位管理。以宜家亚太区的采购产品床垫为例，床垫主要属于关键物资和一般物资类，针对这两类物资应采取不同的采购策略。对于关键物资的弹簧和泡棉床垫要降低采购风险，可以采取增加新的供应商，通过供应商之间的竞争策略来降低采购成本。对于供应商的管理以竞争和协作为主。一般物资的乳胶床垫、木架床垫和床垫架因为其数量少，金额小，对供应商的吸引力很小，因此，最好的办法是增加采购数量，加大对供应商的吸引力。对于供应商的管理则以合作为主。虽然床褥也属于一般物资，但是它具有相当强的讨价还价的能力，采购业务对供应商也有吸引力，只要加大数量，则对供应商来说是非常乐意接受的大饼。

总之，宜家大部分商品都属于关键物资类，采购数量大，在销售中占重要地位，然而却是单一的供应源，特别是区域性的单一供应源，所以以后宜家应以降低供应风险为主，寻找更多的供应商来保证采购优势。

思考题：宜家公司执行全球化采购中存在哪些问题？它是如何改进的？

思考与练习

一、判断题

1. 广义的全球化采购是在供应链思想的指导下，利用先进的技术和手段，提出合理的采购要求，制订恰当的采购方案，在全球范围内建立生产与运营链，采购质价比最高的产品，以保证企业生产经营活动正常开展的一项业务活动。(　　)

2. 全球化采购可以扩大供应商比价范围，提高采购效率，降低采购成本。(　　)

3. 风险价值模型方法十分适合对原材料价格风险这类风险进行量化分析，它是一种能够有效测定风险的计量方法。(　　)

4. 采购外包就是企业在聚力自身核心竞争力的同时，将全部或部分的采购业务活动外包给专业采购服务供应商，专业采购供应商可以通过自身更具专业的分析和市场信息捕捉能力，来辅助企业管理人员进行总体成本控制，降低采购环节在企业运作中的成本支出。(　　)

5. 企业成功实施全球化采购的首要条件是选择合适的供应商。(　　)

二、单项选择题

1. (　　)是由供应商来为客户管理库存，为他们制订库存策略和补货计划，根据客户的销售信息和库存水平为客户进行补货的一种库存管理策略和管理模式。

A. VMI　　B. BRO　　C. ERP　　D. JIT

2. 不同国家的法律、风俗、语言、政治制度和政策可能存在较大的差异，这会给全球化采购带来较大的风险。这种全球化采购风险是(　　)。

A. 国家风险　　B. 行业风险　　C. 外汇风险　　D. 第三方风险

3. 全球化采购可以帮助生产企业实现由为库存而采购转变为为(　　)而采购。

A. 配送　　B. 促销　　C. 订单　　D. 仓储

4. 国际企业可以运用计算机辅助技术和已经成熟的企业资源计划、制造资源计划等软件，按照订单需求进行生产，缩短（　　）。

A. 生产前置期　　B. 采购提前期　　C. 企业生命周期　D. 财务周期

5. 以采购方所在国货币表示的价格、支付给报关行的佣金、支付方式费用及财务费用、供应商所在国征收的税金、额外存货及其储存成本、额外的劳动力和货运单据带来的费用、商务考察费用、包装和集装箱的费用、咨询费用、检验费用、保险费用、报关费用、进口税率、应对突发事件设立的风险费用等都可以影响全球化采购的（　　）。

A. 间接成本　　B. 负面成本　　C. 隐含成本　　D. 直接成本

三、思考题

1. 全球化采购产生的动因是什么？

2. 全球化采购面临的主要采购风险包含哪些？企业应该如何防范？

3. 全球化采购的流程有哪些？

4. 全球化采购的优势有哪些？

实训题

请实地到企业进行全球化采购情况的调研，并写一份调研报告。

第十二章　电子采购

学习目标

知识目标

1. 掌握电子采购的概念和内涵；
2. 熟悉电子采购的实施流程；
3. 熟悉电子采购的采购模式。

技术目标

1. 能够制订电子采购实施的步骤；
2. 能够制定电子采购实施风险的防范策略。

职业能力目标

1. 理解掌握“互联网+”招标采购行动方案，贯彻执行于企业采购的工作实际中；
2. 能够模拟设计一个网络采购平台，进行校园内电子采购5种模式的模拟演练。

采购聚焦

Walmart

沃尔玛：线下“巨人”不甘成为线上“侏儒”

拥有线下优势的传统零售巨头，并不必然能在互联网上复制自己的成功。时任全球500强之首的沃尔玛即是一例。它开展电子商务的时间并不晚，摸爬滚打16年却成绩平平，与其线下无人能敌的零售业绩相比，堪称“侏儒”。但是，当沃尔玛想清楚自己要为全球“下一代顾客”服务后，电子商务不再只是传统业务的补充，而是其为顾客提供连续服务的关键环节。正如当年沃尔玛毫不犹豫采取新技术来建立自己的供应链从而成为零售业的霸主，如今在电子商务领域沃尔玛也要采用新技术实现一场革新。

1. 带着惯性触网很难成功

在Internet Retailer（互联网零售商）的北美电子商务500强中，Walmart.com（沃尔玛网站）排在第六。2010年，排名第一的亚马逊营业收入为340亿美元，沃尔玛网站估计为60亿美元（更保守的数字则是20亿美元），这在沃尔玛2010年4000多亿美元的总营收中，连2%的占比都不到。

1996年7月，沃尔玛的电子商务网站开通，亚马逊则于前一年成立。成立之初沃尔玛就宣称要整合传统业务优势，在两年内把网站建成产品和服务种类最齐全、最丰富的在线销售网站。然而事实上，早期的沃尔玛网站更像是一个花里胡哨的数字化接待员，将顾客引导到线下的实体店铺，功能华而不实。这样的初次亮相，让外界质疑其并未深刻理解互联网。这种质疑一直持续到2010年沃尔玛成立全球电子商务部门。

经历了前3年的亏损，1999年沃尔玛终于决心利用自己线下的仓储管理优势，建立一个从牙刷到电器等商品在内的无所不包的网站，同时严格禁止批发商向对手供货。不过，这样一个拥有成熟物流基础设施的零售商，却在同年的圣诞前，面对大量订单时疲态尽显，不得不提醒顾客无法保证货物的投递。

2000年，沃尔玛将在线零售部门独立为Walmart.com，把部分股份出售给专注于高科技的风险投资巨头Accel（吉姆）。此外，沃尔玛还把Walmart.com的总部迁往硅谷，意图近距离学习互联网进而能真正投身其中。不过2001年，沃尔玛又回购了Accel手中的全部股份。这样的举动被外界认为是沃尔玛借外力而失败的结果，沃尔玛自己则宣称此举是为了更好地整合线上和线下销售渠道。然而事实却并没有那么的乐观，中国电子商务观察人士鲁振旺表示，时至今日，在美国，沃尔玛网站和线下店的互动也仅仅在于协同采购和site to store（即顾客在网上下订单然后到实体店自提商品），而且网站拥有自主采购权和定价权，配送更是可以选择第三方快递。

Walmart. com 的商品和服务或许是最丰富的，它甚至还提供宽带接入服务，可这种大杂烩的做法并未受到顾客的青睐。沃尔玛仅仅是把 Walmart. com 定位为实体店的补充和延伸，在技术上又未能像亚马逊那样为顾客提供个性化服务。2002 年 9 月 comScore（互联网统计公司）的统计数据显示，当时电子商务排名第一的 eBay（易贝）有 3400 多万访问者，紧随其后的亚马逊有 2500 多万，就连雅虎购物、戴尔、巴诺书店和 MSN 购物也分别有 2450 万、1140 万、820 万和 730 万的访问者，而排名第十三的 Walmart. com 仅有 650 万。

到 2007 年，沃尔玛实体店每周顾客量达到了 1. 3 亿，其中 75%为网民，但并非所有人都会在 Walmart. com 上购物。沃尔玛高层不得不承认，相较那些社区网站，Walmart. com 的线上互动太弱了。于是，沃尔玛通过博客、维基百科、社交网站和视频网站等，想把一个单纯的交易型网站变为一个互动型社区，让数以亿计的沃尔玛线下顾客能在网上谈论自己的产品。除了涉足社交网站以及使用各种互动工具，Walmart. com 做得最成功的要数 2007 年上线的评价系统。

不过，沃尔玛在电子商务上的战略一直未曾清晰。直到 2010 年，沃尔玛才专门设立了全球电子商务部门即 Global. com（谷歌），但与此同时 Walmart. com 网站的架构初创者 John Fleming（约翰·弗莱明）离职。沃尔玛在 2011 财年的财报中，称该部门有三个目标，一是发展并执行全球电子商务战略；二是加速全球在线销售渠道的增长；三是为每一个市场创造新技术平台和程序。

然而，沃尔玛再次对电子商务业务进行重组，美国、英国、加拿大和日本的电子商务负责人转而直接向所在国的实体店负责人汇报工作，中国、印度和拉丁美洲等地区的电子商务业务负责人仍旧向 Global. com 汇报。

一路曲折，沃尔玛的线下霸主地位，至今无法在线上复制。有人将沃尔玛电子商务发展不利归结于其根深蒂固的文化和经营惯性。1997 年沃尔玛的年销售额首次突破千亿美元，2002 年则达到了两千多亿美元。相较于实体店的巨大体量，电子商务对沃尔玛的贡献实在太弱。这也导致了在集团内部，实体店的管理者掌握了话语权，据说早期店长甚至拒绝将沃尔玛网站的地址印刷到购物袋上。

但是，一向在沃尔玛战略中处于重中之重的美国地区，其开业至少一年的店面销售额已经连续 9 个季度下滑，而 2010 年，美国电子商务销售额增长率达到了 14. 8%，网络零售每年营收规模超过 1500 亿美元。近期一些调查显示，大部分沃尔玛的顾客已不再相信这个全球最大的零售商提供的产品价格是最低的。越来越多的顾客选择网络交易，沃尔玛眼睁睁地看着自己的市场份额被亚马逊这样的竞争对手抢走。电子商务不再是威胁，而是竞争的利器。

2. 革新技术寻找新模式

2011 年 6 月 3 日，沃尔玛首席执行官 Mike Duke（麦克·杜克）在股东大会上提出要在全球赢得“下一代顾客”。沃尔玛在 2011 财年财报中强调，就像实体店一样，价格、品类、顾客体验和信任对于电子商务也同等重要，改变的只是技术。而顾客对于沃尔玛品牌的信任，是其自认为区别于其他在线零售商的地方。如何在网络上维系这种信任？沃尔玛押宝在手机和社交媒体上，这也正是“下一代顾客”与外界沟通的渠道。

社交对于零售的影响之大已有目共睹，从社交网站跳转到电子商务网站的访问量正在迅速增加。沃尔玛要实现的就是打通社交网站和Walmart.com。Mike Duke透露，通过实体店和低价，沃尔玛能真正利用手机技术和价格透明化，把实体店、信息系统以及物流管理整合成一个连续的通道，从而推动增长，为全球下一代顾客提供服务。

2011年4月沃尔玛收购了一家专注于网络社交技术的新型企业Kosmix（社交媒体平台），后者被更名为@Walmart Labs，隶属于沃尔玛全球电子商务部门，职责就是围绕社交和移动电子商务技术和商业模式进行创新。Kosmix创始人威凯·哈瑞安和安迪·瑞莱曼被称为是电子商务的先驱，他们曾经开发了一个比价搜索引擎Junglee并卖给亚马逊，后来又发明了支持亚马逊众包服务平台的技术，Kosmix则对社交网络内容和信息分类、过滤和优化搜索，其核心技术Social Genome能组织社交网络内容从而让人们获得对自己比较重要的信息。

据称，沃尔玛实验中心的技术将被集成到Walmart.com以及Facebook（脸书）和Twitter（推特）等社交网站中，一旦实现，将会大大优化顾客在沃尔玛网站上的搜索体验，增强后者的黏性。比如，当顾客在沃尔玛网站上搜索一款手机时，沃尔玛会推荐其在社交网站上的朋友称赞过的手机；通过监测顾客在社交网站上的信息，沃尔玛将在主页上直接推荐其感兴趣的东西，而不是像其他网站那样根据顾客之前的购物清单来推荐商品。此外，沃尔玛还会利用这些技术来分析顾客在Facebook和Twitter上的朋友的行为和兴趣，据此提供购物建议。TechCrunch（科技类博客网站）评论说，假如沃尔玛真的能做到，那将是业界首例。

有数据显示，目前沃尔玛顾客中1/3拥有智能手机。这些手机将在购物中发挥重要作用，成为沃尔玛购物的导航员。比如，它会告诉你所感兴趣的产品在最近的沃尔玛店铺有存货，一旦你到了店里，手机还会指引你找到产品。而且，沃尔玛还将在实体店内推行基于NFC的移动支付、条码扫描等服务。

“在全球电子商务领域，沃尔玛不仅仅是在竞争，而是要争取胜利。”据悉，沃尔玛已在全球15个国家开展了零售业务，其中在7个国家通过不同的在线平台提供网络零售业务。然而2011年6月来自comScore的数据显示，沃尔玛网站全球受众规模仅约为0.45亿，在全球15岁以上用户中的占比为3.2%，远低于亚马逊的2.82亿和20.4%。而且，沃尔玛网站83.4%的用户来自北美洲，8.9%来自欧洲，来自亚洲的仅占0.7%。

在英国，沃尔玛通过ASDA连锁超市销售日常用品，沃尔玛自称通过ASDA.com能为97%的英国顾客提供网上服务。据Internet Retailer估计，ASDA.com 2011年销售额9.43亿美元。但在中国，沃尔玛直到2011年年底才开通了沃尔玛山姆会员网上商店测试版，目前仅服务于深圳和北京的山姆会员。根据中国连锁经营协会对传统零售商网络零售网站截至2011年7月的点击量统计，沃尔玛山姆会员网上商店排名第七。

据统计，2010年中国网络购物交易总额占全社会消费品零售总额的3.5%，超过5000亿元。2010年网购占比将会超过5%。沃尔玛显然已经意识到了中国网购市场的潜力，并且连续出拳。2010年5月，沃尔玛入股一号店，尽管双方不愿透露具体数字，业内则流传沃尔玛持股20%。2010年6月，沃尔玛与上海市商务委员会签署了相关备忘录，将在上海设立沃尔玛全球电子商务中国总部，业内人士称已选址嘉定，此举正式宣布沃尔玛发展中国电子商务业务。因此，线下“巨头”肯定不甘成为线上“侏儒”。

第一节　电子采购概述

一、电子采购的概念与内涵

（一）电子采购的概念

电子采购是由采购方发起的一种采购行为，是一种不见面的网上交易，如网上招标、网上竞标、网上谈判等。企业之间在网络上进行的这种招标、竞价、谈判等活动定义为B2B（企业对企业）电子商务采购。电子采购比一般的电子商务和一般性的采购在本质上有了更多的概念延伸，它不仅仅完成采购行为，还有效地整合了企业资源，帮助供求双方降低了成本，提高了企业的核心竞争力。

（二）电子采购的发展

电子采购最先兴起于美国，它的最初形式是一对一的电子数据交换系统，即EDI（电子数据交换），该电子商务系统大幅度地提高了采购效率，但早期的解决方式价格昂贵、耗费庞大，且由于其封闭性仅能为一家买家服务，尤令中小供应商和买家望而却步。为此，联合国制订了商业EDI标准，但在具体实施过程中，关于标准问题在行业内及行业间的协调工作举步维艰，因此，真正商业伙伴间EDI并未广泛开展。20世纪90年代中期，电子采购目录开始兴起，这是供应商通过将其产品上网，来提高供应商的信息透明度、市场涵盖面。近年来，全方位综合电子采购平台出现且通过广泛连接买卖双方来进行电子采购服务。

电子采购是一种在Internet（互联网）上创建专业供应商网络的基于Web（页面）的方式。它能够使企业通过网络，寻找管理合格的供货商和物品，随时了解市场行情和库存情况，编制销售计划，在线采购所需的物品，并对采购订单和采购的物品进行在途管理、台账管理和库存管理，实现采购的自动统计分析。实施电子采购，不仅方便、快捷，而且交易成本低，信息公开程度透明，的确是一种很有发展前途的采购方式。实现电子采购的方式有两种：使用EDI的电子采购和使用互联网的电子采购。电子采购门户站点对购买简单商品最为有效，它可以让供应商创建和维护其产品的在线目录，其他公司可以从这些目录中搜索商品，下订单以及当场确定付款和装运选择。在试图购买那些必须定制的产品时，常常需要人力判断以及人与人之间的协商，首先，要整理叫作 RFP（建议请求）的信息包，其中包括某一商品的技术规格和供应要求。其次，必须找到能够满足该请求的供应商。为了节省时间和资金，只需要与有资格的供应商联络，这样花费的精力最少。使这一过程自动化的一种方式就是使用 EDI 网络，它能够让供应商和买主交换采购信息。只要缴纳一点事务处理费，就能通过 EDI 网络提交信息包，并通过同一网络收到答复。

可以说，企业采购电子化是企业运营信息化不可或缺的重要组成部分。电子采购使企业不再采用人工办法购买和销售产品，在这一全新的商业模式下，随着买主和卖主通过电子网络而连接，商业交易开始变得具有无缝性，其自身的优势是十分显著的。

二、电子采购与传统采购的主要区别及其优势

（一）电子采购与传统采购的主要区别

电子采购采取现代计算机网络的技术，特别是互联网的应用为工具，把采购项目的信息公告、发标、投标、报价、定标等过程放在计算机网络上来进行，使采购相关的数据和信息实现了电子化。电子采购相对于传统采购，具有明显的比较优势：价格透明、效率高、竞争性强、节约成本等。

传统的采购，整个采购业务流程没有自动化，数据不断被重复输入、确认，在这个过程中难免会出现差错，需要复杂冗长的批准过程，延长了采购周期，也大大增加了业务成本，使用非规范的步骤进行采购。总的来说，传统采购业务流程的效率不高，从而导致业务成本提高，采购周期延长，对采购的控制不强，无法形成采购中的规模经济效益。

（二）电子采购的优势

电子采购比一般的电子商务和一般性的采购在本质上有了更多的概念延伸，它不仅仅完成采购行为，而且利用信息和网络技术对采购全程的各个环节进行管理，有效地整合了企业的资源，帮助供求双方降低了成本，提高了企业的核心竞争力。

1. 提高采购效率

采购方企业通过电子采购交易平台进行竞价采购，可以根据采购方企业的要求自由设定交易时间和交易方式，大大地缩短了采购周期。自采购方企业竞价采购项目正式开始至竞价结束，一般只需要 1～2 周，较传统招标采购节省 30%～60%的采购时间。

2. 节约大量的采购成本

使用电子采购系统可以为采购企业节省大量成本。采用传统方式生成一份订单所需要的平均费用为 150 美元，使用基于 Web 的电子采购解决方案则可以将这一费用减少到 30 美元。企业通过竞价采购商品的价格平均降幅为 10%左右，最高时可达到 40%以上。通用电气公司估计通过电子采购将每年节约 100 亿美元。

3. 优化采购流程

采购流程的电子化不是用计算机和网络技术简单替换原有的方式方法，而是要依据更科学的方法重新设计采购流程，这个过程中，摒弃了传统采购模式中不适应社会生产发展

的落后因素。

4. 减少过量安全库存

世界著名的家电行业跨国企业海尔集团在实施电子采购后，采购成本大幅降低，仓储面积减少一半，降低库存资金约 7 亿元，库存资金周转天数从 30 天降低到了 12 天以下。

5. 信息共享

不同企业，包括各个供应商都可以共享信息，不但可以了解当时采购、竞标的详细信息，还可以查询以往交易活动的记录，这些记录包括中标、交货、履约等情况，帮助买方全面了解供应商，帮助卖方更清楚地把握市场需求及企业本身在交易活动中的成败得失，积累经验。这使供求双方之间的信息更加透明。

6. 改善客户满意度，让供应商获益

对于供应商，电子采购可以更及时地掌握市场需求，降低销售成本，增进与采购商之间的关系，获得更多的贸易机会。电子采购在降低成本，提高商业效率方面，比在线零售、企业资源计划（ERP）更具潜力。电子采购的投资收益远远高于过去 10 年内已经在企业中占主导地位的任何商业革命，包括企业流程再造、策略性采购等。

知识链接

电子采购系统

1. 协同招投标管理系统

协同招投标管理系统是一个协同的、集成的招标采购管理平台，使各种类型的用户（包括组织者、采购业主、投标商、审批机构等）都能在同一且个性化的信息门户中一起协同工作，摆脱时间和地域的限制。协同招投标管理系统，以招投标法为基础，融合了招投标在中国的实践经验，实现了整个招标过程的电子化管理和运作，可以在线实现招标、投标、开标、评标和决标等复杂的招标投标流程，使招标的理念和互联网技术完美结合，从时间上、价格上、质量上都全面突破了传统的招投标方式，最大限度实现招标方的利益。协同招投标管理系统以自主开发的国内领先的工作流系统作为系统的核心，可以帮助客户快速高效地实现各种复杂的招标投标流程，包括各种内部审批流程。

2. 企业竞价采购平台

企业竞价采购平台是一个供应商之间以及供应商和采购商之间互不见面的网上竞价采购管理平台，使得供应商可以远程地参与采购竞价。竞价采购，又称反拍卖采购技术（RAT），是由采购招标和网上竞价两部分有机结合在一起的采购方式。它用电子商务取代以往的谈判公关，帮助采购商最大限度地发现卖主，并引发供应商之间的竞争，大幅度降低采购成本，同时有力地变革了采购流程，是对企业具有跨时代意义的零风险采购辅助手段。在传统招标采购中，供应商总是在确保低价中标的同时尽量争取价格最高，并且由于比值、比价、招投标过程较长，供应商之间相互见面等因素，容易产生供应商之间价格同盟，因此不能在最大范围内挑起各投标方的反复竞价，从而使降价空间缩小，导致采购品降价不足；而 RAT 则是根据工业采购品的不同特点，由采购商制订产品质量标准、竞价规则，通过 B2B 的方式，使采购商得以更好地发现卖主，并挑起供应商竞争。成交价格可以是一个，也可以是一组，对供货方来说只有竞争价格是透明的，博弈阵容对其并不透明，从而很好地强化了降价竞争，使采购品价格大大降低。经过各个卖主之间一番激烈的降价竞争，一条降价曲线会自动输出，竞价结果客观、公开，不再需要人为的议标过程。

3. 电子目录采购系统

电子目录采购系统是一套基于国内领先工作流技术的集办公自动化、产品目录管理、供应商管理以及电子采购于一体的综合解决方案。可以帮助客户快速高效地实现内部采购供应系统的任意商业运作流程及业务规则，搭建符合其自身需求的涵盖包括招标采购、竞价采购、商务谈判在内多种采购方式的在线采购平台，并能有效地管理供应商和产品目录。主要功能模块包括工作流引擎、可视化流程定义工具（WFVISIO）、流程监控工具（WFMONITOR）、流程节点定义、信息发布系统、视图定义、综合查询统计定义、文档自动生成、电子文档管理、组织结构管理、权限管理、供应商管理、专家管理、产品目录管理、在线投标、开标大厅、在线评标、竞价大厅、谈判大厅、合同管理、采购效果分析、项目任务管理、日志管理、在线编辑器等。

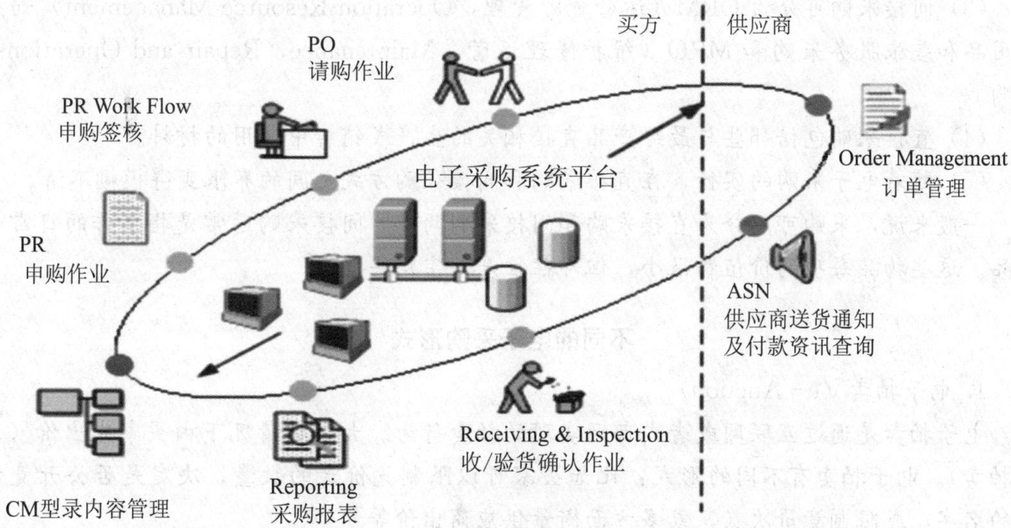

电子采购系统平台

三、电子采购的风险

电子采购对采购信息的公开、采购市场的扩大、采购流程的简化、采购成本的降低和采购效率的提高等诸多方面有重要的作用，但同时，电子采购也存在一定的风险。

1. 安全问题

电子采购的安全问题主要是数据安全问题。大量的网络采购活动通过Internet服务提供商（ISP）和Internet内容提供商（ICP）的站点接入，但实际上ISP和ICP站点的安全性问题是存在的，一旦“黑客”攻入服务器，篡改各种数据，如银行账户、信用证数据等，就会给企业带来巨大的损失。

2. 财税风险

电子采购面向全球市场，而全球各国的财税政策是不同的，电子采购难以对税收政策进行统一。出于促进贸易的需要，目前发达国家比较容易在免征关税和特别税方面达成一致，但商业税的征免及征收方法需要进一步协调。此外，电子采购涉及大量电子货币，电子货币的使用超出了传统的中央银行的货币控制范围，这也可能带来严重的金融问题。

3. 法律风险

与财税风险类似，在网络空间，传统的营销边界不再适用，而在规范网络贸易方面没有统一的全球性法律框架，很容易引发纠纷，产生风险。

知识链接

电子采购的分类管理

（1）采购策略可以分为两个主要类别：间接采购和直接采购。

（2）间接采购包括那些不直接生成最终产品的商品及服务。

（3）间接采购可分为 ORM（运营资源管理，Operation Resource Management）如办公用品和差旅服务采购和 MRO（维护修理运营，Maintenance，Repair and Operations）采购。

（4）直接采购包括那些与最终产品直接相关的生产或销售中使用的材料。

（5）随着电子采购的实行，在直接采购和间接采购方式之间的界限变得模糊不清。

一般来说，采购可以分为直接采购和间接采购两类。间接采购通常是指工作的日常必需品。这些物品每项的价值都很小，但却往往是大宗购买。

不同的电子采购形式

1. 电子拍卖（e-Auction）

电子拍卖是通过互联网或者内部网实现的拍卖行为。大多数情况下由买家先出价（反向拍卖）。电子拍卖有不同的形式：比如买家可以限制竞价者的数量，决定是否公开竞价者的名字，或限制竞价次数，或多方面衡量供应商出价等。

2. 电子交易市场（Electronic Marketplaces）

电子交易市场是指买方和卖方通过互联网操作实际交易。电子交易市场也有不同的形式。我们主要做 3 种区分：买方市场、卖方市场和中立市场。买方市场是由属于同一行业的买主建立的（如汽车行业的 Convisint）。卖方市场是由属于同一行业的卖主组建的（如化工行业的 Chemdex）。中立市场则是由同时为买方和卖方服务的中间商建立的（如 eBay）。电子交易市场还可以分为横向市场和纵向市场。我们在纵向市场里对属于同种行业的商品进行交易，但在横向市场里我们可以交易属于不同行业的商品。

3. 有效的消费者回馈（Efficient Consumer Response，ECR）

ECR 是指在同一供应链上的公司紧密合作，以最好的方式满足最终消费者的需求。对消费者的关注可以促使公司优化各种业务流程（如物流、新产品开发、促销、供应、管理等）。所有在链上的合作伙伴都可以大幅度地提高效率并从中受益。4 个主要的 ECR 领域是：产品目录管理、物流、IT 系统和供应链整合。

4. 联合计划、预测和供给（Collaborative Planning Forecasting and Replenishment，CPFR）

CPFR 是供应链上的合作伙伴通过电子信息技术交换需求和供给计划，由此可以减少供应链上的缓冲库存，并缩短对最终消费者的交货时间。

5. 供应商关系管理（Supplier Relationship Management，SRM）

供应商关系管理是通过建立信息系统有效管理与供应商的关系。管理包括合同信息、订购信息、已付发票信息、交货信息、供应商表现、价格历史和成本数据。

第二节　电子采购的模式

电子采购与其他企业应用软件相比有一个很大的不同点，其他应用软件如仓库管理软件、运输管理软件、财务管理软件等，它们的主要信息都来源于企业内部，而电子采购所要进行的业务却关系供应商和采购方两个主体。特别是采购物料信息，均来源于企业外部，这给电子采购模式的建立提供了各种可能性。主要来说，企业的电子采购模式有以下三种：

一、卖方模式（一对多模式）

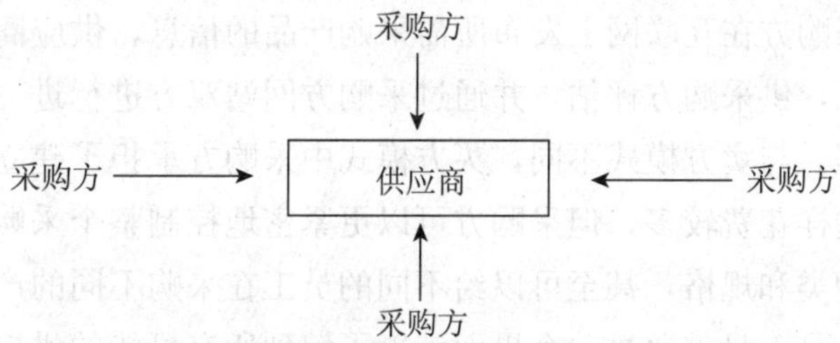

图 12－1　卖方模式

卖方模式是指供应商在互联网上发布其产品的在线目录，采购方则通过网页浏览来取得所需的商品信息，以做出采购决策，并下订单以及确定付款和交付选择。这就像一个购物者在一条商业大街上，进出各个商店不断地进行比较来购买商品。在这样一个模式里，供应商必须投入大量的人力、精力和财力来建立、维护和更新产品目录，所以成本较高、操作较为复杂。而对采购方恰恰相反，它们不需要花费太多就能获得自己所需要的产品信息，既便宜又方便，但同时却又不得不面临电子采购与后端的企业内部信息系统无法很好地集成的问题。因为采购方与供应商是通过供应商的系统进行交流的，由于双方所用的标准不同，供应商向采购方传递的电子文档不一定能为采购方的信息系统所识别，自动地加以处理并传送到相关责任人处。这些文档必须经过一定的转化，甚至须经手工处理，这就大大降低了电子采购的效率，延长了采购的时间。

XML（可扩展标记语言）技术的出现，为互联网上的数据表示和传输提供了新的思路，使基于互联网的 B2B 的电子采购得到广泛发展。开放的、基于文本的 XML 非常适用于服务器之间交换事务信息。由 500 个成员组成的非营利性的网上商务协会提议，利用 XML 来描述产品和服务目录软件、商业规则和系统数据。这个称作网上商务协会的规范将定义如何给诸如公司名称、地址、价格、条款和数量等事物做标识，相信这会使企业间的数据交换变得简单、顺畅，但当前，主要的软件供应商如微软都有自己的标准，统一的标准和规范仍需要很长的一段时间才能有所作用。另外，采购方为了进行供应商进择，必须寻找并浏览大量的供应商网站，这些网站有各自的界面、布局、格式，不利于进行迅速地比较，必须先把其中有价值的内容抽取出来，仔细整理后，才能在供应商之间进行对比。

二、买方模式（多对一模式）

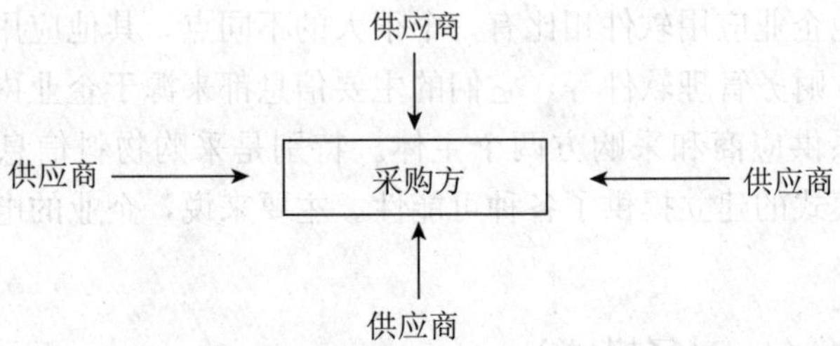

图 12－2　买方模式

买方模式是指采购方在互联网上发布所需采购产品的信息，供应商在采购方的网站上登录自己的产品信息，供采购方评估，并通过采购方网站双方进行进一步的信息沟通，完成采购业务的全过程。与卖方模式不同，买方模式中采购方承担了建立、维护和更新产品目录的工作，虽然这样花费较多，但采购方可以更紧密地控制整个采购流程，它可以限定目录中所需产品的种类和规格，甚至可以给不同的员工在采购不同的产品时设定采购权限和数量限制。另外，员工只需通过一个界面就能了解到所有可能的供应商的产品信息，并能很方便地进行对比和分析，同时，由于供求双方是通过采购方的网站进行文档传递，因此采购网站与采购方信息系统之间的无缝连接将使这些文档流畅地被后台系统识别并处理。对于一个成功的买方模式来说，用成功的信息技术来保证其安全运行是非常重要且关键的。企业应建立完善的技术安全体系，在企业内部设置安全防御系统，限制远程登录，及时了解 Internet 上黑客常用的攻击手段；对系统管理员的操作权限进行双重保护，及时做好数据备份；在 Internet 接入处采取基于路由器的 IP 层防火墙、基于主机的应用层防火墙和病毒防火墙技术，防止外部病毒和黑客的攻击；同时企业之间的业务数据交互采用加密、数字签名、鉴别等技术。只有采取了全面的技术防护手段才能确保采购过程的顺利进行。

三、第三方系统门户

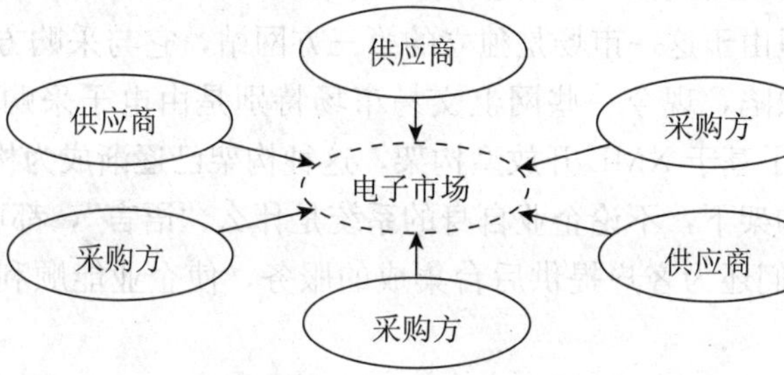

图 12-3　第三方系统门户

门户是描述在互联网上形成的各种市场的术语。独立门户网站是通过一个单一的整合点，使多个买方和卖方能够相遇并进行各种商业交易的网站站点，它将成为企业和信息经济发展中最具影响力的事件之一。门户网站模式是互联网上全世界范围内任何人都可进入的单个网站站点，它允许任何人参与或登录并进行商业交易，但是要交一定的费用，按交易税或交易费的百分比来计算。门户网站上的主要内容有查看目录、下订单（在线拍卖的情况下成为竞标）、循环交货、支付等。

为了改进市场中买卖交易的频率，在互联网上有垂直门户和水平门户两类基本门户。

1. 垂直门户

垂直门户（Vertical Portals）是经营专门产品的市场，如钢铁、化工、能源等，它通常由一个或多个本领域内的领导型企业发起或支持。化工行业是在线市场发展的早期领导者。它与其他一些行业相比有一个比较明显的优势：化工产品绝大部分都符合国家标准，如商品名称、质量、内容和数量，因而容易采用在线交易。另外，一些急需发展电子市场的行业包括汽车、能源、高技术制造和电子行业、信息技术、出版、冶金、航天、金融服务、卫生保健服务等。

在高技术制造业中，由 12 个主要行业领导者（包括惠普、NEC、网关、日立、三星等公司）组成的集团，目前已经实行合作，形成一个电子交易门户，该门户将关注预计价值为 6000 亿美元的高科技零部件市场，并将提供开放的资源、拍卖、供应计划和物流支持。

垂直门户交易市场有一个明显的优势：买方或卖方（生产商）自己作为发起资助人，都倾向于从供应商向其行业的高效供应中获得巨额收益。

2. 水平门户

水平门户（Horizontal Portals）集中了种类繁多的产品，其主要经营领域包括维修和生产用的零部件、办公用品、家具、履行服务、物业帮助等。水平电子市场一般由电子采购软件集团或者这些间接材料和服务供应领域内的领导者发起资助。

这种类型的交易中心通常是通过向每份交易收取 1%～15%的交易费来获得收入的，具体比例的大小依赖于交易量和交易商品的种类。即使这样，电子交易的成本还是比传统销售渠道交易成本低。

第三方系统门户是指供应商和采购方通过第三方建立的网站进行采购业务的过程。在这个模式里，无论是供应商还是采购方都只需在第三方网站上发布并描述自己提供或需要的产品信息，第三方网站则负责产品信息的归纳和整理，以便于用户使用。虽然这样省去了建立网站的花费，但由于这一市场是独立的第三方网站，它与采购方的后台系统集成比较难。为了弥补这一缺陷，现今一些网上交易市场特别是由电子采购方案提供商建立的e－market，纷纷采用了基于XML开放型构架，这种构架已逐渐成为构建e－market的主流模式。因为在这种构架下，不论企业自身的系统是什么“语言”，都可通过XML顺利地进行“沟通”。同时它们还为客户提供后台集成的服务，使企业能顺利地通过电子市场进行采购。

四、企业私用交易平台

企业私用交易平台类似电子数据交换系统（EDI），EDI系统是大型企业长期以来使用的主机式应用程序，以电子方式交换订单、库存报表与其他资料。企业私用交易平台和EDI系统类似，能减少沟通的时间和成本，使合作厂商以标准格式，实时分享文件、图表、电子表格与产品设计。同时，企业私用交易平台还能实现国际网络平台的功能与EDI系统的安全性的结合。

和开放式B2B以及企业联盟（由买方、供应商或两者共同拥有）不同，企业私用交易平台能让积极参与者掌控大权，这样的安排能使企业将工作重点放在流程而非价格上。由于私用交易平台构架中的供应商仅包括受邀访客和网站站主，这就意味着买方可以选择交易对象，甚至可能在网络外完成商谈。

五、网上拍卖模式

网上拍卖有正向拍卖和反向拍卖两种模式。

1. 正向拍卖模式

正向拍卖模式是由卖方提供一件物品，买方通过竞拍赢得拍卖。出价高者赢得拍卖。常见的拍卖大多是正向拍卖。一般而言，网上拍卖网站通常会提供正向拍卖方式。正向拍卖又分为一般拍卖方式和集体议价方式。采用一般拍卖方式的会采用加价式竞价来决定最终购买方和购买价格。

正向拍卖主要的手段就是竞价，高价者得。正向拍卖在采购中很少遇到。

2. 反向拍卖模式

反向拍卖模式也叫拍卖，又叫逆向拍卖，常用于政府与跨国公司采购等买方市场的交易活动。由采购方提供希望得到的产品的信息、需要服务的要求和可以承受的价格定位，由卖家之间以竞争方式决定最终产品提供商和服务供应商，从而使采购方以最优的性能价格比实现购买。

通过互联网实现的反向拍卖大体可以采用如下流程：

（1）采购者准备招标信息，该信息的内容与传统招标没有太大差异，仍旧围绕待采购产品的各类要求，这里强调一点的是采购者可以明确发布他们希望的采购价，并以此约束竞标者的竞标方案。

(2) 通过电子商务网站建立竞标专区，并发布完整的招标信息，包括他们的目标采购价格。在这里每一次采购都会专门开辟一个区域用于整个竞标过程，电子商务运营商需要在功能上保证这个专区的实现。

(3) 电子商务网站对外发布竞标专区，有条件的网站还可以通过站内 E - mall 系统将信息发送给所有的潜在供应商，或者将一些大型采购专区推送至网站流量最大的位置上，以便让更多的用户了解到采购信息。

(4) 供应商下载招标信息，并准备竞标方案。

(5) 供应商通过竞标专区发送竞标方案给采购者，这种发送方式可以通过竞标专区的专门通道实现，也可以通过 E - mail 实现，但为了把更多的交易过程留在网站内，电子商务运营商更应考虑为参与竞标的供应商开辟发送通道。

(6) 采购者对比竞标方案。

(7) 采购者与最符合要求的供应商签订协议，在签订协议之前采购者也可能会和几个优秀的竞标者进行更进一步的沟通以保证交易的安全，这种沟通包括看货、资质评估等。

在上述流程中，采购者作为招标信息的发布者有着更多的主动权，一方面他可以限定招标范围，包括供应商类别、供应商资质、招标产品规格、技术标准以及目标价格范围等；另一方面他们可以查看所有供应商的竞标信息。在这种情况下很可能出现卖方也就是供应商利益受损的可能：买家如果通过反向拍卖压价，那么卖方将无力还击。为了有效降低这种模式对卖家利益的损害，作为交易平台的搭建者——电子商务服务运营商有必要设定一些保护供应商权利的机制，包括实施暗标管理，也就是不让供应商之间查看到对方信息，以及惩罚采购商发布虚假招标信息等措施。

3. 反向拍卖的优缺点

(1) 反向拍卖的优点

①速度快。对于经历招投标这一烦琐过程的人来说，在线方法的价值就很明显：不再需要花费几个月来接受和核定供应商的答复，整个流程一个多小时就可以完成。

②成本低。对于购买者来说，在线反向拍卖的方法避免了与成千上万小公司打交道的管理成本。同时，拍卖的方式也促使商品价格大幅下降。

(2) 反向拍卖的缺点

①过分关注价格，忽视与供应商的关系。拍卖透明、公开的特性以及只关注于价格的短期行为，很难保证所采购的商品具有竞争优势，供应商也很难与买方维持任何亲密关系。

②预测的困难。采用在线反向拍卖这种形式，需求方很难预测最终价格，每天都可能产生一个完全不同的竞标价格。

网上拍卖通常适用的是间接商品，有时也会用于直接原材料。这种实时竞标的形式最适合于批量大的普通商品，由于批量大，因此在价格上的一点点差别也会积累成一个可观的数目。

网上反向拍卖流程，如图 12 - 4 所示。

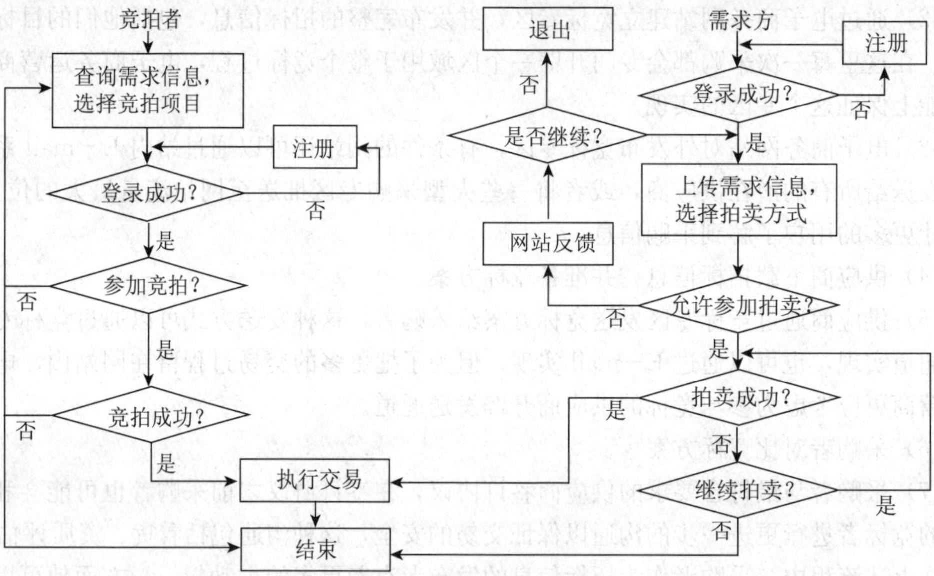

图 12-4　网上反向拍卖流程

补充阅读

Priceline（美国在线旅游公司）的逆向拍卖玄机

Priceline 公司提供了一种完全不同于传统预订业务的服务。这种模式，Priceline 称之为“自助定价”，学术界则称为“逆向拍卖”或“买方定价”。简单来说，就是在买方定价的交易平台上，消费者开出希望购买的产品价格，以及产品的大致属性，然后静待产品提供方决定是否接受这个价格，并为消费者服务。比如，在 Priceline 网站上预订酒店的消费者需要将酒店星级、所在城市的大致区域、日期和价格提交系统，不到一分钟后，Priceline 网站就会返回一个页面，告知此价格是否被接受，并将产品的具体信息，包括酒店名称、地址反馈给消费者。此时，消费者必须接受这次交易，无论该酒店是否中意，这也是此种模式被称为“逆向拍卖”的原因——购买行为不能反悔。

1998 年，美国人杰伊·沃克先于学术界发现了电子商务与逆向拍卖结合的巨大潜力。他申请了一项名为“自助定价系统”的商业方法专利，并创办了 Priceline. com。网站上线之初，瞄准的是当时美国各大航空公司每天卖不掉的 50 万个空位，随后又很快切入酒店、租车市场。由于旅行产品市场存在巨大的信息不对称，Priceline 有效地将过剩的机票、酒店房间与市场需求联系在一起，很快取得了成功。而“自助定价系统”专利长达 20 年的商业保护期，也让其直到今天仍然在这一领域一枝独秀。

2002 年，杰弗里·博伊德就任 Priceline CEO 时，就认为 Priceline 的业务模式在经济景气时非常有价值，而在经济环境恶劣时，则更加不可或缺。2008 年，在金融危机导致全球旅游业一片萧条之际，Priceline 能够做到逆势而行保持高速增长，依靠的完全是其商业模式的优势。今天，Priceline 已经通过一系列并购，将其商业模式拓展至欧洲与亚洲市场，并获得了巨大的成功，目前 Priceline 的国际营收已经超过了美国营收。

在人类社会经济活动中，有些商品的使用价值具有时效性，越接近失效的时间点，其使用价值就越小。理论上达到失效时间点时，其使用价值就会变为零。由于价格围绕价值波动，在时效期之内，商品的价格应该不断变化，来反映时间因素的影响。比如，超市对即将过期的食品进行打折处理，就是这条规律的体现。与食品等实物商品一样，酒店房间、机票、租车等旅行产品同样具有时效性。这类商品的固定成本分摊要远高于变动成本，且商品销售单元具有明确的有效期。

然而，对于时效性商品来说，价格的动态确实是一个难题，而更换价格标签的成本，以及消费者因为不断变化的价格产生的持币待购心态，都是实施动态定价的障碍。在电子商务领域，研究者很早就发现时效性商品采用逆向拍卖的方式，可以获得比固定价格更多的期望利润。而跟超市的卖方动态定价行为相比，逆向拍卖所采用的买方动态定价，可以非常容易地解决价格确定问题。

首先，对具有时效性的旅行产品来说，逆向拍卖模式有三个非常重要的优势。首先，由于时间因素会导致旅行产品的使用价值降低到零，且其变动成本较低，因此卖方能够出让的利润空间非常大。对于一个拍卖平台来说，这也意味着其能够提供的价值空间具有足够吸引力。Priceline 上很多酒店房间的最终成交价，可以达到直接预订价格的一半甚至更低。这样一来，喜欢占便宜的消费者会接踵而至，形成口碑效应。商业世界有一个规律，你能为消费者省多少钱，就能为自己同等比例地赚多少钱。在盈利能力上，Priceline 的逆向拍卖模式与传统的佣金模式相比不可同日而语。

其次，逆向拍卖模式很好地保护了商业品牌。Priceline 上降价幅度最大的客房，通常是由 5 星级酒店提供的，这是因为其定价与变动成本间差距最大。事实上，4 星级与 5 星级酒店房间，一直是 Priceline 上销售最好的产品，因为普通人在这里可以低价购买到平时无法享受的奢华。长期以来，豪华酒店也乐于低价销售一些空置房间，但最主要的障碍来自公开的低价对自身品牌的负面影响。而 Priceline 在这方面为品牌提供了很好的保护。在网站上，大众看不到任何报价信息，只有成功拍卖到客房产品的那一名消费者，才能够看到酒店名称和价格信息。即便在理论上，也没有哪种销售模式能更好地保护品牌形象了。

最后，Priceline 为电子商务提供了前所未有的娱乐性与趣味性。前几年 eBay 电视广告的结尾总是这么一句："Shopping victoriously"。的确，以 eBay 为代表的拍卖平台除了方便消费者购物之外，还能提供一种成功购物的喜悦，而 Priceline 则把这种"成就感"推到了极致。

在购买过程中，消费者只知道最终成交价和星级、大致位置，而不知道具体是哪一家酒店。Priceline 又通过预收信用卡信息，确保拍卖过程不可反悔。这时，要想拍得满意的酒店，预先做好功课就非常重要了。在入门级消费者花更多钱也拍不到满意的酒店时，资深 Priceline 用户可以做到以最低价格精准预订到自己想要的酒店，这一购买方式的游戏性体现无遗。

正是这三点优势，让 Priceline 的逆向拍卖模式取得了巨大成功。在 Priceline 公司所有的在线预订业务中，用户自助定价产品的发展速度不断加快，目前已经贡献了超过一半的收入和 2/3 的利润。尤其在旅游淡季，逆向拍卖模式能够为消费者节省更多的出行费用，同时也为旅行产品提供方有效处理掉濒临失效的大量客房、机票资源，这使 Priceline

极受旅行市场两端的欢迎。

由于越接近失效期的旅行产品降价空间越大，那些处于“最后一分钟”的酒店房间、机票产品，是目前尚未充分挖掘的最后一块宝藏。而在市场的另一端，消费者存在的大量即时旅行需求，也为这些产品提供了巨大市场空间。Priceline的下一个任务是将Priceline的自助定价技术向智能手机和其他新一代移动设备上转移。如果消费者在抵达目的城市后仍然可以低价订到当天的酒店，或者在登机前一刻购买到廉价机票，这将是对目前人们出行习惯的颠覆。在移动互联网时代，消费者的需求可以更快速地被发现并满足。而对在线预订市场和Priceline来说，这将是一片充满机遇的蓝海。

第三节　电子采购的流程与实施

一、实施电子采购的技术支持

电子采购是集计算机技术、多媒体技术、数据库技术、网络技术、安全技术、密码技术、管理技术等多种技术于一体的电子商务模式，因此要实现电子采购必须依靠下列技术支持：

1. 数据库技术

数据库的作用在于存储和管理各种数据，支持决策，在电子商务和信息系统中占有重要的地位，是实现电子采购必不可少的技术条件。数据库技术随着业务流程的变化而不断改进，从最初的手工管理发展到现在的数据仓库。数据仓库技术是因企业的需求和技术的成熟而产生的，它包括数据仓库技术、联机分析处理技术和数据挖掘技术。这些先进的数据仓库技术对提高整个信息系统的效率有很大的影响。大量的信息一般以数据的方式存储，各种数据的特点不同，被使用的情况也不同。在电子采购中，存在供应商数据、采购物资数据、内部物资需求数据等，有效地组织好这些数据才能更好地支持采购决策的制定和实施。随着企业上网进行商务活动，Web数据库产生了，它结合了Web具有的数据量大、类型多的特点和成熟的数据库管理系统，前端是界面友好的Web浏览器，后台是成熟的数据库技术。

2. EDI技术

企业与企业之间的交易谈判、交易合同的传送、商品订货单的传送等都需要EDI技术。EDI是指具有一定结构特征的数据信息在计算机应用系统之间进行的自动交换和处理，这些数据信息称为电子单证。EDI的目的就是以电子单证代替纸质文件，进行电子贸易，从而在很大程度上提高商务交易的效率并降低费用。通信网络是传输电子单证的载体；标准化则将生成的电子单证按规定格式进行转换。

3. 金融电子化技术

电子采购过程包括交易双方在网上进行货款支付和交易结算，金融电子化为企业之间进行网上交易提供保证。在全球供应链网络中，交易双方可能相隔很远，双方货款只有通过银行系统来结算，银行在企业之间的交易中起着重要的作用，它们处理业务的效率将直接影响到企业的资金周转，构成影响供应链的资金流动的因素之一。可见，银行是电子采购、电子商务必不可少的组成部分。

4. 网络安全技术

企业上网采购，在进行合同签订、合同传递、订购款项支付等行为过程中，网上信息是否可靠、真实，是企业十分关心的问题。安全问题极为重要，信息失真会给交易双方带来风险，甚至造成重大经济损失。

网络安全技术是实现电子商务系统的关键技术，其中包括防火墙技术、信息加密与解密技术、数字签名技术等。目前，一个安全的电子商务系统首先必须具有一个安全可靠的通信网络，以保证交易信息安全迅速地传递；其次必须保证数据库服务器的绝对安全，防止网络黑客闯入窃取信息。在基于网络的电子交易中，由于交易各方不进行面对面的接触且有时不使用现金交付，这就对电子交易的可靠性和安全性提出很高的要求。客户要求保证信息不被非法修改；保证只有其目标接受方才可能收到他发送的信息，而不被非法窃取；商户能够验证信息确实来自合法的客户，从而使对方对此信息的发送不能否认，双方均需对彼此合法身份进行验证。这就是网络安全四大要素：传输保密性、数据完整性、信息不可否认性、证明交易原始性。

5. 计算机及网络技术

网上实现采购和企业内部与采购相关的信息传递、处理都离不开计算机。计算机硬件性能增强，提高了信息处理速度和准确性；软件功能的完善不但大大方便了操作，也使其操作界面更加友好。

电子采购的网络基础包括局域网技术、广域网互联、接入技术和网络通信协议。在局域网方面，一般参考和引用 ISO/OSI 模型，结合本身特点制订自己的具体模式和标准。

广域网互联是把跨地区、跨国的计算机和局域网连接起来，所涉及的技术有 ISDN、宽带、ATM 等。ISDN 是一种公用电信网络，与使用 Modem 设备接入相比，其传输速率具有不可比拟的优势。随着宽带网技术的成熟、提供的网络带宽不断增加，数据传输的瓶颈问题将逐步得到解决。

二、实施电子采购的步骤

（1）采购分析与策划。对现有采购流程进行优化，制订出适宜网上交易的标准采购流程。

（2）建立网站。建立网站是进行电子采购的基础平台，要按照采购标准流程来组织页面。可以通过虚拟主机、主机托管、自建主机等方式来建立网站，一些有实力的采购网站，通过它们的专业服务，可以享受到非常丰富的供求信息，起到事半功倍的作用。

（3）采购单位通过互联网发布招标采购信息。详细说明对物料的要求，包括质量、数量、时间、地点等，对供应商的资质要求等。可以通过搜索引擎寻找供应商，主动向它们发送电子邮件，对所购物料进行询价，广泛收集报价信息。

（4）供应商登录采购单位网站，进行网上资料填写和报价。

（5）初步筛选供应商，收集投标书或进行贸易洽谈。

（6）网上评标。由程序按设定的标准进行自动选择或由评标小组进行分析评比选择。

（7）在网上公布中标单位和价格。如有必要，可对供应商进行实地考察后再签订采购合同。

（8）采购实施。中标单位按采购订单通过运输交付货物，采购单位支付货款。采购单位可以通过网络了解供应单位的物料质量及供应情况，供应单位可以随时掌握所供物料在采购单位中的库存情况及采购单位的生产变化需求，以便及时补货，实现准时化生产和采购。

第四节　电子采购的新发展

1. XML 标准的引入

XML（可扩展标记语言）是商业数据互换标准，它本身并不是一种语言，而是一种语言标准，它提供了一种灵活又不太昂贵的方法来开发普通数据格式。与 EDI 相比，XML 的使用范围更广，适用于所有商务。XML 的发展将为交互系统联通性标准的建立提供依据。通过利用 XML 和其衍生物，即使是小供应商也可以通过互联网直接地、费用低廉地、安全地与任一购买者交换他们的目录、合同条款和发票，这在许多方面都将改变商业信息交换的性质。因此，XML 标准的引入，将大大加快电子采购业务的发展。

2. 直接采购与间接采购的发展

直接采购和间接采购方法需要不断变化，它们的发展趋势是把重点放在现货市场和买卖双方关系上，这也成为间接材料和比较简单的 MRO 材料的采购准则。一些间接材料的采购可以通过建立交易目录很好地解决，而另一些 MRO 零件和至关重要的直接材料则需要一套十分完备的程序、工具来进行处理。直接材料可以从现货市场一次性采购，但是许多复杂的、高度专业化的生产部件的采购仍然需要更加人性化的买卖双方关系。

3. 电子市场垂直层面的联合

在每个垂直市场上，电子采购平台都要保持自己的特色，只有那些能提供完备功能和值得信任的服务的站点才能生存下来。这些站点不可避免地面临着优胜劣汰的竞争，它们要么变得功能更加强大，要么就销声匿迹。生存下来的电子采购系统需要提供供应链管理专业知识，以便与简单的采购工具形成鲜明对比。这些电子市场（通过伙伴关系联合、兼并、XML 相互操作能力标准的整合）越来越可能承担管理保险、法律、支付，甚至物流和客户关系管理（Customer Relationship Management，CRM）的大部分责任。

4. 供应商的合理化

网上反向拍卖时将所有的材料看作商品，通过竞争使其价格下降。这说明供应商越多，竞争越激烈，购买者获得低价的可能性就越大。这时供应商就不再是真正的合作伙伴。而公司的战略资源计划需要最优秀、最值得信任的供应商的团结和支持，成功的战略资源计划的基础是限制供应商的数量。因此，不同的企业要根据自己的供应特点对不同材料的供应商进行合理规划。

5. 采购平台的改变

在采购平台方面，ERP、供应链管理系统、ASP（应用服务提供商，Application Service Provider）系统和内部电子采购等系统将很快代替以人力、纸张、电话、传真为基础的采购业务活动，解放出大量的采购人员，当然这有赖于改善规模的大小。对那些没有进行直接材料采购的公司来说，在整个流程实行自动化后，采购部门可能会完全消失，而只保留一两个专业的人员来处理系统问题和意外情况。对于直接经营商品的制造和销售公司来说，采购人员可能会真正成为商业谈判家和专家，寻找优质的服务和商品。

补充阅读

“互联网＋”招标采购行动方案（2017—2019年）

为贯彻落实《国务院关于积极推进“互联网＋”行动的指导意见》（国发〔2015〕40号）和《国务院关于加快推进“互联网＋政务服务”工作的指导意见》（国发〔2016〕55号）部署，大力发展电子招标投标，促进招标采购与互联网深度融合，现制订本行动方案。

一、总体要求

（一）指导思想

全面贯彻党的十八大和十八届三中、四中、五中、六中全会精神，深入贯彻习近平总书记系列重要讲话精神，以“创新、协调、绿色、开放、共享”发展理念为指导，着力深化体制机制改革，创新招标采购交易机制、公共服务和监督方式，培育招标采购市场发展新动能，更好发挥招标投标制度在现代市场体系中的作用，降低制度性交易成本，提高资源配置质量效率，推动政府职能转变和党风廉政建设，助力供给侧结构性改革，促进经济社会平稳健康发展。

（二）基本原则

坚持政府引导、市场调节。按照“放管服”改革要求，破除影响“互联网＋”招标采购发展的思想观念、体制机制障碍，从发展规划、技术标准、交易规则、安全保障、公共服务等方面，引导各类市场主体积极参与电子招标采购平台体系建设运营。充分发挥市场机制作用，培育“互联网＋”招标采购内生动力，推动招标采购从线下交易到线上交易的转变，实现招标投标行业与互联网的深度融合。坚持互联互通、资源共享。按照统一标准、互利互惠的要求，依托电子招标投标公共服务平台，加快各类交易平台、公共服务平台和行政监督平台协同运行、互联互通、信息共享，实现招标采购全流程透明高效运行。加快电子招标投标系统与公共资源交易平台、投资和信用等平台的对接融合，推动市场大数据充分聚合、深入挖掘和广泛运用。

坚持创新监管、提高效能。依托电子招标投标系统，充分发挥“互联网＋”监管优势，实现平台技术创新与监管体制机制创新同步推进，推动动态监督和大数据监管，强化事中事后监管和信用管理，完善行政监督、行业自律和社会监督相结合的综合监督体系，进一步提高监管效能。

坚持统筹规划、协同推进。针对“互联网＋”招标采购融合发展的长期性、复杂性，强化顶层设计，发挥政府、行业组织和市场主体作用，统筹安排各项政策措施，通过典型地区、行业和平台的创新示范，有计划分步骤实现全地域、全行业、全流程电子化招标采购。

2017年，电子招标采购制度和技术标准体系建立健全，覆盖各地区、各行业的电子招标投标系统基本形成，依法必须招标项目基本实现全流程电子化招标采购，电子招标投标系统建设运营更加规范，招标采购市场竞争更加有序。

2018 年，市场化、专业化、集约化的电子招标采购广泛应用，依托电子招标投标公共服务平台全面实现交易平台、监督平台以及其他信息平台的互联互通、资源共享和协同运行。

（三）行动目标

2019 年，覆盖全国、分类清晰、透明规范、互联互通的电子招标采购系统有序运行，以协同共享、动态监督和大数据监管为基础的公共服务体系和综合监督体系全面发挥作用，实现招标投标行业向信息化、智能化转型。

二、主要任务

（一）加快交易平台市场化发展

1. 推进交易平台建设。积极引导社会资本按照市场化方向建设运营电子招标投标交易平台，满足不同行业电子招标采购需求，推行依法必须招标项目全流程电子化招标采购。交易平台建设应当符合电子招标投标有关规定，遵守统一技术标准和数据规范，接口应当保持技术中立。鼓励交易平台按照专业化方向，明确专业类别、主要服务领域和服务对象，提供特色服务，并促进交易平台在市场竞争中实现集约化发展。支持和鼓励交易平台通过优质高效服务，吸引非依法必须招标项目自愿运用电子化招标采购。

2. 发挥交易平台作用。交易平台应当以在线完成招标投标全部交易过程为目标，逐步消除电子采购与纸质采购并存的“双轨制”现象。围绕提高资源配置质量和效率、降低企业生产经营成本进行功能设置，充分发挥信息技术在提高招标采购效率和透明度，节约资源和交易成本，解决招标投标领域突出问题等方面的独特优势，切实为交易主体服务，为行政监督部门提供监管便利。交易平台运营机构应当通过规范经营、科学管理、技术创新、优质服务、合理收费，实现交易平台依法合规运营。鼓励交易平台之间、交易平台与公共服务平台之间相互合作，实现人才、信息、技术等资源的共享共用。

3. 促进交易平台公平竞争。各级招标投标行政监督部门和公共资源交易监管机构应当打破市场壁垒，简化和规范监管流程，开放接口规范和数据接口，为交易平台实现跨地区、跨行业公平竞争营造良好的发展环境。任何单位和个人不得违反法律法规规定，对市场主体建设运营交易平台设置或者变相设置行政许可或备案；不得设置不合理、歧视性准入和退出条件，也不得附加不合理条件或实行差别待遇；不得排斥、限制市场主体建设运营的交易平台，限制对接交易平台数量，为招标人直接指定交易平台；不得排斥或限制外地经营者参加本地招标采购活动。

4. 有序开展检测认证。完善电子招标投标系统检测认证制度和技术标准，引导各类主体建设的交易平台根据实际分级有序开展检测认证。2017 年，交易平台全面开展检测认证，到年底检测认证通过比例达到 80%以上。鼓励有专业能力的检测、认证机构申请开展电子招标投标检测认证业务，并依法公平竞争，不得乱收费。任何组织和个人不得为交易平台运营机构指定检测、认证机构。充分发挥认证机构的监督和证明作用，提升社会对电子招标采购的认可度和公信度。加强对检测、认证机构的业务指导和行政监督，确保通过认证的交易平台合法规范、安全可靠，符合互联互通和数据交换要求。

（二）完善公共服务平台体系

5. 加快服务平台建设。设区的市以上人民政府发展改革部门或本级政府指定的部门，要根据政府主导、共建共享、公益服务原则，按照电子招标投标有关规定，通过政府投资或政府与社会资本合作方式，加快建设本地区统一的电子招标投标公共服务平台，也可由符合要求的公共资源交易电子服务系统承担电子招标投标公共服务平台功能。鼓励省级行政区域搭建全行政区域统一、终端覆盖各地市的公共服务平台。到2017年年底，所有省（区、市）和地市应实现本行政区域内电子招标采购活动有一个可供使用的公共服务平台。国家电子招标投标公共服务平台应当为地方公共服务平台建设提供技术和信息资源支持。

6. 优化公共服务。公共服务平台应当立足“交易平台枢纽，公共信息载体，身份互认桥梁，行政监管依托”的基本功能定位，依据统一的技术标准和数据规范，免费开放对接交易平台和行政监督平台，提供依法必须公开的市场信息，研发提供CA证书互认、主体注册共享等公共技术保障服务，向行政监督部门动态推送监管数据或提供监督通道。鼓励公共服务平台根据市场主体、社会公众、行政监督部门需要，创新拓展公共服务领域和内容，不断提高公共服务供给质量和效率。

7. 推进可持续运营。各级人民政府有关主管部门应当研究建立公共服务平台可持续运营保障机制。公共服务平台不得具有交易功能。采用政府投资建设的，有关部门应当保障公共服务平台持续运营所需经费。采用政府与社会资本合作方式建设的，应当免费提供依法必需的公共服务，同时可以通过提供个性化增值服务等方式，建立平台可持续运营机制。

（三）创新电子化行政监管

8. 推进监督平台建设。各级招标投标行政监督部门应当结合“互联网＋政务服务”建设，在2017年年底前抓紧搭建电子招标投标行政监督平台，满足在线监管的需要。行政监督部门可以建立专门的行政监督平台，也可以在公共服务平台上开辟行政监督通道。支持地市以上地方人民政府建立本行政区域统一的行政监督平台。国务院有关招标投标监管部门可探索建立本行业统一规范的行政监督平台。

9. 规范监督功能。行政监督平台应当公布监督职责和依据、监督对象和事项清单、监督程序和时限，并具备对招标采购全过程进行实时在线监管等功能。行政监督平台不得与交易平台合并建设和运营，也不得具备任何交易功能。已经建成的行政监督平台兼具交易功能的，应当按照电子招标投标有关规定，在2017年年底前全部完成改造，并将监督功能和交易功能分别交由不同的主体负责，保证在线监督的独立性和公正性。行政监督平台应当开放数据接口，不得限制或排斥交易平台、公共服务平台与其对接交互信息。各级招标投标行政监督部门应当落实“放管服”改革要求，依托行政监督平台，探索扩大招标人自主决策权并强化相应法律责任约束，加强对招标采购活动的监管和服务。

10. 转变监管方式。加快互联网与政府公共服务体系的深度融合，实现政府部门之间数据共享，以行政监督的无纸化推动招标采购全流程的电子化。凡是能实现网上办理的事项，不得要求现场办理；凡是能够在线获取的市场主体信息，原则上不再要求市场主体以纸质方式重复提供；凡是能够通过行政监督平台在线下达的行政监督指令，原则上不再出具纸质文件。充分运用电子招标投标系统三大平台整体功能，通过电子招标采购全流程信息的动态记录、留痕追溯、透明公开，推动招标投标行政监督从事前审批、分业监督，向事中事后、动态协同方式转变，进一步提高行政监督的针对性、有效性和规范性。

（四）实现互联互通和资源共享

11. 加强系统互联共享。推动各级各类电子招标投标交易平台和行政监督平台以公共服务平台为枢纽，按照《电子招标投标办法》及其技术规范要求，实现互联互通和资源共享。交易平台应当选择任一公共服务平台对接交互信息，并可依法直接与相应的行政监督平台对接交互信息。鼓励中央企业和省属国有企业的交易平台按照规定与国家或省级公共服务平台，以及相应的行政监督平台连接并交互招标信息。公共服务平台应当与相应的行政监督平台实现对接，并负责将交易平台依法交互的交易信息、信用信息推送至相应行政监督平台。下级公共服务平台应当与上级公共服务平台对接交互信息，鼓励同级公共服务平台之间互联对接，逐步形成全国纵横联通的公共服务平台网络体系。

12. 实现与公共资源交易平台整合共享。电子招标采购是公共资源交易的重要组成部分。各地电子招标投标公共服务平台与本地区公共资源交易电子服务系统分开建设的，应当明确各自功能服务定位，协调统一技术标准和数据规范，并相互对接共享信息，充分发挥各自服务功能优势。合并建设的，应当符合规定的技术标准和数据规范，满足公共服务基本功能要求，并按规定与上级电子招标投标公共服务平台和公共资源交易电子服务系统交互信息。

13. 推进与投资和信用平台协同共享。鼓励电子招标投标交易平台、公共服务平台、行政监督平台与政府建立的投资项目在线审批监管平台对接，实现投资项目全过程在线运行、闭环监管，建立健全纵横联动协同投资监管体系。推进电子招标投标系统与信用信息共享平台对接共享。电子招标投标公共服务平台应当与信用信息共享平台对接，按要求与信用信息共享平台交互数据信息，并为市场主体查阅有关信用信息提供便利，实现招标采购信用信息与其他领域信用信息的互认共享。

（五）强化信息拓展应用

14. 加强信息记录和公开。电子招标投标系统应当如实记录招标采购过程信息、操作时间、网络地址和相关人员等信息。依托电子招标投标系统，对市场主体招标投标行为和信用状况依法实行动态公开。除按照电子招标投标有关规定依法及时公布交易和服务信息外，交易平台和公共服务平台的建设、运营、开发和维护单位名称及其主要负责人员，检测认证报告、认证标志，专业工具软件技术规范与接口标准，平台对接、运营和数据交互动态，以及免费服务项目、增值服务项目及其收费标准等主要信息，必须在平台实时公布。行政监督平台应当及时公布投诉举报受理情况、调查处理结果等监管信息。

15. 促进信息全网有序流动。研究建立电子招标投标数据信息分类、所有、使用、交互共享和保密机制，明确电子招标投标交易平台、公共服务平台、行政监督平台及相关主体的权利义务责任。在推动电子招标投标平台之间、电子招标投标系统与其他信息平台系统之间互联互通的同时，积极培育各类平台主动交互信息的内生动力。按照互利互惠原则，提供依法公开数据的交易平台和公共服务平台可以按照交互数据的结构类别和规模比例，分享集合数据使用权利和大数据分析成果运用的增值效益。对于关系国家安全的重要敏感数据，各类电子招标投标平台特别是公共服务平台应当加强安全保障，不得用于商业用途；国务院有关部门对此类数据的交互另有规定的，从其规定。

16. 强化信息大数据应用。适应“互联网+”趋势，运用大数据理念、技术和资源，依托电子招标投标系统特别是公共服务平台，依法高效采集、有效整合和充分运用招标采购信息数据，为行政监督部门和市场主体提供大数据服务。通过对招标采购信息大数据统计分析，为把握市场动态、预测行业趋势和研究判断经济形势提供研究支撑，为制定完善相关法规制度和政策措施提供决策支持，为甄别、预警违法违规行为，实行科学、精准、高效的智能化监督提供重要依据。

17. 发挥信用信息作用。鼓励各类电子招标投标平台建立招标投标信用数据库，按照客观记录、统一标准、公开共享、用户评价的原则，利用电子招标投标交易大数据动态生成招标人、投标人、招标代理机构等市场主体信用基本信息，并通过公共服务平台和信用信息共享平台进行共享，为开展失信联合惩戒和守信联合激励提供支撑，促进招标采购市场主体信用自律，引导诚信体系建设。

（六）完善制度和技术保障

18. 健全法规制度。推动修订招标投标法律法规，进一步明确电子招标投标数据电文法律效力，对实行全流程电子化招标采购并按照规定公开相关信息的，合理简化和缩短有关程序和时限要求，为推广应用电子招标采购提供制度支持。制定公共服务平台管理办法，明确公共服务内容、提供方式和信息集成共享要求，以及公共服务平台运营机构权利义务和法律责任。制定行政监督平台管理办法，明确在线监督权限、方式、内容、程序等。编制公共服务平台和行政监督平台技术规范，明确基本功能、数据编码、系统接口、技术支撑和保障要求。研究制定电子开标、投标、评标的具体规定，以及电子招标采购档案管理规范，为推行招标采购全过程电子化提供制度保障。各地区各部门应完善本地区、本行业适应电子招标采购发展的配套制度和政策措施。

19. 优化制度环境。各地区各部门要按照国务院批准的《关于建立清理和规范招标投标有关规定长效机制的意见》要求，结合本地区本行业实际建立有关长效机制，适时对不适应“互联网+”招标采购发展的规章制度和政策文件进行清理，重点针对违反《招标投标法》《招标投标法实施条例》和《电子招标投标办法》，以及针对电子招标采购增设审批许可、指定交易平台和工具软件、排斥限制市场主体建设运营的交易平台、实行地区封锁和行业保护等内容，增强制度的统一性和适用性，为“互联网+”招标采购发展营造良好的制度环境。

20. 加强安全保障。电子招标投标系统开发单位应根据电子招标采购业务特点，重点围绕招标投标文件的安全传输技术、防篡改技术、安全存储技术以及开标保障技术等，开发相应信息安全技术和产品。平台运营机构承担系统安全和数据安全主体责任，确保本机构运营电子招标投标平台所有服务器均设在中华人民共和国境内。使用云服务的，云服务提供商必须提供安全承诺。运营机构应当建立健全安全管理制度，以及身份识别和鉴定、访问控制、入侵防范、恶意代码防范、补丁升级、数据存储和传输加密、备份与恢复等工作程序，并通过有关管理措施和技术手段，加强风险管理和防范，及时识别和评估电子招标投标系统安全风险，确保平台运营安全和数据安全。

21. 培育和规范开发市场。按照规范架构、统一标准、分散开发、组件集成的原则，鼓励研发推广数据交互接口、分析处理、存储发布、安全控制等标准化基础应用软件和专业工具软件，以及技术组件库，满足电子招标投标系统开发、维护和对接交互需求。着力消除技术壁垒，鼓励各类研发机构公平竞争，促进技术创新，不断提升电子招标投标系统技术研究和开发水平。

开发运维机构不得以低于成本的形式不正当竞争，不得通过滥用垄断地位、设置技术壁垒等方式获取额外利益，不得开发违反招标投标法律法规的软件，不得在开发的电子招标投标系统或软件中违法设置后门程序，不得违法采集和利用相关数据。

三、组织实施

22. 加强组织领导。国家发展改革委将会同工业和信息化部、住房和城乡建设部、交通运输部、水利部、商务部等加强对行动方案实施工作的指导协调，依托招标投标部际联席会议，完善“互联网＋”招标采购协调推进工作机制，在规划指导、制度建设、技术标准、信息共享体系等方面加大力度，统筹协调解决“互联网＋”招标采购发展中的重大问题，切实推动本行动方案的贯彻落实。各省（区、市）应当建立本地区部门协调工作机制，确定牵头落实部门和相关责任部门，制定本地区行动目标和具体工作方案，明确考核指标和相关进度要求，推进“互联网＋”招标采购深入发展。各省（区、市）牵头落实部门应当于2017年4月前，将本地区工作方案、责任部门和联系人报国家发展改革委（法规司）。

23. 落实主体责任。招标投标行业组织应当发挥行业服务、智力支持和桥梁纽带作用，倡导诚信自律，促进公平竞争，组织做好政策宣传、业务培训、行业自律、合作交流、经验推广等工作，及时收集反映本行动方案实施情况、存在问题以及市场主体意见建议。大型国有企业特别是中央企业应当发挥好带头示范作用，抓紧制定发展电子化招标采购的目标、实施计划和保障措施，积极推行集团化电子招标采购，在实现全流程电子化招标采购、与公共服务平台和行政监督平台互联共享、有序通过检测认证、挖掘大数据应用等方面，为交易平台发展做出表率。招标代理机构应当积极适应“互联网＋”趋势，依托建设运营第三方交易平台，为委托人提供更加优质高效的电子招标投标代理服务和综合咨询服务，不断提高行业竞争力。

24. 深化交流合作。发挥国家电子招标投标试点示范和引领带动作用，注重总结、转化、推广试点经验和成果，从试点地区和单位及其他先进地区和单位中选取若干在创新监管体制机制、促进交易平台市场化发展、深化大数据应用、加强平台互联共享等的典型，作为创新示范向全国推广。积极开展“互联网＋”招标采购领域国际合作，深入学习借鉴国际经验，与有关国际组织和国家开展电子招标采购多领域、多层次交流与合作，积极参与国际标准和区域标准的制定，促进我国“互联网＋”招标采购制度与国际接轨，为我国企业拓展海外市场提供平台、通道和服务。

25. 严格督促考核。在行动方案实施期限内，各省、自治区、直辖市负责行动方案落实的牵头部门应当于每年12月月底前，将本年度阶段性工作总结和下一年度重点工作计划报送国家发展改革委和有关部门。国家发展改革委将会同有关部门加强监督和指导，组织对行动方案实施情况进行检查和第三方评估，对推进工作不力的地方和单位予以通报督促。

案例分析

TCL的电子采购

推行采购信息化，实施电子采购对企业而言成效是巨大的，效果是明显的。国内众多知名家电企业在连年的“价格战”驱动下，TCL已另辟蹊径，把眼光放在了加强采购供应链的管理上，2005年TCL移动通信有限公司导入电子采购招标系统，截至2006年年底就节约采购成本300万元。

TCL集团股份有限公司（简称TCL）创办于1981年，是中国国内最大的消费类电子集团之一，旗下拥有3家上市公司，分别是：TCL集团（SZ. 000100）、TCL多媒体科技（HK. 1070）和TCL通信科技（HK. 2618）。总部位于中国南部惠州市的TCL，从20世纪90年代以来，连续多年保持高速增长，2005年全球营业收入达516亿元人民币，63000多名雇员遍布全球145个国家和地区。2004年，通过兼并重组汤姆逊彩电业务成立Ⅱ’E公司，一跃成为全球最大的彩电企业。2005年，彩电销售近2300万台，居全球首位。TCL旗下手机业务，通过兼并阿尔卡特手机业务，从国内第一品牌迅速拓展为覆盖欧洲、南美、东南亚和中国的全球性手机供应商。目前，TCL已形成以多媒体电子、移动通信和数码电子为支柱，包括家电、核心部品（模组、芯片、显示器件、能源等）、照明和文化等产业在内的产业集群。

自2004年兼并重组汤姆逊彩电业务和阿尔卡特手机业务以来，TCL快速建立起覆盖全球市场的业务架构，集团下属产业在世界范围内拥有4个研发总部、18个研发中心、近20个制造基地和代加工厂，并在全球45个国家和地区设有销售组织，销售其旗下TCL、Thomson、RCA等品牌彩电及TCL、Alcatel品牌手机。2005年，TCL集团海外营业收入已超过中国本土市场营业收入，成为真正意义上的跨国公司。

TCL近年来也极为重视供应链的管理改善和提升，以优化企业采购管理流程，降低采购成本和缩短采购周期。建立科学的采购流程及商务模式已成为TCL提升利润的有效手段。为此，TCL做出了建设采购信息化项目的重要决定。经过评估与考察，最终TCL决定采用北京必联信息技术有限公司的电子采购系统作为其优化采购管理的工具。北京必联信息技术有限公司的电子采购系统拥有强大的工作流引擎的电子采购解决方案，并且以最贴近客户需求和专业化的招标采购设计等赢得TCL的青睐。通过与北京必联信息技术有限公司合作，TCL全面提升了其电子采购系统，建立了采购招标管理平台，规范了采购业务流程和采购人员行为，杜绝了采购“黑箱”操作和采购腐败。从采购管理系统升级完善企业供应链，已成为TCL供应链管理的主导思想。

通过电子采购平台，TCL进行供应链管理。TCL电子采购管理操作平台（系统）由以下七部分组成：

1. 采购计划与预算子系统

采购预算是采购部门为配合公司年度销售预测或生产计划（包括产品品种、数量），对所需求的原料、物料、零件等数量及成本所做的翔实估计，以利于整个企业目标的实现。

采购计划与预算是企业年度预算的重要组成部分，它的建立要以年度生产计划、物料清单和存量管制卡为依据，设定物料标准成本的指标体系和监控价格的涨跌变化规律，针对现实状况进行必要的调整，实行动态滚动管理方法。这样，采购计划与预算子系统在实际过程中的准确性、实用性和可操作性都得到了提高。

2. 供应商开发管理子系统

正确考察评估、认证和选择适当的供应商是物流采购工作成功的关键。供应商的确立必须成立评选小组，确定科学、合理和系统的评审项目，一般要对包括经营状况、企业资信、制造能力、技术水平、品质性能、管理绩效等指标进行评审，把合格厂商按A（最好）、B（良好）、C（较好）分级建立档案，每半年重新评估一次。利用供应商开发管理子系统，能够根据《供应商评估制度》从品质、成本、价格、服务水平、交货周期、履行合约的承诺与能力等方面的得分高低重新划分调整，进行动态管理。TCL的供应商没有终身制，它把供应商开发与管理有机结合起来，实现采购环境的最佳选择。

3. 采购物流子系统

管理从卖方（供应商）到买方场所（公司）进行的商品转移活动，包括包装、装卸、运输、存储、配送和信息等方面。采购物流子系统由包装运输物流、暂存检验物流和物料入库物流三部分组成。采购物流子系统由位移载体、存放载体、位移路径构成。设计一个有效的采购物流子系统并且使之运作富有成效，是现代企业迫切需要解决的战略问题之一。优化采购物流子系统必须把握好以下几个要点：送货计划性强、批量规模采购合理、协作配送效率高、物流路径最优、信息电子网络化管理，最终建立企业的采购供应链模式，从而使之快捷高效地运作。

4. 采购绩效评估子系统

采购绩效评估子系统包括采购部门目标绩效考评制度、采购人员绩效考评制度、供应商绩效考评制度。在建立采购绩效评估子系统时，正确、有重点地设定与选择最能反映和代表采购绩效的指标体系，明确绩效考评的目的、原则、程序与方法，合理选定考评人员和设置考评机构，正确及时地反馈考评结果和认真搞好考评工作总结，以保证考评内容重点化、考评指标定量化、考评手段科学化、考评结果客观化。一般来说，采购组织绩效指标体系包括采购（计划完成及时率）、物料质量（来料合格率）、采购成本（价格差额比率）、采购周期、供应（供应准确率）、库存（库存周转率）、服务满意度等，与供应商绩效指标体系和采购人员绩效指标体系有所不同。企业若能建立部门绩效子系统并持续进行评估，就能及时有效地发现工作中存在的问题，制订改善的措施和解决的方案，确保采购目标的实现和绩效的提升。

5. 采购信息子系统

采购信息子系统由资料数据库存系统、业务操作系统、业务管理系统、决策支持系统、电子商务系统五个部分组成。为了迎接全球电子化的挑战，企业界导入或引用电子商务已是大势所趋，这更是提升公司竞争力的有效手段。采购信息子系统的全面导入不仅能提升采购效能，更为重要的是能给采购部门及整个组织管理带来明显的收益。现在企业经常使用的是ERP（企业资源计划系统），这能使公司获得更多、更新、更全面、更精确、更及时的信息，利用这些信息可以拓展采购的视野，帮助公司与供应商谈判时掌握主动权，提高工作效率和改善作业流程，从而有更多的时间致力于采购策略和绩效提升等重要工作。

6. 采购管理制度、工作标准、运作程序与作用流程子系统

为了全面、准时、有效地完成物流采购工作，实现生产计划、物料需求计划和物料采购三者之间的同步运作与均衡制造，达成整个组织的目标，就必须以完善的管理制度、明确的工作标准、适用的运作程序和合理的作业流程为前提。采购管理组织分成四个层次：

一是管理制度，主要是制订解决采购组织部门的方向性、关键与重大的管理问题；

二是工作标准，是按工作岗位拟订、衡量工作做得好坏的基准，用作检验和考评工人员是否称职的依据；

三是运作程序，规定物流采购工作层面各接口环节的运作程序；

四是作业流程，更为详细地制订出各项具体业务的作业流程图，明确指导采购人员按作业流程正确执行工作指令，及时完成本职工作和任务。这些都是物流采购系统规范化管理的基础，有利于采购管理工作全面、快速地走上正轨。

7. 采购策略规划子系统

采购策略规划子系统包括采购政策（大政方针）策略规划、成本价格策略规划、采购品质策略规划、支持供应策略规划、环境变动策略规划和存储策略规划等。全球经济竞争日趋白热化，促使企业经营的策略规划与管理也越来越受到重视。如何制订企业未来发展的最佳策略并付诸实施，无疑是企业决策者必须面对的重大问题。正因如此，实施采购策略规划之目的是通过策略性的规划管理，从企业长期经营目标出发，结合外部采购环境的变动，并分析企业所处的内外环境优劣因素，以求利用自己的长处和抓住外部的机遇，克服自身的弱点和规避外部的风险，采取积极的对策迎接挑战，使企业采购活动由被动变主动，化劣势为优势，从而使企业在未来的发展中获得良好的采购收益。

思考题：

1. 请结合案例内容，试分析 TCL 集团实施电子采购的主要原因。

2. 根据相关理论，你认为 TCL 集团实施电子采购是否仍存在改进的地方？为什么？

思考与练习

一、判断题

1. 企业之间在网络上进行的招标、竞价、谈判等活动属于电子采购的一个组成部分。（　　）

2. 相对于传统采购，电子采购具有价格透明、效率高、竞争性强、节约成本等比较优势。（　　）

3. 反向拍卖模式又叫逆向拍卖，是由卖家提供希望得到的产品的信息、需要服务的要求和可以承受的价格定位，由采购方之间以竞争方式决定最终产品提供商和服务供应商，从而使采购方以最优的性能价格比实现购买。（　　）

4. 在电子商务中，电子采购是集计算机技术、多媒体技术、数据库技术、网络技术、安全技术、密码技术、管理技术等多种技术于一体的应用，因此要实现电子采购必须依靠技术支持。（　　）

5. 第三方系统门户是供应商和采购方通过第三方建立的网站进行采购业务的过程。（　　）

二、单项选择题

1. 电子采购是由（　　）采购方发起的一种采购行为，是一种不见面的网上交易。

A. 采购方　B. 社会其他主体　C. 消费者　D. 供应商

2. 采购策略可以分为两个主要类别：间接采购和（　　）。

A. 直接采购　B. 标准采购　C. 企业采购　D. 第三方采购

3. 网上拍卖包括（　　）模式。

A. 三个　B. 五个　C. 两个　D. 七个

4. Priceline 公司提供的一种“自助定价”预订业务服务，属于电子采购（　　）的履行。

A. 卖方模式　B. 买方模式　C. 正向拍卖模式　D. 反向拍卖模式

5. 实施电子采购对企业运营成本的降低有（　　）影响。

A. 显著　B. 负面　C. 很少　D. 很多

三、思考题

1. 电子采购的风险有哪些？

2. 电子采购与传统采购的区别是什么？

3. 实施电子采购的步骤有哪些？

4. 电子采购的模式有哪些？

实训题

请实地调研一家实施电子采购的企业，写一份该企业电子采购流程的调研报告。

第十三章　政府采购

学习目标

知识目标

1. 理解政府采购的概念和意义；
2. 熟悉政府采购的功能、范围和原则；
3. 理解政府采购中心的职能；
4. 熟悉政府采购流程、招投标程序和采购方式；
5. 了解政府采购制度的现状和问题。

技术目标

1. 能够对比分析各种政府采购方式；
2. 能够掌握招投标的相关操作。

职业能力目标

1. 能够胜任与政府采购相关的工作岗位；
2. 能够分析政府采购过程中出现的问题。

采购聚焦

不规范的政府采购

某政府采购项目采购预算300万元人民币，但由于拟采购货物属于通用性项目，因此全国相关厂家较多。为节省采购中的工作量，确保采购到信誉好的产品，采购人向采购中心提出了书面申请，建议采用邀请招标的方式进行采购，并同时向采购中心提供了该单位集体考察合格的4家供应商名单。采购中心接到申请后，考虑该行业的实际情况，经中心领导批准，同意了采购人的申请，但为了扩大项目的竞争性，又另外邀请了3家供应商。随后，按照规定的程序，在核实完采购需求后，采购中心向上述7家供应商发出了招标邀请，并进行了邀请招标。

在该采购中心的政府采购工作中，存在以下不规范之处：

(1) 根据《中华人民共和国政府采购法》(以下简称《政府采购法》) 规定，公开招标应作为政府采购的主要方式。此外，《政府采购法》第二十九条还规定，符合下列情形之一的货物或者服务，可以依照本法采用邀请招标方式采购：①具有特殊性，只能从有限范围的供应商处采购的；②采用公开招标方式的费用占政府采购项目总价值的比例过大的。本项目鉴于是通用性项目，因此对照上述邀请招标的适用条件，采购中心仅凭采购人的申请就确定将采购方式改为邀请招标的做法是不适当的。

(2)《政府采购法》还规定，若因特殊情况需要进行公开招标以外方式进行采购的，也应该报经政府采购监管部门批准。而本案例中，采购中心在确定邀请招标的采购方式后，仅经过采购中心领导批准，而没有报经政府采购监管部门批准，因此该采购方式的使用是不合法的。

(3) 根据《政府采购货物和服务招标投标管理办法》规定，采用邀请招标方式采购的，招标采购单位应当在省级以上人民政府财政部门指定的政府采购信息媒体发布资格预审公告，公布投标人资格条件，资格预审公告的期限不得少于7个工作日。投标人应当在资格预审公告期结束之日起3个工作日前，按公告要求提交资格证明文件。招标采购单位从预审合格投标人中，通过随机方式选择3家以上的投标人，并向其发出投标邀请书。而本案例中，采购中心除了在采购人推荐的4家供应商基础上又另外邀请了3家供应商外，完全没有根据“公平、公正、公开”的原则，留下了诸多的“腐败”隐患。因此，该采购中心在邀请招标的操作程序上也是不合法的。

第一节　政府采购基本理论

一、政府采购概述

（一）政府采购的概念和意义

1. 政府采购的概念

政府采购，也即一般意义上的公共采购，是指各国家机关、事业单位和团体组织为了开展日常政务活动或为公众提供公共服务的需要，在财政的监督下，使用财政性资金采购依法制定的集中采购目录内的或者采购限额标准以上的货物、工程和服务的行为，这些行为包括购买、租赁和委托、雇用等。

政府采购不仅是指具体的采购过程，而且是采购政策、采购程序、采购过程及采购管理的总称，是一种公共采购管理制度，是国家财政的重要组成部分。政府采购管理是国家对公共支出管理的一种管理方法，是政府宏观调控的需要。政府采购概念中的几个要点说明如下：

（1）财政性资金。包括财政预算资金和纳入财政管理的其他资金。

（2）采购。是指以合同方式有偿取得货物、工程和服务的行为，包括购买、租赁、委托、雇用等。

（3）使用财政性资金采购。是指全部或部分使用财政性资金，以及使用需要财政性资金偿还的借款、贷款等的采购行为。

（4）货物。是指各种形态和种类的物品，包括原材料、燃料、设备、产品等。

（5）工程。是指建设工程，包括构筑物和建筑物新建、改建、扩建、装修、拆除、修缮，以及与建设工程相关的勘察、设计、施工、监理等。

（6）服务。是指除货物和工程以外的其他政府采购对象，包括各类专业服务、信息网络开发服务、金融保险服务、运输服务，以及维修与维护服务等。

（7）采购属性。政府采购项目中含不同采购对象的，以占项目资金比例最高的采购对象确定其采购属性。

2. 政府采购的意义

政府采购以《政府采购法》等国家的相关法律法规为依据，根据国家和自治区有关政府采购的政策规定，结合本地区、本部门实际来组织实施。

政府采购拥有一套完整的制度规范，其核心是公开、公正和有效竞争。借鉴国际先进经验推行政府采购制度的全面发展是党中央、国务院推进党风廉政建设，有效遏制采购活动中的腐败行为，深化财政改革，强化财政预算约束力，优化资源配置的重大举措。它不仅是加强财政支出管理的途径，也是市场经济条件下强化宏观调控的重要手段。政府采购制度对于政府日常工作的正常进行、公共服务设施的建设及特定的社会经济政策目标的实现具有重要的意义。

随着政府采购规模逐年不断扩大发展，科学地管理政府采购有利于保护政府采购合法权益，延伸财政支出监督职能，同时也是政府提高采购资金的使用效益，维护国家利益和社会公共利益的需要。

（二）政府采购的特点

政府采购与个人采购、家庭采购、企业采购或团体采购相比，具有以下特征：

1. 主体的特定性

政府采购的主体是“政府”。“政府”本来是指国家机关及其管理机构，通常不包括由政府组建、资助和经营但不属于政府管理机构内的企业、社会保障基金和为数众多的半自治组织。即它不同于范围更为宽泛的“公共领域”。但“政府”有从形式性概念发展为职能性概念的趋势。

2. 目的的公共性

政府采购属于公共支出管理。“从一定意义上讲，公共支出管理被看作是一个长长的价值链，起始于预算编制，经由通过政府采购和工程承包执行预算，终结于彬彬有礼地向公众提供服务。”政府采购为非商业性采购，采购意图一般是围绕政府政策制定的。政府采购并非以营利为目的，不是为卖而买，而是为政府部门提供必要的消费品或贯彻特定的社会经济政策，是向社会提供公共利益，扶持弱势群体，实现分配正义和实质公平的有力宏观调控手段，具有较强的福利性、政策性和公共性。

3. 资金来源的财政性

政府采购的资金来源为财政拨款和需要由财政偿还的公共借款，最终来源为税收和政府公共服务收费所形成的公共资金（Public fund）。表现为财政支出总额减去转移支出和余额，是直接获得相等代价的财政支出。政府采购的主体是依靠国家财政资金运作的政府机关、事业单位和社会团体等，其资金运作需纳入国家预算约束的范围之内；又因政府采购范围广，规模大，所涉及资金数量多，因而需要按照法定的方式方法运作，以防出现腐败侵害广大纳税人的权利。

4. 监管的严密性

政府采购不是简单地一手交钱、一手交货，钱货两讫，而是要按有关政府采购的法规，根据不同的采购规模、采购对象及采购时间要求等，采用不同的采购方式和采购程序，使每项采购活动几乎毫无例外地在严格的法律和管理限制下进行。政府采购不仅其法律和程序是公开的，而且其过程也是在完全公开的情况下进行的，一切采购活动都要作出公共记录。政府采购的权力来源于纳税人的授权，因此政府采购行为应该接受社会公众的监督，应该具有透明性和公开性。

5. 规模的巨额性

政府始终是各国国内市场采购大客户。在很多国家，政府采购金额占一个国家国内生产总值（GDP）的10%。据统计，欧盟各成员国政府采购总额占GDP的12%；美国政府每年仅用于货物和服务的采购就占其GDP的26%～27%；我国财政部2016年3月向社会公布经全国人大批准的《2016年中央财政预算》，其中中央一般公共预算支出为85885亿元，比2015年执行数增长6.3%。

二、政府采购的功能、范围和原则

（一）政府采购的功能

政府采购与一般企业的采购不同，其功能具有双重性，一方面是经济功能，另一方面则是政策功能，科学的政府采购应该是经济功能和政策功能的有机结合，并逐步加强政策功能的影响和作用。

政府采购的经济功能主要体现在：

1. 节约财政支出

实践证明，政府采购制度是一种集中与分散相结合的公开透明的采购制度。从国际经验来看，实行政府采购一般资金节约率为10%以上，可以有效提高采购资金的使用效益。

2. 活跃市场经济

政府采购活跃市场经济主要体现在以下三个方面：

（1）政府采购使政府正常运转需要的货物、需建的工程和服务，由政府自产、自建、自管转为全方位面向市场开放，极大地活跃市场经济。

（2）政府采购的公开招标、竞争性谈判等方式，促使企业按市场经济的规律运行，不断提高产品质量，提高服务质量，提高产品竞争力等，也促使市场经济的活跃。

（3）加大投资，促进内需，大多通过政府采购渠道来进行。大量的政府采购行为使市场经济更加活跃。

政府采购的政策功能主要体现在：

1. 强化宏观调控

政府采购可以发挥政府在国民经济发展中的宏观调控作用，推进保护国内产业、保护环境、扶持不发达地区和中小企业等政策的实施。

2. 推进反腐倡廉

行政腐败是制约我国政治经济体制改革的重大问题，治理行政腐败不仅需要运用党纪国法的严厉制裁，而且需要从经济源头加以杜绝。大量的案例表明，政府购买过程中的钱权交易是滋生行政腐败的主要形式，因此，在实现政府采购市场体制化与公开化的基础上，通过政府采购政策，可以杜绝政府采购主体的行为规范，有效地、及时地铲除行政腐败的“幼苗”。

3. 保护民族产业

在政府采购市场中适度保护民族产业是发展中国家在对外开放过程中的必要措施，根据WTO（世界贸易组织）的规定，我国的进口关税水平已降到极限，因此政府采购已成为重要的非关税壁垒之一。按照国际惯例，我们完全可以凭借国家安全、经济欠发达等理由为依据，制定一些具有保护民族产业的政府采购政策及相关的国内配套政策，在国际贸易中，这是保护本国政府采购市场，保护民族产业的一个合理、合法的手段。

由此可见，完善、合理的政府采购对社会资源的有效利用，提高财政资金的利用效果起到很大的作用，因而是财政支出管理的一个重要环节。

（二）政府采购的范围

1. 采购主体

政府采购活动中的采购主体包括各级国家机关、事业单位和团体组织。国家机关是指依法享有国家赋予的行政权力，具有独立的法人地位，以国家预算作为独立活动经费的各级机关。事业单位是指国家为了社会公益目的，由国家机关举办或者其他组织利用国有资产举办的，从事教育、科技、文化、卫生等活动的社会服务组织；团体组织是指我国公民自愿组成，为实现会员共同意愿，按照其章程开展活动的非营利性社会组织。

2. 采购资金

采购人全部或部分使用财政性资金进行采购的，属于政府采购的管理范围。财政性资金包括预算资金、预算外资金和政府性基金。使用财政性资金偿还的借款，视同为财政性资金。

3. 采购内容和限额

（1）政府采购的内容

政府采购的内容应当是依法制定的《政府集中采购目录》以内的货物、工程和服务，或者虽未列入《政府集中采购目录》，但采购金额超过了规定的限额标准的货物、工程和服务。

《政府集中采购目录》和政府采购最低限额标准由国务院和省、自治区、直辖市人民政府规定。

《政府集中采购目录》中的采购内容一般是各采购单位通用的货物、工程和服务，如计算机、打印机、复印机、传真机、公务车、电梯、取暖锅炉等货物，房屋修缮和装修工程，会议服务、汽车维修、保险、加油等服务。中央预算单位《政府集中采购目录》的采购内容还包括在中央部门内通用的货物、工程和服务，如防汛抗旱和救灾物资、医疗设备和器械、气象专用仪器、警用设备和用品、质检专用仪器、海洋专用仪器等。《政府集中采购目录》中的采购内容，无论金额大小都属于政府采购的范围。

《政府集中采购目录》以外的采购内容，采购金额超过政府采购的最低限额标准的，也属于政府采购的范围。

（2）政府采购的限额

政府采购分散采购限额标准为：除集中采购机构采购项目和部门集中采购项目外，各部门自行采购单项或批量金额达到100万元以上的货物和服务的项目、120万元以上的工程项目应按《中华人民共和国政府采购法》和《中华人民共和国招标投标法》有关规定执行。

政府采购公开招标限额标准为：政府采购货物或服务项目，单项采购金额达到200万元以上的，必须采用公开招标方式。政府采购工程公开招标数额标准按照国务院有关规定执行。

4. 地域范围

我国政府采购法律管辖的地域范围，是指在中华人民共和国境内从事的政府采购活动。

（三）政府采购的原则

政府采购是财政支出管理市场化商业运作的有机结合，有自己的运行规律，也有自身遵循的原则。由于学者们对它的认识和理解的不同，归纳总结的原则也不尽相同。我们认为，政府采购所遵循的基本原则应为公开透明、公平竞争、公正和诚实信用。

1. 公开透明原则

公开才能透明，公开透明原则就是指政府采购中采购的法律、政策、程序和采购活动都要公开，并接受公众的监督，政府的采购记录也可以公开进行审议。公开透明原则是国际政府采购规则中的一项重要原则。

2. 公平竞争原则

政府采购就是要通过在最大范围内实现公平竞争来获得竞争价格、竞争质量的优势，通过竞争授予合同，每个参加政府采购的当事人都有同样的机会，地位一律平等。

3. 公正原则

对参加采购活动的任何供应商、承包商或者服务提供者一视同仁，不得对任何一方进行歧视。公正原则是建立在公开和公平的基础之上的，只有公开和公平，才有可能达到公正的结果。

4. 诚实信用原则

市场经济既是法制经济也是信用经济，需要以当事人的诚实信用作为市场有序运行的基础。诚实信用原则约束的是采购活动中的各方当事人，采购机关在项目公布、信息传达、评标、审标过程中要真实，不得有任何虚假；供应商所提供的采购物品、服务要达到投标时所作出的承诺。

三、政府采购的组织

（一）政府采购中心

政府采购中心是政府采购的集中采购机构，是政府采购的具体实施部门，它的设立对于政府采购制度有着重要的作用和意义。政府采购中心在政府采购工作中的主要职责如下。

1. 采购工作人员的培训及管理

（1）理论和技能培训

政府采购工作对其从业人员素质的要求很高，所以要求政府采购中心对其从业人员进行必要的培训和考核，加强采购人员的理论水平、专业知识和业务技能，从而更好地完成政府采购工作。这也是世界各国普遍的做法。

另外，由于政府采购事务对采购人员各方面的要求都很高，政府采购中心除了对采购工作人员加强培训外，还采用建立各方面的专家库的办法，在必要的时候，邀请专家进行必要的咨询和指导。

（2）监督管理

政府采购工作人员代表政府进行各种采购，拥有很大的权力，因此加强对采购人员的管理十分必要。对采购中心采购人员的管理，主要应从以下制度的建设上着手。

①作业控制制度。在采购工作中将采购的各个环节分离开来，实行流水作业，各负其责，上个环节向下个环节交接时必须书面保证本环节的合法性。在签订合同时，由不同级别的人员签订不同金额的合同，合同金额越大，要求合同签订人的职位越高。

②资格认证制度。政府采购人员都必须经过正规培训，培训合格的人员在采购主管机构登记后方有资格进行政府采购工作。这是保证政府采购人员的基本素质，对政府采购人员进行管理的一项重要内容。以美国为例，美国一些组织提供的政府采购人员资格认证称号有：专业公共采购员（Professional Public Buyer，PPB）和注册公共采购官员（Certified Public Purchasing Officer，CPPO），是专门为了满足政府或准政府组织采购人员的需求而设立的。PPB 和 CPPO 资格认证项目都受到公共采购认证理事会的管理，该理事会是由全国政府采购研究所和全国州采购官员协会联合组成的认证机构。第三个认证称号是注册采购经理（Certified Purchasing Manager，CPM），是由全国采购管理协会提供的。CPM 已经被官方认可为其他采购组织的专业标准，包括全国采购研究所和全国教育采购员协会。其他的称号包括由全国合同管理协会授予的注册专业合同管理员和注册助理合同管理员，以及后勤工程师协会授予的注册专业后勤师称号。

③处罚制度。为了加强对采购人员的管理，很多国家还制定了政府采购人员的行为准则，同时对违法违纪行为进行严惩。如新加坡有关法律规定，受贿官员将判 7 年徒刑。我国财政部制定的《政府采购管理暂行办法》也对采购人员的法律责任进行了明确的规定。

2. 招投标管理

竞争性招标采购是政府采购最常用的方式之一，它有一套完整的、统一的程序，这套程序不会因为国家、地区和组织不同而存在太大的差别。一个完整的竞争性招标过程由招标、投标、开标、评标、定标与合同签订等阶段组成。

3. 合同的履行与管理

采购合同的履行和管理，是采购活动的最终落实和实现的环节。采购中心和供应商之间达成共识后，双方签订合同，便产生法律效力，进入合同的履行阶段。合同的履行是整个采购过程中的决定性阶段，合同履行情况的好与坏，决定着整项采购的成败。因此，在供应商履行合同的阶段，必须对合同进行管理。

合同的管理，指确认合同后，采购中心随时关注合同履行的进展情况，对合同的执行情况进行监督审查。当出现某些新情况时，对合同进行调整和处理，如修改、中止、取消和终止合同等，以保证采购方的利益，避免遭受更大的损失。

合同修改是指由于情况发生变化或有新的采购要求时，合同任意一方提出对合同条款的改动。合同的修改可以由采购中心提出，也可以由供应商提出，但合同的修改必须由采购中心和供应商双方签字，按合同份数分送有关各方，如果合同的修改涉及有关审计法律规定，还要先请审计单位进行审查，或者进行讨论决定是否予以修改。

合同中止是指在采购过程中采购中心发现供应商存在欺骗、贿赂、提供虚假证明等行为时，为了保护政府利益，在完成调查或法律审查之前根据充分的证据而实行的一种紧急措施。中止决定的作出应遵循民主的原则，给予合同人解释说明和辩护的机会。做出中止决定后应立刻用信函方式通告合同人，并告知中止的原因，以及中止合同会产生的后果等有关事项。合同的中止，一般在各国采购法中予以明确规定，同时在合同中，尤其是在一定金额的采购合同中，在标书和合同中应加入有关中止的条款。

合同的取消实际上是不履行合同所规定的义务。引起合同取消的情况一般有3种：一是因违约行为而取消合同。二是为了方便招标采购方，以照顾到政府采购方的利益可以不接受合同所规定的条件，从而导致合同的取消。这时候供应商可以要求采购方赔偿其损失。三是双方同意取消合同。对于合同的取消和终止，常常会产生法律责任的问题。一般来说，基本原则是应使愿意接受合同的一方不受损失。但从法律的角度来考虑，由谁来承担责任，其责任范围如何，则需要根据实际情况来考虑。

4. 采购信息的管理

采购信息管理在政府采购中心的各项职能中占有重要的地位。信息管理贯穿于整个采购活动的始终，尤其是互联网技术的应用，方便了信息的利用，但同时对信息管理提出了更高的要求。

在采购和招标工作中，信息发布、信息交流、信息管理、信息服务等有关信息的内容贯穿于整个过程，有些情况下甚至就是采购中心本身的工作；信息工作的质量和效率直接影响采购招标工作的质量和效率。随着中国加入世界贸易组织（WTO），在世界经济一体化的趋势下，采购和招标工作将越来越多地参与国际间的合作与竞争，信息服务的领域拓宽。这样就需要提供最佳方式和规范的信息服务。

正是由于在采购和招标工作中采用互联网有它独特的优势，现在世界各国和国际组织普遍加以采用，并指定为一种重要的工作手段。如欧盟的电子商务（Electronic Commerce，EC）计算机信息系统，又称每日电子标讯（Tenders Electronic Daily），是欧洲公共采购信息指定的发布渠道。美国在政府采购中还专门采用了计算机征求意见系统。英国政府有政府信息服务系统（Government Information Service，GIS），其中包括政府采购的规定、程序和信息服务等方面的内容。

（二）政府采购中介机构

政府采购中介机构是指经财政部门认定资格的，依法接受采购人委托，从事政府采购货物、工程和服务的招标、竞争性谈判、询价等采购代理业务，以及政府采购咨询、培训等相关专业服务（以下统称代理政府采购事宜）的社会中介机构。

1. 政府采购中介机构的类型

与政府采购有关的中介机构具体包括以下四大类：

（1）为保证政府采购市场公平竞争的中介机构，如会计师事务所、审计师事务所、资产评估机构等。

（2）为调节政府采购商务纠纷的中介机构，如律师事务所、公证机关、计量和质量检验机构等。

（3）为促进政府采购市场发展提供专业技术服务的中介机构，如招标代理机构、计算中心等。

（4）提供信息咨询、管理预测的咨询机构等。

2. 政府采购中介机构的主要工作

（1）具体组织招标采购工作。采购单位在确定了采购项目和采购方式后，可以将招标的具体组织工作委托给专业的中介机构。专业的中介机构接受委托，按照《招标投标法》

的规定，研究招标方案，制定招标文件，发布招标公告，协调供应商投标，主持开标大会和合同的签订，以及督促合同的执行。

（2）采购法律顾问。在政府采购活动中，采购管理机关、采购机构、供应商由于经济的、行政的原因，往往会发生纠纷或诉讼，需要法律方面的服务。中介机构如律师事务所在这方面可以提供法律咨询、诉讼代理、法律顾问、代理调解仲裁，以及代理政府采购法律事务等。

（3）采购审计监督。根据《注册会计师法》的规定，注册会计师执行的审计业务包括：审查企业会计报表，出具验资报告；办理企业合并、分立、清算事宜中的审计业务，并出具有关的报告；办理法律、行政法规规定的其他审计业务，如会计报表的某一特殊事项等，并出具相应的审计报告。会计师事务所对出具的审计报告的真实性、合法性要承担相应的法律责任，无须经任何单位和部门的审定，具有法定证明效力。因此，采购管理机关或采购机构在审批供应商进入采购市场资格、定期检查供应商执行采购政策或履行采购合同时，可以委托会计师事务所等中介机构对供应商的资质、财务状况，以及执行合同的情况进行审查；为了评价某一已经或正在实施的具体采购项目，总结成功的经验，发现存在的问题，也可以委托会计师事务所等中介机构对采购项目的运行情况和效果进行效益评估。

（4）采购咨询服务。咨询服务在现实生活中往往是与其他服务，如信息服务、策划服务等交叉在一起的，其业务范围包括：解答疑难问题，向服务对象传播有关方面的知识；根据委托方的要求，向委托方提供某个问题的专题报告；可行性研究；为委托方提供解决方案；为委托方解决技术难题；为委托方充当一个时期或常年的顾问；帮助委托方进行人员培训。咨询服务的类型分为综合咨询、管理咨询、工程咨询、技术咨询、专业咨询。在政府采购活动中综合咨询机构可以为政府采购主管部门制定政府采购政策、中长期规划提供综合性咨询；管理咨询机构可为各方提供政府采购市场信息，如采购政策法规、市场行情等；专业咨询机构可为采购资金的管理提供财务咨询服务；科技咨询机构可提供计算机应用等方面的专业技术咨询。

（5）其他政府采购方面的具体事务。如公证机构为签订采购合同提供公证书；会计师事务所通过对供应商财务状况的分析，为采购机构提供供应商资信证明等。

（三）政府集中采购机构与招标代理中介机构的区别

1. 目的不同

《政府采购法》规定：集中采购机构是非营利性事业法人，即该机构的人员工资是由国家开支的，并且，它的运行和从事集中采购活动的费用都由财政承担，不需要在招标投标活动中收取各种费用来维持。它的工作性质是为党政机关服务，不以营利为目的。这就决定了该机构在招标投标活动中不受任何采购人和供应商左右，其工作目的是为供应商创造一个公开竞争的平台，以确保在采购活动中做到公开、公平、公正。

招标代理中介机构是社会中介机构，是非生产经营性企业法人，它作为一个市场经济条件下的理性经纪人，追求利润最大化是其根本目的。由于社会中介机构是通过收取采购人招标代理费来获取利润的，因此，难免会存在中介机构向采购人提出不合理要求的动机，在经济效益和社会效益关系的问题上难以平衡，很难像政府集中采购机构那样做到公平、公正地对待所用供应商。因此，需要政府通过制定相应的法律、法规来规范这些中介机构的代理行为。

2. 属性不同

政府集中采购机构是各级政府依据《政府采购法》的规定成立的，负责本级政府机关、事业单位和社会团体纳入集中采购目录项目采购的非营利性事业单位。政府采购活动是政府行政职能的延伸，政府集中采购机构实际上是一种准行政组织，即行政性事业单位，它不具备国家行政机关的性质，但实际上是经政府设立和授权，承担着一定行政管理职责的机构。中央国家机关政府采购中心是2003年1月由中央机构编制委员会办公室批准成立的中央国家机关政府集中采购执行机构，是经注册的独立事业法人。经人事与社会保障部、财政部和中编办批准，中央国家机关采购中心列入依照公务员管理的范围，这就是说中央国家机关采购中心虽然是事业单位，但其基本管理制度与国家公务员并无原则区别。国外的政府集中采购机构属于政府行为。

《中介服务收费管理办法》中对社会中介代理机构的定义，是指依法通过专业知识和技术服务，向委托人提供公正性、代理性、信息技术服务性等中介服务的机构。《（招标投标法）释义》中指出：从性质上说，招标代理机构既不是一级行政机关，也不是从事生产经营的企业，而属于社会中介组织。社会中介组织，是指那些本身不从事生产经营和商品流通活动，而专门为从事生产和商品流通的市场主体提供各种服务的组织。其中大部分是营利性质的企业单位、法人实体，独立经营、自负盈亏、自我发展、自担风险。招标代理机构不具备准行政组织的属性。从法律角度来说，政府集中采购执行机构是事业法人，而社会中介代理机构是非生产经营的企业法人，二者的法律基础完全不同，不能相提并论。

3. 职能不同

国办发〔2003〕74号文件《国务院办公厅转发财政部关于全面推进政府制度改革意见的通知》，对集中采购机构的职能做出明确规定：集中采购机构要接受委托，认真组织实施政府集中采购目录中的项目采购，制定集中采购操作规程，负责集中采购业务人员培训。集中采购机构的采购活动，不仅仅包括招标，还包括采购计划的落实、组织招标、制定采购操作规程、集中采购人员培训、催促合同履约、采购效益评估分析等。这些职能是一个有机整体，环环相扣，哪一个环节做得不好都会影响整个招标结果。而招标代理机构则不具备这些职能，它和采购人之间是一种单纯的民事主体关系。委托代理行为是建立在完全平等自愿基础上的，它只需在委托代理人的授权范围内，以代理人的身份办理招标业务，通过民事合同来约定双方的权利和义务。《政府采购法》规定：采购人采购纳入集中采购目录中的政府采购项目，必须委托集中采购机构代理采购。这是具有法律强制性的，采购人没有选择权，不能擅自将纳入集中采购目录的项目委托社会中介机构办理，任何单位或个人都不能以“特殊要求”为由规避集中采购而由社会招标代理机构采购，否则属于违法行为。

4. 作用不同

国办发〔2003〕74号文件进一步强调集中采购的地位和重要作用，要求各级政府要充分发挥集中采购机构在全面推进政府采购制度改革中的重要作用。政府集中采购是深化财政支出体制改革的组成部分，它能够有效规范采购行为，防止腐败，提高采购资金的使用效益，有效地实现国家宏观调控的目标，其意义十分深远重大。特别是现在，美国和欧盟一再要求我国兑现入世承诺，尽快开放政府采购市场。这就使得政府集中采购的作用更加重要。《政府采购法》规定，设区的市、自治州以上人民政府要设立集中采购机构，由该机构办理集中采购事宜，服务对象是本级机关、事业单位和社会团体组织。集中采购机构的设立为政府采购制度改革提供了组织保障。而社会中介代理机构面向社会上的各类市场主体，更多的是为企业和个人提供代理服务。其行为准则是参与市场活动，遵守市场活动的基本原则。可见，社会招标代理机构不具备政府集中采购机构的功能和作用，二者的差别明显。

第二节　政府采购的程序和方式

（一）政府采购的基本程序

1. 总体流程

不同的采购方式有不同的采购程序，但总体而言，任何一项政府采购都要经历以下几个步骤。

（1）拟定、公布政府采购目录和限额标准

各级财政部门拟定同级下一年度政府采购目录和限额标准，由同级人民政府或者其授权机构确定并发布。

（2）编制、报送、审批、下达政府采购预算

预算单位编制本单位下一年度部门预算时，同时编制政府采购预算，由一级预算单位汇总上报财政部门，经财政部门审核报同级人大审批后，将政府采购预算随同部门预算一并下达预算单位。

（3）报送、审核、下达政府采购计划

预算单位按照下达的政府采购预算编制《采购单位政府采购计划申请表》，报财政业务主管部门审核采购资金和项目，由政府采购监督管理部门确定政府采购组织形式和政府采购方式，向预算单位及其委托的采购代理机构批复下达《政府采购项目批准书》。

（4）组织、实施政府采购

采购人或其委托的采购代理机构按照《政府采购项目批准书》批准的政府采购组织形式和政府采购方式，组织、实施政府采购。

其中政府采购工程进行招标投标的，其招标投标环节按照《招标投标法》及相关规定组织实施。涉及进口机电产品招标投标的，应当按照国际招标有关办法执行。

（5）签订、备案政府采购合同

招标采购单位向中标（成交）供应商发出中标（成交）通知书，采购人、采购代理机构与中标（成交）供应商签订政府采购合同并履行备案程序。

（6）组织履约、验收

采购人和中标（成交）供应商按照政府采购合同组织履约验收。在供应商供货、工程竣工或服务结束后，按照政府采购合同中验收有关事项和标准由采购人组织验收，其中，

采购人与采购代理机构签订委托代理协议有验收事项的，由采购人和其委托的采购代理机构组织验收。

（7）支付采购资金

采购人应按照合同约定及时支付采购资金。采购资金属预算内资金的，实行国库集中支付；采购资金属自筹资金的，由单位自行支付。

政府采购的总体流程如下图所示。

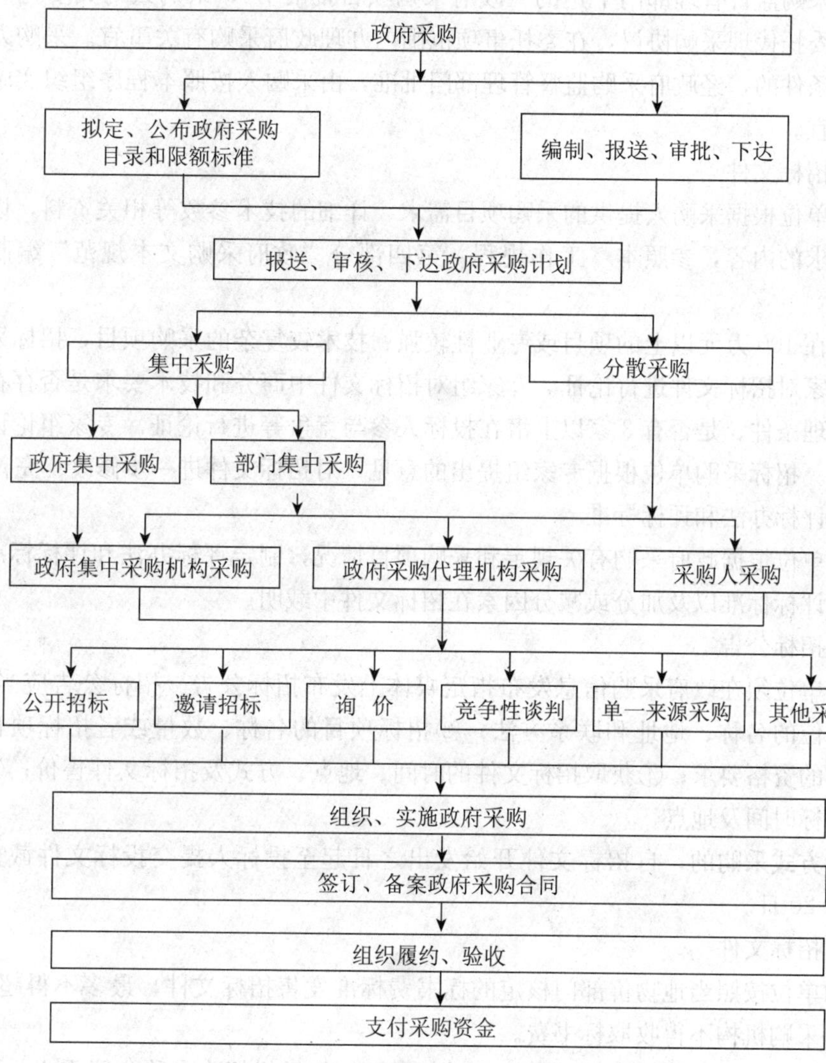

政府采购的总体流程

根据上图展示的政府采购总体流程，我们将对公开招标这一重点环节进一步深入阐述。

2. 公开招标程序

公开招标，是指招标采购单位依法以招标公告的方式邀请不特定的供应商参加投标，采购人不得将应当以公开招标方式采购的政府采购项目化整为零或者以其他任何方式规避公开招标采购。

公开招标应作为政府采购的主要采购方式。达到同级人民政府或者其授权机构发布的公开招标数额标准以上的政府采购项目，应当采用公开招标的方式采购。因特殊情况需要采用公开招标以外的采购方式的，应当在采购活动开始前获得政府采购监督管理部门的批准。公开招标的基本程序如下所述：

（1）签订委托代理采购协议

根据政府采购监督管理部门下达的《政府采购项目批准书》，采购人与其委托的采购代理机构签订委托代理采购协议，在委托事项范围内办理政府采购有关事宜。采购人具备自行组织采购条件的，经政府采购监督管理部门批准，由采购人按照本程序组织实施政府采购的有关事宜。

（2）编制招标文件

招标采购单位根据采购人提供的采购项目需求、详细的技术参数等相关资料，以及有关政策规定要求的内容，参照本《工作规程》第四部分“政府采购文本规范”编制招标文件。

采购金额在 100 万元以上的项目或专业性较强、技术较复杂的采购项目，招标采购单位应当组织专家对招标文件进行论证。专家组对招标文件中商务和技术要求是否存在歧视性条款或不合理条件、是否有 3 家以上潜在投标人参与竞争等进行论证。专家组论证后应出具书面报告。招标采购单位根据专家组提出的意见，对招标文件进一步修改、完善。

（3）制定评标办法和评标标准

招标采购单位根据政府采购有关规定和采购项目情况，制定评标办法和评标标准，并将评标办法和评标标准以及加分或减分因素在招标文件中载明。

（4）发布招标公告

招标采购单位须在政府采购信息发布指定媒体上发布招标公告。招标公告应当包括：①招标采购单位的名称、地址和联系方法；②招标项目的名称、数量或者招标项目的性质；③投标人的资格要求；④获取招标文件的时间、地点、方式及招标文件售价；⑤投标截止时间、开标时间及地点。

采用招标方式采购的，自招标文件开始发出之日起至投标人提交投标文件截止之日止，不得少于 20 日。

（5）发售招标文件

招标采购单位按照当地物价部门核定的标书费标准发售招标文件，最多不得超过 500 元，政府集中采购机构不得收取标书费。

招标采购单位对购买招标文件的供应商进行登记，记录投标人名称、联系人、联系方式。招标采购单位不得以任何理由拒绝潜在投标人购买招标文件（政府采购监督管理部门公布有不良记录的供应商除外）。

（6）招标答疑及修改

招标采购单位根据招标项目的具体情况，可以组织潜在投标人进行现场考察或者召开开标前答疑会，对投标人就招标文件提出的疑问进行解答。但不得单独或者分别组织部分投标人参加现场考察。

招标采购单位对已发出的招标文件进行必要澄清或者修改的，应当在要求提交投标文件截止时间15日之前，在政府采购信息发布指定媒体上发布变更公告，并以书面形式通知所有招标文件收受人。

(7) 投标

投标人按照招标文件要求，编制投标文件，在招标文件规定的投标时间、地点将投标文件密封送达。招标采购单位收到投标文件后应签收并妥善保存。

(8) 组建评标委员会

采购代理机构、采购人在开标当天或前一天（特殊情况不得超过两天），在政府采购监督管理部门监督下通过随机方式从政府采购评审专家库中抽取专家，依法组建评标委员会。

评标委员会由采购人代表和有关经济、技术等方面的专家组成，成员人数应当为5人以上单数，其中，经济、技术等方面的专家不得少于成员总数的1/3。遇有行业和产品特殊要求，专家库不能满足需求时，可以由采购代理机构、采购人从专家库外按3∶1的比例提出推荐人选，推荐人选经政府采购监督管理部门审核后，从中随机抽取评标专家。

采购数额在300万元以上、技术复杂的项目，评标委员会中技术、经济方面的专家人数应当为5人以上单数。参与招标文件论证或征询过意见的专家不得再参加该项目的评标工作。评审专家名单在招标结果确定之前保密。

(9) 开标

招标采购单位在招标文件规定的时间、地点组织开标。开标前应当通知政府采购监督管理部门及相关部门。政府采购监督管理部门及相关部门可以视情况到现场监督开标活动。

投标截止时间结束后，投标人不足3家的不得开标。由招标采购单位组织有关专家对招标文件是否存在不合理条款进行审核并出具审核报告。若招标文件存在不合理条款，招标公告时间及程序不符合规定的，由采购人调整采购需求，招标采购单位修改招标文件后重新组织招标；若招标文件没有不合理条款、招标公告时间及程序符合规定的，经政府采购监督管理部门批准，可变更为竞争性谈判、询价或单一来源等采购方式进行采购。

监督人员或投标人推选的代表在开标现场检查投标文件的密封情况，也可以由采购人或采购代理机构委托公证机构检查并公证。同时，投标人可向招标采购单位提出与招标项目有利害关系的评标专家的回避申请。招标采购单位应向政府采购监督管理部门报告，能够认定属实的，招标采购单位应向该评标专家提出回避，并从专家候选名单中依次递补。

投标文件的密封情况经确认无误后，招标工作人员当众拆封，对投标人名称、投标价格、价格折扣、招标文件允许提供的备选方案和投标文件的其他主要内容进行公开唱标并作好开标记录。采购人、投标人、监督人员对唱标结果进行签字确认。未宣读的投标人名称、投标价格、价格折扣、招标文件允许提供的备选方案，评标时不予承认。

唱标结束后，所有投标报价均超过政府采购预算，采购人不能支付的，应当废标。采购人调整政府采购预算或者调整采购需求后，由招标采购单位重新组织招标。

满足政府采购预算的投标报价不足3家的，经政府采购监督管理部门批准，可变更为竞争性谈判、询价或单一来源等采购方式进行采购。

（10）评标

评标委员会应当采用集中、封闭评标的方式进行评标。

评标前，招标采购单位应向评标委员会成员印发和宣布评标纪律及评审工作规则，评标委员会成员应遵照执行并签署《政府采购项目评审专家承诺书》。评标委员会成员对与自己有利害关系的评标项目应当主动提出回避。

评标委员会对所有投标文件进行资格性和符合性审查。投标人未缴投标保证金的，或投标人法定代表或其委托授权人身份与投标文件不符的，或投标文件未按照招标文件规定密封、签署、盖章的，或不具备招标文件中规定资格要求的，或不符合招标文件中规定的实质性要求的，或不符合招标文件规定的产品销售授权要求的，或不符合法律、法规规定的视为无效投标。对按废标和无效投标处理的投标文件，须由招标采购单位进行复核确认。有效投标人不足3家的，经同级政府采购监督管理部门批准，可变为竞争性谈判、询价或单一来源等采购方式进行采购。

评标委员会根据全体评标专家签字的原始评标记录和统计结果，对投标人的评审名次进行排序，推荐中标候选人，编写评标报告。

开标和评标过程由招标采购单位指定专人负责记录，并存档备查。

（11）定标

招标采购单位在评标结束后5个工作日内将评标报告送达采购人。采购人在收到评标报告后5个工作日内，按照评标报告推荐的中标候选人顺序确定中标供应商，采购人也可以事先授权评标委员会直接确定中标供应商。5个工作日内，采购人没有书面回复的，视同确定排序第一的投标人为中标供应商。

（12）公告评标结果

中标供应商确定后，招标采购单位将采购项目名称、中标供应商名称、中标价格评标委员会成员名单、招标采购单位的名称和电话等规定内容在财政部门指定的政府采购信息发布指定媒体上进行公告。

（13）发出中标通知书

在发布公告的同时，招标采购单位应当向中标供应商发出中标通知书，中标通知书对采购人和中标供应商具有同等法律效力。中标通知书发出后，采购人改变中标结果，或者中标供应商放弃中标的，均应当承担相应的法律责任。

（14）签订合同

采购人、招标采购单位应当自中标通知书发出之日起三十日内，按照招标文件确定的事项，与中标供应商签订政府采购合同，所签订的合同不得对招标文件和中标供应商的投标文件作实质性修改。

采购合同自签订之日起7个工作日内，招标采购单位应当按照规定将合同副本报同级政府采购监督管理部门和有关部门备案。中标供应商因不可抗力或者自身原因不能履行政府采购合同的，经政府采购监督管理部门审核，采购人、采购代理机构可以与排位在中标供应商之后第一位的中标候选供应商签订政府采购合同，以此类推。

补充阅读

投标文件资料

政府供应商在进行政府采购投标的过程中，一般需要按照政府采购管理程序的要求提供多种文档，其中主要包括投标书、投标价格一览表、所需软件、硬件清单及报价、具体实施方案、设备技术配置及参数一览表、主要技术及管理人员一览表、服务承诺及优惠服务方法和关于资格及投标文件内容的声明等。

下面以某企业参与某个政府采购招标项目为例，说明这些投标文件资料的主要内容和基本要求。

1. 投标文件资料清单

投标文件资料清单（示例）

投资方（盖公章）

名　称	页　码
投标书	
投标价格一览表	
所需软件、硬件清单及报价	
具体实施方案	
设备技术配置及参数一览表	
主要技术及管理人员一览表	
服务承诺及优惠服务方法	
关于资格及投标文件内容的声明	
其他相关文件	

2. 投标书

投标书（示例）

致：××市财政局

根据贵方为××市社保局社会保障卡信息系统招标项目的投标邀请（招标编号为：SD01003），签字代表：__×××__经正式授权并代表投标方__×××科技有限公司__提供下列文件，正本一份和副本九份向贵方投标。

(1) 投标报价一览表。

(2) 所需软件、硬件清单及报价。

(3) 具体方案文档。

(4) 设备技术配置及参考一览表。

(5) 主要技术及管理人员一览表。

(6) 服务承诺及优惠服务方法。

(7) 关于资格及投标文件内容的声明。

(8) 我单位提供的投标保证金支票（或银行汇票），金额为人民币壹万元整。

(9) 其他文件。

据此函，签字代表同意如下事项并做出如下承诺：

(1) 投标方将按招标文件的规定提供货物及相关服务。

(2) 投标方将按招标文件的规定履行合同责任和义务。

(3) 投标方已详细审查全部招标文件，包括全部参考资料和有关附件。我们完全同意放弃对这方面有不明及误解的权利。

(4) 其投标至开标日期。有效期至确定中标单位并签订合同之日止。

(5) 如果在规定的开标时间后，投标方在投标有效期内撤回投标，其投标保证金将被贵方没收。

(6) 投标方同意提供按照贵方要求的与本次招标有关的一切数据或资料。

(7) 我方完全理解贵方不一定要接受价格最低的投标或收到的任何投标。

(8) 与本投标有关的一切正式往来通信请寄：

投标方名称：×××科技有限公司　　（盖公章）

地址：________　　邮编：________

电话号码：________　　传真号码：________

法人代表签字：________　　职务：________

或委托代理人姓名：________　　职务：________

法人代表或委托代理人签字：________

日期：____年____月____日

3. 投标报价一览表

投标报价一览（示例）

投标方（盖公章）：　×××科技有限公司　　单位：万元

投标报价				完工日期	备注
软件开发费用	硬件配置费用	其他费用	合计		
50	99	30	179	20××.12.31	

投标方代表签字：

（公章）

注：

1. 硬件配置费用报价不包括 POS 机；
2. 提醒投标方注意招标文件详细要求。

4. 所需软件、硬件清单及报价

所需软件、硬件清单及报价（示例）

投标方（盖公章）：×××科技有限公司　　　　单位：万元

序号	名称	单位	数量	配置要求	产地品牌	单价	金额（含税）
1	圈存机	台	45			1	45
2	服务器	台	10			2.5	25
3	陈列柜	组	10			0.4	4
4	硬盘	块	50			0.1	5
5	MO光驱及盘片	套	100			0.2	20
6	综合布线工程	项	1			30	30
7	社会保障卡信息系统	套	1			50	50
合　计							

注：
1. 合计价格不包括POS机；
2. 所有设备应配有中文说明。

5. 具体实施方案（略）

6. 设备技术配置及参考一览表

设备技术配置及参考一览（示例）

投标方（盖公章）：×××科技有限公司

序号	设备名称	配置	参数	性能说明
1	圈存机	内存	512K或1M	大屏幕液晶显示，内置针打打印机，连体密码键盘。磁卡/IC卡双功能POS，适用于各个消费领域的电子支付终端
		微处理器	与INTEL89C52系列兼容的CPU	
		显示	128×64点阵图形显示屏	
		读写器	IC卡符合ISO 7816-1-2-3	
		打印机	热敏打印机自带切纸	
		加密	DS5002加密芯片	
		SAM	可选	
		键盘	主机23键和8个主控制键	
		通信方式	支持同步、异步及X.25方式	
		接口	2个RS232接口，1个ⅡC总线接口	
		电源	输入场220V，输出双电源DC30V 1A，DC8V 0.4A	

续 表

序号	设备名称	配置	参数	性能说明
2	POS 机	内存	2M	大屏幕液晶显示，内置针打打印机，外接密码键盘。磁卡/IC 卡双功能 POS，适用于各个消费领域的电子支付终端
		微处理器	与 INTEL89C52 系列兼容的 CPU	
		打印机	高速热敏打印机	
		显示器	128×64 点阵图形显示屏	
		读写器	符合 ISO 7816-1-2-3 的 IC 卡读写，符合 ISO 2，1/2 或 2/3 磁条读	
		加密模板	DS5002 安全加密芯片	
		SAM	4 个 SAM 卡槽	
		键盘	18 个键	
		通信方式	支持同步、异步及 X.25 方式 手持主机与基座间采用红外通信	
		接口	2 个 RS232 接口，1 个 ⅡC 总线接口	
		电源	输入 220V，输出双电源 DC30V 1A，DC8V 0.4A	
		尺寸	270mm×143mm×92mm	
3	服务器	结构	刀片式机架服务器	高处理性能 高存储密度
		接口类型	SATA	
		支持 CPU 个数	2 个	
		标配内存	4GB	
		硬盘容量	1000GB	
		CPU 主频	2.6GHz	
4	硬盘	容量	硬件参数	
		1TB 以上	尺寸：3. 5 适用机型：服务器 硬盘转速：7200 转 缓存容量：16MB 接口类型：SAS	
5	陈列柜	盘位	5	
		接口	Thunderbolt 2 雷电接口	
		电源	内置	

续　表

序号	设备名称	配置	参数	性能说明
6	MO光驱及盘片	光驱缓存	8MB	
		接口	SCSI	
		转速	3600rpm	
		盘片容量	1.3GB	
7	综合布线工程	终端数量	200个	参见具体实施方案
		传输速率	1000M/s	
		传输介质	光纤	
8	社会保障卡信息系统	功能	符合社会保障卡业务要求	参见具体实施方案
		性能	同时在线用户数大于200个	

注：若本表格不够填，可按此表自制表格。

7. 主要技术及管理人员一览表

主要技术及管理人员一览（示例）

投标方（盖公章）：×××科技有限公司

序号	姓名	岗位	持何种职称，资格证件	发证时间	从事本工作年限
1	郑立国	项目经理	高级工程师	2006.10.11	11
2	王诚	系统分析员	高级工程师	2012.1.12	5
3	胡广丰	程序员	工程师	2016.5.20	2
4	（下略）	（下略）	（下略）	（下略）	（下略）

注：公司全部人员为 12 名，中级以上职称人员为 8 名。

8. 服务承诺及优惠服务方法

服务承诺及优惠服务方法（示例）

投标方（盖公章）×××科技有限公司

承诺事项：	优惠服务方法：
1. 硬件除有特殊约定外，均提供一年保修	出现故障7×24小时响应，3天内上门服务
2. 软件提供3年保修	提供培训指导 出现故障7×24小时响应，3天内上门服务

注：投标方根据自己的能力做出承诺，中标后承诺具有法律约束力。

9. 关于资格及投标文件内容的声明

关于资格及投标文件内容的声明（示例）

致××市财政局：

关于贵方第 SD01003（招标编号）投标邀请，本签字人愿意参加投标，提交并证明下列文件和说明是准确的和真实的。

1. 营业执照副本复印件（加公章）一份。

2. 经营许可证副本复印件（加公章）一份。

3. 税务登记证副本复印件（加公章）一份。

4. 法人代表证明书及身份证复印件各二份（其中一份不须密封，在举行开标仪式时当面交给招标方）。

5. 法人代表授权委托书（原件）一份及委托代理人身份证复印件各二份（其中一份不须密封，在举行开标仪式时当面交给招标方）。

6. 所有投标文件或表格的内容是真实的和准确的。

7. 本签字人确认资格文件中的说明是真实准确的。

单位名称：　　　　　×××科技有限公司　　　　　（盖公章）

地址：______________________________

法人代表签字：______________________________

10. 其他相关文件

其他相关文件（示例）

1. 公司基本情况：

公司全称：	×××科技有限公司		
详细地址：	深圳市南山区科技园南区 R2－B 三楼		
成立时间：	1998 年	注册资本：	2000 万元
从业人员：	70 人	单位性质：	民营
最近两年主营业务收入	2014 年	3200 万元	
	2015 年	3630 万元	

2. 曾从事智能卡（IC 卡）项目工程设计和安装经验，以及类似软件开发项目的情况：

客户名称	服务项目名称	投资额	联系人	联系电话
北京通达集团	智能交通卡系统	500 万元人民币	×××	×××××××××
广州盛达商贸	智慧物流管理系统	250 万元人民币	×××	×××××××××

3. 投标方需要说明的其他事项（略）

（二）政府采购的方式

按政府采购的公开程度依次划分为五种方式（财政部《政府采购管理暂行办法》基本采用此划分标准）：

1. 公开招标采购

公开招标采购指采购方以招标公告的形式邀请不确定的供应商投标的采购方式。公开招标应作为政府采购的主要方式。采购人不得将应当以公开招标方式采购的货物或者服务化整为零或者以其他任何方式规避公开招标采购。

适用条件：货物服务采购项目达到公开招标数额标准的，必须采用公开招标采购。

采用公开招标方式采购的，自招标文件开始发出之日起至投标人提交投标文件截止之日止，不得少于 20 日。

2. 邀请招标采购

邀请招标采购指采购方以投标邀请书的形式，从符合相应资格条件的供应商中，通过随机方式邀请 3 个以上供应商参加投标的采购方式。主要程序：发邀请书、投标、开标、评标、定标、签订合同。邀请招标一经报价则价格不变。

适用条件：具有特殊性，如保密项目、急需项目或者因高度专业性等因素使提供产品的潜在供应商数量较少，只能从有限范围的供应商处采购的；采用公开招标方式的费用占政府采购项目总价值的比例过大的，即所需时间和费用与拟采购价值较低的项目总金额不成比例。采购人只能通过邀请招标的方式来达到经济和效益的目的。

“邀请招标”方式的适用条件规定得比较原则，不够具体，特别是其中的“特殊性”“有限范围”“比例过大”等限制性的规定，解释的余地和执行的随意性都较大，从而导致实际工作中存在很多利用“邀请招标”来规避公开招标的情况。

3. 竞争性谈判采购

竞争性谈判采购指采购方直接邀请 3 家以上合格供应商就采购事宜进行谈判的采购方式。主要程序：谈判、澄清、变动、点评、最终报价、确定成交供应商。

适用条件：公开招标后，没有供应商投标或者没有合格标的或者重新招标未能成立的；技术复杂或者性质特殊，不能确定详细规格或者具体要求的；采用招标所需时间不能满足用户紧急需要的；不能事先计算出价格总额的。

4. 询价采购

询价采购指向 3 个以上供应商发出报价，对其报价进行比较以确定合格供应商的一种采购方式。该采购方式只考虑价格因素，要求采购人向 3 家以上供应商发出询价单，对一次性报出的价格进行比较，最后按照符合采购需求、质量和服务相等且报价最低的原则，确定成交供应商的方式。

适用条件：适用于采购的货物规格、标准统一、现货货源充足且价格变化幅度小的政府采购项目。

5. 单一来源采购

单一来源采购指中心在适当的条件下向单一供应商征求建议或报价进行的采购。是一种没有竞争的采购方式，也叫直接采购。

适用条件：只能从唯一供应商处采购的；发生了不可预见的紧急情况不能从其他供应商处采购的；必须保证原有采购项目一致性或者服务配套的要求，需要继续从原供应商处添购，且添购资金总额不超过原合同采购金额 10%的。

从适用范围、批准手续、邀请供应商方式、供应商报价、评审办法等方面对 5 种政府采购方式进行综合对比，如下表所示。

5 种政府采购采购方式的比较

采购方式 比较因素	公开招标	邀请招标	竞争性谈判	询价采购	单一来源
适用范围	最主要的采购方式	①具有特殊性，只能从有限范围的供应商采购的 ②采用公开招标方式的费用占采购项目总价值的比例过大的	①招标后没有供应商投标或者没有合格标的或者重新招标未能成立的 ②技术复杂或者性质特殊，不能确定详细规格或者具体要求的 ③采用招标所需时间不能满足用户紧急需要的 ④不能事先计算出价格总额的	采购的货物规格、标准统一、现货货源充足且价格变化幅度小的政府采购项目	①只能从唯一供应商处采购的 ②发生了不可预见的紧急情况不能从其他供应商处采购的 ③必须保证原有采购项目一致性或者服务配套的要求，需要继续从原供应商处添购，且添购资金总额不超过原合同采购金额 10%的
是否政府采购管理部门批准	默认的采购方式，不需批准	须经政府采购管理部门批准	须经政府采购管理部门批准	须经政府采购管理部门批准	需经政府采购管理部门批准
邀请供应商的方式	以招标公告的方式邀请不特定的供应商	以投标邀请函的方式邀请特定的供应商	由谈判小组确定 3 家以上供应商，并向其发出谈判邀请函	由询价小组确定 3 家以上供应商，并向其发出报价邀请函	特定供应商
供应商的报价	供应商只许提出一次报价，而且不许改变其报价	供应商只许提出一个报价，而且不许改变其报价	供应商有 2 次以上报价机会，并以最后一次报价为准	供应商只许提出一个报价，而且不许改变其报价	没有具体的规定，一般情况下供应商可以多次报价
评审办法	综合评分法、最低评标价法、性价比法	综合评分法、最低评标价法、性价比法	根据符合采购需求、质量和服务相等且报价最低的原则确定成交供应商	根据符合采购需求、质量和服务相等且报价最低的原则确定成交供应商	符合采购需求、服务满足采购人需求、报价合理的原则确定成交供应商
评审小组组成	4 名专家+1 名采购代表 5 名专家+2 名采购代表 最常用：4 名专家+1 名采购代表		2+1 方式 4+1 方式 常用：2+1 方式	2+1 方式	2+1 方式

续　表

采购方式 比较因素	公开招标	邀请招标	竞争性谈判	询价采购	单一来源
采用频率	最多采用	基本不采用	采用频率仅次于公开招标，常在公开招标失败后采用	用于金额较小，价格比较稳定的货物。批次多但金额小	通常在公开招标失败后，只有一个供应商响应的情况下采用
时间	从发售标书起到开标至少20天		法律没有规定具体时间，通常为5～7天		

第三节　政府采购制度

(一) 政府采购制度概述

1. 政府采购的概念

政府采购制度是指有关政府采购的一系列法规、政策和制度的总称，是指以公开招标、投标为主要方式选择供应商（厂商），从国内外市场上为政府部门或所属团体购买商品或服务或工程的一种制度。它具有公开性、公正性、竞争性，其中公平竞争是政府采购制度的基石。

自从人类社会开始从事商品交换活动，采购就随之产生。当时的采购主体主要是个人、家庭和原始部落。随着国家的产生和社会的发展，采购主体日趋多元，出现了政权机构、企业、团体等采购主体，政府采购逐步产生，政府采购制度也随之出现。

2. 政府采购制度的形成

政府采购制度最早形成于18世纪末和19世纪初的西方国家。

英国是最早开展政府采购活动的国家之一。1782年，英国政府设立了国家文具公用局，负责政府部门办公用品的采购，该局后来发展为物资供应部，专门负责政府各职能部门所需物资的采购。其目的是为了满足政府日常管理职能的需要，提高政府资金使用效率。政府部门和其他公共机构采购商品和服务都必须做到“物有所值”，也就是采购的物品总成本和质量都必须满足使用者的要求。为实现这一要求，就要通过供应商之间的竞争，以最合理的价格采购自己需要的商品和服务。政府鼓励采购方消除不利于小公司参与竞争的障碍，但并不意味着歧视大公司。现在，英国政府采购制度已完全走向法制化，除了政府采购一些判例之外，英国的成文法律、法规也相当完善，主要有：《英国公共工程合同规则》（1991年）、《英国公共设施供应的公用事业工程合同规则》（1993年）、《英国公共服务合约法规》（1994年）、《公共供应合同管理条例》（1995年）。

美国也是世界上实行政府采购制度较早的国家之一，至今已有200多年的历史。它起源于自由市场经济时期，完善发展于现代市场经济。1783年美国宣布独立，政府采购起初是在国防部门进行，实行直接的自由采购，其后美国政府采购逐步立法，1861年国会制定了一项法案，要求每一项采购至少要有3个投标人；1868年美国国会立法，确立公开招标和公开授予合同的程序。这个阶段的民用大宗物资采购都是由政府各个部门和行政机构分散采购，其特点是分散、重复、浪费和效率低。随着政府采购制度的发展，政府采购与国家经济目标的关系逐步为人们所认识，并作为经济发展的一种手段来认识政府采购。1933 年美国国会通过了《购买美国产品法》，这部法律的出台使得政府采购的作用发生了变化，充分发挥了政府采购的宏观调控作用，使美国经济得到了复苏。

法国实施政府采购制度的历史可以追溯到它的公共征收和公共征调制度。19 世纪期间，由于法国进行运河、道路、铁路等重要工程建设，大量进行公共征收，依据法国法律公共征收是政府为了公共利益目的，按法定的形式和实行公平补偿原则，以强制形式采购私人不动产。20 世纪 60 年代，法国出现的公共行政合同，是完整意义上的政府采购合同，采购主体、招标采购方式、采购程序等方面与完全政府采购一致，采购对象包括货物、工程与服务。

20 世纪以后，随着政府采购规模的不断扩大，政府采购制度也进入了完善时期。政府采购的发展与西方经济理论的发展息息相关。在自由市场经济时期，市场是作为“看不见的手”被认为是唯一的，也是最佳的资源配置方式，但 20 世纪 30 年代的西方经济大萧条诞生了以凯恩斯主义为代表的宏观经济理论，该理论着重强调了政府对经济的宏观调控作用。从此以后，政府采购作为政府的一项经济手段获得了较快的发展。由于政府采购规模的迅速扩大，对社会经济产生广泛的影响，为了兴利除弊，各项有关政府采购的法规便应运而生，并在实践中不断得到完善。

（二）我国政府采购制度的现状

1. 政府采购制度法律框架初步形成

对于我国政府来说，推行法制化、现代化的政府采购制度是一个崭新的国家财政管理概念。我国的《政府采购法》于 2002 年 6 月 29 日由全国人大常委会审议通过，自 2003 年 1 月 1 日正式生效，我国采购制度领域开始有了自己的基本大法。随着近年来的实践，我国政府采购制度体系已经初步形成。在中央，财政部陆续颁布了《政府采购招标投标管理暂行办法》《政府采购合同监督暂行办法》《政府采购品目分类表》《政府采购运行规程暂行办法》《政府采购资金财政直接拨付管理暂行办法》《中央单位政府采购管理实施办法》等一系列规章制度。地方政府则制定了一系列地方性法规、规章、政策，贯彻和执行中央的法律法规，其中省、市级政府的采购管理办法，对于完善基本程序和监督管理，规范地方政府采购行为发挥了重要作用。

2. 建立了比较完备的政府采购管理机构

1998 年，国务院根据建立政府采购制度和国际惯例，明确财政部为政府采购的主管部门，履行拟定和执行政府采购政策的职能。随后，地方各级人民政府也相继在财政部门设立或明确了政府采购管理机构，负责制定政府采购政策，监督管理政府采购活动。到 2000 年，各地政府采购机构建设就已经基本完成。

3. 集中采购与分散采购相结合的政府采购模式已初步确立

政府采购规模和范围不断扩大，政府采购的范围由单纯的货物类扩大到工程类和服务类，越来越多的供货商参加到政府采购活动中来。两种采购方式的结合可以有效地提高政府采购决策水平和政府采购管理效率。

4. 政府采购信息管理系统框架初步建成

为了实现政府采购工作的公开和透明，并按照国际惯例，中央和省级财政部门都指定了政府采购招标中标信息发布媒体。《中国政府采购》杂志的创刊，标志着杂志、网络、报纸三位一体的政府采购信息管理体系建设工作基本完成。各地也建立起市场调查和信息处理系统、招标投标和专家评审系统，有的地方还实现了网上招标、投标，政府采购的运营效率也在不断提升。

总体来看，我国政府自 1996 年在上海市进行了政府采购试点工作以来，将部分行政事业单位大额财政拨款的设备购置由财政部门集中起来，实行统一采购，取得了良好的经济效益和社会效益。随后政府采购的试点工作逐渐在全国各地展开。随着《政府采购法》正式实施，政府采购在基本制度、管理体制、采购方式、采购程序、资金管理办法、监督检查机制等方面形成了一套比较完整的体系，我国的政府采购进入全面推进和施行阶段。

同时，我们也清楚地认识到，尽管我国已形成了相对完善的政府采购法律体系，政府采购实践也取得了一定的成果。但由于观念上没有转变，配套措施尚不健全，中国政府采购制度在实践中还存在许多问题亟待解决。

5. 需要适应全球化的发展趋势

政府采购行为的作用仅仅处在节约资金、消除腐败等较低层面上，未起到调整总量平衡，优化经济结构，参与国际竞争等高层次。随着世界经济的区域化和全球性进程的加快，政府采购制度已经延伸到国际贸易领域，各区域性经济组织也相继制定了政府采购协议或明确了市场准入的条款。在这些协议或条款中规定缔约方应给予同等机会的市场准入，建立公平竞争和非歧视性的政府采购机制。我国政府采购制度也应顺应经济国际化的客观要求。政府采购面临的是一个全球化的大市场。若我国政府未引导企业去国际市场上竞标，使得企业参与国际竞争的能力明显低于外国企业，也不利于我国产品进一步开拓国际市场。若我国的政府采购市场打开后，其也将面临日趋激烈的国际竞争。

6. 政府采购的法律制度尚未健全

目前，政府采购立法效力层次低，没有全国性法律，省、市等行政条例亦多有缺失。由于缺乏实践经验和预见性，使得出台的规章制度规范性和防范性不高，操作过程中难免问题迭出。

政府采购预算流于形式，编制不规范，采购效率不高，难免存在盲目采购、重复采购、随意采购等问题，对被采购商品和服务的价格、质量很少考虑。采购支出包含在各行政事业单位填报的预算和计划，财政预算无法细化到具体的采购项目，各单位在批准的预算框架内自行支配采购。财政款项拨出后，财政部门没有多少精力来进行检查监督，各部门、各单位多报少购、报而不购等现象屡见不鲜。政府采购制度的实行使原有利益和权力分配格局发生改变，也就面临着来自政府部门内部由于部门利益而引发的巨大阻力。

7. 政府采购管理团队素质存在不足

政府采购管理体制混乱，采购人员专业素质不高。目前，有些地方从事政府采购工作的采购机构仍然未做到实质上的独立，甚至由财政部门或中介机构代替。有的地方虽然将采购部门独立出来，但是没有足够的专业人员组织和开展工作，大部分人员是靠关照、靠关系、靠调剂进入采购部门的。这些人员没有经过专门的政府采购相关知识培训，对管理知识、财经法律、招投标规则及程序、工程技术常识及国际惯例等相关知识掌握不够，缺少从事市场经济和商品的专业知识和工作经验。

8. 政府采购监督机制不健全

根据《政府采购法》的相关规定，各级人民政府财政部门是负责政府采购的监督监管部门，依法履行对政府采购活动的监督管理职责，各级人民政府其他有关部门依法履行与政府采购活动有关的监督管理职责。但在实际的政府采购工作中，一些财政部门热衷于参与政府采购的商业性决策，而将自己的监督管理职责抛之脑后。同时，在实际工作中，供应商直接将商品发给采购单位，采购单位直接将货款支付给供应商，政府采购活动结束，对采购单位在使用中发现的质量问题、售后服务问题则没有相应的监督保障措施。可以说，目前对政府采购活动还没有形成对事前、事中和事后进行有效的管理监督体系。

（三）我国政府采购制度的完善

1. 健全政府采购的法律体系

吸收借鉴国际政府采购制度经验，综合我国政府采购的具体实施背景，对我国《政府采购法》及其配套法规加以完善，逐步形成全套的采购法规体系，从而使政府采购一切活动都在法律框架下进行。《政府采购法》在具有一定针对性和进步性的同时，却因为其规范内容相对简单而产生了种种问题：没有一般性的规定中标原则，没有针对履约担保的明细规定，同时缺乏对资格预审程序的规范。因此，在实践中不断对《政府采购法》进行修订和完善使之趋向成熟，明确政府采购宏观调控的意图和目的，应该成为今后一段相当长时间内的工作重点。另外，围绕《政府采购法》，中央和省级政府要加快建立健全以该法为基础的法律法规体系，加强法规制度建设，使政府采购活动中的各种行为都能做到有法可依。

2. 优化政府采购的管理方法

一方面，加强政府采购理论研究。深入研究国内有关政府采购的实践成果，针对我国政府采购的现状、改革、管理以及法律规范来帮助其提高对我国政府采购市场及制度的认识，从而进行理论层面的深入探讨，使有关政府采购的理论更加严密、制度更加成熟，有利于进一步指导实践。

另一方面，积极推广先进科学技术的应用。通过电子采购、互联网技术和信息技术优化整个政府采购的流程和执行，从采购程序、信息公开、采购文件格式文本、专家评审和合同签订等方面制订相关的技术解决方案。大力提高采购效率、理顺管理体制、强化采购监督管理、严格集中采购机构考核、构建供应商诚信体系和电子化采购平台等方面作出更多的探索，为规范政府采购市场提供技术依托，从而保障政府采购制度的顺利实施。

3. 加强政府采购的机构和人才的建设

首先，建立科学的政府采购管理机构和体制。从体制、机构建设上，为了加强对政府采购的管理，需要做到在财政部门内部有一个明确的管理监督机构，其职责主要包括：采购预算的编制、制定采购法规、对政府采购事务进行协调和管理、采购统计和评估、进行相应的监督等，但不得干预采购中心的具体商业事务。其次，加强采购机构及相关人才队伍建设。政府采购是一项系统工程，涉及面广、工作量大，需要建立一整套机构来管理和协调。最后，建设采购部门专业队伍。面对政策性强、涉及面广的政府采购活动，需要采购人员掌握社会科学方面的知识和自然科学方面的知识。在当前阶段，采购人员首要学习政府采购专业知识以及政府采购的基本理论和技术，学习政府采购的国际国内经验和教训，学习有关政府采购的政策和法律知识。然后，将自己所学到的知识运用到实际操作中去。对此，可以对采购人员进行定期的培训，邀请专家为采购人员进行指导和交流，为我国政府采购建设一支专业性强、业务能力高的队伍。

4. 建立政府采购各主体相互监督制约的机制

财政部门负责计划审批，但不直接参与政府采购事务，财政部门根据采购部门出具的费用发生证明，将资金直接支付给供应商或承包商，以保证资金用在预定的项目上，政府采购中心负责组织采购工作，但无权支付货款，采购单位不直接采购，但有最后验收权，财政部门只能凭采购单位的验收签单支付货款，这样购买、验收、付款三权分离，采购当事各方之间形成相互制约的机制。财政部门作为主要管理者，对采购主体、采购中心和供应商的行为进行管理，政府采购中心和采购主体对供应商的履约情况进行监督，供应商和采购主体又对政府采购中心公正有效性地进行监督。任何一方的行为都将处于其他当事方的监督之下，从而推进了政府采购的健康运行。

案例分析

德国的政府采购制度

一、基本情况

德国政府采购也称公共采购，采购对象分为货物、工程和服务三大类。政府采购范围很广，除了使用财政资金的政府部门，还包括从事供水、能源、交通运输和邮政服务等公用事业的国有或私人企业。由于政府采购的范围广泛，德国政府采购的规模也非常庞大。德国政府采购方式有三种，即公开招标、邀请招标和谈判，其中，公开招标是优先选择的采购方式。公共采购指令范围内的采购项目，公开招标限额标准全国统一，采购项目必须在欧盟指定媒体上公布采购信息；公共采购指令范围之外的采购项目，公开招标限额由各级政府规定。

二、政府采购的目标

1. 促进市场竞争

德国将政府采购作为全国自由市场的一部分，实行统一管理。政府采购市场要遵循社会市场的一般规律，但在透明度、竞争性和公平交易等方面比对社会市场的要求更高。为此，德国政府将促进公平和有效竞争作为政府采购的核心原则。《反限制竞争法》规定，政府采购项目必须通过竞争方式签订合同，采购过程应公开、公正，在政府采购活动中不得实行歧视政策，不得限制投标人范围，对所有供应商应给予平等待遇。

2. 追求“经济性”

德国19世纪的政府采购法律规定，政府采购合同的授予主要考虑价格因素，在实施中“价廉”是中标的主要依据。但长期实践证明，以低价定标的政策虽然比较客观并且容易操作，但弊端很多，突出表现是质量低劣、服务差。为此，德国在20世纪对原有法律进行了修改，规定政府采购项目不能单纯考虑节约资金，而是要追求经济性，即要经济地使用财政资金。目前，德国政府采购除考虑价格外，还要综合评价商品的特征、质量、售前和售后服务等情况，以及相关经济和社会政策的落实程度，确保物有所值。

3. 政策目标

相关的政策和措施主要有：一是平衡之前经济发展水平。在政府采购活动中，要照顾原东德企业生产的产品和提供的服务，对在前东德设立分公司的企业提供的产品，要优先采购，促进原东德地区经济发展。二是促进就业。参加政府采购的供应商，固定雇员要求达到一定比例。在联邦政府标准评标表中载明，供应商固定员工达到5人的，加1分，达到10人以上的加2分。德国法律还规定，对妇女、残疾人等社会弱势群体兴办的企业，在政府采购中要给予照顾。三是支持中小企业。大型政府采购项目必须分拆，给中小企业获得政府采购合同的机会；鼓励中小企业联合投标，提高竞争能力；对中小企业在投标书中提出的选择性方案，要充分予以考虑。四是保护环境。环保和节能是政府采购经济性的基本要求，并成为政府采购合同的固定条款。目前，德国政府机构都普遍使用再生纸、太阳能装置、低能耗以及无噪声等节能或环保产品。

三、政府采购模式

在德国，政府采购工程项目都实行分散采购，货物和服务项目都是实行集中采购，但联邦和地方的集中形式不尽相同。

1. 联邦政府以部门集中采购为主

联邦政府共有13个部，其中，联邦财政部、内务部和国防部因采购任务较多、采购量大，都设立了采购中心，开展部门集中采购。其他部门没有专门采购人员，也不能开展采购活动，采购项目必须委托给上述3个部门的采购中心实施采购。

2. 州和地方以政府集中采购为主

德国州和地方政府地域都不大，都是实行政府集中采购。例如，柏林市是德国的一个州，市政府采购中心是本市的政府集中采购机构，接受市内4000多个政府部门、大学、公用事业单位等机构的委托，组织采购17万种货物和服务。90%以上单项委托采购金额低于500欧元，该中心汇集需求后，向250个较为固定的货物供应商、50家服务供应商集中采购，每年采购总额达3亿欧元。再如，杜塞尔多夫是北莱茵州的一个地区，地区服务局下属采购中心是该区的政府集中采购机构，接受区政府部门及所属政府机构的委托，组织采购货物（包括警用设备）和服务项目，每年采购总额约为700万欧元。

四、采购人员管理

德国政府采购人员比较集中，采购人员规模不大，因此德国现在还没有实行政府采购人员资格管理制度，但对采购人员的综合素质要求较高。采购人员要熟悉相关法律法规，具有较强的逻辑分析思维、协调沟通能力，能担任市场调查分析员、项目管理员、招标文件制作人、开标会议主持人等多种角色。因此，联邦政府要求采购人员具有本科以上学历，还要接受过采购专业培训。目前，在一个采购团队中，每个采购人员都能承担多项工作，还根据采购工作需要，配备相关专业人才，建立复合型的采购队伍。

随着科技发展，德国政府对采购人员的要求越来越高，因此很重视开展各种形式的培训活动。政府计划建立系统培训制度，并与慕尼黑、诺丁汉等大学合作开设相关课程，采购人员必须接受培训并通过专业考试后才能上岗。

五、改革方向

德国政府采购模式的发展方向是现代集中采购，即实行电子化政府采购，所有的政府采购活动都集中在一个电子平台上操作。联邦内务部、财政部和国防部联合开发了电子化政府采购系统，由电子招标、电子超市（协议供货产品汇集中心）、电子合同等系统构成。政府机构在电脑上安装“网络采购助手”的专业软件后，可以通过互联网刊登招标信息、发布标书，从电子超市中选购商品，跟踪招标过程。供应商安装“网络投标助手”软件后，可以浏览招标信息、下载标书、网上投标。为确保招标过程公平、程序规范，政府采购监管人员对电子采购实施监控，但要求两名工作人员持签字卡同时登录系统。德国政府规定，从2006年1月起，联邦一级政府的所有通用货物和服务必须通过该系统采购，州和地方政府暂不强制，但鼓励使用。

思考题：德国的政府采购制度对我们有何启示？

思考与练习

一、判断题

1. 采用招标所需时间不能满足用户紧急需要的，可采用邀请招标。（　　）

2. 采购人采购纳入集中采购目录的政府采购项目可以自行采购。（　　）

3. 事业单位不能成为政府采购的采购人。（　　）

4. 任何单位和个人不得采用任何方式，阻挠和限制供应商自由进入本地区和本行业的政府采购市场。（　　）

5. 政府采购应当严格按照批准的预算执行。（　　）

二、单项选择题

1. 政府采购的主要采购方式是（　　）

A. 邀标采购　B. 招标采购　C. 询价采购　D. 单一来源采购

2. 各级人民政府（　　）是负责政府采购监督管理的部门，依法履行对政府采购活动的监督管理职责。

A. 财政部门　B. 监察部门　C. 审计部门　D. 采购中心

3. 以下政府采购采取询价方式采购的正确的程序是：（　　）

1. 成立询价小组；2. 询价；3. 确定被询价的供应商名单；4. 确定成交供应商

A. 1、2、3、4　B. 1、3、2、4　C. 3、2、1、4　D. 2、3、1、4

4. （　　）不是政府采购的原则

A. 公开透明原则　B. 公平竞争原则　C. 公正原则　D. 合理化成本原则

5. （　　）自2003年1月1日正式生效，是我国采购制度领域的基本依据。

A.《政府采购法》　B.《政府采购品目分类表》

C.《中央单位政府采购管理实施办法》　D.《政府采购招标投标管理暂行办法》、

三、思考题

1. 招标文件的主要内容有哪些？

2. 我国《政府采购法》规定采购文件包括哪些内容？

3. 简述政府采购中介机构的定义和类型。

4. 简述政府采购中公开招标的程序。

5. 我国政府采购制度的主要问题是什么？

实训题

1. 采购中心受采购人委托组织家具公开招标，采购预算150万元。根据招标文件的要求，所有家具的板面采用双层中密度板加胡桃木皮贴面。某供应商在投标时，为了赢得中标，事先和采购人取得了“默契”，不但在投标时完全响应招标文件的一切要求，而且还选用了较好的材料，如中密度板就选用了××牌优质一级中密度板，此外报出了一个惊人的低价（110万元），最终该供应商被推荐为第一中标人。合同签订过程中，该供应商与采购人协商，以××牌优质一级中密度板市场脱销为理由，将中密度板换成了品质较差的另外一个品牌，且合同金额不变；作为补偿，该供应商在合同中将免费维修期增加一年。

思考题：

（1）如何评价上述行为？

（2）若采购人在合同履行中需再增补采购10万元货物，可以直接与该供应商进行商谈吗？

2. 某采购中心组织传真机询价采购，由于项目标的不大，询价小组成员由两名采购中心工作人员和一名采购人代表组成。在采购过程中，作为询价小组成员的采购人代表发现其中一款机器性能和原先了解的情况出入较大，而另一款机器由于事先没有说明，故报价的几家供应商有的是标准配置，有的带选装件，而且各家由于理解不同，所配的选装件也不一样。为此经采购中心工作人员认可，询价小组对第一款机器的型号做了更正，而对另一款机器的配置情况做了统一，随后又让供应商重新填报了报价，并根据报价最低的原则选择了成交供应商。

思考题：

（1）采用询价方式采购的适用范围和程序各是什么？

（2）该询价小组的做法是否妥当？

第十四章　企业社会责任采购

学习目标

知识目标

1. 掌握企业社会责任采购的概念和内涵；
2. 熟悉企业社会责任的基本理论；
3. 熟悉企业社会责任视角下企业的采购策略。

技术目标

1. 能够制定企业社会责任采购的步骤；
2. 能够制定企业社会责任采购的策略。

职业能力目标

1. 理解掌握社会责任标准“SA8000”的准则，贯彻执行于企业社会责任采购的工作实际中；
2. 能够设计企业社会责任采购的调研问卷。

采购聚焦

宜家的成功之路——企业社会责任采购方式

宜家集团（IKEA International Group）宜家家居于1943年创建于瑞典，“为大多数人创造更加美好的日常生活”是宜家集团自创立以来一直努力的方向。宜家的品牌理念始终和提高人们的生活质量联系在一起，并秉承“为尽可能多的顾客提供他们能够负担，设计精良，功能齐全，价格低廉的家居用品”的经营宗旨。

宜家的成功之路，不仅是效益之路，更是责任之路。在供应链社会责任的管理实践上，宜家做得最突出的是其采购行为准则，即宜家家居物品采购方式（The IKEA way on Purchasing Home Furnishing Products，IWAY）。IWAY是宜家于2000年向其供应商颁布的一项行为准则。要想成为宜家的供应商，必须达到IWAY的严格标准。在2000年，宜家面临着与其他大型跨国企业一样的挑战：消费者逐步意识到他们要清楚产品是如何被生产出来的，而NGO与媒体也日益关注劳工问题，特别是发展中国家工厂的运营状况。不同的是，宜家在那时候就意识到供应链社会责任的重要性，并采取了切实行动。

具体来说，IWAY分为三大领域，即外部环境、社会责任与工作条件、木制产品。三大领域下共有19个方面，从环境改善、地面污染、童工问题到社团自由、种植人造林等，都有明确的要求，可谓涉及供应商社会责任的方方面面。

在IWAY的具体实施方面，宜家使用其IWAY四级阶梯模式来实现供应商从低级到高级渐进式的社会责任发展。为了保证四阶段阶梯模式的成功实施，IWAY详细列出了以下的具体要求。

(1) 传授要求。要求供应商将IWAY标准传授给员工与上游供应商，并保证实行。

(2) 启动要求。潜在供应商至少需要达到一级水平，才可能与宜家建立合作关系。

(3) 审核要求。宜家供应商应支持由宜家内部审核员或宜家认可的独立审核机构现场核查。

(4) 改正措施。针对审核中发现的问题，宜家要求供应商提供一份详尽改进方案。

(5) 通过认证。当问题完全纠正后，该供应商被视为通过了IWAY认证，同时承诺持续改进，并接受至少两年一次的重新审核。

这样的实施方法，使得宜家的供应商始终保持在较高的企业社会责任水平，很好地回应了利益相关者的利益要求。IWAY体系通过持续改善、定期重新审核等方式，保证了具有高水准社会责任的供应商与宜家公司共同发展。

从本案例可以看出，供应链企业社会责任管理的前提是这一观念深植于整个组织。供应链企业主动承担社会责任，首先要将企业社会责任概念深植于跨国公司全球供应链，这一方式背后的逻辑在于跨国公司不仅要为其自身经营的环境与社会议题负责，更应该承担起其供应商环境与社会绩效的责任，可以预见也将承担起整个供应链的责任。

第一节　企业社会责任概述

一、企业社会责任的概念与内涵

（一）企业社会责任的概念

企业社会责任（Corporate Social Responsibility，CSR）是在一定时期社会赋予企业的经济、法律、伦理以及人道主义的期望，包括遵纪守法、保护环境、保护消费者权益、保护劳工的基本权利和人权、支持慈善事业、捐助社会公益、保护弱势群体等，它使企业在追求自身利益的同时，关注消费者、股东、员工、政府和社区等相关利益者的需要。企业社会责任是企业在追求经济效益、实现自我发展的同时，承担对经济、环境和社会可持续发展的社会责任。

（二）企业社会责任的内涵

企业社会责任概念最早产生于西方国家，不同学者对其有不同的定义。随着人们对“企业社会责任”的认识不断提高，社会环境的不断改变，“企业社会责任”的概念和内涵也随之改变，经历了复杂的发展过程后，才形成了现代企业社会责任理念。企业社会责任概念最早由英国学者谢尔顿（Oliver Sheldon）于 1924 年提出，认为企业社会责任应把公司的社会责任与公司经营者满足产业内外各种人类需要的责任联系起来，并认为公司社会责任含有道德因素在内。BSR（Business for Social Responsibility）对企业社会责任最新的定义是：企业社会责任是指企业通过尊崇伦理价值和尊重人、社区以及自然环境而取得商业成功。而国际标准化组织在制定 ISO 26000 的工作中提出，“组织社会责任，是组织对运营的社会和环境影响采取负责任的行为，即行为要符合社会利益和可持续发展要求；以道德行为为基础；遵守法律和政府间契约；并全面融入企业的各项活动”。总体上来说，现代的企业社会责任概念更加强调企业要对社区、自然环境、员工、股东和利益相关者负责，并要承担法律、经济、道德和伦理等方面责任，同时还强调企业要把企业社会责任融入到企业的发展战略运营中，实现企业的长远发展。

二、企业社会责任经典理论

（一）“同心圆”模型

1971 年美国经济发展委员会发表《工商企业的社会责任》报告，提出企业社会责任的“同心圆”模型，如图 14－1 所示。这一模型将企业要履行的社会责任内容分为内、中、外三个圆圈。

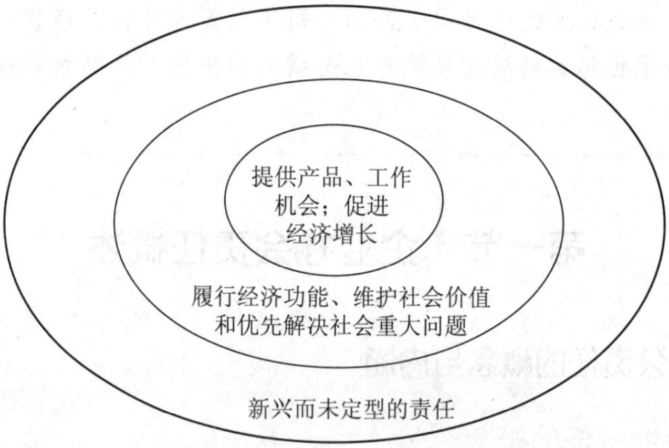

图 14－1　企业社会责任的“同心圆”模型

内圆是指企业履行经济功能的基本责任，即为投资者提供回报、为社会提供符合需要的产品、为员工提供就业、促进经济增长。

中间圆是指企业履行经济功能要与社会价值观和关注重大社会问题相结合，如保护环境、合理对待员工、回应顾客期望等。

外圆是企业承担的更为广泛的促进社会进步的其他无形责任，如消除社会贫困、防止城市衰败等“新兴而未定型的责任”。

（二）“金字塔”模型

1991 年，卡罗尔在 1979 年提出的企业社会责任“四成分”学说的基础上，进一步提出了企业履行社会责任内容的“金字塔”模型，如图 14－2 所示。根据这一模型，卡罗尔认为企业社会责任就是社会期望企业在经济、法律、伦理和慈善（自愿决定）方面履行的义务。因此，企业履行社会责任就应该包括履行经济责任、法律责任、伦理责任和慈善（自愿）责任四个层面。其中，经济责任是指公司股东要求投资的合理收益，员工要求稳定且收入相当的工作，客户要求产品质量好且价格公道等。经济责任是企业作为经济单位生存与发展的根本理由与原因，也是履行其他责任的基础。法律责任要求企业遵守法律规定，“遵循游戏规则”，是企业必须履行的责任。道德责任要求企业行为正确、公正和合理，符合社会准则、规范和价值观。卡罗尔认为道德责任不仅包含经济和法律期望，而且包括社会的普遍期望。慈善（自愿）责任是企业第四层面的责任，包括慈善捐助、为员工及家属提供生活设施、支持当地学校、支持文化体育活动等。卡罗尔认为慈善责任同样是社会对企业的期望，如图 14－2 所示。

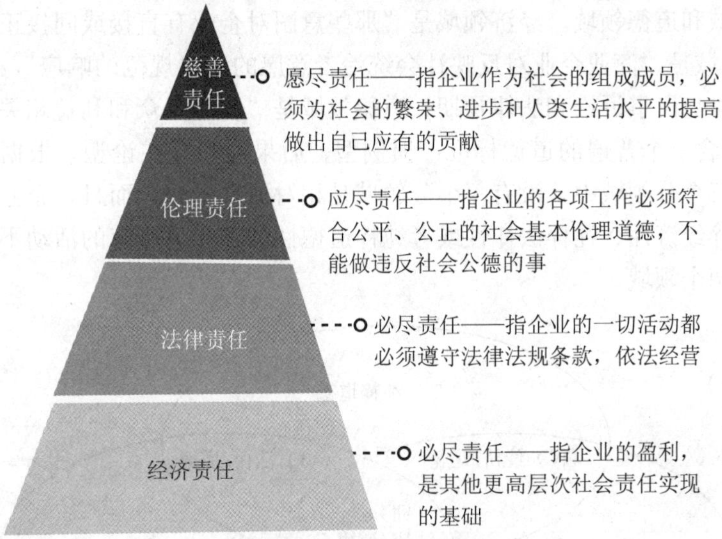

图 14-2　金字塔理论模型

(三)“三重底线”模型

1980 年，英国学者埃尔金顿提出了著名的企业履行社会责任的“三重底线”模型，如图 14-3 所示。这一模型认为，企业行为要满足经济底线、社会底线与环境底线，也就是说，企业要承担最基本的经济责任、社会责任和环境责任。这一模型进一步提出，满足三重底线，不仅是衡量和报告企业的经济、社会和环境业绩，而且包括一系列的价值观、问题和过程，企业要考虑利益相关方与社会的期望，控制业务活动对社会和环境可能产生的不良影响，追求经济、社会和环境价值的基本平衡。

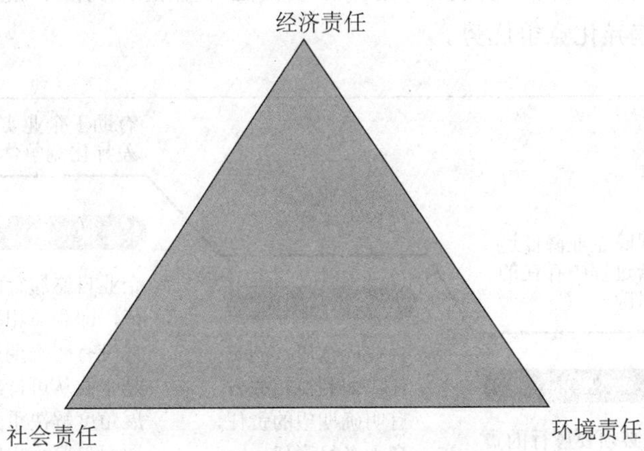

图 14-3　企业履行社会责任的“三重底线”模型

(四)“维恩图”模型

2003 年，Schwartz 和 Carroll 在分析企业社会责任“金字塔”模型的基础上，提出一个新的企业社会责任模型，采用维恩图解进行说明，我们称之为企业社会责任的“维恩图”模型，如图 14－4 所示。这一模型认为企业履行社会责任的内容分为三个领域：经济领域、法律领域和道德领域。经济领域是“那些意图对企业有直接或间接正面经济影响的活动”；法律领域是“商业企业对反映社会统治者意愿的法律规范的响应”，可以分成三个部分：顺从、避免民事诉讼和法律预期；道德领域是“普通大众和利益相关方期望的企业道德责任”，包含三个普遍的道德标准：惯例型、后果型和存在论型。根据这一模型，在企业社会责任三个分领域中，没有一个分领域是相对更重要的。而且，企业经营中的实际活动很少是纯粹经济性、纯粹法律性或者纯粹道德性的，几乎所有的活动不是包含三个领域，就是包含两个领域。

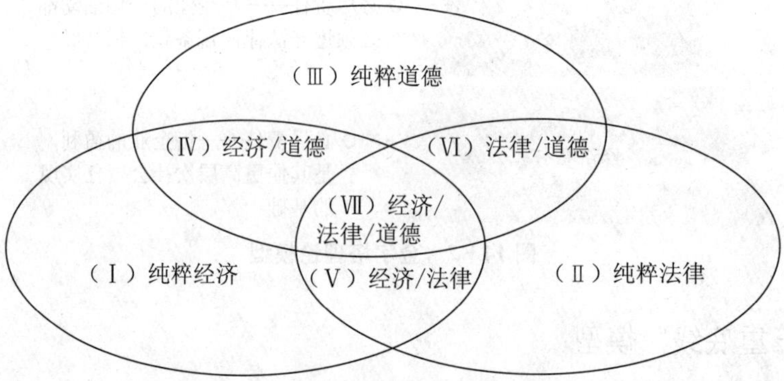

图 14－4　企业社会责任的“维恩图”模型

（五）责任层次理论

责任分层是以企业履行社会责任的不同性质为标准而对企业社会责任的一种层次划分，分为必尽责任、应尽责任和愿尽责任三个层次，如图 14－5 所示。必尽责任、应尽责任、愿尽责任从尽责的强制性角度依次减弱，从伦理的自愿性角度依次增强；三者统一服务于企业的可持续发展，并由高向低转化；必尽责任与企业的规模、能力无关，应尽责任和愿尽责任体现出差异化竞争优势。

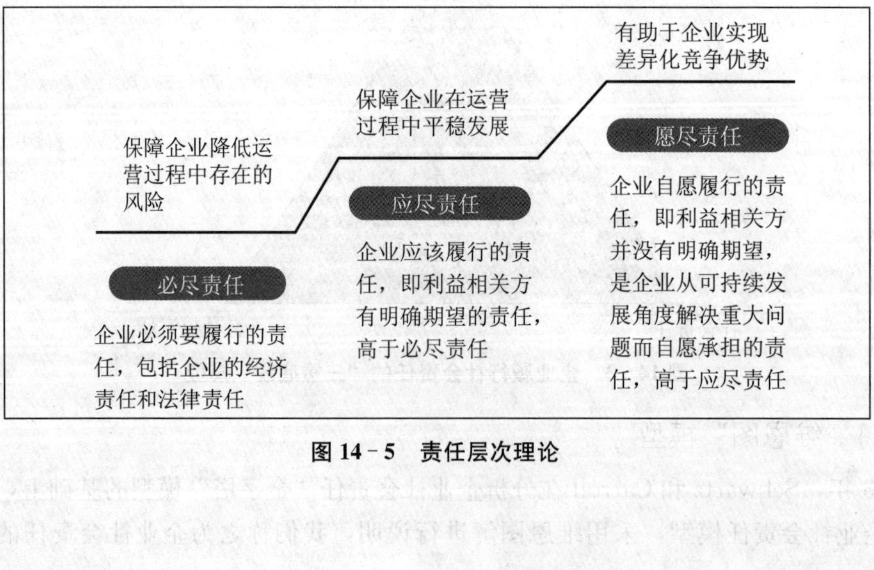

图 14－5　责任层次理论

（六）利益相关方理论

1984 年，弗里曼提出利益相关方理论，如图 14－6 所示。利益相关方是指任何影响企业目标思想或者被实现企业目标所影响的集团或个人。企业是利益相关方相互关系的连接，任何企业的发展都离不开各种利益相关方的投入和参与，企业追求的是利益相关方的整体利益，而不是某个主体的利益。

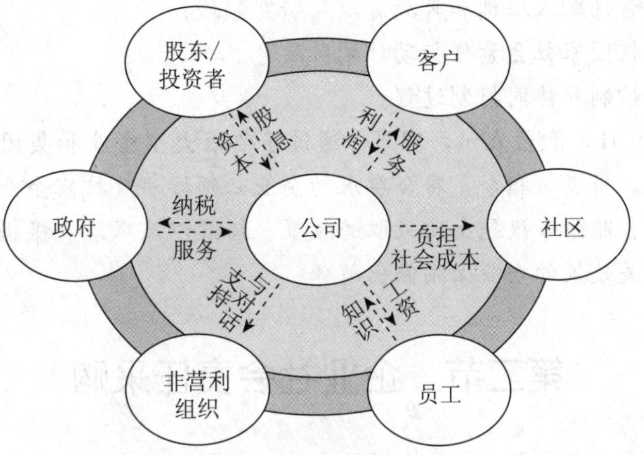

图 14－6 利益相关方理论

（七）企业责任竞争力理论

企业运用自身的专业优势解决环境、员工等社会方面的问题的同时，其经济效益也得以同步提升。相应地，其公式为企业责任竞争力＝专业优势＋社会责任＋经济效益，如图 14－7 所示。

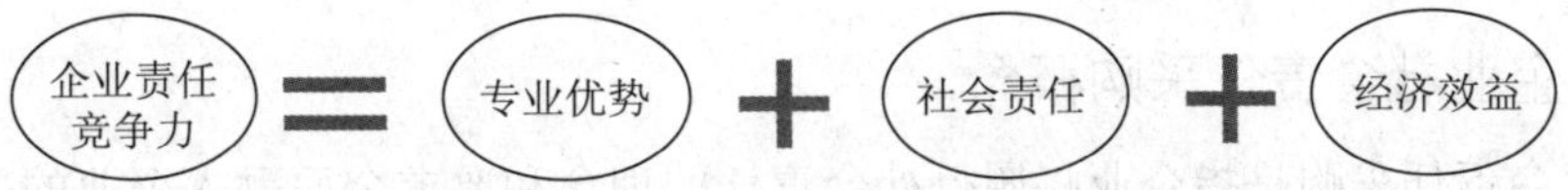

图 14－7 企业责任竞争力理论

补充阅读

欧盟国家企业社会责任相关政策

2001 年，欧盟首次具体处理社会责任主题并发布“欧洲企业社会责任的框架条件”绿皮书。2006 年又发出了欧洲委员会第二个通报，选出了欧洲委员会和经济界企业社会责任联盟。这一联盟的目的是，强化欧洲社会责任和为建设可持续的、具有竞争力的欧洲共同努力工作。

在 2002 年通报和 2006 年通报的基础上，欧洲委员会 2011 年 10 月的通报中发布了“欧盟企业社会责任新战略 2011—2014”。在这样新的战略中，随企业社会责任做出了新的定义，制订了欧洲企业社会责任2011—2014年三年的行动计划。

欧盟共采取三十条措施在欧洲推进企业社会责任，其中有：

——将欧洲的和全球的企业社会责任协调一致；

——将企业社会责任作为关注领域和推广最佳实践；

——改善市场对企业社会责任活动的奖赏；

——加强对经济界的新人和改善企业对社会和生态信息的公开披露；

——加强社会责任融入培训和再教育以及研究领域；

——推动和比较国家社会责任行动计划；

——改善自我控制和协同控制过程。

2014年9月29日，欧盟表示，理事会通过了要求大型企业和集团披露非财务信息和多元化信息的指令。根据该指令，符合要求的企业必须按年度披露企业在社会、环境、员工、人权、反腐败、贿赂等议题上所采取的政策、绩效以及风险。根据该指令，没有发布相关信息和制定相关政策的企业必须做出解释。

第二节　企业社会责任采购

企业为了提高本身的竞争力，作为采购商，不仅需要考虑自身与供应商合作的交易责任，也需要不断监控、督促供应商，加强供应商责任感。企业通过社会责任采购促使企业与供应商产生信任感，从而彼此能继续良好的合作，为其他利益相关者提供更好的产品和服务，促使企业减少更换供应商的成本以及提高合作效率，从而收获双赢的成果。最终这些综合因素会带来企业竞争环境风险的降低，形成优势的创造与维持。

一、企业社会责任采购概念与内涵

（一）企业社会责任采购概念

企业社会责任采购是指企业将履行社会责任的理念和要求全面融入企业的采购全过程中，以保证企业所采购的产品和服务是饱含“责任”的，同时也确保企业的采购交易行为是负责的。就单个企业而言，责任采购的目的是要保证企业提供的产品和服务是“负责任的”，避免供应链的责任风险；而从整个社会来说，责任采购的目的是试图提高所有企业的责任意识，促进所有企业提升履行社会责任的水平，共同提高整个社会的福利。

（二）企业社会责任采购内涵

企业社会责任采购包括两大部分的内容：企业对处于供应链上的所有供应商履行社会责任的要求以及企业在采购交易过程中自身的社会责任履行要求，其中前者称为供应链责任，后者叫作责任交易。

1. 供应链责任

（1）供应链责任的含义与作用

从采购方来说，供应链首要的责任无疑是“构建抗风性能力强的供应链”。制造厂商本身无论是否履行社会责任，它的产品在制造过程中都需要从各种客户那里采购原材料和零部件，这些原材料企业和零部件企业对于社会责任的履行状况如何，将对制造商带来各种各样的影响。在探讨整个供应链的企业社会责任实践意义的时候，首先需要考虑如何构建一个包括本企业和供应链在内的抗风性体系。

从供应商来说，供应链责任的首要好处是通过企业社会责任实践获取“业务往来上的优先地位”。供应商通过及早投入企业社会责任实践，然后向产品和服务的采购厂家积极地加以宣传，那么就能够比竞争对手率先占据业务往来上的优先地位，从而提高企业价值。

（2）供应链责任的具体内容

供应链责任就是对供应商履行社会责任提出明确要求和进行有效管理，因此，根据社会责任所包含的内容，可以将供应链责任概况为五个方面：劳工人权、职业健康与安全、环境保护、消费者权益和商业伦理。这五个方面也是当前大多数企业对供应商的责任要求，并成为其责任采购的重点评估内容。

（3）供应链责任的管理

要保证供应链责任的落实，切实实现责任采购的目的，企业必须对供应链责任进行全面管理。主要方法包括：

①企业必须制定明文规定的行动规范，提出供货方需要遵守的社会责任注意事项，并且把遵守该事项作为交易的条件以防止供货商方面的丑闻给自己带来交易风险。

②在向供应商提出行动规范之后，企业还应该加强与供应链伙伴的沟通交流，甚至提供多种形式的培训，确保供应商能真正理解企业的社会责任要求，使其具有更强的履行责任能力。

补充阅读

联想的供应链责任的管理

联想对其供应商就提出了明确的要求，联想的材料、部件和产品供应商必须坚决遵循联想发布的设计技术规范——关于用于联想产品的材料、部件和产品的基本环保要求，其中包括了关于禁用或限制使用材料、应当报告的物质、标签等方面的要求。联想鼓励所有组件以及主要配件的供应商申请获得 ISO 14001 认证，联想将首选获得 ISO 14001 认证的供应商。

除了对供应商提出这些特定的环保要求，联想也是电子行业行为规范（EICC）准则管理委员会成员，电子行业商业道德准则规定的标准旨在确保为电子行业供应链的员工提供安全的工作条件、尊重员工的个人尊严以及实现注重环保的生产工艺。联想现行的关于环保、职业安全与卫生、用工、商业道德以及其他事务的政策和制度均符合 EICC 的要求，并且达到关于强迫劳动和童工的国际标准。联想的政策是确保自身的商业活动合乎道德，与供应商以及与联想开展业务的所有其他方建立公平的合作关系。联想希望员工和供应商在形式上和实际上遵守所有协议，在信任、诚实、坦率的基础上建立长期合作关系，在追求地方或部门利益时，绝不损害联想的最佳总体利益。

巴斯夫"1+3"企业社会责任项目

巴斯夫在实行"1+3"企业社会责任项目时就采取了与供应商进行深度沟通的模式。"1+3"项目采取的模式是：通过"1家CBCSD（中国可持续发展工商理事会）会员公司"+1个供应商+1个客户+1个承包商"的模式，在供应链传递企业社会责任的理念，并以最佳范例、专业知识以及度身定制的解决方案指导合作伙伴，提高这些处于供应链上的中小企业履行社会责任的意识和管理能力。在这一项目过程中，巴斯夫根据客户的要求，通过问卷调查，初步确定了合作单位各自希望优先合作的领域。根据这些反馈拟定的优先领域，发动巴斯夫内部各业务部门，为每个客户配备了一个项目小组，分别由一个巴斯夫客户代表和一个负责环保安全和健康的专家组成。合作企业的参与人员，都将巴斯夫的业务主管成为"大使"，由此在巴斯夫本身最佳实践经验的基础上，"大使+专家"的模式，结合各企业的自身特点，来量身定做地为合作伙伴提供提高企业社会责任管理能力、解决薄弱问题的方案。之后，项目组分赴各合作伙伴生产基地全面了解合作伙伴的安全、环保和健康管理情况，对如何开展下一步的合作进行细化。

实现真正的企业社会责任采购，就必须对供应链上供应商的行为规范执行情况进行监督，并促进其改善出现的问题。供应链上企业社会责任运动在中国的实施方式主要为跨国公司"查厂"和认证两种方式，跨国公司"查厂"是最主要的实施方式。欧美企业都对其全球供应商和承包商实施社会责任评估和审核，只有通过审核与评估，才能建立合作伙伴关系。因此，企业要建立供应链管理的社会责任审计体系和档案库，做到公正、透明地审查，并将数据库评审档案用于向社会公示或作为各利益相关方了解执行情况的工具。

2. 责任交易

企业社会责任采购的另一项重要内容就是企业在采购交易过程中自身也要按照履行社会责任的要求开展各项活动，将社会责任的理念全面融入采购的前期准备、采购执行、采购决策以及签约和履行过程中。其中，最为重要的就是按照公平、公开和公正的原则进行采购，并依据诚实守信的基本原则与供应商进行签约和履行。同时，在整个采购过程中，必须遵守国家的相关法律法规。

二、企业社会责任采购的步骤

第一步：挑选供应商

企业仔细挑选供应商，可以在最大程度上确保全球供应链的连续性和长期有效性，以及持久的品牌支持。除了确定最终成本之外，往往还需要评估一系列的供应链问题，如产品质量和安全性、供应的连续性和交货速度，以及知识产权保护等。在甄选过程中，如工作条件、环境方面的举措、安全标准，以及人权政策等标准都应该有所考虑。在向低收入国家进行采购时，企业在采购之前还应先进行风险分析。这样做可以在早期发现劳工和环境问题并将其纳入成本效益分析之中。在评估潜在生产风险时，企业应查明生产国家的社会和环境立法以及执法水平等基本情况。

第二步：对供应商遵守法律规定确立明确的期望

与供应商签订合同时，企业应该让供应商知道：他们期望商业合作伙伴能遵守所有的国家法律和规章，包括劳工法和环境法，并酌情考虑超越地方法律的相关国际法律文件。这些法律文件包括《国际劳工组织（ILO）工作中的基本原则和权利宣言》、其他劳工组织公约和世界人权宣言。另外，还可以参考有涉及人权、劳工标准、环境和反腐败方面的《全球契约》及其“十项原则”。

企业也可以采用供应商行为守则。采用之前，企业应考虑到供应商在遵守此守则及其衍生要求时可能遇到的困难，因为供应商往往是中小型企业。为了减轻他们的负担，企业可考虑与制定该行业供应商行为守则的行业协会进行合作。此类组织包括倡议商界遵守社会责任组织、电子行业公民联盟和国际玩具业工业理事会关爱基金会。

第三步：将责任采购变作日常购买行为

通过将责任采购纳入企业的日常购买行为中，企业应当避免削弱供应商遵守社会和环境标准的能力。诸如紧急订单、最后一分钟改变订单或者订单超过供应商能力等往往会导致过度加班和其他违反守则的低效做法，企业应予以避免。

企业可以通过两种方法进行改善：提高企业客户的认识，使他们了解其所做的决定可能会给工厂所带来的影响；以及在制定生产时间表时，鼓励企业买家、供应商的销售队伍和生产单位之间多作协调。

第四步：支持供应商制定自己的企业标准

企业应鼓励供应商建立自己的责任惯例，而不是把要求强加于他们。实施时，需要着重强调在产品质量、生产效率、合同续签、降低员工流动率等方面，并强调实行这些富有责任心的商业行为所能够带来的商业利益。

为了帮助供应商实施内部变革，企业应当让供应商直接参与绩效目标的制定。通过这种方式，供应商可以根据自身能力和需要，把这些目标纳入自己的经营策略中。

企业还可以为其供应商提供培训，帮助他们改善管理方法和管理绩效。这种支持对于采购所带来的知识转移是必不可少的。管理层和员工的培训方案可涵盖管理技能、环境管理和提高实行健康和安全措施的意识。

若企业所属的行业供应链内劳动或健康安全风险可能逐级呈现，企业也可以与其直接供应商合作，从而确保社会和环境因素可以逐级作用于他们与第二层和第三层供应商的关系中。

第五步：跟踪供应商遵守协议的情况

企业可以要求其供应商提供资料，全面说明其在社会和环境方面的行为措施；也可以组织现场视察，监督供应商是否在提高社会和环境目标绩效的过程中有所进展。对此信息的评估可以成为定期评估企业业务需求（如质量控制）的一部分。

为了使监测工作真正有效，企业应该让其供应商的工厂管理人员和工人参与监测，并给予培训和方法以使他们能开发出自己的守则制度并能有效识别问题。在监测供应商遵守社会和环境的守则情况时，采用风险导向的方法可以帮助到拥有大量供应商的企业。企业应重视高风险的供应商，以及负责主要生产步骤的供应商，而不是全面监测。

同时，与其他同行企业合作和制定审核供应商的共同准则，有助于企业节省监测成本。为了统一监测措施并减轻供应商的负担，一些行业协会已汇集了品牌产品的制造商、供应商、零售商和顾客，以制定共同制度并合理化企业对供应链的要求。

除此之外，召集非政府组织、工会和企业等的大型组织还有助于在遵守进程中促进沟通，建立全面信任关系。

第六步：管理利益相关者的期望和制作业绩报告

要建立客户信任关系，企业可以收集有关供应商市场表现的信息，并将其发布在年度报告或其他公开形式当中。报告的成果应用以衡量供应商表现和发现其有待改善之处。

有些企业还可以选择以第三方监测（由独立的机构进行）确认其第一方或第二方监测（由企业进行的审查，或者由代表企业的组织进行的审查）。一个企业对更广泛利益相关者的关系（如与消费者和本地社区的关系）的管理方式，往往会形成其在此地区的公司策略。

三、企业采购出现忽视社会责任问题的原因

在当前社会大环境的影响下，一些企业铤而走险极力追求高额利润，在采购方面，频繁出现了以次充好的现象，对企业的长远利益和消费者的利益有很大的影响。出现此现象的原因有以下几点：高额经济利益的诱惑；处罚力度不够；管理失控；采购人员素质有待提升等。

（一）高额经济利益的诱惑

为了获取高额的利益，企业在采购方面会以次充好、弄虚作假、缺斤短两等。如果长时间下去，企业短时间内是获得了很高的利润，但对市场会造成很大的影响，恶化市场秩序。

（二）处罚力度欠缺

虽然我国颁布了相应的法律如《中华人民共和国产品质量法》，比如不能继续生产、销售并含有处以罚金。但是因为违法成本太低，导致收效甚微，很多企业仍然顶风作案违法采购违规产品和原材料。

（三）管理失控

企业采购有时会依赖外部供应商，比如工程采购时，承包商分给分包商，分包商又分给更小的施工队。每一次的分包，都会消费一些合同金额，摊薄工程利润，等到最后的施工队就没有足够的利润空间去购买高质量的产品和材料，只能使用比较劣质的产品和材料，来从中获取微薄的利润。而企业没有良好的管理体系，没有严格遵守管理流程，也在一定程度上加剧了管理失控的程度。而对于有的需要检测的产品和材料，企业应当设立专门的检测部门，但是此种专业的检测部门的建设和运作，需要投入大量的资金和人力，有的企业就不愿意承担这一部分费用或者说是支付不起这项费用。这样的话，检测能力不足也为次、劣质产品流入企业提供了机会。

（四）采购人员素质有待提升

采购人员在购买某一些产品时，因为自身的一些原因，不能确保购买较好质量的产品。自身的原因主要包括以下几点：采购人员不具备较高的学历；不具有一定的专业知识；对于相关的法律法规、材料标准的把握不到位；不能够准确表达采购的信息；甚至有

些采购员丧失了原则和职业道德，不重视供应方质量保证的能力等。

四、企业社会责任视角下的企业采购策略

企业获得利益的同时，能够承担对员工、对社区、对环境和对消费者的社会责任就是企业社会责任，在企业盈利的过程中，企业社会责任主要是为了协调与其他社会成员之间的利益和冲突。在社会责任视角下，面对企业采购过程出现的不良现象，要采取一定的措施：正确评价生产商、正确评估中间商、合同中要有具体的采购要求加强质量验收和检测、改变低价中标的评标策略、雇用有经验的采购人员、与供应商达成长期合作的共识、加强产品质量的检验和验收、改变采购方式等，这样的话，才能在维护自身长期利益和企业发展的同时，切实保障员工和消费者的利益，并降低对环境的危害。

（一）对于生产商，要进行正确合理的评价

在购买某产品时，采购人员应充分地了解生产厂商。这一步是关键。了解生产商的内容主要包括以下几点：生产许可证；产品质量；厂商口碑；客户服务；质量管理体系；技术手段；生产能力；过往参与过的项目；产品价格；等等。不管该企业是不是ISO 9000 QA认证的企业，都应在采购前对生厂商进行一个比较全面的了解。同时还须了解供应商的管理团队、管理体系，以及是否有良好的执行能力。

（二）对于中间商，要进行正确合理的评估

中间商是产品流通的中间环节，绝大多数的产品都要经过这一环节，因此选择、管理、控制好中间商就成为采购监控的重点。为了防范采购时出现以次充好等问题，要严格管理中间环节，及时评估中间商的供货能力。评估中间商时，要注意以下几点：中间商的经营范围；财政状况；过往供货的项目及其客户的反馈；供货价格；供货质量和储备能力、合作的物流企业；等等。

（三）签订合同时，合同中要有明确的采购要求

在采购时，合同中要详细描述采购要求。采购的要求可以包括以下几点：产品规格、型号、技术、数量、质量、类别、验收标准及方式、地点、交付时间和付款方式。这样的话，可以降低买到次品的风险。以上这些合同细节都要进行详细的描述，而且双方要逐条核对以达成共识。对于工程采购来说，相关材料和设备、工具等也要描述清楚。比如要详细规定钢材、电器元件、掺合料、防水材料、机电设备、外加剂、焊条和仪器，等等。

（四）加强产品质量的检验和验收

企业要加强产品质量的检验和验收工作。在确定购买产品之前，要严格核查产品相关证明材料，如产品质量证明文件、产品的许可证编号和安全认证标志等。同时要明确产品的性能和质量符合企业要求，仔细与所留的样品进行核对，如果发现劣质产品或者不符合企业既定要求的产品，要暂缓交易，严重时拒绝接受该产品，或者按照合同进行处罚。采购商也可以派遣一些具有良好职业道德以及一线实践经验的专业技术人员进入生产商的生产基地进行检验，这也是防范生产商以次充好、确保采购商品质量和售后服务的有效途径。

（五）改变低价中标的评标原则

现在，在招投标时，很多企业都会采用最低竞标价的策略。因为评标者过多地关注标价，而忽略了产品的质量和服务，就会让投标者钻了空子，以次充好，低价取胜。所以，如果评标者以往惯于看重价格比较低的产品，一定要改变自己平时的评标策略，多多注意产品的质量、服务等一系列的问题。在不低于成本价的基础上以较低价格中标就叫作合理低价中标。

（六）雇用有专业知识能力的采购人员

采购人员上岗前，企业要对采购人员进行一些考核或者投入一定的资金和时间对采购人员进行岗前培训。对采购人员的培训应当包括职业道德、产品知识、采购技能、人际沟通、谈判技巧等相关知识和技能，同时也要求采购人员自己加强学习，不断提升业务能力，丰富采购经验，从而打造一支高素质的专业采购人员队伍，强化企业采购效果。

（七）与供应商建立长期的合作

为了提高企业的利润、获得较高质量的产品和避免以次充好现象的出现，可以与供应商建立长期的合作关系，成为良好的合作伙伴。

和供应商建立良好的合作伙伴关系一般通过以下几个步骤：

第一，分析采购产品或服务的关键因素；

第二，选择合适的供应商；

第三，对供应商的运作及交付业绩进行评价和考核；

第四，与所选择的供应商确定合作伙伴的关系，进行试运营；

第五，运营过程中不断磨合并完善流程，防范运作中的风险；

第六，持续进行供应商开发，确保合作效果和合作的双赢。

这样做的话，不仅可以保证产品质量的稳定，而且长期合作可以确保在价格上具有一定的优势，降低了成本，提高了利润。

（八）改变采购的方式

企业进行采购时，要采用多元化的采购方式，改变过去单一化的采购方式和渠道，朝着多元化的方向发展，可以采取多种采购方式相结合的方式，比如：集中采购与分散采购相结合、多供应商与单一供应商相结合、全球化采购与本地化采购相结合、制造商采购与分销采购相结合、自营采购与第三方采购相结合等。

社会责任是企业取之社会以利润、奉献社会以社会价值的必须履行的责任和义务。未来的企业和企业之间的竞争，不仅是产品、服务和速度的竞争，更是社会责任的比拼，企业要比以往更加注重自己社会责任的履行，承担起企业对员工、对社区、对环境和对消费者的社会责任。立足于社会责任的角度，在企业采购时，要严格保证产品的质量，确保消费者的利益和消费安全，不但要选择合适的生产企业，而且要注意中间商的管理，签订合同时要逐条核对并达成共识，加强产品质量的检验和验收工作，摒弃以往低价中标的评标原则，构建高素质的专业采购队伍，与供应商建立长期双赢的合作关系，采取现代化的采购策略和技巧，进而确保企业自身、供应商、中间商、消费者等多方共赢。

知识链接

社会责任标准“SA8000”

社会责任标准“SA8000”，是 Social Accountability 8000 International Standard 的英文简称，是世界上第一个规范组织道德行为及社会责任的标准。该管理标准体系以保护劳动环境、劳动条件、劳工权利等为主要内容。要求企业在童工、强制雇用、健康安全、集体谈判、差别待遇、惩罚措施、工作时间和报酬方面要满足一致条件。SA8000 的标准取自国际工会组织协会、国际人权宣言和关于儿童权利的联合国公约，是全球首个道德规范国际标准。其宗旨是确保供应商所供应的产品，皆符合社会责任标准的要求。SA8000 标准适用于世界各地、任何行业、不同规模的公司。其依据与 ISO 9000 质量管理体系及 ISO 14000 环境管理体系一样，皆为一套可被第三方认证机构审核之国际标准。它覆盖的范围可能更广，包含道德、社会和环境等。

1. 社会责任标准“SA8000”产生的背景

企业社会责任是指企业在赚取利润的同时，主动承担对环境、社会和利益相关者的责任。20 世纪 90 年代初，美国服装制造商 Levi - Strauss 在监狱般的工作条件下使用年轻女工的事实被曝光，为挽救在消费者心目中的企业形象，该公司草拟了第一份公司社会责任守则（也称生产守则）。随后，一些大型跨国公司也纷纷制定了自己的生产守则。欧洲、美国和澳大利亚都先后出现了一些关于“企业社会责任”的多边组织，逐渐形成了企业社会责任运动，并随着经济全球化影响逐渐扩大，尤其对处于全球生产链环节上的发展中国家影响巨大。虽然人们对企业的社会责任越来越关注，却缺乏一个评判的标准。1997 年，美国经济优先认可委员会（CEPAA）成立，后更名为国际社会责任（SAI），由该组织设计了 SAS8000 的标准和认证体系。1999 年 1 月，联合国秘书长安南在瑞士达沃斯世界经济论坛上提出了“全球协议”，呼吁企业在各自有影响的范围内，遵守支持和施行一套在人权、劳工标准及环境方面的基本原则。此后，美国、德国、法国、意大利等发达国家纷纷制定了自己的企业社会责任准则。

2. 社会责任标准“SA8000”的影响

2000 年以后，几乎所有的欧美企业都对其全球供应商和承包商实施社会责任评估和审核，以此来选择合作伙伴。而企业社会责任运动从 20 世纪 90 年代中期就开始影响到中国企业。1995 年以来，中国沿海地区至少已有 8000 多家工厂接受过跨国公司的社会责任审核。

补充阅读

SA8000：2014 最新版中英文对照版

Social Accountability 8000

2014 版 SA8000 国际标准（最新英中文本）

International Standard by Social Accountability International

June 2014

SA8000®：2014

Supersedes previous versions：2001，2004 and 2008

The official language of this Standard and supporting documents is English. In the case of inconsistency between versions，reference shall default to the English version.

本标准和支持文件的官方语言是英语，如中英两个文本之间出现不一致，请参照英文文本执行。

Contents 内容

Ⅰ. INTRODUCTION 前言

1. Intent and Scope 目的与范围

Intent：The intent of SA8000 is to provide an auditable，voluntary standard，based on the UN Declaration of Human Rights，ILO and other international human rights and labour norms and national labour laws，to empower and protect all personnel within an organisation's control and influence who provide products or services for that organisation，including personnel employed by the organisation itself and by its suppliers，sub－contractors，sub－suppliers and home workers. It is intended that an organisation shall comply with this Standard through an appropriate and effective Management System.

目的：本标准目的在于提供一个基于联合国人权宣言、国际劳工组织（ILO）和其他国际人权惯例，劳动定额标准以及国家法律的标准，授权并保护所有在公司控制和影响范围内的生产或服务人员，包括公司自己及其供应商、分包商、分包方雇用的员工和家庭工人。

Scope：It is universally applicable to every type of organisation，regardless of e. g. ，its size，geographic location or industry sector.

范围：本标准各项规定具有普遍适用性，不受地域、产业类别和公司规模限制。

2. Management System 管理体系

Throughout your review of the next eight elements of SA8000，the requirements of this element - Management System - are central to their correct implementation，monitoring and enforcement. The Management System is the operational map that allows the organisation to achieve full and sustained compliance with SA8000 while continually improving，which is also known as Social Performance.

对于SA8000以下8个基本要素的回顾可知，该管理系统的要求对正确实施、监测和执行是至关重要的。该管理系统是使组织实现全面持续符合SA8000标准的同时又不断进行改善。这也被称为社会绩效。

When implementing the Management System element，it is a required priority that joint worker and management involvement be established，incorporated and maintained throughout the compliance process with all the Standard's elements. This is particularly critical to identify and correct non - conformances and to assure continuing conformance.

在实施管理系统内容时，需要优先建立工人和管理共同参与，并整合和维护整个过程使其符合所有标准的内容。这对识别和纠正不合格、保证持续合规性是至关重要的。

Ⅱ. NORMATIVE ELEMENTS AND THEIR INTERPRETATION 规范性原则及其解释

The organisation shall comply with local，national and all other applicable laws，prevailing industry standards，other requirements to which the organisation subscribes and this Standard. When such laws，standards or other requirements to which the organisation subscribes and this Standard address the same issue，the provision most favourable to workers shall apply.

组织应遵守当地、国家及其他所有适用的法律、通行的行业规定、公司签署的其他规章以及本标准。当国家及其他所有适用法律、标准或其他要求、公司签署的其他规章以及本标准所规范议题相同时，以其中对工人最有利的条款为准。

组织也应尊重下列国际协议之原则：

ILO Convention 1（Hours of Work - Industry）and Recommendation 116（Reduction of Hours of Work）

国际劳工组织公约第1号（工作时间—行业）及建议116（工时减少）

ILO Conventions 29（Forced Labour）and 105（Abolition of Forced Labour）

国际劳工组织公约第29号及第105号（强迫性劳动及其解除）

ILO Convention 87（Freedom of Association）

国际劳工组织公约第87号（结社自由）

LO Convention 98（Right to Organise and Collective Bargaining）

国际劳工组织公约第98号（组织和集体谈判权利）

ILO Conventions 100（Equal Remuneration）and 111（Discrimination - Employment and Occupation)

国际劳工组织公约第 100 号及第 111 号（男女工人同工同酬；歧视—雇用和职业）

ILO Convention 102（Social Security - Minimum Standards)

国际劳工组织公约第 102 号（社会安全—最低标准）

ILO Convention 131（Minimum Wage Fixing) ILO Convention 135（Workers'）

国际劳工组织公约第 131 号（最低工资确定）

Representatives) ILO Convention 138 and Recommendation 146（Minimum Age)

国际劳工组织公约第 138 号及建议条款第 146 号（最低年龄及建议）

ILO Convention 155 and Recommendation 164（Occupational Safety and Health)

国际劳工组织公约第 155 号及建议条款第 164 号（职业安全与健康）

ILO Convention 159（Vocational Rehabilitation and Employment - Disabled Persons)

国际劳工组织公约第 159 号（职业康复与就业—伤残人士）

ILO Convention 169（Indigenous and Tribal Peoples)

国际劳工组织公约第 169 号（原住民和部落民族）

ILO Convention 177（Home Work)

国际劳工组织公约第 177 号（家庭工作）

ILO Convention 181（Private Employment Agencies)

国际劳工组织公约第 181 号（私营职业介绍所）

ILO Convention 182（Worst Forms of Child Labour)

国际劳工组织公约第 182 号（最恶劣形式的童工）

ILO Convention 183（Maternity Protection)

国际劳工组织公约第 183 号（孕妇保护）

ILO Code of Practice on HIV/AIDS and the World of Work

国际劳工组织关于艾滋病及就业守则

Universal Declaration of Human Rights

世界人权宣言

The International Covenant on Economic，Social and Cultural Rights

关于经济、社会和文化权利的国际公约

The International Covenant on Civil and Political Rights

关于政治和民主的国际公约

The United Nations Convention on the Rights of the Child

联合国儿童权利公约

The United Nations Convention on the Elimination of All Forms of Discrimination Against Women

联合国消除一切形式歧视妇女行为公约

The United Nations Convention on the Elimination of All Forms of Racial Discrimination

联合国反对各自形式种族歧视公约

UN Guiding Principles on Business and Human Rights

关于联合国商业和人权指导原则

Ⅲ. Definitions (organized either alphabetically or by logical flow) 定义（按字母顺序或逻辑顺序排列）

1. Shall：In this Standard the term "shall" indicates a requirement.

Note：Italics have been added for emphasis.

1. "应"定义：本标准中的术语"应"表示要求。

注：增添的斜体字表示强调内容。

2. May：In this Standard the term "may" indicates a permission. Note：Italics have been added for emphasis.

2. "可以"定义：本标准中的术语"应"表示准许。

注：增添的斜体字表示强调内容。

3. Child：Any person under 15 years of age，unless the minimum age for work or mandatory schooling is higher by local law，in which case the stipulated higher age applies in that locality.

3. 儿童定义：任何十五岁以下的人。若当地法律所规定最低工作年龄或义务教育年龄高于十五岁，则以较高年龄为准。

4. Child labour：Any work performed by a child younger than the age (s) specified in the above definition of a child，except as provided for by ILO Recommendation 146.

4. 童工定义：由低于上述儿童定义规定年龄的儿童所从事的任何劳动，除非符合国际劳工组织建议条款第 146 号规定。

5. Collective bargaining agreement：A contract specifying the terms and conditions for work，negotiated between an organisation (e. g. employer) or group of employers and one or more worker organisation (s).

5. 集体谈判协议：由一个或多个雇主与一个或多个工人组织签订的有关劳工谈判的合约，明确规定雇用的条件和条款。

6. Corrective action：Action to eliminate the cause (s) and root cause (s) of a detected non—conformance. Note：Corrective action is taken to prevent recurrence.

6. 纠正行动定义：消除已发现的不符合项的原因和根本原因的行动。

注：采取纠正行动是为了防止再次发生。

7. Preventive action：Action to eliminate the cause (s) and root cause (s) of a potential non—conformance. Note：Preventive action is taken to prevent occurrence.

7. 预防行动定义：消除潜在的不符合项的原因和根本原因的行动。

注：预防纠正行动是为了预防发生。

8. Forced or compulsory labour：All work or service that a person has not offered to do voluntarily and is made to do under the threat of punishment or retaliation or that is demanded as a means of repayment of debt.

8. 强迫或强制劳动定义：个人在任何非志愿性、受惩处或报复的威胁下工作或服务，或作为偿债方法的工作或服务。

9. Home worker: A person who is contracted by the organisation or by its supplier, sub—supplier or subcontractor, but does not work on their premises.

9. 家庭工人定义：与组织或其供应商、下级供应商或分包方签有合约，但是不在他们厂址工作的人员。

10. Human trafficking: The recruitment, transfer, harbouring or receipt of persons, by means of the use of threat, force, deception or other forms of coercion, for the purpose of exploitation.

10. 贩卖人口定义：基于剥削的目的，通过使用威胁、武力、其他形式的强迫或欺骗，进行人员的雇用、调动、窝藏或接收。

11. Interested parties: An individual or group concerned with or affected by the social performance and/or activities of the organisation.

11. 利益相关方定义：关心组织的活动和/或社会绩效或受此影响的个人或团体。

12. Living Wage: The remuneration received for a standard work week by a worker in a particular place sufficient to afford a decent standard of living for the worker and her or his family. Elements of a decent standard of living include food, water, housing, education, health care, transport, clothing, and other essential needs including provision for unexpected events.

12. 生活工资定义：工人收到的标准工作周的薪酬应使工人和她/他的家人在其所在地区足以支付中等生活标准。中等生活标准的组成包括食物、水、住房、教育、医疗、交通、服装等基本需求，还包括留出资金以备应对突发事件。

13. Non—conformance: Non - compliance with a requirement.

13. "不符合"定义：不符合要求。

14. Organisation: The entirety of any business or non—business entity responsible for implementing the requirements of this Standard, including all personnel employed by the organisation. Note: For example, organisations include: companies, corporations, farms, plantations, cooperatives, NGOs and government institutions.

14. 组织定义：负责实施本标准的要求的所有商业实体或非商业实体，包括该组织雇用的所有员工。

注：例如，组织包括：公司，企业，农场，种植园，合作社，非政府组织和政府组织。

15. Personnel: All individuals employed or contracted by an organisation, including but not limited to directors, executives, managers, supervisors, workers and contract workers such as security guards, canteen workers, dormitory workers and cleaning workers.

15. 员工定义：所有直接或通过分包受雇于组织的男性和女性个体，包括董事、总裁、经理、主管工人和合同工，如保安员、食堂工人、宿舍的工人和清洁工人。

16. Worker: All non - management personnel.

16. 工人定义：所有非管理人员。

17. Private employment agency: Any entity, independent of the public authorities, which provides one or more of the following labour market services:

Matching offers of and applications for employment, without the agency becoming a party to the employment relationship (s) which may occur;

Employing workers with a view to making them available to a third party entity, which assigns their tasks and supervises the execution of these tasks.

17. 私营职业介绍所定义：为劳动市场提供一项或多项服务的一切实体、独立的公共组织，这些服务包括：

a) 为就业申请提供匹配服务，代理组织不会成为雇用关系中的任何一方

b) 雇用工人目的是让他们为第三方实体可用，所以给他们分配任务并监督这些任务的完成情况。

18. Remediation of child labourers: All support and actions necessary to ensure the safety, health, education and development of children who have been subjected to child labour, as defined above, and whose work has been terminated.

18. 救济儿童定义：为保障曾从事童工且已经终止工作的儿童的安全、健康、教育和发展而采取的所有必要的支援及行动。

19. Risk assessment: A process to identify the health, safety and labour policies and practices of an organisation and to prioritise associated risks.

19. 风险评估定义：识别健康、安全、组织的劳工政策和实践并为存在的相关风险确定优先处理顺序的程序。

20. SA8000 worker representative (s): One or more worker representative (s) freely elected by workers to facilitate communication with the management representative (s) and senior management on matters related to SA8000. In unionised facilities the worker representative (s) shall be from the recognised trade union (s), if they choose to serve. In cases where the union (s) does not appoint a representative or the organisation is not unionised, workers may freely elect the worker representative (s) for that purpose.

20. SA8000 工人代表定义：由工人自由选举的一个或多个员工代表，其职责是就SA8000 相关事宜与管理层代表和高层管理人员进行沟通。加入工会的设施，社会绩效团队中的工人代表应得到工会代表的承认。如果工会未指派一名代表或者该组织没有加入工会，那么工人可以在他们中间自由选举一名或多名 SA8000 工人代表。

21. Social performance: An organisation's achievement of full and sustained compliance with SA8000 while continually improving.

21. 社会绩效定义：一个组织取得全面且持续符合 SA8000 标准要求和不断提高的成绩。

22. Stakeholder engagement: The participation of interested parties, including but not limited to the organisation, trade unions, workers, worker organisations, suppliers, contractors, buyers, consumers, investors, NGOs, media and local and national government

officials.

22. 相关方参与定义：利益相关方，包括但不限于组织、工会、工人、工人组织、供应商、承包商、购买者、消费者、投资者、非政府组织、媒体，以及地方和国家政府官员的参与。

23. Supplier/subcontractor：Any entity or individual（s）in the supply chain that directly provides the organisation with goods or services integral to，utilised in or for the production of the organisation's goods or services.

23. 供应商/分包商定义：给组织直接提供货物和/或服务的供应链中的实体或个人，它所提供的货物和/或服务构成组织生产的货物和/或服务的一部分，或者被用来生产组织货物和/或服务。

24. Sub-supplier：Any entity or individual（s）in the supply chain that provides the supplier with goods and/or services integral to，utilised in or for the production of the supplier's or the organisation's goods or services.

24. 下级供应商定义：给供应商提供货物和/或服务的供应链中的实体或个人，它所提供的货物和/或服务构成供应商生产的货物和/或服务的一部分，或者被用来生产组织货物和/或服务。

25. Worker organisation：An autonomous voluntary association of workers organised for the purpose of furthering and defending the rights and interests of workers.

25. 工人组织定义：一个由工人自发组成的自愿性协会，目的是促进和捍卫工人的合法权益。

26. Young worker：Any worker under the age of 18 but over the age of a child，as defined above.

26. 未成年工定义：如上所定义的任何年龄在 18 岁以下且在童工年龄以上的工人。

Ⅳ. Social Accountability Requirements 社会责任规范

1. Child Labour 童工

Criteria：准则：

1.1 The organisation shall not engage in or support the use of child labour as defined above.

1.1 组织不应使用或支持使用符合上述定义的童工。

1.2 The organisation shall establish，document，maintain and effectively communicate to personnel andother interested parties，written policies and procedures for remediation of child labourers，and shall provide adequate financial and other support to enable such children to attend and remain in school until no longer a child as defined above.

1.2 如果发现有儿童从事符合上述童工定义的工作，组织应建立、记录、保留旨在救济这些儿童的政策和书面程序，并将其向员工及利益相关方有效传达。组织还应给这些儿童提供足够财务及其他支持以使之接受学校教育直到超过上述定义下儿童年龄为止。

1.3 The organisation may employ young workers，but where such young workers are subject tocompulsory education laws，they shall work only outside of school hours. Under no circumstances shall any young worker's school, work and transportation time exceed a combined total of 10 hours per day, and in no case shall young workers work more than 8 hours a day. Young workers may not work during night hours.

1.3 组织可以聘用未成年工，但如果受强制教育法规的限制，他们只可以在上课时间以外的时间工作。在任何情况下，未成年工每天的上课、工作和交通所有时间不可以超过10小时，且每天工作时间不能超过8小时，同时未成年工不可以安排在晚上上班。

1.4 The organisation shall not expose children or young workers to any situations - in or outside of the workplace - that are hazardous or unsafe to their physical and mental health and development.

1.4 无论工作地点内外，组织不得将儿童或青少年工人置于对他们的身心健康和发展不安全或危险的环境中。

2. Forced or Compulsory Labour 强迫或强制性劳动

Criterial 准则：

2.1 The organisation shall not engage in or support the use of forced or compulsory labour, includingprison labour, as defined in Convention 29, shall not retain original identification papers and shall not require personnel to pay "deposits" to the organisation upon commencing employment.

2.1 组织不得使用或支持ILO公约29条中规定的强迫和强制性劳动，也不得要求员工在受雇起始时交纳"押金"或保存身份证件原件。

2.2 Neither the organisation nor any entity supplying labour to the organisation shall withhold any part of any personnel's salary, benefits, property or documents in order to force such personnel to continue working for the organisation.

2.2 组织及为组织提供劳工的实体单位不得扣留工人的部分工资、福利、财产或证件，以迫使员工在公司连续工作。

2.3 The organisation shall ensure that no employment fees or costs are borne in whole or in part by workers.

2.3 组织应确保工人不用承担雇用的全部或部分费用和花销。

2.4 Personnel shall have the right to leave the workplace premises after completing the standard workday and be free to terminate their employment provided that they give reasonable notice to their organisation.

2.4 员工有权在完成标准的工作时间后离开工作场所。员工在给组织的合理通知期限后，可以自由终止聘用合约。

2.5 Neither the organisation nor any entity supplying labour to the organisation shall engage in or support human trafficking.

2.5 为组织提供劳工的任何机构和任何实体单位都不能参与或支持贩卖人口。

3. Health and Safety 健康与安全

Criterial 准则：

3.1 The organisation shall provide a safe and healthy workplace environment and shall take effective steps to prevent potential health and safety incidents and occupational injury or illness arising out of, associated with or occurring in the course of work. It shall minimise or eliminate, so far as is reasonably practicable, the causes of all hazards in the workplace environment, based upon the prevailing safety and health knowledge of the industry sector and of any specific hazards.

3.1 组织出于对普遍行业部门的健康与安全知识和任何具体危险的了解，应提供一个安全、健康的工作环境，并应采取有效的措施，在可能条件下最大限度地降低或消除工作环境中的危害隐患，以避免在工作中或由于工作发生或与工作有关的事故对健康的危害。

3.2 The organisation shall assess all the workplace risks to new, expectant and nursing mothers including those arising out of their work activity, to ensure that all reasonable steps are taken to remove or reduce any risks to their health and safety.

3.2 组织应评估其所有工作场所内孕妇或是哺乳期母亲工作活动之外所有的风险，并确保采取合理的措施消除或降低其健康和安全的风险。

3.3 Where hazards remain after effective minimisation or elimination of the causes of all hazards in theworkplace environment, the organisation shall provide personnel with appropriate personal protective equipment as needed at its own expense. In the event of a work-related injury the organisation shall provide first aid and assist the worker in obtaining fol low-up medical treatment.

3.3 若在工作场所内有效地最小化或是消除所有危险的根源后如还存在危险时，组织应为员工提供适当的个人保护装置。员工因工作时受伤，组织应提供急救并协助工人获得后续的治疗。

3.4 The organisation shall appoint a senior management representative to be responsible for ensuring a safe and healthy workplace environment for all personnel and for implementing this Standard's Health and Safety requirements.

3.4 组织应指定一高层管理代表负责为全体员工提供一个健康与安全的工作环境，并且负责落实本标准有关健康与安全的各项规定。

3.5 A Health and Safety Committee, comprised of a well—balanced group of management representatives and workers, shall be established and maintained. Unless otherwise specified by law, at least one worker member (s) on the Committee shall be by recognised trade union (s) representative (s), if they choose to serve. In cases where the union (s) does not appoint a representative or the organisation is not unionised, workers shall appoint a representative (s) as they deem appropriate. Its decisions shall be effectively communicated to all personnel. The Committee shall be trained and retrained periodically in order to be competently committed to continually improving the health and safety conditions in the workplace. It shall conduct formal, periodic occupational health and safety risk assessments to identify and then address current and potential health and safety hazards. Records of these assessments and corrective and preventive actions taken shall be kept.

3.5 健康和安全委员会：应建立并维持一个由管理层代表和工人均衡组成的健康和安全委员会。除法律另有规定外，委员会至少有一名由工会代表认可的工人成员，如果他们选择服务。如果工会没有委任代表或该组织未加入工会，工人可以从他们中选出一名或多名他们认同的代表。健康和安全委员会的决策应有效地传达给所有员工。应对委员会的成员进行培训，而且要定期再培训，以胜任不断致力于改善工作场所的卫生和安全条件。它应当定期进行正规的职业健康和安全风险评估，以识别并解决现有的和潜在的健康和安全隐患。应保存这些评估和采取的纠正和预防措施记录。

3.6 The organisation shall provide to personnel, on a regular basis, effective health and safety training, including on－site training and, where needed, job－specific training. Such training shall also be repeated for new and reassigned personnel, where incidents have occurred, and when changes in technology and/or the introduction of new machinery present new risks to the health and safety of personnel.

3.6 组织应定期提供给员工有效的健康和安全指示，包括现场指示，（如必要）专用的工作指示。应对新进、调职以及在发生事故地方的员工进行培训；对于技术上的改变和/或引进新型机械装置会对员工的健康与安全构成新的危险时，要对员工进行培训。

3.7 The organisation shall establish documented procedures to detect, prevent, minimise, eliminate orotherwise respond to potential risks to the health and safety of personnel. The organisation shall maintain written records of all health and safety incidents that occur in the workplace and in all residences and property provided by the organisation, whether it owns, leases or contracts the residences or property from a service provider.

3.7 组织应建立备有文件证明的程序来检测、预防、最小化、消除或是应对可能危害任何员工健康与安全的潜在危险。组织应保留发生在工作场所和由组织提供的或是组织从服务供应商那里拥有、租赁或是签约合同得到的住所和房产内所有健康与安全事故的书面记录。

3.8 The organisation shall provide, for use by all personnel, free access to: clean toilet facilities, potable water, suitable spaces for meal breaks, and, where applicable, sanitary facilities for food storage.

3.8 组织应给所有员工提供干净的厕所、可饮用的水、适当的进餐空间及必要时提供储藏食品的卫生的设施。

3.9 The organisation shall ensure that any dormitory facilities provided for personnel are clean, safe and meet their basic needs, whether it owns, leases or contracts the dormitories from a service provider.

3.9 组织如果提供员工宿舍（无论宿舍是组织从服务供应商那里拥有、租赁或是签约合同得到的），应保证宿舍设施干净、安全且能满足员工基本需要。

3.10 All personnel shall have the right to remove themselves from imminent serious danger without seeking permission from the organisation.

3.10 所有人员都有权利离开即将发生的严重危险的地方，即使未经组织准许。

4. Freedom of Association & Right to Collective Bargaining

自由结社及集体谈判权利

Criteria 准则：

4.1 All personnel shall have the right to form, join and organise trade union (s) of their choice and to bargain collectively on their behalf with the organisation. The organisation shall respect this right and shall effectively inform personnel that they are free to join a worker organisation of their choosing without any negative consequences or retaliation from the organisation. The organisation shall not interfere in any way with the establishment, functioning or administration of workers' organisation (s) or collective bargaining.

4.1 所有人员有权自由组建、参加和组织工会，并代表他们自己和组织进行集体谈判。组织应尊重这项权利，并应切实告知员工可以自由加入所选择的组织。员工不会因此而有任何不良后果或受到公司的报复。组织不会以任何方式介入这种工人组织或集体谈判的建立、运行或管理。

4.2 In situations where the right to freedom of association and collective bargaining are restricted under law, the organisation shall allow workers to freely elect their own representatives.

4.2 在结社自由和集体谈判权利受到法律限制时，组织应允许工人自由选择自己的工人代表。

4.3 The organisation shall ensure that union members, representatives of workers and any personnel engaged in organising workers are not subjected to discrimination, harassment, intimidation or retaliation for being union members, representative (s) of workers or engaged in organising workers, and that such representatives have access to their members in the workplace.

4.3 组织应保证任何参与组织工人的工会成员、工人代表和员工不会因为作为工会成员或参与工会活动而受歧视、骚扰、胁迫或报复，员工代表可在工作地点与其所代表的员工保持接触。

5. Discrimination 歧视

Criteria 准则：

5.1 The organisation shall not engage in or support discrimination in hiring, remuneration, access totraining, promotion, termination or retirement based on race, national or territorial or social origin, caste, birth, religion, disability, gender, sexual orientation, family responsibilities, marital status, union membership, political opinions, age or any other condition that could give rise to discrimination.

5.1 在涉及聘用、报酬、培训机会、升迁、解职或退休等事项上，组织不得从事或支持基于种族、民族或社会出身、社会阶层、血统、宗教、身体残疾、性别、性取向、家庭责任、婚姻状况、工会会员、政见、年龄或其他的歧视。

5.2 The organisation shall not interfere with the exercise of personnel's rights to observe tenets orpractices or to meet needs relating to race, national or social origin, religion, disability, gender, sexual orientation, family responsibilities, union membership, political opinions or any other condition that could give rise to discrimination.

5.2 组织不能干涉员工行使遵奉信仰和风俗的权利，或为满足涉及种族、民族或社会出身、社会阶层、血统、宗教、残疾、性别、性取向、家庭责任、婚姻状况、工会会员、政见或任何其他可引起歧视的需要。

5.3 The organisation shall not allow any behaviour that is threatening, abusive, exploitative or sexuallycoercive, including gestures, language and physical contact, in the workplace and in all residences and property provided by the organisation, whether it owns, leases or contracts the residences or property from a service provider.

5.3 组织不能允许在工作场所、由组织提供给员工使用的住所和其他场所内进行任何威胁、虐待、剥削的行为及强迫性的性侵扰行为，包括姿势、语言和身体的接触。

5.4 The organisation shall not subject personnel to pregnancy or virginity tests under any circumstances.

5.4 组织不得在任何情况下要求员工做怀孕或童贞测试。

6. Disciplinary Practices 惩戒性措施

Criterion 准则：

The organisation shall treat all personnel with dignity and respect. The organisation shall not engage in or tolerate the use of corporal punishment, mental or physical coercion or verbal abuse of personnel. No harsh or inhumane treatment is allowed.

机构应对所有人员予以尊严及尊重，公司不得从事或支持体罚、精神或肉体胁迫以及言语侮辱。也不得以粗暴、非人道的方式对待工人。

7. Working Hours 工作时间

Criteria 准则：

7.1 The organisation shall comply with applicable laws, collective bargaining agreements (whereapplicable) and industry standards on working hours, breaks and public holidays. The normal work week, not including overtime, shall be defined by law but shall not exceed 48 hours.

7.1 机构应遵守适用法律、集体谈判协议（如适用）及行业标准有关工作时间和公共假期的规定。标准工作周（不含加班时间）应根据法律规定，不得超过四十八小时。

7.2 Personnel shall be provided with at least one day off following every six consecutive days of working. Exceptions to this rule apply only where both of the following conditions exist:

a) National law allows work time exceeding this limit;

b) A freely negotiated collective bargaining agreement is in force that allows work time averaging, including adequate rest periods.

7.2 员工每连续工作六天至少须有一天休息。不过，在以下两种情况下允许有其他安排：

a) 国家法律允许加班时间超过该规定；

b) 存在一个有效的经过自由协商的集体谈判协议，允许平均工作时间涵盖了适当的休息时间。

7.3 All overtime work shall be voluntary, except as provided in 7.4 below, shall not exceed 12 hours perweek and shall not be requested on a regular basis.

7.3 除非符合7.4条（见下款），所有加班必须是自愿性质，每周加班时间不得超过十二小时。

7.4 In cases where overtime work is needed in order to meet short-term business demand and the organisation is party to a freely negotiated collective bargaining agreement representing a significant portion of its workforce, the organisation may require such overtime work in accordance with such agreement. Any such agreement must comply with the other requirements of this Working Hours element.

7.4 如机构与代表众多所属员工的工人组织（依据上述定义）通过自由谈判达成集体谈判协议，机构可以根据协议要求工人加班以满足短期业务需要。任何此类协议应符合上述7.1条有关规定。

8. Remuneration 工资

Criteria 准则：

8.1 The organisation shall respect the right of personnel to a living wage and ensure that wages for a normal work week, not including overtime, shall always meet at least legal or industry minimum standards, or collective bargaining agreements (where applicable). Wages shall be sufficient to meet the basic needs of personnel and to provide some discretionary income.

8.1 机构应保证在一个标准工作周内（不包括加班）所付工资总能至少达到法定或行业最低工资标准或集体谈判协议（如适用）。工资应满足员工基本需要，以及提供一些可随意支配的收入。

8.2 The organisation shall not make deductions from wages for disciplinary purposes. Exception to this rule applies only when both of the following conditions exist:

a) Deductions from wages for disciplinary purposes are permitted by national law; and

b) A freely negotiated collective bargaining agreement is in force that permits this practice.

8.2 机构应保证不因惩戒目的而扣减工资，除非符合以下条件：

a) 这种出于惩戒扣减工资得到国家法律许可；

b) 获得自由集体谈判的同意。

8.3 The organisation shall ensure that personnel's wages and benefits composition are detailed clearly and regularly to them in writing for each pay period. The organisation shall lawfully render all wages and benefits due in a manner convenient to workers, but in no circumstances in delayed or restricted forms, such as vouchers, coupons or promissory notes.

8.3 机构应确保在每个支薪期向员工清楚详细地定期以书面形式列明工资、待遇构成；机构还应保证全部工资、待遇以方便员工的形式支付，不得在任何情况下延迟或用限制的形式（如购物代金券、优惠券、期票）支付。

8.4 All overtime shall be reimbursed at a premium rate as defined by national law or established by acollective bargaining agreement. In countries where a premium rate for overtime is not regulated by law or there is no collective bargaining agreement, personnel shall be compensated for overtime at the organisation's premium rate or at a premium rate equal to prevailing industry standards, whichever is higher.

8.4 所有加班应按照国家规定或按照已制定的集体谈判协议支付加班津贴，如果在一些国家法律未规定加班津贴或者没有集体谈判协议，则加班津贴应以额外的比率或根据普遍行业标准确定，无论哪种情况应更符合工人利益。

8.5 The organisation shall not use labour - only contracting arrangements, consecutive short - termcontracts and/or false apprenticeship or other schemes to avoid meeting its obligations to personnel under applicable laws and regulations pertaining to labour and social security.

8.5 机构应保证不采取纯劳务合同安排，连续的短期合约及/或虚假的学徒工制度以规避涉及劳动和社会保障条例的适用法律所规定的对员工应尽的义务。

9. Management System 管理体系

Criteria 准则：

9.1 Policies, Procedures and Records

9.1 政策，程序和记录

9.1.1 Senior management shall write a policy statement to inform personnel, in all appropriate languages, that it has chosen to comply with SA8000.

9.1.1 高层管理人员应以适当的语言制定书面政策以告知全体员工该机构自愿选择遵守 SA8000 标准的要求。

9.1.2 This policy statement shall include the organisation's commitment to conform to all requirements of the SA8000 Standard and to respect the international instruments as listed in the previous section on Normative Elements and Their Interpretation. The statement shall also commit the organisation to comply with: national laws, other applicable laws and other requirements to which the organisation subscribes.

9.1.2 该政策声明应包括该机构对于遵守 SA8000 标准中的所有要求的承诺，尊重在本标准第二部分的《规范性原则及其解释》中列出的国际指导。声明还应该包括该机构承诺遵守国家及其他适用法律，以及机构签署的其他规章要求。

9.1.3 This policy statement and the SA8000 Standard shall be prominently and conspicuously displayed, in appropriate and comprehensible form, in the workplace and in residences and property provided by the organisation, whether it owns, leases or contracts the residences or property from a service provider.

9.1.3 该政策声明和 SA8000 标准应以容易理解和合适的形式展示在由机构提供的或是机构从服务供应商那里拥有、租赁或是签约合同得到的工作场所、住所和房产内的显而易见位置。

9. 1. 4 The organisation shall develop policies and procedures to implement the SA8000 Standard.

9. 1. 4 该机构应该制定实施 SA8000 标准的政策和程序。

9. 1. 5 These policies and procedures shall be effectively communicated and made accessible to personnel in all appropriate languages. These communications shall also be clearly shared with customers, suppliers, sub—contractors and sub—suppliers.

9. 1. 5 这些政策和程序应以合适的语言有效地传达给员工，也要清楚地分享给客户、供应商、分包商和下级供应商。

9. 1. 6 The organisation shall maintain appropriate records to demonstrate conformance to andimplementation of the SA8000 standard, including the Management System requirements contained in this element. Associated records shall be kept and written or oral summaries given to the SA8000 worker representative (s).

9. 1. 6 该机构应维持适当的记录以证明符合且实施 SA8000 标准，包括本单元提到的管理系统要求。应保存相关记录并把书面或口头总结传达给 SA8000 工人代表。

9. 1. 7 The organisation shall regularly conduct a management review of its policy statement, policies, procedures implementing this Standard and performance results, in order to continually improve.

9. 1. 7 机构应对其 SA8000 政策声明、政策、程序的实施结果定期进行管理评审，以便不断地提高改善。

9. 1. 8 The organisation shall make its policy statement publicly available in an effective form andmanner to interested parties, upon request.

9. 1. 8 机构应根据要求，以有效的形式和方式对利益相关方公开该机构的政策声明。

9. 2 Social Performance Team

9. 2 社会绩效团队

9. 2. 1 A Social Performance Team (SPT) shall be established to implement all elements of SA8000. The Team shall include a balanced representation of:

a) SA8000 worker representative (s); and

b) management.

Compliance accountability for the Standard shall solely rest with Senior Management.

9. 2. 1 应组建社会绩效团队（SPT）以实施 SA8000 标准的所有内容，这个团队应包括一组平衡的代表人员：

a) SA8000 工人代表；

b) 管理层人员

对于本标准中应服从的责任仅仅归于高级管理人员。

9. 2. 2 In unionised facilities, worker representation on the SPT shall be by recognised trade union (s) representative (s), if they choose to serve. In cases where the union (s) does not appoint a representative or the organisation is not unionised, workers may freely elect one or more SA8000 worker representative (s) from among themselves for this pur-

pose. In no circumstances shall the SA8000 worker representative（s）be seen as a substitute for trade union representation.

9.2.2 加入工会的设施，社会绩效团队中的工人代表应得到工会代表的承认，如果他们选择服务。如果工会未指派一名代表或者该机构没有加入工会，那么工人可以在他们中间自由选举一名或多名 SA8000 工人代表。

9.3 Identification and Assessment of Risks

9.3 风险识别和评估

9.3.1 The SPT shall conduct periodic written risk assessments to identify and prioritise the areas of actual or potential non－conformance to this Standard. It shall also recommend actions to Senior Management that address these risks. Actions to address these risks shall be prioritised according to their severity or where a delay in responding would make it impossible to address.

9.3.1 社会绩效团队应定期进行书面风险评估，对实际的或潜在的不符合本标准的方面进行识别并按优先顺序处理。社会绩效团队还应该为高层管理人员发现的危险情况提供推荐解决方案。解决这些危险的行动应根据危险的严重程度确定优先顺序，对于无法解决的可以延期。

9.3.2 The SPT shall conduct these assessments based on their recommended data and datacollection techniques and in meaningful consultation with interested parties.

9.3.2 社会绩效团队进行这些评估应基于推荐的数据，数据收集技术和以及各利益相关方有意义的磋商。

9.4 Monitoring

9.4 监督

9.4.1 The SPT shall effectively monitor workplace activities for：

a）Compliance with this Standard；

b）Implementation of actions to effectively address the risks identified by the SPT；and

c）For the effectiveness of systems implemented to meet the organisation's policies and the requirements of this Standard.

It shall have the authority to collect information from or include interested parties（stakeholders）in its monitoring activities. It shall also liaise with other departments to study，define，analyse and/or address any possible non－conformance（s）to the SA8000 Standard.

9.4.1 社会绩效团队应有效地监督工作场所的活动：

a）遵守本标准；

b）实施行动有效解决由社会绩效团队识别出的危险；

c）对于系统的有效实施以达到组织的政策和本标准的要求。

社会绩效团队应有从或包括利益相关方（相关方）受监督的活动中搜集信息的权利。社会绩效团队还应与其他部门研究、定义、分析和/或解决任何可能的 SA8000 标准不符合项。

9.4.2 The SPT shall also facilitate routine internal audits and produce reports for senior management on the performance and benefits of actions taken to meet the SA8000 Standard, including a record of corrective and preventive actions identified.

9.4.2 社会绩效团队应协助常规的内部审核，并为高层管理人员撰写关于达到SA8000标准时采取的执行方案和方案成效的报告，报告应包括纠正和预防方案的记录。

9.4.3 The SPT shall also hold periodic meetings to review progress and identify potential actions tostrengthen implementation of the Standard.

9.4.3 社会绩效团队还应定期举行会议，检查进展并确定有潜力的措施以加强本标准的实施。

9.5 Internal Involvement and Communication

9.5 内部参与和沟通

The organisation shall demonstrate that personnel effectively understand the requirements of SA8000, and shall regularly communicate the requirements of SA8000 through routine communications.

组织应能证明员工有效地了解SA8000标准的要求，并应定期把SA8000标准的要求以日常交流形式和员工进行沟通。

9.6 Complaint Management and Resolution

9.6 投诉管理和解决

9.6.1 The organisation shall establish a written grievance procedure that is confidential, unbiased, non－retaliatory and accessible and available to personnel and interested parties to make comments, recommendations, reports or complains concerning the workplace and/or non－conformances to the SA8000 Standard.

9.6.1 组织应为员工和利益相关方建立保密的，不带偏见的，不会报复的书面申诉程序，可以让有关各方就有关工作场所和/或不符合SA8000标准之处提意见，建议，报告或投诉。

9.6.2 The organisation shall have procedures for investigating, following up on and communicating the outcome of complaints concerning the workplace and/or non－conformances to this Standard or of its implementing policies and procedures. These results shall be freely available to all personnel and, upon request, to interested parties.

9.6.2 组织应有建立程序对涉及工作场所和/或不符合本标准或它的实施政策和程序进行调查跟进和沟通。这些结果应直率地告知所有员工，并根据要求，提供给利益相关方。

9.6.3 The organisation shall not discipline, dismiss or otherwise discriminate against any personnel or interested party for providing information on SA8000 compliance or for making other workplace complaints.

9.6.3 对于任何员工或利益相关方提供有关SA8000的合规性信息，或对其他工作场所进行投诉时，该组织不得对其惩罚、解雇或以其他方式歧视。

9.7 External Verification and Stakeholder Engagement

9.7 外部验证和利益相关方参与

9.7.1 In the case of announced and unannounced audits for the purpose of certifying its compliance with the requirements of this Standard, the organisation shall fully cooperate with external auditors to determine the severity and frequency of any problems that arise in meeting the SA8000 Standard.

9.7.1 在进行事先通知和未事先通知的审核以证实是否符合本标准的要求时，该组织应全力配合外聘审核员，确定在满足 SA8000 标准过程中出现的问题的严重程度和其出现频率。

9.7.2 The organisation shall participate in stakeholder engagement in order to attain sustainablecompliance with the SA8000 Standard.

9.7.2 组织应参与到利益相关方中，以达到持续符合 SA8000 标准。

9.8 Corrective and Preventive Actions

9.8 纠正和预防行动

9.8.1 The organisation shall formulate policies and procedures for the prompt implementation of corrective and preventive actions and shall provide adequate resources for them. The SPT shall ensure that these actions are effectively implemented.

9.8.1 组织应为计时实施纠正和预防行动制定政策和程序，还应为纠正和预防行动提供足够的资源。社会绩效团队应确保这些行动有效地实施。

9.8.2 The SPT shall maintain records, including timelines, that list, at minimum, non—conformancesrelated to SA8000, their root causes, the corrective and preventive actions taken and implementation results.

9.8.2 社会绩效团队应维持记录，包括大事件记录，至少应列出不符合 SA8000 标准之处，其根本原因和采取的纠正和预防行动以及实施效果。

9.9 Training and Capacity Building

9.9 培训和能力培养

The organisation shall implement a training plan for all personnel to effectively implement the SA8000 Standard as informed by the results of risk assessments. The organisation shall periodically measure the effectiveness of training and record their nature and frequency.

组织应按照风险评估结果为全体员工实施培训计划以便有效执行 SA8000 标准。组织应定期测定培训效果，并记录它们的性质和频率。

9.10 Management of Suppliers and Contractors

9.10 供应商和分包商管理

9.10.1 The organisation shall conduct due diligence on its suppliers/subcontractors, private employment agencies and sub - suppliers' compliance with the SA8000 Standard. The same due diligence approach shall be applied when selecting new suppliers/subcontractors, private employment agencies and sub - suppliers. The minimum activities for the organisation to fulfil this requirement shall be recorded and shall include:

a) Effectively communicating the requirements of this Standard to senior leadership of suppliers/subcontractors, private employment agencies and sub - suppliers;

b) Assessing significant risks of non - conformance by suppliers/subcontractors, private employment agencies and sub - suppliers. * Note: an explanation of "significant risk" is found in the guidance document];

c) Making reasonable efforts to ensure that these significant risks are adequately addressed by suppliers/subcontractors, private employment agencies and sub - suppliers and by the organisation where and when appropriate, and prioritised according to the organisation's ability and resources to influence these entities; * Note: an explanation of "reasonable effort" is found in the guidance document;

d) Establishing monitoring activities and tracking performance of suppliers/subcontractors, private employment agencies and sub - suppliers to ensure that these significant risks are effectively addressed.

9.10.1 组织应对其供应商/分包商，私营职业介绍所和下级供应商进行尽职调查，以确定符合 SA8000 标准。同样的尽职调查也应应用于选择新的供应商/分包商，私营职业介绍所和下级供应商。该组织履行此要求最低活动应被记录且包括：

a) 和供应商/分包商、私营职业介绍所，下级供应商对于本标准的要求进行有效的沟通；

b) 对供应商/分包商、私营职业介绍所，下级供应商不符合之处带来的重大风险进行评估；（注："重大风险"的解释可以在《指导文件》中找到。）

c) 以合理努力确保这些重大风险已经被供应商/分包商、私营职业介绍所、下级供应商充分解决，或在适合的时间地点有组织进行解决，并根据组织的能力和资源按优先顺序影响这些实体；（注："合理努力"的解释可以在《指导文件》中找到。）

d) 建立审查活动并追踪供应商/分包商、私营职业介绍所、下级供应商的实施情况以确保这些重大风险有效地得以解决。

9.10.2 Where the organisation receives, handles or promotes goods and/or services from suppliers/subcontractors or sub - suppliers who are classified as home workers, the organisation shall take effective actions to ensure that such home workers are afforded a level of protection substantially equivalent to that afforded to the organisation's other workers under the requirements of this Standard.

9.10.2 当组织接收、处理或推销来自被归类为家庭工人的供应商/分包商或下级供应商的货物和/或服务时，组织应根据本标准的要求采取有效的行动以确保给予这些家庭工人和该组织中的其他工人同等且充分的保护。

案例分析

A. P. 穆勒-马士基集装箱工业有限公司的“企业社会责任采购”

A. P. 穆勒-马士基集团创立于1904年，总部设在丹麦哥本哈根，经过100多年的发展，已成为在航运、石油勘探和开采、物流、相关制造业等方面都具有雄厚实力的世界性大公司，在125个国家和地区有业务活动。作为集团的集装箱海运分支，是全球最大的集装箱承运人，服务网络遍及六大洲。在2011年“福布斯”世界企业排名榜中马士基集团居第144位。马士基占据着全球航运业的领导者地位，其顶峰时期的营收一度占到丹麦国家工业总产值的一半以上。它与丹麦童话齐名，被认为是国家的象征与荣誉。集团的业务涵盖运输产业链、石油天然气和零售业，在中国马士基集团主要是从事运输业，包括三大业务集团——马士基航运，丹马士物流，马士基物流码头公司。

1. 集装箱运输及相关业务

(1) 马士基航运公司（MaerskLine）。世界上最大的集装箱航运公司，目前占世界集装箱航运市场的17%。拥有500多艘集装箱船以及150万个集装箱。

(2) 马士基物流公司（Maersk Logistics）。世界一流的物流公司，可以为客户提供高效的供应链。

(3) 马士基集装箱码头公司（APM Teminal）。业务范围为集装箱码头建设和运营。

(4) 马士基集装箱工业公司（Maersk Container Industry）。生产冷藏集装箱及其他各种集装箱。

(5) 马士基航运公司（Safmarineo）主要经营南北航线及非洲航线。

2. 石油开采

马士基石油天然气公司（Maersk Oil and Gas）。在北海、卡塔尔、阿尔及利亚和哈萨克斯坦等地进行石油开采，日产原油55万桶和天然气10亿立方英尺；并在安哥拉、土库曼斯坦、摩洛哥、哥伦比亚、巴西和苏里南等国进行有关项目。

3. 石油运输和石油勘探及有关服务

(1) 马士基油轮公司（Maersk Tankers）。拥有并运营着180多艘油轮，其中超大型油轮（VLCC）7艘。能够运输原油、各种成品油及天然气。

(2) 马士基石油勘探公司（Maersk Contractors）。拥有30个钻井平台，其中包括世界上最大的技术先进的自升式平台，在世界各地进行石油勘探。

(3) 马士基海洋服务公司（Maersk Supply Service）。拥有60艘各种型号的海洋服务船只，可提供诸如钻井安装、海上电缆铺设等各种远洋服务。

4. 其他业务

(1) 丹麦超市公司（Dansk Supermarket）。不但在丹麦国内进行超市经营，也在英国、德国、波兰、瑞典进行经营。

(2) 奥登塞造船公司（Odense Staalstkibsvaerft）。不但在丹麦境内拥有造船厂，还在爱沙尼亚、立陶宛、德国拥有造船厂。具有世界先进的造船技术，能够建造世界上最大的集装箱船。

(3) 罗斯题公司。生产高品质的塑料产品，以满足海上运输的需要。

(4) 挪弗轮渡公司。进行轮渡和货运业务。

(5) 斯题母海运公司。进行海上搜救、拖船、散货及超重货物运输等。

A. P. 穆勒-青岛马士基集装箱工业有限公司以对效率、成本及产品质量的同等严格要求而著称。企业社会责任采购是着眼于对社会和环境的长期影响的专业采购行为。通过企业社会责任采购，A. P. 穆勒-马士基集装箱工业有限公司把集团在劳工权利、环境保护、人权保护及反腐败等领域中对责任商业行为的要求推广到供应商。作为一项战略行动，此项目在集团采购部领导下通过各业务部门代表跨部门执行。业务部门及其他部门对各自所属的供应商的企业社会责任采购负责。拥有并管理供应商关系的部门应负责执行所有与该供应商责任采购相关的活动，并为之提供赞助。集团采购部负责在责任采购方面为拥有供应商关系的部门提供指导方针和工具支持。

企业社会责任采购是着眼于对社会和环境有着长期影响的专业采购行为。马士基集团以对效率、成本及产品质量的同等严格要求而著称，通过企业社会责任采购，把集团在劳工权利、环境保护、人权保护及反腐败等领域中对责任商业行为的要求推广到供应商。须向供应商指明的是，马士基集团及公司客户都不接受在不公平或有害条件下生产的产品或实施的服务。马士基集团实行企业社会责任采购，目的在于发展与供应商的可持续业务关，而非终止业务关系。

为成功整合责任采购，须将资源集中在本公司有最大影响力的领域，本公司的大部分支出集中在少数几个战略供应商。这意味着工作应围绕少量供应商，对其产生重大影响，进而改善整体业务状况。

2011 年度纳入企业社会责任采购项目的供应商应满足以下标准：

(1) 占公司整体支出至少 50%的重点/高支出供应商。

(2) 关键性/战略性供应商。

(3) 品牌产品供应商。

(4) 部分在高风险地区/高风险产品领域直接支出的供应商。

供应商加入企业社会责任采购，程序分为两步：设置优先级和采取措施。确认哪些供应商应加入责任采购项目后，下一步即应将其信息在责任采购在线工具上进行注册，此工具是一个工作流程数据库，供全马士基集团范围内的采购方用来监督供应商在责任采购方面的社会表现和进展。您可以看到其他采购方上传的关于供应商优先级、进展、企业社会责任以及审核情况的报告并对比您与其他同事及其他业务部门的进展。

一、设置优先级

要为选定供应商设置优先级，该供应商须在责任采购在线工具注册，并经过评估注册内容应包括供应商的详细信息（名称、联系信息、地点、估计预算及其提供的产品或服务等）注册完成后，工具会自动向供应商发送邀请，邀其登记，填写所需信息，并接受《第三方行为规范》。

供应商填写完信息后，由采购商负责查证、核实。信息经查证、核实后，工具会将供应商区分为“不采取措施”“待核查”或“采取措施”三种优先级。设置优先级的详细操作描述如下：

1. 在责任采购在线工具进行个人注册

2. 邀请供应商进行注册

回答以下三个方面的问题：

(1) 合同是否符合BU标准？是否长期合同？该合同是否将用于一个以上国家？

(2) 您是否认为该供应商对公司的经营活动至关重要？

(3) 该供应商的产品或服务类别或工作环境是否引起对劳工权利、环境影响或安全标准的特殊注意？

3. 供应商收到邀请并注册

(1) 供应商收到包含责任采购工具项目简介及邀请链接的电子邮件。

(2) 供应商点击该电子邮件中的链接，在工具中注册。

4. 供应商在工具中输入信息

(1) 供应商输入基本信息，如联系人信息。

(2) 供应商回答如下三个问题：

①要提供给本公司的产品或服务为定制或商标产品或服务？

②您是否认为马士基集团对您至关重要？

③为本公司提供的产品或服务在哪个或哪些国家生产？

5. 查证，核实供应商提供的信息

6. 查证，核实优先级（“采取措施”“待核查”“不采取措施”）

根据由您和供应商提供的对以上六个问题的答案，工具会按照工作程序对供应商进行评定。三个优先级分别为：“不采取措施”“待核查”，以及“采取措施”。采购商须查证，核实系统设置的优先级，确保输入的信息准确无误，然后通知给供应商。

“不采取措施”级：根据采购商及供应商提供的信息所做出的风险评估结果、办公地点，以及产品和服务类型显示目前无须采取进一步措施。然而，鉴于供应商的工作条件可能发生改变，建议每3年对供应商做一次评估。

二、“待核查”级

该供应商可能对公司业务产生一定不利影响，因而须对其采取以下措施。

1. 发起与供应商进行对话

与供应商进行对话，要求对方提供证明其遵守如BSCI、ETI、SEDEX、SA8000等国际社会标准的文件，或证明其社会表现状况的审核报告，采购方核查文件。供应商无法提供证明文件，向供应商发放自我评估问卷。

2. 核查企业社会责任报告/项目

供应商应在收到请求后3周内向公司提供相关文件，可自行审查所提交文件，或将文件交由许可服务商分析、审查。若文件可信并证明供应商遵守《A. P. 穆勒-马士基第三方行为规范》，告知该供应商，并在责任采购工具中将优先级更改为“不采取措施”；若文件不可信或不足以证明供应商是否遵守《A. R 穆勒-马士基第三方行为规范》，则向供应商发放自我评估问卷。

3. 向供应商发放自我评估问卷

自我评估问卷已创建，以帮助您收集关于供应商实践和做法的客观、相关信息。向供应商发放自我评估问卷前，请确认供应商是否习惯回答此问卷。您须向其说明，由供应商提供的信息目的在于帮助我们更好地了解其日常运作，以确认需要改进的领域，并且这些信息将被保密。若供应商愿意填写问卷，采购商应将问卷交与供应商，供应商应在3周内返还。若供应商为公司提供一种以上产品或服务，其应为每一种产品或服务分别填写并提交一份问卷。采购商应负责核对供应商是否已填写全部必填项，并提交证明材料。核对完毕后，您可以自行审查问卷或将其提交给服务商分析、审查。若供应商的回答不需要进一步核查，无重大问题，且您没有反驳该答案的信息或怀疑，您即应在责任采购工具中将供应商优先级更改为“不采取措施”，并说明做出该更改的原因。若该问卷显示供应商存在重大问题或不清楚的问题，或者您对答案的正确性有合理怀疑，则要安排进一步审核。

4. 安排审核

审核是一个检查供应商生产场地环境及生产活动的过程，目的在于对其是否符合当地立法及本公司的《第三方行为规范》进行评估。

安排审核时请考虑以下步骤：

(1) 联系供应商，并取得其许可进行审核。BU代表可以自行安排审核日期或交由审核公司进行安排。若选择后一方案，请务必告知供应商，审核公司将有权安排审核日期。

(2) 在“采购方指南”中浏览特约审核公司列表，并从中选择最适合的审核公司。

(3) 向审核团队提供供应商公司生产场地的详细地址、联系人姓名及联系方式、现场工人数目及其他需要区分优先顺序的的问题或领域。

(4) 审查并确认审核公司的最终报价及预定审核日期。

(5) 若您或公司其他人员将参与审核，请通知审核公司。

(6) 确保供应商和审核团队之间就审核安排达成合意，确认审核日期。

审核完成后，审核员应总结调查结果，并请管理人员在调查结果概述上签字，如果适用，还应包括建议矫正措施和期限及矫正结果审查报告。审核公司须准备一份完整的审核报告及一份审核概要，并与调查结果概要一起在审核完成后5～7个工作日后发送给采购方。但是，若发现严重问题，审核公司应在审核完成后24小时内立即通知A.P.穆勒-马士基。

若审核调查结果显示供应商遵守《第三方行为规范》，在责任采购工具中供应商状态应更改为“不采取措施”。

若审核结果强调须做相关改进，供应商应制订改进计划，描述重大改进事项及期限，并在审核结束后3周内获取您的批准。采购商应负责批准、监督改进计划的进展。视具体问题而定，改进工作应在审核完成后3～9个月内实施。跟进改进计划视具体问题及改进工作而定，改进工作的监督和跟踪应采取不同的方式。有关公司结构，工作程序等的问题须通过一个现场跟踪审核来检验。较轻度问题，如建筑证明缺失等，可以通过文件审查检验。若改进工作须通过现场审核检验，请安排跟踪审核。

若改进工作无须通过现场审核或文件审查检验，请自行检验。若改进工作成功实施，您应在责任采购工具中将供应商状态更改为“不采取措施”。若改进工作尚未实施，您需要重新安排一项现场审核或文件审查来跟进进展。在某些情况下，供应商须重新制订改进计划，以更正相关问题。

思考题：A. P. 穆勒-马士基集装箱工业有限公司履行企业社会责任采购中存在哪些问题？如何改进？

思考与练习

一、判断题

1. 企业履行社会责任，会加重企业的负担，加速企业消亡。（　）

2. 企业可持续发展能力是指在经济、环境和社会挑战下，企业在妨碍满足未来数代人需求的条件下满足当前需求的能力。（　）

3. 企业在员工选择和供应商选择上应具有多样性。（　）

4. 回报社会的具体表现是企业不参加社会公益事业和慈善活动。（　）

5. SA8000是我国纺织业唯一的一个标准化的行业企业社会责任管理体系。（　）

二、单项选择题

1. 企业社会责任是指企业不仅要为股东谋利益，而且要为（　）谋利益。

A. 员工　B. 社会其他主体　C. 消费者　D. 供应商

2. 企业社会责任标准（SA8000）是（　）标准。

A. 强制　B. 行业　C. 企业　D. 第三方认证

3. 企业社会责任标准（SA8000）包含（　）要素。

A. 三个　B. 五个　C. 九个　D. 七个

4. 企业采购中的社会责任是指企业在采购活动中，涉及（　）功能的履行。

A. 采购　B. 供应商　C. 企业社会责任　D. 财务

5. 企业采购中的社会责任对企业运营管理有（　）影响。

A. 显著　B. 负面　C. 很少　D. 很多

三、思考题

1. 企业社会责任内涵是什么？

2. 企业社会责任采购包含哪些内容？

3. 企业社会责任采购步骤有哪些？

4. 企业社会责任采购策略有哪些？

实训题

请起草一份企业社会责任采购的调研问卷，并到企业进行企业社会责任采购情况的实际调研，写一份调研报告。

参考文献

[1] 英国皇家采购与供应学会．采购与供应业务流程［M］. 北京：机械工业出版社，2014.

[2] 乔纳森·奥布赖恩．采购品类管理：使企业盈利最大化的战略方法及实施流程［M］. 第3版．北京：电子工业出版社，2017.

[3] 周跃进．采购管理［M］. 北京：机械工业出版社，2015.

[4] 傅莉萍，姜斌远．采购管理［M］. 北京：北京大学出版社，2015.

[5] 金燕波，陈宁，李巍，等．采购管理［M］. 北京：清华大学出版社，2016.

[6] 徐杰，鞠颂东．采购管理［M］. 北京：机械工业出版社，2014.

[7] 肖建华．政府采购［M］. 大连：东北财经大学出版社，2011.

[8] 刘华．物流采购管理［M］. 北京：清华大学出版社，2008.

[9] 肖卫国，刘跃斌．国际商务管理［M］. 武汉：武汉大学出版社，2011.

[10] 杨国才，王红．现代物流采购管理［M］. 合肥：安徽大学出版社，2009.

[11] 霍红，华蕊．采购与供应链管理［M］. 2版．北京：中国财富出版社，2014.

[12] 杨军，赵继新．采购管理［M］. 北京：高等教育出版社，2015.

[13] 吴勇．采购管理［M］. 南京：东南大学出版社，2016.

[14] 张劲珊．物流信息技术应用［M］. 北京：清华大学出版社，2009.

[15] 马翔，陈丽燕．供应链管理［M］. 哈尔滨：哈尔滨工业大学出版社，2012.

[16] 吴春尚，黄慧，方艳．物流采购管理实务［M］. 武汉：华中科技大学出版社，2013.

[17] 梁军，王刚．采购管理［M］. 2版．北京：电子工业出版社，2010.

[18] 骆建文．采购与供应管理［M］. 北京：机械工业出版社，2012.

[19] 戴小廷．物流采购管理［M］. 北京：机械工业出版社，2016.

[20] 于安，宋雅琴，万如意．政府采购方法与实务［M］. 北京：中国人事出版社，2012.

[21] 姜方桃，郑庆华．管理信息系统理论与实务［M］. 2版．北京：清华大学出版社，2017.

[22] 肖建华．政府采购［M］. 2版．大连：东北财经大学出版社，2016.

[23] 王晓平．物流信息技术［M］. 北京：清华大学出版社，2011.

[24] 胡文发．项目采购管理［M］. 上海：同济大学出版社，2007.

[25] 刘斌．采购与供应管理［M］. 北京：机械工业出版社，2005.

[26] 陈利民．采购管理实务［M］. 北京：机械工业出版社，2016.

[27] 唐艳，蔡勇，李卫忠．现代采购管理［M］．武汉：武汉理工大学出版社，2008.

[28] 张璐．政府采购理论与实务［M］．北京：首都经济贸易大学出版社，2011.

[29] 何玲辉．采购管理实务［M］．北京：国防工业出版社，2012.

[30] 李荷华．现代采购与供应管理［M］．上海：上海财经大学出版社，2010.

[31] 许淑君．现代采购管理［M］．上海：上海财经大学出版社，2014.

[32] 秦小辉．采购管理［M］．北京：高等教育出版社，2014.

[33] 张碧君，张向阳．采购管理［M］．上海：格致出版社，2014.

[34] 邓莉．采购管理［M］．重庆：重庆大学出版社，2013.

[35] 甘明，刘洪娟，杨悦．采购管理［M］．北京：中国石化出版社，2010.

[27] 宁钟，张燕，徐日光. 现代采购管理 [M]. 武汉: 武汉理工大学出版社, 2008.
[28] 苏雷. 政府采购理论与实务 [M]. 北京: 首都经济贸易大学出版社, 2011.
[29] 何静等. 采购管理实务 [M]. 北京: 国防工业出版社, 2012.
[30] 吴清烈. 现代采购与供应管理 [M]. 上海: 上海财经大学出版社, 2010.
[31] 许淑君. 现代采购管理 [M]. 上海: 上海财经大学出版社, 2014.
[32] 李小红. 采购管理 [M]. 北京: 高等教育出版社, 2013.
[33] 张以华, 张向阳. 采购管理 [M]. 上海: 格致出版社, 2[illegible]
[34] 刘莉. 采购管理 [M]. 重庆: 重庆大学出版社, 2013.
[35] 王明, 刘建新, 陈诚. 采购管理 [M]. 北京: 中国石化出版社, 2010.